प्रयोगात्मक मनोविज्ञान

प्रयोगात्मक मनोविज्ञान

निलेश शर्मा

इशिका पब्लिशिंग हाउस
जयपुर दिल्ली

इशिका पब्लिशिंग हाउस

ए -25, "गणेश सदन", गली न. 4, आदर्श बस्ती,
बी.एल. हाउस के पास, टोंक फाटक,
जयपुर-302018 (राजस्थान) भारत
फोन : 0141-2761280, Mob. 9887532741
Email: ishikapublishinghouse@yahoo.in

दिल्ली कार्यालय : 102, प्रथम मंजिल, 'सत्यम हाउस'
4324/3, अंसारी रोड़, दरियागंज, नई दिल्ली - 110 002
फोन : 011-45652440

ISBN: 9788189471576

टाइपसेटिंग : बी.एस. कम्प्यूटर्स, जयपुर

मुद्रक : थॉमसन प्रेस, नई दिल्ली

प्रस्तावना

मनोविज्ञान के विकास की प्रक्रिया में धीरे-धीरे तर्क प्रयोग, वैज्ञानिकता आदि का समावेश होता गया। 19वीं सदी तक प्रयोग विधि का मनोविज्ञान के क्षेत्र में बहुत अधिक प्रयोग होने लगा था। इस समय तक विकासवाद का भी उदय हो चुका था। इस शताब्दी की सर्वाधिक महत्त्वपूर्ण देन डार्विनवाद है जिसका प्रतिपादन चार्ल्स डार्विन ने किया जिसके अनुसार प्रकृति में केवल योग्य व्यक्ति अथवा शक्तिशाली ही जीवित रह सकते हैं। डार्विन के उद्विकास के सिद्धान्त से मनोविज्ञान और जीवविज्ञान परस्पर जुड़ गये तथा उसमें तुलनात्मक विधि का उपयोग प्रारम्भ होने लगा। इसी काल में व्यक्तिगत भेदों के ज्ञान का उदय होने लगा। डार्विन के बाद गाल्टन ने व्यक्तिगत भेदों पर खोज की। प्रतिभा पर वंशानुक्रम के प्रभाव का विस्तृत अध्ययन किया। गाल्टन द्वारा सहचर्य का प्रयोग किया गया साथ ही निरंतर विधि और सांख्यिकी का चलन मनोविज्ञान के क्षेत्र में आंरभ हुआ। इस तरह मनोविज्ञान दर्शन से निकल कर धीरे-धीरे एक स्वतन्त्र विज्ञान की ओर बढ़ रहा था। इसी शताब्दी में जर्मनी के कुछ विद्वानों के मनोविज्ञान को विज्ञान का रूप दिया जिनमें बेबर, फेखनर, वुण्ट आदि मुख्य तौर पर हैं।

प्रयोगात्मक मनोविज्ञान का जन्म स्वतंत्र विषय के रूप में सामान्य विज्ञान हुआ है। पिछले सौ वर्षों तक सामान्य मनोविज्ञान का सम्बन्ध मननशील दर्शन से अधिक रहा था। इस कारण सामान्य मनोविज्ञान की अध्ययन-पद्धति अन्तदर्शन की रही। इससे वैज्ञानिक एवं प्रयोगात्मक विधि के उपयोग का अवसर कम ही प्राप्त होता था एवं उस समय का दार्शनिक एवं मनोवैज्ञानिक सत्य अन्वेषण की अपेक्षा सहमति पर अधिक अन्वेषण करता था।

दार्शनिक एवं मनोविज्ञानियों का महत्व सामान्य मनोविज्ञान में प्रयोगात्मक मनोविज्ञान की उन्नति के बाद बढ़ गया और "वैज्ञानिक मनोवैज्ञानिकों" की उत्पत्ति हुई इसलिए आज का सामान्य मनोविज्ञान मननशील दर्शनशास्त्र की अन्तर्दर्शन विधि पर निर्भर न होकर प्रयोगों द्वारा प्राप्त निष्कर्ष और प्रयोग विधि पर आधारित है। प्रयोगात्मक मनोविज्ञान आधुनिक काल में सामान्य मनोविज्ञान से भिन्न तथा स्वतन्त्र नहीं है। प्रयोगात्मक मनोविज्ञान में सामान्य मनोविज्ञान के नियमों की सत्यता की प्रयोगों द्वारा जाँच की जाती है। इसी कारण कॉलिन्स तथा ड्रेवर के विचार में, "प्रयोगात्मक मनोविज्ञान सामान्य मनोविज्ञान का जरूरी अंश है। प्रयोगात्मक भाग के बिना मनोविज्ञान एक काल-भ्रम है।

निलेश शर्मा

अनुक्रमणिका

1

प्रयोगात्मक मनोविज्ञान का परिचयात्मक अध्ययन

मनोविज्ञान में मानव व्यवहार के बारे में अध्ययन किया जाता है। इस विज्ञान के अंतर्गत भावनाओं और विचारों पर शोध किया जाता है। मानवीय व्यवहार के नियम और सिद्धांतों की व्याख्या इसमें की जाती है।

प्रारंभ में इसे आत्मा का विज्ञान कहा जाता था, परंतु वैज्ञानिक दृष्टि से यह सिद्धांत सही साबित नहीं हुआ। ऐतिहासिक विकास की दृष्टि से इसे वैज्ञानिक की जगह पर दार्शनिक रूप में अधिक प्रयोग किया जाता था, जहाँ मनोवैज्ञानिकों द्वारा इस विषय में अध्ययन करने के लिए अंतर्दर्शन की आवश्यकता होती थी। अन्तर्दर्शन द्वारा व्यक्ति अन्य व्यक्तियों की मानसिक क्रियाओं का ज्ञान प्राप्त करता था। मनोवैज्ञानिकों को कालान्तर में आत्मा के सम्बन्ध में कुछ परेशानियाँ उत्पन्न हुईं। "यदि मनुष्य में आत्मा है तो वह कहाँ रहती है?" आदि प्रश्न उनके समक्ष उपस्थित होने लगे। सत्रहवीं शताब्दी के प्रमुख दर्शनशास्त्री, डेकार्ते (Descartes, 1596-1650), स्पिनोजा (Spinoza, 1632-1677), लाइबनित्स ((Leibnitz 1646 - 1716) आदि, आत्मा के स्थान, शरीर और आत्मा के बारे में अपने मत व्यक्त कर रहे थे।

प्रयोगात्मक मनोविज्ञान का ऐतिहासिक विकास (Historical Development of Experimental Psychology)

जैसे-जैसे मनोविज्ञान का विकास होता गया उसमें तर्क प्रयोग, वैज्ञानिकता आदि का समावेश होता गया। 19वीं सदी तक प्रयोग विधि का मनोविज्ञान के क्षेत्र

में बहुत अधिक प्रयोग होने लगा था। इस समय तक विकासवाद का भी उदय हो चुका था। (Charles Darwin, 1809-1882) इस शताब्दी की सर्वाधिक महत्त्वपूर्ण देन डार्विनवाद है जिसका प्रतिपादन चार्ल्स डार्विन ने किया जिसके अनुसार प्रकृति में केवल योग्य व्यक्ति अथवा शक्तिशाली ही जीवित रह सकते हैं। डार्विन के उद्विकास के सिद्धान्त से मनोविज्ञान और जीवविज्ञान परस्पर जुड़ गये तथा उसमें तुलनात्मक विधि का उपयोग प्रारम्भ होने लगा। इसी काल में व्यक्तिगत भेदों (Individual Differences) के ज्ञान का उदय होने लगा। डार्विन के बाद गाल्टन (Galton, 1822-1991) ने व्यक्तिगत भेदों पर खोज की। प्रतिभा (Genius) पर वंशानुक्रम के प्रभाव का विस्तृत अध्ययन किया। गाल्टन द्वारा सहचर्य का प्रयोग किया गया, साथ ही निरंतर विधि और सांख्यिकी का चलन मनोविज्ञान ने क्षेत्र में आंरभ हुआ। इस तरह मनोविज्ञान दर्शन से निकल कर धीरे-धीरे एक स्वतन्त्र विज्ञान की ओर बढ़ रहा था। इसी शताब्दी में जर्मनी के कुछ विद्वानों के मनोविज्ञान को विज्ञान का रूप दिया जिनमें वेबर (Weber), फेखनर (Fechner), वुण्ट (Wundt) आदि मुख्य तौर पर हैं।

विलियम वुन्ट का योगदान—वुन्ट के अथक प्रयास से प्रयोगात्मक मनोविज्ञान का बहुत अधिक विकास हुआ। इन्हें प्रयोगात्मक मनोविज्ञान की एक शाखा के रूप में विकसित करने का सारा श्रेय जाता है। इन्होंने अपने प्रयोग इस विश्व को ही प्रयोगशाला मानकर किये। मनोविज्ञान के स्वरूप को स्पष्ट करने के लिए वुन्ट ने उसके विभिन्न विषयों को एक क्रमिक विकास में जोड़ा और साथ ही साथ उन विषयों को स्पष्ट भी किया। दूसरे शब्दों में, उसने मनोविज्ञान को व्यवस्थित विज्ञान बना दिया और इस प्रकार मनोविज्ञान के विद्यार्थियों के लिए इसका अध्ययन सुगम कर दिया। प्रयोगात्मक मनोविज्ञान के क्षेत्र में उसके योगदान का संक्षिप्त विवरण निम्न प्रकार है—

(1) भावना—वुन्ट ने मानव भावनाओं के मुख्य तीन आयामों की व्याख्या की है। प्रथम दुख-सुख, इसमें वुंट ने बताया है कि यह दोनों एक दूसरे से अलग होकर भी जुड़े होते हैं। दूसरे आयाम में शांति और उत्तेजना के बारे में बताया है तथा तीसरे में विश्राम और तनाव के बारे में व्याख्या की है। प्रयोगों द्वारा वुण्ट ने यह पता लगाया कि सुखकर भावना के समय शान्ति और विश्राम की भी अनुभूति होती है। इसके विपरीत, असुखकर भावना में उत्तेजना और तनाव भी सम्मिलित रहते हैं। इस प्रकार किसी भावना की उत्पत्ति के समय भावना की इन छः तथ्य त्रिआयामी भावना (Tri-dimensional feeling) के सिद्धान्त के नाम से प्रसिद्ध है।

(2) संवेदना—वुन्ट ने संवेदना, प्रत्यक्ष ज्ञान और विचार आदि मानसिक क्रियाओं का विवेचन किया जिसका आधार प्रयोगात्मक था। इस प्रयोग में वुंट ने बतलाया कि संवेदना के विकास में कौन-कौन से तत्व महत्वपूर्ण हैं। उसने संवेदना तथा भावना को मन का आवश्यक तत्त्व माना है। संवेदना की व्याख्या करते हुए उसने गहनता (Intensity), गुण (Quality), विस्तार (Extent) और अवधि (Duration) का वर्णन किया है। संवेदना के स्वरूप में गहनता के महत्व के बारे में उसने मनोभौतिकी में विभिन्न प्रयोग किये और उन्हीं के आधार पर इसका वर्णन किया। संवेदना की व्याख्या करते हुए उसने उसके सामान्य स्वरूप पर प्रकाश डाला। विस्तार और अवधि के सम्बन्ध में उसने प्रत्यक्ष ज्ञान को आधार माना है।

(3) संप्रत्यक्ष—संप्रत्यक्ष के बारे में वुन्ट ने कहा है कि इसकी क्रिया का आधार मस्तिष्क का अग्रभाग होता है। क्रियाएँ नाड़ियों के योग से होती हैं। ये क्रियाएँ संप्रत्यक्ष के विकास में साहचर्य तक जाती हैं और फिर वहीं संप्रत्यक्ष का विकास होता है। व्यक्ति का संवेदन साहचर्य पर ही आधारित होता है। इन्हीं से संप्रत्यक्ष का विकास होता है। स्मरण (Remembering) की क्रियाओं में साहचर्य और संप्रत्यक्ष दोनों का योगदान होता है। साहचर्य के आधार पर विचारों का विकास होता है और फिर उन्हीं के आधार पर अनुस्मरण की क्रिया होती है। जब स्मरण के लिए किसी विशेष तथ्य या विचार की जरूरत होती है, तब उसके चुनाव में साहचर्य और संप्रत्यक्ष दोनों ही सहायक होते हैं। इस विषय में यह कहना भी उचित ही होगा कि यदि स्मरण की क्रिया में साहचर्य और संप्रत्यक्ष का सहयोग न हो तो एक ही स्मृति में बहुत से विचार आ जाएँगे और यह निश्चय करना कठिन हो जायेगा कि किस परिस्थिति में किस प्रत्यय की जरूरत थी।

(4) विचार—विचार प्रत्यक्ष रूप में ज्ञान से संबंधित होते हैं। प्रत्यक्ष ज्ञान संवेदनों और स्मृतियों का समावेश होता है। इससे ही प्रत्यय और विचार उत्पन्न होते हैं। वुण्ट ने प्रत्ययों और विचारों का उनके गुणों के आधार पर वर्गीकरण किया है। इस वर्गीकरण के अनुसार विचार के निम्नलिखित तीन प्रकार होते हैं—गहन विचार (Intensive Ideas), देशज विचार (Space Ideas), कालगत विचार (Time Ideas)।

विचार का विकास समता और अवरोध दोनों पर विचार होता है। इसमें ध्वनियाँ और विचार दोनों ही सम्मिलित होते हैं। विचारों की गहनता उनके स्वरूप में एकता के कारण होती है। विपरीत विचार एक साथ मिलकर गहन नहीं हो सकते। देशज विचारों के विषय में वुण्ट ने लिखा है कि ये वे विचार होते हैं जो कि देश से

सम्बन्धित होते हैं। इसी प्रकार कालगत विचार वे विचार होते हैं जो कि काल से सम्बन्धित होते हैं। व्यक्ति जैसे-जैसे शारीरिक रूप में बढ़ता जाता है और नए-नए अनुभव लेता है वैसे ही उसमें देशज और कालगत विचार भी बढ़ते जाते हैं। किसी भी कार्य को सम्पन्न होने में लगने वाला समय, स्थान, दूरी आदि सभी देशज विचार से जुड़ी होती हैं।

(5) प्रयोगात्मक विधि—वास्तव में प्रयोगात्मक मनोविज्ञान का आरम्भ वुण्ट द्वारा किया गया। इनसे पहले भी मनोवैज्ञानिक ने समय-समय पर मनोविज्ञान के वैज्ञानिक अध्ययन के बारे में लिखा था कि वुण्ट ने ही इसे कार्य रूप प्रदान किया। उसने प्रयोगशाला में प्रयोग करके बहुत-से तथ्यों का पता लगाया। यह भी स्मरणीय है कि विश्व की सर्वप्रथम मनोवैज्ञानिक प्रयोगशाला की स्थापना वुण्ट ने ही की।

(6) संवेग—इस तरह वुण्ट के अनुसार भावना और संवेग का विकास स्नायुमण्डल से सम्बन्धित है। अन्य शब्दों में, भावना और संवेग की उत्पत्ति में होने वाले शारीरिक परिवर्तन होने के साथ ही संवेग उत्पन्न होते हैं जिससे शरीर में भी कुछ प्रतिक्रियाएँ होती हैं। किसी क्रिया की ओर व्यक्ति को अग्रसर करने में भाव ही कारण होते हैं।

(7) मन और शरीर—वुण्ट के प्रयोगात्मक मनोविज्ञान के अनुसार मन और शरीर एक दूसरे से भिन्न होकर भी एक दूसरे के पूरक होते हैं, उनमें घनिष्ठ संबंध होता है। दूसरे शब्दों में, मन तथा शरीर एक-दूसरे से समानान्तर होते हैं किन्तु इनमें परस्पर घनिष्ठ सम्बन्ध किस प्रकार होता है, इसको वुण्ट ने स्पष्ट नहीं बताया।

(8) मनोभौतिकी—वुण्ट ने प्रयोगात्मक मनोविज्ञान पर जोर देते हुए उन विषयों को ही चुना जिनका अधिक विवरण उपलब्ध नहीं था। उसे याक्षुष तथा श्रवण इंद्रियों के अलावा ज्ञानेद्रियों के प्रयोगात्मक अध्ययन और शारीरिक प्रतिक्रिया के समय निर्धारण का श्रेय भी प्राप्त है। इस प्रकार वुण्ट के प्रयोगों से मनोभौतिकी (Psycho-physics) को बल मिला। उसने साहचर्य और संप्रत्यक्ष का भी अध्ययन किया।

हरमा वॉन हेल्महोल्ज—वुण्ट के बाद प्रयोगात्मक मनोविज्ञान के विकास में महान मनोवैज्ञानिक हेल्म होल्ज ने योगदान दिया। भौतिक विज्ञान में विशेष रुचि रखने वाले होल्ज का 21 वर्ष की आयु में ही चिकित्सा शास्त्र से संबंधित लेख प्रकाशित हुआ था। इस लेख में स्नायु गुच्छिकाओं (Ganglion) के कोश (Cells) में एक-एक करके पृथक्-पृथक् नाड़ियों से जुड़े होते हैं। इससे पूर्व कभी भी इस

विषय पर अध्ययन ही नहीं किया गया था। अतः इस विषय और इस तथ्य का चिकित्सा क्षेत्र में स्वागत हुआ। यहीं से हेल्महोल्ज का वैज्ञानिक जीवन प्रारम्भ होता है। हेल्महोल्ज को सेना में शल्य-चिकित्सक के पद पर नियुक्त किया गया जहाँ उन्होंने कई मनोवैज्ञानिक प्रयोग भी किये और ऊर्जा (Energy) का गहन अध्ययन किया। उसने ऊर्जा का संरक्षण में एक निबंध भी लिखा। इस निबन्ध में उन्होंने ऊर्जा का महत्त्व एवं उसके संरक्षण पर अधिक जोर दिया। इस विषय पर अभी तक मनोवैज्ञानिकों का ध्यान ही नहीं गया था। प्रयोगात्मक मनोविज्ञान में हेल्महोल्ज का योगदान निम्न है—

(1) चाक्षुष संवेदना सम्बन्धी सिद्धान्त—हेल्महोल्ज द्वारा प्रतिपादित किये सिद्धांतों में चाक्षुष संवेदना सिद्धांत को प्रमुख माना जाता है। चाक्षुष-संवेदना पर उन्होंने एक ग्रन्थ तीन खंडों में लिखा है और जिसका प्रकाशन क्रमशः सन् 1856, सन् 1860 और सन् 1866 में हुआ। इसके पहले खण्ड में आधार भौतिकी को बनाया गया है, दूसरे खण्ड में शरीर क्रिया विज्ञान, और तीसरे खण्ड में मनोविज्ञान को।

(2) वास्तविक ज्ञान—हेल्महोल्ज द्वारा वर्णित प्रत्यक्ष ज्ञान उद्दीपक वस्तु और ज्ञानेन्द्रियों से विशेष संबंधित होता है। सम्बद्ध व्यक्ति की पूर्व कल्पना और अचेतन अनुमान से भी होता है। साथ ही सम्बन्ध व्यक्ति की पूर्व कल्पना और अचेतन अनुमान से भी होता है। वस्तुओं और लक्षणों के गुणों की व्याख्या में हेल्महोल्ज ने इसे प्रत्यक्ष ज्ञान प्राप्त करने में सहायक बताया है। हेल्महोल्ज ने वस्तुओं के गुण और विशेषताओं को अपरिवर्तनशील बताया है।

इसके अलावा उसने तापक्रम (Temperature) की संवेदना का भी अध्ययन किया और उसे मापनीय बताया है। हेल्महोल्ज ने मनोविज्ञान का सम्बन्ध शरीर-क्रिया विज्ञान से माना और इसी आधार पर उसने मानसिक कार्यों की व्याख्या की। हेल्महोल्ज द्वारा प्रयोगात्मक विकास संबंधी कई महत्त्वपूर्ण सिद्धांतों का प्रतिपादन किया तथा इसके विकास में अत्यधिक योगदान दिया।

(3) यं-हेल्महोल्ज का वर्ण दृष्टि सिद्धान्त—हेल्महोल्ज का प्रसिद्ध वर्ण दृष्टि सिद्धांत टामस यंग के सिद्धांत का संशोधित रूप ही है। इस सिद्धांत को समझने से पहले यंग के सिद्धांत को जानना आवश्यक है। संक्षेप में, यंग के सिद्धान्त के अनुसार वर्ण संवेदन मुख्यतः तीन होते हैं। ये क्रमशः लाल, हरे और जामनी (Violet) होते हैं। इनके विभिन्न मिश्रणों से हमें सात रंग दिखाई पड़ते हैं। जैसे लाल व हरे को मिलाकर पीला, जामनी और लाल से नारंगी तथा हरे और जामनी से नीला रंग बनता

है। सातवाँ रंग सफेद प्रकाश होता है जो कि तीनों मूल वर्ण-संवेदनों के मिश्रण से बनता है। हेल्महोल्ज ने इस सिद्धान्त में संशोधन किया। उसके अनुसार तीन मूल वर्ण हैं—लाल, हरा व नीला। इन तीनों रंगों की व्याख्या करते हुए उसने रेटिना के तीन शंकु (Cons) बतलाये जो कि R. con., G. conn. और B. Con. कहलाते हैं। इनके तन्तु क्रमशः लाल, हरे और नीले रंग से सम्बन्धित होते हैं। जब ये शंकु अलग-अलग उत्तेजित होते हैं तब उनसे क्रमशः लाल, हरे और नीले रंग-तरंग के संवेदन होते हैं। जब लाल और हरे रंग के शंकु समान मात्रा में प्रकाश-तरंगों (Light Waves) द्वारा उत्तेजित होते हैं, तो पीला रंग दिखाई पड़ता है। हेल्महोल्ज के सिद्धांतों में यह स्पष्ट किया गया है कि प्रकाश तरंगों के माध्यम से तीन शंकु की उत्तेजना की अवस्था वर्णविहीन संवेदना कहलाती है।

इस सिद्धान्त की आलोचना में कहा गया है कि इससे वर्णान्धता (Colour-blindness) की व्याख्या स्पष्ट रूप से नहीं होती। अनेक प्रयोगों में यह देखा गया है कि जो व्यक्ति लाल व हरे रंग के अंधे होते हैं, वे भी पीला रंग देख लेते हैं। दूसरे हेल्महोल्ज के सिद्धांत को महत्व को कम नहीं किया जा सकता है। इसके द्वारा चक्षुष वर्ण-संवेदना पर पर्याप्त प्रकाश डाला गया और इस विषय पर अन्य वैज्ञानिकों की इच्छा जागृत हुई

(4) श्रव्य संवेदना—इस सिद्धांत में हेल्महोल्ज ने श्रव्य संवेदना के बारे में बताया कि कान के भीतर की झिल्ली में सहस्रों तन्तु होते हैं। इनकी संख्या लगभग 18 से 24 हजार तक होती है। कान की झिल्ली के इन तन्तुओं की तुलना किसी भी तन्तु वाद्य से की जा सकती है। वाद्य के एक बार झंकृत होने पर एक विशेष प्रकार की ध्वनि निकलती है। यही कार्य कान की झिल्ली के तन्तु भी करते हैं। ये भी ध्वनि को कान में झंकृत करते हैं। किन्तु कुछ आधार हेल्महोल्ज के इस विचार की भी आलोचना की गयी है। अनेक प्रयोगों से यह प्रमाणित हुआ है कि कान की झिल्ली के तन्तुओं में इस प्रकार की क्षमता ही नहीं होती कि वे ध्वनि को झंकृत कर सकें।

(5) अचेतन अनुमान—इस सिद्धांत में यह स्पष्ट किया गया है कि किसी भी प्रकार की संवेदना से संबधित ज्ञान का अनुमान होना जरूरी है। अचेतन अनुमान प्रत्येक व्यक्ति करता है और यह क्रिया स्वाभाविक ही है। प्रायः देखा जाता है कि यदि कोई व्यक्ति एक रंग देखता है तो उसके विपरीत रंग का अचेतन अनुमान कर लेता है। इसके अतिरिक्त अचेतन अनुमान का विकास अनुभव पर निर्भर है। क्योंकि अचेतन अनुमान की क्षमता व्यक्ति के अनुभव में वृद्धि के अनुसार बढ़ती

है। अचेतन अनुमान की प्रक्रिया भी चेतन अनुमान की तरह होती है। अचेतन अनुमान का फल चेतन अनुमान के समान ही होता है। परन्तु अचेतन अनुमान करते हुए व्यक्ति इस प्रक्रिया से अनभिज्ञ होता है।

जे. मैक्कीन कटेल—जे. मैक्कीन कटेल ने भी प्रयोगात्मकता पर ही अधिक जोर दिया। उसने प्रतिक्रिया से सम्बन्धित प्रयोग किये और प्रत्यक्ष ज्ञान के मापन की दिशा में कार्य किया जिसमें उसने टचिटोस्कोप नामक उपकरण का प्रयोग किया। कटेल ने बालकों पर प्रत्यक्ष ज्ञान के अध्ययन के आधार पर तथ्यों की व्यवस्था की। उसके अनुसार आरंभ में प्रत्यक्ष ज्ञान अखण्ड होता है किंतु व्याख्या खंडों के आधार पर होती है। उसके प्रयोगों से यह ज्ञात हुआ कि बालकों को भाषा सीखने में भिन्न-भिन्न अक्षरों का प्रयोग नहीं करना चाहिए, वरन् उनको पूर्ण शब्दों से सिखाना चाहिए। अपने प्रयोगों के माध्यम से मानव की मानसिक क्षमता का मापन किया। कटेल ने वैयक्तिक भिन्नताओं के सम्बन्ध में अनेक प्रयोग किये। उसने प्रतिक्रिया काल (Reaction time), साहचर्य, प्रत्यक्ष ज्ञान और पठन, मनोभौतिकी आदि पर भी प्रयोग किये। प्रतिक्रिया काल सम्बन्धी प्रयोगों में उसने सांख्यिकी का भी प्रयोग किया। इस पद्धति से प्रतिक्रिया काल के विषय में निश्चित रूप से ज्ञात किया जा सकता है। उसने साहचर्य सम्बन्धी प्रयोगों से भाषा शिक्षण के विषय में महत्त्वपूर्ण तथ्यों का पता लगाया।

यह उल्लेखनीय है कि मनोविज्ञान में Mental Test शब्द का प्रयोग सर्वप्रथम कटेल ने ही किया। सन् 1890 में अपने निबन्ध में कटेल ने बहुत-से मानसिक परीक्षणों का वर्णन किया जो कि प्रत्येक वर्ष कालेज छात्रों के बौद्धिक स्तर निर्धारण के लिए प्रयोग में लाये जाते थे । कटेल ने मानसिक परीक्षणों में माँसपेशियों की शक्ति, गति की तीव्रता, भार विवेक (Weight Discrimination), प्रतिक्रिया काल, स्मृति इत्यादि को सम्मिलित किया। उसका विचार था कि चूँकि बौद्धिक स्तर का निर्धारण मापन पर निर्भर है अतः परीक्षणों के लिए ऐसी मानसिक क्रियाएँ चुनी जानी चाहिएँ जिनके मापन में परेशानी उत्पन्न न हो सके। मानसिक परीक्षणों के अलावा कटेल ने मनोविज्ञान में कई नवीन क्षेत्रों का विकास किया। उसमे संगठन शक्ति थी। उसने Psychological Review नामक पत्रिका में समय-समय पर लेख प्रस्तुत किये। इसके अतिरिक्त Psychological Monograph और Psychological Index के प्रकाशन की व्यवस्था करने का श्रेय भी कटेल को ही मिलता है। कटेल ने कई सन्दर्भ ग्रन्थों का सम्पादन किया जिनमें से प्रमुख ग्रन्थ है—Scientists of America और Leaders in Education। उसने अमरीकन वैज्ञानिकों एवं विद्वानों

की एक डाइरेक्टरी और विज्ञान से सम्बन्धित एक मासिक पत्रिका का प्रकाशन भी किया।

कटेल 1886 में AAAS संस्था के सभापति और 1926 में 9th ISC के अध्यक्ष भी बने। 1931 में उन्होंने ASC का संगठन किया। इस संस्था का प्रमुख उद्देश्य विभिन्न मनोवैज्ञानिक परीक्षणों के लिए व्यवस्था करना था। इस संस्था ने मनोविज्ञान में प्रयोगों को प्रोत्साहन दिया और आज भी यह संस्था अत्यन्त उपयोगी एवं महत्त्वपूर्ण कार्य कर रही है।

निष्कर्ष रूप में यही स्पष्ट होता है कि प्रयोगात्मक मनोविज्ञान में कटेल का योगदान अत्यन्त महत्त्वपूर्ण है। कटेल ने प्रयोगात्मक आधार पर व्यक्तित्व भिन्नता का अध्ययन और मानसिक परीक्षणों के महत्व को स्वीकार किया इसके अलावा कई मनोवैज्ञानिक प्रयोगशालाओं की स्थापना की।

ई. एच. वेबर (1795-1846)—जर्मन मनोवैज्ञानिक ई. एच. वेबर द्वारा मनोविज्ञान के विकास हेतु महत्त्वपूर्ण कार्य किये गये। वेबर मुख्य रूप से इन्द्रियों की शारीरिक रचना में रुचि रखता था। उसने आँख, नाक, कान तथा त्वचा आदि की संवेदनाओं के विषय में व्यापक प्रयोग किये। इन इन्द्रियों के क्षेत्र में कई अन्य देशों के मनोवैज्ञानिकों ने अध्ययन किये किंतु वेबर ने सबसे पहले प्रयोगात्मक पद्धति से नवीन तथ्यों की खोज की और फिर उनके मनोवैज्ञानिक परिणाम भी निकाले। उसके प्रयोगों से और प्रकाशनों से औषधिशास्त्र, जीवनशास्त्र तथा शरीर-औषधिशास्त्र के क्षेत्रों में अनुसंधानों को बड़ा प्रोत्साहन मिला। इस समय तक शरीरशास्त्र औषधिशास्त्र का ही एक अंग था। सन् 1846 में वेबर की मृत्यु हो गयी।

वेबर के प्रयोग—वेबर के प्रयोग वेबर फेखनर नियम के नाम से जाने जाते हैं। इसके सिद्धांतों को निम्न प्रकार से समझा जा सकता है।

(1) श्रवण सम्बन्धी प्रयोग—वेबर ने श्रवण (Audition) संवेदनाओं के सम्बन्ध में भी प्रयोग किये। अपने दोनों कान के पास दो टिक-टिक करने वाली घड़ियों को रखकर और दोनों घड़ियों के एक कान के पास रखकर देख तो एक साथ होने की संवेदना कम होती है और जब दोनों एक ही कान के पास लाई जाती हैं तो वे साथ-साथ टिक-टिक करती प्रतीत होती हैं।

(2) पेशी सम्बन्धी प्रयोग—वेबर का सिद्धांत इसी पर आधारित है कि दोनों बॉक्सों के वजन में अंतर पता करने के लिए किस प्रकार भार को घटाया या बढ़ाया जाए। यह प्रश्न सभी संवेदनाओं पर उठाये जा सकते हैं। यह एक सामान्य अनुभव की बात है कि बहुत कम अन्तर होने पर दो संवेदनाओं को अलग-अलग करना

कठिन हो जाता है। उदाहरण के लिए, यदि बारी-बारी से दो बॉक्स उठाने के लिए कहा जाय जिसमें बहुत कम अन्तर हो तो वजन के अंतर को बताना मुश्किल हो जायेगा। अब यदि एक बॉक्स में कोई छोटी वस्तु रख दी जाये और फिर बाक्स उठाकर अन्तर पहचानने को कहा जाये तो यह आवश्यक नहीं है कि अन्तर अवश्य बतलाया जा सके। यहाँ यह प्रश्न उठता है कि दोनों बाक्सों के वजन में कितना अन्तर रखा जाये कि अन्तर पहचाना जा सके अथवा एक बॉक्स में दूसरे की अपेक्षा कम से कम कितना वजन बढ़ाया जाये कि वजन बढ़ा हुआ मालूम पड़े। इसी प्रकार के प्रश्न अन्य संवेदनाओं के विषय में भी उठाये जा सकते हैं। वुण्ट का शिष्य वेबर इसी प्रकार के प्रयोगों में रुचि रखता था। उसने यह जानने के लिए प्रयोग किये कि हाथ से उठाने पर अथवा हाथ पर रखने पर दो वजनों में अन्तर पहचाने जाने के लिए उनमें से एक को दूसरे से कितना भारी होना चाहिए अथवा न्यूनतम कितना वजन बढ़ने पर दो वस्तुओं के भार में अन्तर बतलाया जा सकता है।

अपने प्रयोगों के माध्यम से वेबर ने यह निष्कर्ष निकाला है कि ऐसे में आधा औंस या उससे कम को पहचानना बहुत कठिन है। औंस के अंतर को भी पहचानने के लिए ध्यान देना पड़ता है।

संवेदनाओं पर अपने इन प्रयोगों से वेबर इस निष्कर्ष पर पहुँचा कि दो संवेदनाओं में अन्तर करने के लिए किसी निरपेक्ष (Absolute) भिन्नता की नहीं बल्कि सापेक्ष (Relative) भिन्नता की आवश्यकता है। यह भिन्नता, जैसा कि विभिन्न प्रयोगों के विवरण में पीछे दिखलाया गया है, अलग या एक ही व्यक्ति को अलग-अलग इंद्रियों में यह भिन्न होती है। दो संवेदनाओं की भिन्नता का प्रत्यक्ष इतना अधिक उनके अन्तर पर निर्भर नहीं होता जितना कि उनके सम्बन्ध पर निर्भर होता है। इस निष्कर्ष को और भी निश्चित करने के लिए उसने दृष्टि सम्बन्धी कुछ प्रयोग किये। उसने विषय के सामने रेखाओं के जोड़े उपस्थित किये और उससे यह बतलाने को कहा कि कौनसी रेखा अधिक लम्बी प्रतीत होती है। इन प्रयोगों से सापेक्षता का सिद्धान्त और भी दृढ़ हुआ। वेबर ने अपने प्रयोगों में देखा कि पेशी-सम्बन्धी संवेदनाओं की अपेक्षा दृष्टि सम्बन्धी संवेदनाओं में भिन्न (Fraction) छोटी होने पर भी अन्तर पहचान लिया जाता है।

(3) स्पर्श सम्बन्धी प्रयोग—इस संदर्भ में वेबर महोदय द्वारा किया गया प्रयोग विशेष रूप से उल्लेखनीय है। उन्होंने स्पर्श (Cutaneous) संवेदनाओं के सम्बन्ध में दोहरेपन के सम्बन्ध में खोज की। उसने त्वचा पर भिन्न-भिन्न अन्तर देकर कम्पास रखी जिससे कि हर बार कम्पास के छूने वाले त्वचा के दोनों बिन्दुओं में

अलग-अलग अन्तर रहे। इसमें आँखों का प्रयोग न हो इस बात पर विशेष ध्यान दिया गया। अब आँखों का प्रयोग किये बिना यह पता लगाना था कि दोनों बिन्दुओं में कितना अन्तर होने पर वे दो मालूम पड़ते हैं। इन प्रयोगों में यह देखा गया कि प्रारम्भ में तो विषय को दो बिन्दुओं में स्पष्ट अन्तर नहीं मालूम होता था। परन्तु क्रमशः जब दोनों बिन्दुओं का अन्तर बढ़ाया गया तो एक ऐसी स्थिति आयी जबकि वह उनको संवेदना के दो भिन्न-भिन्न बिन्दुओं के रूप में पहचान सकता था।

वेबर ने अपने इस प्रयोग से यह निष्कर्ष निकाला कि बिन्दुओं के दोहरे होने की संवेदना को स्थापित करने के लिए एक निश्चित सीमा अथवा द्वार को अवश्य पार किया जाना चाहिए। त्वचात्मक संवेदनाओं पर एक अन्य प्रयोग करके वेबर ने यह देखा कि दोहरेपन के लिए आवश्यक दो बिन्दुओं का यह अन्तर शरीर के भिन्न-भिन्न भागों में एक सा नहीं होता। उदाहरण के लिए, उँगलियों और जिन्ह के अग्र भाग पर दोहरेपन की संवेदना के लिए सबसे कम अन्तर की आवश्यकता पड़ी है, होंठों, हथेलियों, कलाइयों और कन्धों पर क्रमशः यह अन्तर बढ़ता जाता है।

स्पर्श संवेदना के संदर्भ में विभिन्न प्रयोग कर वेबर महोदय ने यह स्पष्ट किया है कि भिन्न-भिन्न व्यक्तियों में पर्याप्त अंतर होता है। दोहरेपन की संवेदना के लिए एक ही अंग में भिन्न-भिन्न व्यक्तियों को बिन्दुओं में भिन्न-भिन्न अन्तर की आवश्यकता पड़ती है अर्थात् जिस अन्तर से एक व्यक्ति को दोहरेपन की संवेदना होती है ठीक उसी अन्तर से दूसरे व्यक्ति को दोहरेपन की संवेदना नहीं होती। व्यक्तिगत अन्तर से बिन्दुओं के अन्तर को कम या अधिक करने की आवश्यकता पड़ती है। वेबर द्वारा किये गये व्यक्तिगत विभिन्नता के आधार पर अपने प्रयोग में यह बात सिद्ध की प्रत्येक व्यक्ति में संवेदना वृत्त अलग-अलग होता है। इन संवेदना वृत्तों के अन्दर उत्तेजना दिये जाने पर दोहरेपन का प्रत्यक्ष नहीं होता। परन्तु वेबर की यह धारणा प्रयोगों से सिद्ध नहीं हो सकी क्योंकि देखा गया कि अभ्यास करने से वे वृत्त भी छोटे होते जाते हैं। अर्थात दोहरेपन की संवेदना के लिए आवश्यक अन्तर में फर्क पड़ जाता है।

(4) घ्राण सम्बन्धी प्रयोग—वेबर ने घ्राण (Smell) सम्बन्धी संवेदनाओं के विषय में यह जानने की कोशिश की कि गैस अथवा द्रव में से किसका घ्राणेन्द्रिय पर अधिक प्रभाव पड़ता है। यह देखने के लिए उसने यूडीकोलोन के दस प्रतिशत घोल को नाक के अन्दर की झिल्ली पर डाला और सिर को हिलाकर झिल्ली और द्रव में संपर्क स्थापित किया। द्रव और झिल्ली के बावजूद भी किसी प्रकार की खुशबू

का अहसास नहीं हुआ जिसके आधार पर यही निष्कर्ष निकला संवेदना में द्रव प्रभावशाली उत्तेजक के रूप में कार्य करता है।

(5) तापक्रम सम्बन्धी प्रयोग—वेबर के सिद्धांत के अनुसार तापक्रम की संवेदनाएँ वस्तु के तापक्रम पर निर्भर न होकर त्वचा के तापक्रम पर निर्भर होती हैं। जैसे गर्म पानी में त्वचा का तापक्रम बढ़ जाने और पानी में गिर जाने पर हमें क्रमशः गर्म और ठण्डे का अनुभव होने लगाता है। इस सिद्धान्त से इस सामान्य अनुभव का भी समर्थन होता है कि जब त्वचा का तापक्रम किसी का अधिक हो जाता है तो इस बात की अनुभूति कम होने लगती है। यहाँ यह भी ध्यान रखने की बात है कि त्वचा से तापक्रम का यह अनुभव जितना ही अधिक तीव्र गति से होगा ठंड और गर्मी का अनुभव उतना ही अधिक होगा। उदाहरण के लिए, ठंडे से एकदम गर्म स्थान पर आ जाने पर अधिक गर्मी लगती है। दूसरी ओर यदि तापक्रम का परिवर्तन बहुत ही धीरे-धीरे किया जाय तो शायद ठंड अथवा गर्मी का अनुभव ही न हो क्योंकि त्वचा तापक्रम से क्रमशः अनुकूलन पर लेती है और उसकी आदी हो जाती है।

(6) दृष्टि सम्बन्धी प्रयोग—इस सिद्धांत के माध्यम से वेबर ने दो रेखाओं के मध्य होने वाले अन्तर को स्पष्ट किया है। अपने प्रयोग के द्वारा उसने देखा कि 100 मिलीमीटर लम्बी रेखा से 101 मिलीमीटर लम्बी रेखा कठिनता से ही कुछ बड़ी मालूम होती है और 50.5 मिलीमीटर लम्बी रेखा से 50 मिलीमीटर लम्बी रेखा कठिनता से बड़ी मालूम पड़ती है। वैसे ही वेबर ने देखा कि जब दो रेखाएँ एक-दूसरे के अत्यधिक समीप होती हैं तो हमें वे एक ही प्रतीत होती हैं। जब उनमें आपस में अन्तर दृढ़ हो जाता है तो वे भिन्न-भिन्न रेखाएँ दिखाई देती हैं। वेबर ने यह पता लगाया कि दो रेखाओं में कम से कम कितना अन्तर होना चाहिए कि वे एक दूसरे से अलग प्रतीत हो।

पहचानने योग्य अन्तर—वेबर ने संवेदनाओं के प्रयोग के अंतर को जे. एन. डी. का नाम दिया। प्रयोग की भाषा में इसी को Difference Limen (D.L.) कहते है। यहाँ पर यह आपत्ति उठाई गयी कि डी. एल. कहने के लिए कोई अन्तर कितनी बार पहचाना जाना चाहिए। इस विषय में यह निश्चित किया गया कि 100 में 75 बार ऐसा होना चाहिए। वेबर ने यह भी देखा कि डी. एल. तुलना की जाने वाली वस्तुओं में से स्थित वस्तुओं की कोई भिन्न होती है और सदैव स्थिर रहती है। उदाहरण के लिए भार की तुलना के उदाहरण में 30 औंस का भार स्थिर है और 31 औंस वजन से उसकी तुलना करके 1 औंस डी. एल. पाया गया। यह डी. एल. स्थिर वस्तु का 1/30 है। अब यदि 30 को 60 भी कर दिया जाय तो डी. एल. स्थिर वस्तु

का 1/30 ही रहेगा अर्थात् पहचानी जाने वाली वस्तु 1/3 × 60 = 2 औंस अधिक होनी चाहिए। सूटकेसों पर प्रयोग करके वेबर ने यह देखा कि पहचाने जाने के लिए 30 पौंड की तुलना में 31 तथा 60 पौंड की तुलना में 62 और 90 पौंड की तुलना मे 93 पौंड का सूटकेस होना चाहिए।

इस प्रयोग के माध्यम से वेबर ने निष्कर्ष निकाला कि भार का अन्तर पहचानने वाले के लिए 30, 60 व 90 पौंड के सूटकेसों के लिए क्रमशः 1, 2 व 3 पौंड होना चाहिए। इससे स्पष्ट मालूम पड़ता है कि हर स्थिति में डी. एल. पौंड होना चाहिए। इससे स्पष्ट मालूम पड़ता है कि हर स्थिति में डी. एल. स्टैण्डर्ड (Standard) अथवा स्थिर वजन की वही भिन्न है।

मूल्यांकन—प्रसिद्ध वैज्ञानिक वेबर ने कई क्षेत्रों में अन्य वैज्ञानिक अनुसंधान केन्द्रों में अपने नियम के समर्थन को दिखाने की कोशिश की। उदाहरण के लिए, डेलीजेने (Deleezenne) के कर्णेन्द्रिय सम्बन्धी प्रयोगों का वेबर ने अपने समर्थन में उल्लेख किया लेकिन उसका यह मत सही नहीं था।

यद्यपि कई मनोवैज्ञानिकों ने वेबर के सिद्धांत की बुराई की है लेकिन फिर भी वेबर के सिद्धांत के महत्त्व को कम नहीं आँका जा सकता है। वेबर जर्मनी में एक ऐसे समय में प्रकट हुआ जबकि पिछली एक शताब्दी से जर्मनी में वैज्ञानिक गण भिन्न-भिन्न प्रकार की खोजों में व्यस्त थे। जर्मन विश्वविद्यालय में 19वीं शताब्दी के प्रारम्भ में फ्रेंच खोजों का स्वागत किया जा रहा था। इस समय इंग्लैण्ड में साहचर्यवाद का बोलबाला था। यद्यपि हैमिल्टन (Hamilton) ने ध्यान की समस्याओं को लेकर कुछ प्रयोग किये परन्तु अधिकतर वैज्ञानिकों पर इनका कोई प्रभाव नहीं पड़ता। वेबर के काल से एक पीढ़ी पहले फ्रांस में बोगुएर (Bouguer) ने प्रकाश के प्रति आँख की संवेदनशीलता पर कुछ प्रयोग किये। लेकिन इस प्रयोग से कोई खास सफलता हाथ नहीं लगी। जबकि अन्य देशों में प्रयोगात्मक विज्ञान की यह दशा थी उस समय वेबर ने जर्मनी में प्रयोगात्मक शरीरशास्त्र और प्रयोगात्मक मनोविज्ञान को मजबूत स्तर पर स्थापित किया।

वेबर ने भिन्न-भिन्न इन्द्रियों की संवेदना सिद्धांत के प्रमाण के साथ व्यक्त करने की कोशिश की। यह प्रयोग याद करने योग्य है। वेबर ने समस्याओं को विविध दृष्टिकोण से देखते हुए भी एक सर्वमान्य सिद्धांत विकसित करने का प्रयास किया है। यह प्रयोगात्मक दृष्टिकोण ही वेबर की विशेषता है। वेबर के परीक्षण से मनोवैज्ञानिक समस्याओं को दूर करने का कार्य कई शरीर शास्त्रियों ने प्रयोगशाला में आरंभ किया। उसी की उपस्थित की हुई समस्याएँ थीं जिन पर हेल्महोल्ज

(Helmholtz), फेखनर और लोत्ज (Lotze) जैसे वैज्ञानिकों ने सतत् प्रयोग किये। वेबर ने केवल समस्याएँ ही उपस्थित नहीं कीं बल्कि स्वयं उन समस्याओं को सुलझाने के लिए प्रयोग भी किये और सबसे महत्त्वपूर्ण बात है कि उसने उसके व्यवस्थित अध्ययन का मार्ग निर्देशित किया।

वेबर का मनोविज्ञान के इतिहास में महत्त्व यह है, कि उसने बाहरी जगत के प्रति लोगों के क्रियाकलापों को जानने की कोशिश की। वेबर के समय से आज तक मनोविज्ञान के क्षेत्र में माप (Measurement) का क्षेत्र बढ़ता ही गया है। जैसे-जैसे यह क्षेत्र बढ़ता जाता है वैसे-वैसे मनोविज्ञान अधिक वैज्ञानिक होता जाता है। आज मनोमिति (Psychometry) में छोटी संवेदनाओं और अनुभूतियों से लेकर जटिल सामाजिक अभिवृत्तियों तक की माप की जाती है। कहना न होगा कि वेबर ने अपने प्रयोग के द्वारा माप की यह प्रणाली स्थापित की है। गार्डनर मर्फी के द्वारा किए गए वेबर के सिद्धांत का उल्लेख इस प्रकार है। "यह नियम व्यापक अनुसंधान के लिए एक उपकल्पना के रूप में अत्यन्त महत्त्वपूर्ण होते हुए भी वेबर का महानतम महत्त्व मनोवैज्ञानिक समस्याओं के प्रयोगात्मक दृष्टिकोण की उसकी धारणा में और अनुसंधान को प्रोत्साहित करने में है जिसके द्वारा अन्तोगत्वा उसकी समस्या के अलावा अनेक प्रकार की परेशानियों के बारे में बताया है।

गुस्टेव थियोडोर फेखनर : मनोभौतिकी का जनक—फेखनर वेबर के समकालीन थे परन्तु इससे यह सोचना गलत होगा कि मनोविज्ञान के इतिहास में फेखनर का स्वतन्त्र रूप से कोई महत्त्व नहीं है। मनोविज्ञान की एक प्रमुख शाखा मनोभौतिकी है। मनोभौतिकी अथवा मनोभौतिक-शास्त्र में भौतिक उत्तेजाओं और मानसिक क्रियाओं के सम्बन्ध का यथार्थ अध्ययन किया जाता है। सन् 1879 में, जब जर्मनी के प्रसिद्ध मनोवैज्ञानिक वुण्ट द्वारा प्रथम मनोवैज्ञानिक प्रयोगशाला लारबजिंग में स्थापित की इससे लीन मनोवैज्ञानिकों को मनोवैज्ञानिकों से संबंधित परेशानियों के निदान हेतु शोध की प्रेरणा मिली है।

गार्डनर मर्फी ने कहा कि, "वास्तव में, फेखनर के लम्बे और सावधान अनुसंधानों' ने वुण्ट और उसके समकालीनों को एक प्रयोगात्मक मनोविज्ञान की योजना देने के लिए बहुत कुछ किया।" सन् 1860 में फेखनर ने वुण्ट अनुसंधान केन्द्र के निर्माण से पूर्व अपनी प्रसिद्ध पुस्तक एलीमेण्ट डेर साइकोफिजिक (Element der Psycholpsysik) प्रकाशित की। इस पुस्तक के प्रकाशित होने से पूर्व सन् 1858 में फेखनर ने मानसिक माप (Mental Measurement) पर एक वैज्ञानिक लेख प्रस्तुत किया था। अपनी इस पुस्तक में फेखनर ने मनोभौतिकी मन

और शरीर में परस्पर आश्रितता के सम्बन्ध अथवा कार्यात्मक सम्बन्धों का अध्ययन करने वाला एक यथार्थ विज्ञान है। उसके क्षेत्र में संवेदनाएँ, प्रत्यक्ष, अनुभूतियाँ, क्रियाएँ, ध्यान आदि विभिन्न मानसिक क्रियाएँ आती है। प्रसिद्ध वैज्ञानिक फेखनर के विचार में संवेदनाओं के मापन को अधिक सफल तथा ठीक तरह से किया जा सकता है। इस संदर्भ में फेखनर का मानना है कि हर संवदेना कई संवेदना इकाइयों से बनती है और इन इकाइयों का प्रमाणीकरण किया जा सकता है। यह प्रमाणीकरण उत्तेजनाओं से उनके सम्बन्ध के आधार पर किया जायेगा। फेखनर ने आंतरिक मनोभौतिकी और बाह्य मनोभौतिकी में अन्तर किया। बाह्य मनोभौतिकी में शारीरिक अनुक्रिया की आन्तरिक अनुभवों से तुलना की जाती है। दूसरी ओर आन्तरिक मनोभौतिकी में विषयीगत (subjective) अनुभूतियों के शारीरिक अनुभूतियों से सम्बन्ध का माप किया जाता है। उदाहरणार्थ इसमें संवेदनाओं तथा मस्तिष्कीय बदलाव के बारे में अध्ययन हो सकता है।

फेखनर ने स्वयं किए गए शोधों एवं वैचारिक चिंतनों से भौतिक एवं मानसिक क्रियाओं के आपसी संबंध के बारे में सिद्ध किया कि हमारे भौतिक जीवन के तथ्यों में परिमाणिक (Quantitative) सम्बन्ध हैं। दूसरे शब्दों में, उत्तेजना की वृद्धि के साथ-साथ संवेदना की वृद्धि समान मात्रा में नहीं होती। बल्कि यदि उत्तेजना को ज्यामितीय क्रम में माना जाय तो संवेदना गणितीय क्रम में होती है। उदाहरणतः यदि एक घण्टी बज रही है तो उसके साथ दूसरी घण्टी बजने से हम पर जो प्रभाव पड़ता है, अर्थात् दस घण्टियों से जुड़कर एक घण्टी का जो प्रभाव पड़ता है, वह एक घण्टी से जुड़कर उसके प्रभाव से बहुत कम है। एक अन्य उदाहरण में, यदि चार-छः मोमबत्तियाँ जल रही हों तो उनमें एक मोमबती और जोड़ देने से प्रकाश में अधिक अन्तर आता नहीं मालूम पड़ता। वहीं दूसरी तरफ एक ही मोमबत्ती जल रही हो वहाँ दूसरी मोमबत्ती जलाने से रोशनी में काफी अंतर आ जाता है। स्पष्ट है कि उत्तेजना का प्रभाव प्रत्येक परिस्थिति में एक-सा नहीं हो सकता। उसका प्रभाव पहले उपस्थित उत्तेजना की मात्रा पर निर्भर है अर्थात् उत्तेजना का प्रभाव पहले से उपस्थित उत्तेजना की मात्रा पर निर्भर है अर्थात् उत्तेजना का प्रभाव पहले से उपस्थित उत्तेजना की मात्रा से सापेक्ष होता है। यह पहले से उपस्थिति में एक-सा नहीं हो सकता। उसका प्रभाव पहले उपस्थित उत्तेजना की मात्रा पर निर्भर है अर्थात् उत्तेजना का प्रभाव पहले से उपस्थित उत्तेजना की मात्रा से सापेक्ष होता है। यदि पहले से उपस्थित उत्तेजना इतनी अधिक है कि नई उत्तेजना के जुड़ जाने से उसमें कोई विशेष अन्तर नहीं पड़ता तो

प्रभाव में भी अन्तर नहीं आता। संवेदनाओं में कुछ निश्चित अनुपात में संवेदना बढ़ने पर ही संवेदना में अन्तर मालूम पड़ता है। फेखनर ने अपने नियम में जानने योग्य मनोभौतिकी अंतर को साफ किया।

(1) प्रयोगात्मक सौन्दर्य-शास्त्र—इस प्रकार फेखनर ने जिस समस्या-समाधान की कोशिश की उसके परिणाम से वह पूर्ण रूप से संतुष्ट नहीं था। अतः वह बराबर प्रयोग करता गया। फेखनर द्वारा दैनिक जीवन से सम्बद्ध विविध प्रकार की वस्तुओं की आकृति तथा मापन के आधार पर प्रयोगात्मक सौन्दर्य शास्त्र का विकास किया। कि उनके आकार में किस तरह के सम्बन्ध हैं जिनको सुन्दर कहा जाता है। उसने रोजमर्रा की वस्तुओं के साथ-साथ उसने कला के सफल नमूनों का भी अध्ययन किया। उसका प्रयास सौन्दर्यशास्त्र के क्षेत्र में प्रयोगात्मक पद्धति से कुछ तथ्यों की स्थापना की ओर था। वह कुछ निश्चित सिद्धान्त के सौन्दर्य के मूल्यांकन के विरुद्ध था। उसका उद्देश्य सौंदर्य शास्त्र को प्रयोगात्मक आधार देना।

जहानस मुलर—इस प्रसिद्ध विद्वान ने 19वीं शताब्दी में संवेदना से संबंधित प्रमुख परीक्षण किये और बहुत से नवीन तथ्यों का प्रतिपादन किया। प्रयोगात्मक मनोविज्ञान के क्षेत्र में जहानस मुलर का योगदान निम्नलिखित विषयों में है—

(1) मानसिक क्रिया—मुलर ने मानसिक प्रतिक्रियाओं के बारे में साफ किया कि अनुभव संबंधी प्रतिमाओं के निर्माण का आधार स्नायुमण्डल होता है। जब भी उचित साहचर्य प्रस्तुत होता है, तब ये प्रतिमाएँ स्मृति में आ जाती हैं। साहचर्य में समानता तथा सहअस्तित्त्व सहायक होते हैं। हकीकत में इनको साहचर्य का विभिन्न रूप कह सकते हैं। व्यक्ति में इस बात की योग्यता होती है कि वह आवश्यकतानुसार साहचर्य को सीमित कर लेता है और इस प्रकार उससे सम्बन्धित वस्तुओं एवं विचारों को स्मृति में लाता है। यदि वह ऐसा न करे तो एक ही समय में अनेक वस्तुओं से सम्बन्धित साहचर्य हो जाएँ और फिर मानसिक कार्य से अस्पष्ट हो जाये। इस तरह सीमित और सामान्य पहलुओं का मुलर ने विश्लेषण किया।

(2) विशिष्ट शक्ति—इस नियमानुसार शरीर के स्नायुओं में एक विशेष प्रकार की ऊर्जा होती है। जब एक स्नायु का सम्बन्ध एक उद्दीपन से होता है तब उसके द्वारा एक ही प्रकार की प्रतिक्रिया होती है। उदाहरण के लिए, चाक्षुष स्नायु केवल देखने की क्रिया करते हैं और श्रवण स्नायु सुनने की। इसी प्रकार त्वचा पर शीत की संवेदना शीत बिन्दु होती है और ताप बिन्दु से ताप सम्बन्धी संवेदना होती है। अतः मुलर ने साफ कहा कि संवेदना का स्वरूप उस स्नायु पर आश्रित होता है जो

कि उद्दीपन के सम्पर्क में आता है। इस प्रकार उसने कहा कि यह सोचना सही नहीं होगा कि संवेदना का स्वरूप उससे सम्बन्धित उद्दीपन से होता है। प्रमुख रूप से संवेदना का आधार स्नायु और उनमें निहित ऊर्जा है।

(3) भावना और संवेदना—मुलर ने भावना के बारे में लिखा है कि अनुकूल परिस्थितियों में विचारों की समानता (Similarity) या विषमता (Difference) से भावनाएँ उत्पन्न होती हैं। इस प्रकार जब कोई व्यक्ति अपनी कोशिश में कामयाब हो जाए तब सुख की भावना पैदा होती है और किसी कार्य में असफल हो जाए तो दुःख की भावना पैदा होती है। मुलर ने संवेग का आधार भी शारीरिक ही माना है। संवेग की स्थिति में शरीर के भीतर संवेदना होती है। अन्य शब्दों में, स्नायुओं के आधार पर शरीर के भीतर जो संवेदना होती हैं। उसे संवेग कहा जाता है।

(4) प्रतिवर्त क्रिया—मुलर द्वारा प्रतिवर्त क्रिया को स्पष्ट करते हुए अनुसंधान के माध्यम से निष्कर्ष निकाला है कि मस्तिष्क और मेरुरज्जू (Spinal cord) का सम्बन्ध शरीरिक क्रियाओं से होता है और प्रतिवर्त क्रिया इन्हीं पर निर्भर होती है।

(5) चाक्षुष संवेदना—मुलर प्रमुख रूप से संबंधित क्रियाओं में रुचि रखता था और उसने अपना ध्यान विशेषतया चाक्षुष संवेदना (Optics) पर केन्द्रित किया। उसके अधिकतर परीक्षण आँख के बाह्य अवयवों की क्रिया तथा देशज प्रत्यक्षीकरण (Space perception) से सम्बन्धित थे। उसके तथ्य कान्ट (kant) के देशज प्रत्यक्ष सिद्धान्त (Principle of Space Perception) से प्रभावित थे। कान्ट के देशज (Space) के ज्ञान को आत्मगत माना था और यह बतलाया था कि यह मन की एक सहज विशेषता है। बर्कले का मानना है कि चाक्षुष ज्ञान का आशय किसी उचित क्रिया कि लिए तैयार करने वाले प्रतीक अथवा चिन्ह से है। हरबार्ट (Herbart) ने देशज को कुछ अनुभवों का योग कहा था। परन्तु मुलर ने इस विषय पर प्रकाश डाला कि किस प्रकार की किसी वस्तु का निरीक्षण करने पर क्या प्रभाव पड़ते हैं और उनको पुनः याद कैसे किया जा सकता है। उसने कहा कि हर व्यक्ति देशज को जान सकता है लेकिन सही तरीके से उसकी दूरी, आकार और स्थिति को नहीं जान सकता। मनुष्य को अपने अनुभव से इस बात का ज्ञान होता है कि किसी भी वस्तु को वह पा सकेगा अथवा नहीं।

(6) मनोविज्ञान का शारीरिक आधार—ऊपर दिए गए संक्षिप्त विवरण पर प्रकाश डालते हुए मुलर ने शरीर क्रियाविज्ञान और मनोविज्ञान के पारस्परिक सम्बन्ध पर प्रकाश डालते हुए बतलाया कि मनोविज्ञान का आधार शारीरिक है। उसने स्नायु मण्डल को सर्वाधिक महत्त्व दिया और इस विषय में जो कुछ भी लिखा वह आधुनिक

स्नायुमण्डल के आधार पर है। उसका ध्यान शारीरिक पक्ष पर अधिक होने से उसका प्रमुख विषय शरीरशास्त्र था। उसकी गणना उन्नीसवीं शताब्दी के प्रसिद्ध जर्मन मनोवैज्ञानिकों में होती है।

(7) संकल्प शक्ति—जो शक्ति हमारा ध्यान विशेष वस्तु की ओर आकर्षित करती है, उसे संकल्प शक्ति कहते हैं। यहाँ पर व्यक्ति की ऐच्छिक तथा अनैच्छिक क्रियाओं के भेद को जानना भी आवश्यक है। व्यक्ति केवल उन्हीं कार्यों पर नियन्त्रण कर सकता है जो कि उसकी इच्छानुसार होते हैं। जो कार्य व्यक्ति की अनिच्छा से होते हैं, उन्हें व्यक्ति काबू में नहीं कर सकता।

इसके अलावा मनोविज्ञान में एबिंगहॉस (Ebbinghaus, 1850-1909) ने प्रयोगात्मक विधि का उपयोग अपने स्मृति सम्बन्धी प्रयोगों में किया। इनका विस्तारपूर्वक वर्णन आगे वर्णित है।

वाटसन ने मनोवैज्ञानिक प्रयोगशाला विधि के उत्थान में आवश्यक कार्य किये। अपने व्यवहारवादी (Behaviouristic) सिद्धान्त द्वारा उन्होंने चेतना और अन्तर्दर्शन-विधि को मनोविज्ञान से बाहर निकाल दिया तथा व्यवहार के हर क्षेत्र में इस विधि का उपयोग किया। इसी कारण आज मनोविज्ञान दर्शनशास्त्र का अंग न होकर एक स्वतन्त्र विज्ञान के रूप में जाना जाता है।

प्रयोगात्मक मनोविज्ञान के प्रकार
(Types of Experimental Psychology)

प्रयोगात्मक मनोविज्ञान का जन्म स्वतंत्र विषय के रूप में सामान्य विज्ञान हुआ है। पिछले सौ वर्षों तक सामान्य मनोविज्ञान का सम्बन्ध मननशील दर्शन (Speculative philosophy) से अधिक रहा था। इस कारण सामान्य मनोविज्ञान की अध्ययन-पद्धति अन्तर्दर्शन की रही। इससे वैज्ञानिक एवं प्रयोगात्मक विधि के उपयोग का अवसर कम ही प्राप्त होता था एवं उस समय का दार्शनिक एवं मनोवैज्ञानिक सत्य अन्वेषण की अपेक्षा सहमति पर अधिक अन्वेषण करता था।

दार्शनिक एवं मनोवैज्ञानियों का महत्व सामान्य मनोविज्ञान में प्रयोगात्मक मनोविज्ञान की उन्नति के बाद बढ़ गया और **"वैज्ञानिक मनोवैज्ञानिकों"** की उत्पत्ति हुई इसलिए आज का सामान्य मनोविज्ञान मननशील दर्शनशास्त्र की अन्तर्दर्शन विधि पर निर्भर न होकर प्रयोगों द्वारा प्राप्त निष्कर्ष और प्रयोग विधि पर आधारित है। प्रयोगात्मक मनोविज्ञान आधुनिक काल में सामान्य मनोविज्ञान से भिन्न तथा स्वतन्त्र नहीं है। प्रयोगात्मक मनोविज्ञान में सामान्य मनोविज्ञान के

नियमों की सत्यता प्रयोगों द्वारा जाँची जाती है। इसी कारण कॉलिन्स तथा ड्रेवर के विचारों में, "प्रयोगात्मक मनोविज्ञान सामान्य मनोविज्ञान का जरूरी अंश है। प्रयोगात्मक भाग के बिना मनोविज्ञान एक काल-भ्रम (Anachronism) है।

इसके अन्तर्गत सामान्य मनोविज्ञान से समस्याओं को सम्बद्ध यथार्थ और मानक परिस्थितियों का अध्ययन करते हैं। प्रयोगात्मक मनोविज्ञान वैज्ञानिक विधि के नियमों को अपने विषय पर लागू करता है एवं उन नियम-संगत सम्बन्धों को खोजता है जिनसे व्यवहार प्रभावित होता है। वायुमंडल में प्रतिक्रिया करने वाले तत्वों तथा व्यवहार करने वाले जीवों की खोज प्रयोगात्मक मनोवैज्ञानिक द्वारा की जाती है।

विज्ञान एवं वैज्ञानिक चिन्तन
(Science and Scientific Thinking)

प्रसिद्ध मनोवैज्ञानिक मैकगुइन ने वैज्ञानिक विधि की निम्न विशेषताओं का उल्लेख किया है। पहली विशेषता यह है कि इससे वैज्ञानिक प्रश्नों के उत्तर मिलते हैं। दूसरी विशेषता यह है कि यह किसी अर्थपूर्ण समस्या का समाधान करने का प्रयास करती है। इन दोनों विशेषताओं के आधार पर विलियम मैक्डूगल ने विज्ञान की परिभाषा करते हुए कहा है, "विज्ञान वैज्ञानिक विधि का अर्थपूर्ण समस्याओं में प्रयोग है।" मनोविज्ञान में वैज्ञानिक विधि का प्रयोग किये जाने के कारण वह भी विज्ञानों के अन्तर्गत आता है।

साधारण शब्दों में विज्ञान को इस प्रकार परिभाषित किया जा सकता है, कारण तथा उसके प्रभाव के सम्बन्धों को ज्ञात करना अथवा उसका अध्ययन करना ही विज्ञान है। टाउनसैण्ड का मानना है कि विज्ञान अन्वेषण विधियों के द्वारा इकट्ठा ज्ञान का संगठित समूह है। इस परिभाषा में अध्ययन के विषय में अधिक महत्त्व अन्वेषण-विधि को दिया गया है। वैज्ञानिक विधि वैज्ञानिक सोच से ही पैदा हुई है। वैज्ञानिक चिन्तन के दो विशेष लक्षण हैं—दिशा (Direction) एवं नियन्त्रण (Control) । वैज्ञानिक चिन्तन द्वारा किसी एक उद्देश्य से सम्बन्धित विषय पर विचारों को विधिपूर्वक तथा संगठित रूप में प्रस्तुत किया जाता है। इसीलिए सभी विज्ञानों में खोज विधि सामान्य होने से मनोविज्ञान भी एक विज्ञान की तरह है।

यद्यपि कुछ सामान्य भिन्नता होने के बावजूद वैज्ञानिक विचार साधारण ज्ञान से संबंधित है। सामान्य ज्ञान द्वारा व्यक्ति किसी भी समस्या के समुचित अन्तर भी है। सामान्य ज्ञान द्वारा व्यक्ति किसी भी समस्या के समुचित अन्तर से सन्तुष्ट हो जाता है। वैज्ञानिक तथ्यों को इस प्रकार व्यवस्थित करता है कि वह केवल व्याख्या

से कुछ ऊपर उठ सके। साधारण व्यक्ति केवल असाधारण घटनाओं की व्याख्या करने का प्रयास करता है। वैज्ञानिक के लिए साधारण व असाधारण सभी प्रकार की घटनाओं की व्याख्या करना आवश्यक है। इस विभिन्नता के बावजूद भी वैज्ञानिक पद्धति का विकास सामान्य ज्ञान से हुआ है।

वैज्ञानिक अध्ययन के सोपान (Steps of Scientific Study)

विज्ञान का कुछ विशेष लक्ष्य होने के आधार पर संबंधित विषय का अध्ययन करता है। उदाहरण के लिए, ध्वनि या विद्युत सम्बन्धी अध्ययन करते समय भौतिक शास्त्री सबसे पहले उससे सम्बन्धित कोई प्राक्कल्पना (Hypothesis) बनाता है। उसके बाद प्रयोग के माध्यम से इस सिद्धान्त का सत्यापन (Verification) करता है मनोविज्ञान में भी सर्वप्रथम किरी विशिष्ट समस्या का उद्देश्य निर्धारित किया जाता है; जैसे—"एक मानवीय काष्ठ भूल-भूलैया (Wooden maze) में बालक किस प्रकार सीखता है?" अब किसी बालक पर प्रयोग करके उसके सीखने की प्रक्रिया का अध्ययन किया जाता है तथा परिणामों का सामान्यीकरण किया जाता है।

अन्य विज्ञानों की तरह मनोविज्ञान में जिन मूलभूत सिद्धान्तों का अनुसरण किया जाता है, उन्हें निम्न बिंदुओं के अंतर्गत दर्शाया गया है—

(1) **वर्गीकरण**—प्रयोग से प्राप्त परिणामों का क्रमबद्ध वर्गीकरण।

(2) **सत्यापन**—प्रयोगों से प्राप्त निष्कर्षों की विश्वसनीयता (Reliability) तथा वैधता (Validity) मालूम करना।

(3) **सामान्यीकरण**—परिणामों के आधार पर सामान्य नियमों का प्रतिपादन।

(4) **तैयारी**—किसी विशेष परेशानी का निर्धारण एवं तत्सम्बन्धी पूर्व-संचित ज्ञान का परिचय। साथ ही परेशानी सम्बन्धी अनुसन्धान के लिए योजना की रचना।

(5) **निरीक्षण**—निर्देशनात्मक विधि का निश्चय करके प्रयोग करना तथा निष्कर्षों का लेखा-जोखा।

प्रयोगात्मक वैज्ञानिक विधि (Methods of Scientific Experiment)

विभिन्न मनोवैज्ञानिकों ने प्रयोग को एक वैज्ञानिक विधि के रूप में विकसित किया। सामान्य शब्दों में प्रयोग का आशय "नियन्त्रित दशाओं में किये हुए निरीक्षण" से है। "प्रयोग एक ऐसा निरीक्षण है जिसमें एक स्वतन्त्र चर के

घटाने-बढ़ाने से परतन्त्र चर पर पड़ने वाले प्रभावों का नियन्त्रित दशाओं में अध्ययन करते है।''

उक्त तथ्य का अध्ययन करने से यह पता चलता है कि प्रयोग यद्यपि एक निरीक्षण है, परन्तु यह निरीक्षण सामान्य निरीक्षण से भिन्न है। प्रयोग में प्रयोक्ता दशाओं को नियन्त्रित करके स्वतन्त्र चर का परतन्त्र चर पर प्रभाव देखता है। **वुडवर्थ** के अनुसार, प्रयोक्ता को सामान्य निरीक्षण की अपेक्षा नियन्त्रित निरीक्षण में विभिन्न लाभ हैं जैसे–प्रयोक्ता जब भी चाहे किसी घटना (Event) को घटा-बढ़ा सकता है। इसलिए उसे निरीक्षण के लिए पूरी तरह तैयार रहना चाहिए। सत्यता की जाँच (Verification) के लिए प्रयोक्ता अपने निरीक्षण की पुनरावृत्ति कर सकता है तथा प्रयोक्ता अपने नियन्त्रण की दशाओं को भली प्रकार बदल कर सकता है परिणामों के परिवर्तन के बारे में जानकारी कर सकता है।

प्रायोगिक कारक (Experimental Factor)

चर का आशय–चर के आशय को अनेकों वैज्ञानिकों ने अपने-अपने तरीके से परिभाषित किया है। कुछ महत्त्वपूर्ण परिभाषा निम्न प्रकार से दी गयी है। पोस्टमैन तथा ईगन का मानना है कि, ''चर वह लक्षण या गुण है, जिसके कई तरह के मूल्य हो सकते हैं।'' इंगलिश तथा इंगलिश ने इसे परिभाषित करते हुए लिखा है–''यह एक ऐसा परिमाण है जो निरन्तर या अनिरन्तर रूप से बढ़ता-घटता है, पर इसके मूल में कोई बदलाव नहीं होता। उदाहरणार्थ, उद्दीप्त त्वचा का क्षेत्र, उद्दीपक की तीव्रता, किसी परीक्षण में पादों के सही उत्तर, अनुक्रिया करने में लगा समय''। बुगेलस्की ने लिखा है–''चर किसी घटना, क्रिया या प्रक्रिया का वह पक्ष या स्वरूप है, जो अपनी उपस्थिति से किसी दूसरी घटना या प्रक्रिया को प्रभावित करे, जिसका विश्लेषण किया जा रहा हो।

उक्त परिभाषाओं के आधार पर स्पष्ट किया जा सकता है, कि चर निरीक्षित वस्तुओं को तथा उसको विशिष्ट निरीक्षण चर कहलाता है। इसी मूल्य के आधार पर निरीक्षण को वर्गीकृत किया जाता है। चर बन सकने के लिए निरीक्षण को कम से कम दो वर्गों में रखना पड़ता है। यह वर्ग एक-दूसरे से बिल्कुल भिन्न होते हैं और निरीक्षण को इनमें से किसी भी एक वर्ग में रखा जा सकता है। अतः चर की परिभाषा इस प्रकार की जा सकती हैः ''चर कोई भी ऐसी वस्तु है इसका हम निरीक्षण कर सकते हैं और वह इस प्रकार की हो, जिसका इकाई को निरीक्षण के विभिन्न वर्गों में वर्गीकृत कर सकते है।''

चर के प्रकार

चर प्रमुख रूप से दो प्रकार के होते हैं जिन पर संक्षिप्त प्रकाश निक्षेप किया गया है–

(1) स्वतन्त्र चर–इस विधि के अंतर्गत प्रयोक्ता स्वतन्त्र चर पर पड़ने वाले प्रभाव का अध्ययन करता है। टाउनसैण्ड के विचारों में, "स्वतन्त्र चर वह तत्त्व है जिसे प्रयोक्ता किसी निरीक्षित तथ्य से सम्बन्धित करने के अपने प्रयास में घटता-बढ़ता है। इस परिभाषा के अनुसार स्वतन्त्र चर उसे कहा जाता है जिसे प्रयोक्ता कम-ज्यादा कर सके। अर्थात् ऐसे चर जो स्पष्ट रूप में प्रयोक्ता के नियन्त्रण में हों, स्वतन्त्र चर कहे जाते हैं। एडवर्ड का मानना है कि, "ऐसे चर जिन पर प्रायोक्ता का नियन्त्रण हो, स्वतन्त्र चर हैं।

(2) परतन्त्र चर–स्वतन्त्र चर के कम या अधिक करने पर यदि प्रयोज्य की अनुक्रियाओं में अन्तर आये तथा स्वतंत्र चर के बढ़ने पर बढ़े अथवा कम होने पर कम हो तो इन परिवर्तित अनुक्रियाओं को परतन्त्र चर कहेंगे। टाउनसैण्ड के मतानुसार, "परतन्त्र चर वह तत्त्व है जो प्रयोक्ता द्वारा स्वतंत्र चर के प्रस्तुत करने, समाप्त करने अथवा परिवर्तित करने पर दृष्टिगोचर हो, लुप्त हो अथवा स्वयं भी परिवर्तित हो। परतन्त्र चर से आशय प्रयोग के बाद होने वाली उन दशाओं से है जो स्वतंत्र चर के कम-ज्यादा होने पर ही कम-ज्यादा हो सकें। इसीलिए इन चरों को परतन्त्र चर कहते हैं क्योकि ये चर पूर्ण रूप से स्वतंत्र चर पर आश्रित रहते हैं।

चरों का वर्गीकरण

चरों का वर्गीकरण निम्न प्रकार किया गया है–

(1) मात्रात्मक चर–निरीक्षण तालिका को मापन से भी प्राप्त किया जा सकता है, जैसे किसी उद्दीपक को प्रकाश किरण के द्वारा मालूम किया जा सकता है।

(i) सतत् मात्रात्मक चर–जब उद्दीपक की तीव्रता को सैद्धन्तिक रूप में अनन्त तक घटा-बढ़ाकर प्राप्त किया जाय तो ऐसी सारणी को सतत् मात्रात्मक चर कहेंगे। किन्तु इस प्रकार का निरीक्षण सदा सन्निकट (Approximate) रहता है।

(ii) विविक्त मात्रात्मक चर–ऐसी सारणी की, जिसमें संख्या की ओर ध्यान दिया जाय, उसे विविक्त सारणी कहते हैं। इस प्रकार विविक्त मात्रात्मक चर वह चर है, जिसमें एक उद्दीपक को स्थिर रखकर जितने समय तक प्रदर्शित करना है, उसे यदि बदल दिया जाय तो यह तालिका मात्रात्मक होते हुए विविक्त है।

इस प्रकार के प्रदत्त यथातथ्य होते हैं परंतु इस प्रकार का निरीक्षण सन्निकट नहीं रहता है।

(2) गुणात्मक चर—गुणात्मक चर ऐसे चर को कहा जाता है जिसके अंतर्गत अनुक्रिया-चर (Response Variable) के गुणात्मक स्वभाव की ओर मात्रात्मक चर को गुणात्मक चर के समान एक क्रमिक रूपों में व्यवस्थित कर सकते हैं।

गुणात्मक चर अक्रमित चर भी कहलाता है। यदि निरीक्षण की इकाइयों में मात्रा एवं अंश का अन्तर हो तो उन्हें इस प्रकार विभाजित करते हैं कि चर का एक वर्ग अन्य वर्गों की अपेक्षा अधिक प्रदत्तों को प्रस्तुत कर सकता है। गुणात्मक चर में निरीक्षण के विभिन्न वर्गों में कोई क्रमिक सम्बन्ध नहीं होता क्योंकि वर्गों के अन्तर का कारण प्रकार है; न कि मात्र।

(3) उद्दीपक-चर—जो निरीक्षण की जाने वाली वस्तुओं, पर्यावरण, परिस्थितियों या उद्दीपक की दशाओं से सम्बन्धित हों, उन्हें उद्दीपक कहा जाता है। स्वतंत्र तथा परतन्त्र दोनों प्रकार के चरों को ज्ञात करने के लिए मनोवैज्ञानिक द्वारा प्रयोग किये यद्यपि स्वतंत्र चर असंख्य होते हैं फिर भी वे उन थोड़े से स्वतन्त्र चरों को ढूँढ़ने में विशेष रूप से ध्यान देते हैं जो किसी विशेष व्यवहार पर प्रभाव डाल सकें। स्वतन्त्र चर के प्रभावों का अध्ययन करने के लिए मनोवैज्ञानिकों को दो समूहों का प्रयोग करना पड़ता है, जिन्हें प्रयोगात्मक तथा नियन्त्रण-समूह कहा जाता है। इन दोनों समूहों पर संक्षिप्त प्रकाश नीचे डाला गया है—

(i) प्रयोगात्मक-समूह—स्वतन्त्र चर का व्यवहार पर अथवा परतन्त्र चर पर पड़ने वाले प्रभाव के अध्ययन के लिए प्रयोक्ता इस चर को जिस समूह के समक्ष उपस्थित करता है, उस समूह को प्रयोगात्मक समूह के नाम से जाना जाता है।

(ii) नियन्त्रण-समूह—वह समूह जिसमें प्रयोक्ता स्वतन्त्र चर को उपस्थित नहीं करता, नियन्त्रण-समूह कहलाता है। इस प्रकार यदि स्वतन्त्र चर का कोई प्रभाव प्रयोगात्मक समूह में मिलता है और नियन्त्रण-समूह में नहीं मिलता तो प्रयोक्ता आसानी से यह परिणाम निकाल सकता है। कि अमुक स्वतन्त्र चर के प्रारम्भ करने पर अमुक व्यवहार होगा।

मनोवैज्ञानिक प्रयोगों के स्वरूप
(Types of Psychological Experiment)

मनोविज्ञान से संबंधित विभिन्न प्रकार के प्रयोग मनोवैज्ञानिकों द्वारा किये जाते हैं। मनोवैज्ञानिक प्रयोगों के स्वरूप को फैस्टिन्गर तथा काज ने इस प्रकार

परिभाषित किया है–"एक प्रयोग का सार तत्त्व यह कहकर वर्णन किया जा सकता है कि इसमें किसी स्वतन्त्र चर के प्रहस्तन का नियन्त्रित चर पर प्रभाव का निरीक्षण किया जा सके।" कॉलिन्स और ड्रेवर (Collins and Drever) के अनुसार, गुणात्मक प्रयोगों में प्रयोक्ता किसी घटना, गुण, तथ्य आदि के स्वरूप का अध्ययन करता है, यथा प्रतिमाओं का स्वरूप, प्रतिक्रिया-काल में विभिन्नताएँ, ध्यान-विचलन, दृष्टिपटल (Retina) में रंगों का क्षेत्र आदि। मात्रात्मक प्रयोगों में प्रयोक्ता घटना, गुण आदि के स्वरूप की अध्ययन करने के साथ-साथ उसकी मात्रा का भी अध्ययन करता है, दो-बिन्दु देहली, विभिन्न उद्दीपकों के प्रति प्रतिक्रिया-काल, इत्यादि इसके प्रमुख उदाहरण हैं। टिचनर का मानना है कि, "गुणात्मक प्रयोग का उद्देश्य वर्णन करना है जबकि मात्रात्मक प्रयोग का उद्देश्य वर्णन करना है जबकि मात्रात्मक प्रयोग का उद्देश्य मापना है।

अण्डरवुड ने मनोवैज्ञानिक प्रयोग के प्रमुख दो स्वरूप बतलाये हैं–

1. मैं आश्चर्य करता हूँ कि क्या होगा प्रकार, तथा 2. **मैं शर्त बदता हूँ कि यह होगा** प्रकार। प्रथम प्रकार परीक्षण में प्रयोक्ता यह जानने की कोशिश करता है कि क्या अमुक तत्त्व एक प्रभावकारी उद्दीपक-चर है अथव नहीं : क्या यह चर कोई अनुक्रिया करवाने में सफल होगा अथवा नहीं, दूसरी प्रकार के परीक्षण में प्रयोक्ता एक प्राक्कल्पना बनाकर किसी विशेष उद्दीपक-चर के परिवर्तनों के प्रभावों का अध्ययन करता है। इसलिए उसका प्रयोग कर प्राक्कल्पना की जाँच करता है।

मैकगुइमन ने इसे निम्न बिंदुओं के अंतर्गत विभाजित किया है–

(1) अन्वेषी प्रयोग–ऐसे प्रयोगों को तब किया जाता है जब प्रयोक्ता को समस्या के बारे में पूर्ण ज्ञान हो। समस्या के सीमित ज्ञान के कारण वह इस स्थिति में नहीं होता कि कोई सम्भव हल निकाल सके। इसीलिए वह कोई स्पष्ट प्राक्कल्पना भी नहीं बना सकता। वह केवल एक जिज्ञासु होता है और इस जिज्ञासा के कारण कुछ प्रदत्तों को एकत्र कर लेता है, परन्तु उसके पास ऐसा कोई आधार नहीं होता जिस पर वह या अनुमान कर सके कि प्रयोग के परिणाम क्या होंगे। इस प्रकार के प्रयोग किसी समस्या की खोज की प्रारम्भिक अवस्था में किये जाते हैं तथा प्रयोक्ता की रुचि उन नये स्वतन्त्र चरों के खोजने में होती है, जो किसी विशेष परतन्त्र चर को प्रभावित करते हैं। इसे अण्डरवुड ने प्रथम प्रकार का परीक्षण माना है।

(2) पुष्टि प्रयोग–इन प्रयोगों में प्रयोगकर्ता सम्पुष्ट करने का प्रयत्न करता है कि अमुक चर निश्चित रूप से प्रभावकारी है। इस प्रयोग में प्रयोक्ता एक चर के दूसरे चर पर पड़ने वाले प्रभावों की मात्रा एवं उनके निश्चित रूप को

निर्धारित करने का प्रयास करता है। इसे अण्डरवुड ने द्वितीय प्रकार का परीक्षण माना है।

(३) निर्णायक प्रयोग–ऐसे प्रयोगों का उपयोग तब किया जाता है, जब प्रयोक्ता एक अथवा कई प्राक्कल्पनाओं को एक साथ जाँचने की कोशिश करता है। इन प्रयोगों को इस प्रकार अभिकल्पित किया जाता है कि यदि निष्कर्ष एक ओर हो, तो एक प्राक्कल्पना स्वीकृत हो जाय और दूसरी प्राक्कल्पना अस्वीकृत हो जाय। इस प्रयोग के नतीजे आदर्श रूप में एक सिद्धान्त को स्वीकार करते हैं और अन्य सम्भव सिद्धान्तों को अस्वीकृत कर देते हैं।

प्रयोगात्मक मनोविज्ञान का महत्त्व

प्रयोगात्मक मनोविज्ञान के महत्व को विद्यार्थियों, शिक्षकों तथा अन्य व्यक्तियों के लिए निम्न बिंदुओं के माध्यम से जाना जा सकता है–

4. प्रयोगात्मक मनोविज्ञान, विद्यार्थी को वैज्ञानिक दृष्टिकोण अपनाने में सहायता करता है। वे केवल अनुमान से काम न लेकर तथ्यों पर अपने परिणामों को आधारित करना सीख लेते हैं।
5. अध्यापक कक्षा में विद्यार्थियों द्वारा कई प्रकार के प्रयोग करवाते हैं, तो वे विद्यार्थियों के अधिक सम्पर्क में आते हैं। प्रयोगात्मक मनोविज्ञान का अध्ययन तभी रुचिकर एवं बोधगम्य हो सकता है, जब अध्यापक एवं छात्र में सौहार्द्र-स्थापना हो सके। इस क्षेत्र के प्रयोगात्मक मनोविज्ञान का अध्यापन इस दिशा में लाभदायक है। इससे शिक्षक विद्यार्थी के जीवन, व्यक्तित्त्व, महत्त्वाकांक्षाओं एवं कमियों के बारे में अन्तर्दृष्टि पता लगा सकते हैं।
1. इस प्रकार मनोविज्ञान के प्रत्येक विषय का साहित्य अत्यन्त शीघ्रता से बढ़ रहा है। प्रयोगात्मक मनोविज्ञान की बातों का ज्ञान करा सके। जब कोई छात्र स्वयं प्रयोग करता है, तो वह मानसिक अनुक्रियाओं को अधिक स्पष्ट रूप से जान सकता है।
2. मनोविज्ञान के कई क्षेत्र एक-दूसरे पर आश्रित होते हैं। एक के बिना दूसरा अधूरा है। प्रयोगात्मक मनोविज्ञान भी इसकी एक कड़ी है।
3. मनोविज्ञान एक वैज्ञानिक विषय है। केवल अनुमान के आधार पर हम इसका विवेचन नहीं कर सकते। प्रयोगों की सहायता से मानव-व्यवहार के सम्बन्ध में महत्त्वपूर्ण तथ्यों का संकलन होता है। पिछली शताब्दी में मनोविज्ञान के

कलेवर में आशातीत सफलता प्राप्त हुई है। प्रयोगात्मक मनोविज्ञान को इसका प्रमुख श्रेय प्राप्त होता है।

प्राकृतिक विज्ञान और मनोवैज्ञानिक प्रयोगों में भेद

प्रयोगात्मक मनोविज्ञान छात्र एवं अध्यापकों के लिए अधिक महत्त्वपूर्ण भूमिका निभाता है यदा-कदा से ये इसके स्वरूप के संबंध में उम्र का शिकार हो जाते हैं। कई विद्यार्थी प्राकृतिक विज्ञानों जैसे—भौतिकशास्त्र के प्रयोगों से इनकी अंतर नहीं जान पाते। सभी विज्ञानों की मुख्य विधि "निरीक्षण विधि" है। अतः जहाँ तक विधि का सम्बन्ध है, मनोविज्ञान अन्य विज्ञानों से जुड़ा हुआ है। अन्तर तो केवल इसकी विषयवस्तु का है। मनोवैज्ञानिक प्रयोगशाला में हम मनोवैज्ञानिक तथ्यों की जाँच करता है जबकि भौतिक विश्व से संबंधित तथ्यों की जानकारी प्राकृतिक विज्ञान से प्राप्त करते हैं। इसके अलावा प्राकृतिक विज्ञानों में निरीक्षण केवल एक दिशा में होता है, अर्थात् बाह्य निरीक्षण पर। मनोवैज्ञानिक प्रयोगों में इसके दो लक्ष्य होते हैं—बाह्य निरीक्षण एवं अन्तर्निरीक्षण। मनोवैज्ञानिक परीक्षण प्राकृतिक विज्ञान के परीक्षणों की तरह निर्जीव वस्तुओं पर न करके जीते-जागते व्यक्तियों पर किए जाते हैं और इसलिए कठिन भी हैं। इन प्रयोगों के परिणाम के बारे में हम शीघ्र फैसला भी नहीं ले सकते कि वे वे सही हैं या गलत हैं।

ऐसे मनोवैज्ञानिक परीक्षणों में कम से कम दो व्यक्तियों प्रयोगकर्ता एवं प्रयोज्य की आवश्यकता होती है। यदि प्रयोज्य प्रयोक्ता के साथ असहयोग करने का निश्चय कर ले, तो प्रयोग कभी भी सफल न हो। प्राकृतिक विज्ञान के प्रयोग अधिक निर्णायक एवं सर्वव्यापी होते हैं। विश्व के किसी कोने में देखा जाय, निष्कर्ष यही निकलेगा कि हाइड्रोजन एवं ऑक्सीजन मिलकर पानी बनाते हैं, पर मनुष्य के किये गये प्रयोगों का नतीजा अलग-अलग निकल सकता है।

2

प्रतिमा एवं साहचर्य

व्यक्ति की सोचने की क्षमता प्रतिमाओं की अनुभूति प्रेरणा के रूप में मददगार सिद्ध होती है। व्यक्ति के द्वारा जो भी किया जाता है शुरुआती दौर में कल्पना उसके उपरांत व्यक्ति की सोच का नतीजा होती है जैसे–किसी प्रदर्शनी जिसे हमने कभी देखा है, एकाएक हमारे विचार में वह दृश्य कौंध जाता है और मानस पटल पर एक नवीन अवधारणा बनने लगती है। इस तरह हम देखते हैं कि उद्दीपक के अनुपस्थित होने पर भी जब हमारे मानस-पटल पर उसका चित्र आ जाता है, यही अनुकृति प्रतिमा अतः प्रतिमाएँ चिन्तन में आवश्यक हैं। कुछ वैज्ञानिकों ने प्रतिमा को निम्न प्रकार परिभाषित किया है–

कॉलिन्स तथा **ड्रवर** का मानना है कि, ''बिना किसी बाह्य उद्दीपक की सहायता के ज्ञानेन्द्रियों के उद्दीप्त हुए किसी प्रत्यक्ष की पुनरावृत्ति को प्रतिमा कहते हैं।''

जेम्स ड्रेवर का मानना है कि, ''संवेदनात्मक उद्दीपन की अनुपस्थिति में इन्द्रिय-अनुभूति का पुनः जीवित होना ही प्रतिमा है; जैसे– मन की आँख से देखना।'' इस प्रकार की कई प्रतिमाएँ बनने से हमारे मन में साहचर्य स्थापित हो जाता है।

पी. एल. हैरीमैन ने 'प्रतिमा' के विभिन्न अर्थों की ओर संकेत किया है। टिनचर का मानना है कि प्रतिमा विचारों का तत्व है। संवेदन और प्रतिमा

में तीन भेद हैं। प्रथम तो यह अस्पष्ट होती है। दूसरे, इनकी तीव्रता कम होती है और तीसरे, अवधि कम होती है। वस्तुनिष्ठवादियों के अनुसार प्रतिमा एक अनुकूलन अनुक्रिया है, न कि कोई मानसिक तत्व। ह्यूम ने सन् 1743 में 'प्रतिमा' पद का मनोविज्ञान में प्रवेश किया और उसने एक ओर संवेदन और प्रत्यक्षण एवं दूसरी ओर प्रतिमा और विचारों में भेद भी स्पष्ट किया।

इंगलिश तथा इंगलिश के अनुसार भी प्रतिमा के अनेक अर्थों की ओर संकेत किया है। एक अर्थ में यह किसी वस्तु पर ध्यान केन्द्रित करने से जो उत्पन्न चित्र बनाता है उसकी आकृति है, दूसरे अर्थों में यह एक चाक्षुष छाया अथवा चित्र है तथा तीसरे अर्थ में यह किसी ऐसी वस्तु की अनुकृति है, जो इन्द्रियों को प्रस्तुत न हो।

प्रायः देखा जाता है कि उद्दीपकों की कमी के कारण व्यक्ति भिन्न-भिन्न अनुकृतियों को याद नहीं रख पाता है। दूसरे, प्रतिभा में व्यक्ति की मनोवृत्ति आत्मनिष्ठ होती है, क्योंकि व्यक्ति स्वयं अपने अनुभवों में उलझा रहता है। इसके अलावा ये प्रतिमाएँ बहुत अस्थिर और चलायमान होती हैं। कभी मन में एक प्रतिमा आती है और कभी दूसरी। यह आवश्यक है कि प्रतिमा का संबंध किसी इन्द्रिय विशेष से हो। वस्तुतः मस्तिष्क में उत्पन्न प्रतिमा स्नायु केन्द्रों के उद्दीप्त हो जाने के कारण होती है।

प्रमुख प्रतिमाएँ

प्रतिमाएँ निम्नलिखित तीन प्रकार की होती हैं–

1. स्मृति प्रतिमा : यदि कोई पहले सीखा हुआ अनुभव स्मृति-पटल पर किसी एक ज्ञानेन्द्रिय द्वारा प्राप्त संवेदन पर समान लगता हो तथा वह यथावत् होता हो और वास्तविक जैसा लगता हो, तो उसे स्मृति-प्रतिमा कहा जाता है। वुडवर्थ का मानना है कि स्मृति-प्रतिमा में किसी संवेदन सम्बन्धी अनुभव का जीवित स्वरूप अथवा विशद् पुनर्निर्माण होता है।

2. मूर्तकल्पी प्रतिमा : इस तरह की प्रतिमा की अधिकता 6 से 16 वर्ष तक के बालकों में पायी जाती है। इस प्रकार के व्यक्ति प्रतिमा में उद्दीपक को वास्तव में दृष्टिगोचर करते हैं, उसकी कल्पना नहीं करते। परंतु उन्होंने यह स्वीकार किया है कि उद्दीपक उनके समक्ष नहीं है इसलिए ये व्यक्ति विभ्रम नहीं करते। सबसे पहले ऐसे व्यक्तियों का अध्ययन अरबनशिश ने किया था।

3. उत्तर प्रतिमा : इस प्रकार की प्रतिमा की उत्पत्ति उद्दीपक के तुरंत बाद थोड़े समय के लिए होती है लेकिन थोड़े समय में ही लुप्त हो जाती है। उदाहरण

के लिए, यदि सूर्य अथवा तेज रोशनी की ओर कुछ देर देखने के बाद आँख को बन्द किया जाय तो जलता हुआ तेजपुंज कुछ क्षणों तक दीखता है। इस गोचर को **उत्तर प्रतिमा** कहा जाता है। ये प्रतिमा दो प्रकार की धनात्मक एवं ऋणात्मक होती है। यदि स्मृति-पटल पर उद्दीपक के हट जाने के बाद भी वह उद्दीपक उसी रूप में प्रयोज्य को दीखता रहे तो इसे धनात्मक उत्तर प्रतिमा कहते है। किन्तु यदि उस प्रतिमा का रंग उद्दीपक के रंग के विपरीत अथवा विरोधी हो जाय तो इस प्रतिमा को ऋणात्मक उत्तर कहा जाता है।

साहचर्य का अर्थ एवं स्वरूप

अतीत प्रत्यक्षों का प्रत्याह्वान निर्देश की शक्तियों के कारण होता है। ये शक्तियाँ साहचर्य पर निर्भर होती है। एक अतीत प्रत्यक्ष चेतना में पुनर्जीवित किसी वर्तमान प्रत्यक्ष या विचार से मिलने वाले निर्देश पर होता है। साहचर्य एक प्रत्यक्ष और एक विचारों के मध्य का वह सम्बन्ध है जिसकी सहायता से एक का चेतना में आना दूसरे को पुनर्जीवित करने की प्रवृत्ति को उत्पन्न करता है। ड्रेवर का मानना है कि 'साहचर्य आसक्ति है'।

इस प्रकार साहचर्य का अर्थ दो अनुभवों, विचारों आदि का एक साथ अथवा एक के बाद दूसरे के घटित होने तथा इस प्रकार घटित होने के क्रम के कारण एक विचार अथवा घटना के चेतना पर आने से दूसरा अनुभव या विचार भी चेतना पर आ जाने की प्रवृत्ति से है। जैसा इंगलिश तथा इंगलिश ने लिखा है–'साहचर्य' व्यक्तिगत अनुभवों के दौरान स्थापित मनोवैज्ञानिक गोचरों में प्रकार्यात्मक सम्बन्ध है, और यह इस तरह है कि एक घटना घटित होने पर दूसरी घटना का भी स्मरण हो जाता है। दो वस्तुओं के एक साथ प्रत्यक्षण में एक प्रकार की प्रतिमा स्वतः ही दूसरी का स्मरण कराती है। किसी कविता के घटना से भिन्न होने पर उससे संबंधित पुराने विचारों का ध्यान आता है।

हमें व्यक्ति के व्यवहारों का अन्वेषण करने से ज्ञात होता है कि उसके व्यवहार का अनेक इकाइयों या घटकों में एक अनुक्रम (Sequence) होता है। भाषा एवं विचारों का संगठित प्रवाह जटिल गत्यात्मक क्रियाओं में नियमितता, सभी प्रकार के व्यवहार में साहचर्य के दर्शन होते हैं। अतः साहचर्य का अर्थ है–एक घटना, एक उद्दीपक, एक विचार का दूसरी घटना, उद्दीपक या विचार आदी से सम्बन्ध। मनोविज्ञान के इतिहास के प्रारम्भ से ही साहचर्य की चर्चा रही है। अरस्तु ने साहचर्य के तीन नियमों– सामीप्य, साम्य तथा वैषम्य का वर्णन किया है। साहचर्यवाद का

18वीं तथा 19वीं सदी में काफी बोलबाला रहा। ब्राउन ने 19वी शताब्दी के आरम्भ में अरस्तु के तीन नियमों के अतिरिक्त कुछ अन्य सहायक नियमों, जैसे नवीनता, प्राथमिकता, बारम्बारता, स्पष्टता आदि का वर्णन किया है। गाल्टन ने 1879-80 में 75 उद्दीपक शब्दों के आधार पर सर्वप्रथम साहचर्य सम्बन्धी प्रयोग किये। कटेल ने वुंट की प्रयोगशाला में इस सम्बन्ध में प्रयोग किये। इसके बाद साहचर्य से संबंधित प्रयोग वुडवर्थ, वेल्स, मर्फी, रेशनर, में, थम्ब, केन्ट रोजानोफ, मारबे, युंग ने किये।

साहचर्य के नियम

प्राथमिक साहचर्य-नियम

अरस्तू महोदय ने साहचर्य के प्रमुख दो नियम बताये हैं जिनमें पहला विशिष्ट और दूसरा साहचर्य नियम है। अतः इन दोनों पर संक्षिप्त प्रकाश निक्षेप किया गया है–

विशिष्ट साहचर्य नियम

अरस्तु ने इस नियम को तीन भागों में विभाजित किया है जो इस प्रकार है–

3. समीपता का नियम: एक साथ दो वस्तुओं को महसूस करने से एक के अनुभव से दूसरे की चेतना स्वतः हो जाती है। इसके अंतर्गत आने वाले दो नियम इस प्रकार हैं–

(i) स्थानगत सामीप्य का नियम: एक ही स्थान में कुछ वस्तुओं का अनुभव होने पर फिर एक की चेतना से अन्य की चेतना स्वतः हो जाती है, जैसे मकान में आग लगने पर फिर आग देखकर मकान का स्मरण हो सकता है।

(ii) कालगत सामीप्य का नियम: दो वस्तुओं का अनुभव एक में करने के पश्चात् भविष्य में एक का अनुभव होने से दूसरे की भी स्वतः चेतना होती है, जैसे पंखे और हवा में, आग और धुएँ में।

2. समानता का नियम : दो समान पदार्थों को महसूस करने के उपरांत एक को देखकर दूसरे की स्वतः याद आती है, जैसे मेज-कुर्सी।

3. अंतर का नियम : दो विरोधी वस्तुओं के अनुभव से बाद में एक की चेतना से दूसरे की चेतना स्वतः हो जाती है, जैसे दिन-रात, गोरा-काला, अच्छा-बुरा, शरीफ-बदमाश।

गौण साहचर्य-नियम

गौण नियमों के प्रमुख चार नियम बताये गये हैं जो निम्नवत् हैं—

1. बारम्बारता का नियम: किसी घटना का बार-बार अध्ययन करने से वह उतनी ही अधिक याद होगी।

2. स्पष्टता का नियम: जिसक वस्तु या घटना की अनुभूति जितनी स्पष्ट होगी, उसका स्मरण उतना ही अधिक होगा।

3. प्राथमिकता का नियम: किसी भी वस्तु या घटना के शुरुआती संस्कार काफी मजबूत रहते हैं। यदि कोई नया अध्यापक प्रारम्भ में ही कक्षा पर नियन्त्रण न रख सके तो फिर कभी अनुशासन नहीं बनाये रख सकता।

4. नवीनता का नियम: नवीन संस्कार या अनुभव हमें अधिक स्मरण आते हैं, जैसे किसी फिल्म के अनेक अच्छे गानों में अन्त का गाना भी अच्छा है तो हम उसे ही गुनगुनाते सिनेमा हॉल के बाहर निकलेंगे।

साहचर्य के प्रकार

सामान्य रूप से साहचर्य के चार प्रकार बताये गए हैं जो निम्नवत् हैं—

1. मुक्त साहचर्य : इसमें प्रयोज्य को कोई शब्द, वाक्य, चित्र, ध्वनि, रंग आदि सम्बन्धी उद्दीपक देते हैं और अनुक्रियास्वरूप जो प्रथम शब्द प्रयोज्य के मन में आता है, वह निःसंकोच कह देता है। प्रयोज्य स्वतन्त्र होता है कि वह अनुक्रिया में कोई भी शब्द कहे। प्रयोगकर्ता किसी भी तरह से उसे प्रभावित नहीं करता। सत्यता यही है कि स्वतंत्र साहचर्य भी पूरी तरह स्वतन्त्र नहीं होता, क्योंकि प्रथम शब्द सोचते भी प्रयोज्य के मन में अनेक बाधाएँ रहती हैं। उसे शब्द का चुनाव करना होता है। उससे अपने संवेदनात्मक भाव एवं मानसिक ग्रन्थियाँ उसकी अनुक्रिया को निर्धारित करती है।

1. गतिमान साहचर्य: लगातार साहचर्य में अनुक्रिया के रूप में प्रयोज्य एक निश्चित समय में अनेक शब्द बोलता है। यह मुक्त साहचर्य का ही एक रूप है।

2. नियन्त्रित साहचर्य: इसमें प्रयोगकर्ता अनुक्रिया के स्वरूप को निश्चित कर देता है।

3. सीमित साहचर्य: इसमें प्रयोगकर्ता प्रयोज्य से अनुक्रिया को उद्दीपक से सम्बन्धित क्रम में माँगता है। यह सम्बन्ध उपजातिगत मुख्य जातिगत प्रकार का

होता है। उपजातिगत के अन्तर्गत यदि उद्दीपक शब्द किसी विशेष जाति, वस्तु आदि की ओर इंगित करे तो प्रायोज्य की अनुक्रिया उस वस्तु की उपजाति के सम्बन्ध में होती है, जैसे गंगा शब्द के उत्तर में प्रयोज्य को पानी, किनारा आदि मुख्यजातिगत में अगर उद्दीपक उपजाति है तब अनुक्रिया उस जाति की प्रमुख से सम्बद्ध होगी।

साहचर्यों का वर्गीकरण

कई मनोविज्ञानियों ने साहचर्य का विभाजन अपने मतानुसार किया है। यहाँ पर हम कुछ मनोविज्ञानियों वर्गीकरण पर प्रकाश डाल रहे हैं–

ऑटिस का वर्गीकरण

ऑटिस द्वारा किये गए प्रयोगों से यह निष्कर्ष निकला कि उद्दीपक शब्दों को तीन चार साल के बालक दुहराते हैं। पाँच-छः वर्ष के बालक अपनी आसपास की वस्तुएँ, जैसे कोट, सिर, लैम्प आदि शब्दों द्वारा अनुक्रिया करते हैं। चार से सात वर्ष के बालक पूरा वाक्य भी बोल देते हैं, जैसे 'लोहा' करने पर 'लोहा सख्त है'। उसने सभी प्रकार से अनुक्रिया-शब्दों का निम्न वर्गों में रखा–(1) उद्दीपक की आवृत्ति, (2) उद्दीपक से असम्बन्धित शब्द, (3) उद्दीपक जैसी ध्वनि वाले शब्द, (4) पूर्ण वाक्य द्वारा अनुक्रिया एवं (5) एक ही समान शब्द द्वारा अनुक्रिया।

युंग तथा वेल्स के वर्गीकरण

युंग ने अनुक्रिया–शब्दों के अठारह भाग किये। वेल्स ने भी इसी प्रकार वर्गीकरण किया। इनको तीन मुख्य श्रेणियों में पुनर्वर्गीकृत किया जा सकता है–

(1) संवेगात्मक अनुक्रियाएँ, (2) तथ्यात्मक अनुक्रियाएँ, (3) शाब्दिक अनुक्रियाएँ।

वुडवर्थ का वर्गीकरण

वुडवर्थ द्वारा किये गए वर्गीकरण को प्रमुख रूप से चार श्रेणियों में विभाजित किया जा सकता है–

(1) परिभाषाएँ : इसमें अधिवर्ग या पर्यायवाची शब्दों का प्रयोग होता है,

जैसे—गधा-जानवर। इस प्रकार की अनुक्रियाएँ करके प्रयोज्य उद्दीपक-शब्द का अर्थ स्पष्ट करता है, क्योंकि इसे इनके बारे में कोई जानकारी नहीं होती है।

(2) पूर्ति या पूर्वकथन : इसमें प्रयोज्य उद्दीपक-शब्द का वर्णन करता है, जैसे दूध-श्वेत। वयस्कों की अपेक्षा बालक इस प्रकार की अनुक्रिया अधिक करते हैं।

(3) समवर्ग : इनमें अनुक्रियाएँ प्रायः सान्निध्य या सहस्थिति की द्योतक होती हैं, जैसे प्यास-पानी, लघु-दीर्घ आदि। विरोधी या समान शब्दों में भी इसी प्रकार का सान्निध्य होता है। अतः वे समवर्ग के तहत हैं।

(4) मूल्यांकन एवं व्यक्तिगत साहचर्य : इस वर्ग में वे अनुक्रियाएँ आती हैं जो व्यक्ति के मूल्यांकनों, अभिवृत्तियों, अनुभवों, जरूरतों आदि से सम्बन्धित हों।

साहचर्य-काल को प्रभावित करने वाले तत्त्व

साहचर्य काल पर प्रभाव डालने वाले प्रमुख तत्व निम्नलिखित हैं—

5. साहचर्य की प्रकृति : सीमित नियन्त्रित साहचर्य-काल पूर्ण नियन्त्रित साहचर्य-काल से अधिक होगा। मुक्त साहचर्य-काल नियन्त्रित साहचर्य-काल से कम होगा। केसन, मर्फी तथा यंग का मानना है कि मुक्त साहचर्य-काल लगभग दो सेकण्ड है।

4. उद्दीपक का स्वरूप : शाब्दिक उद्दीपक की अनुक्रिया पदार्थ या चित्रों के उद्दीपक की अनुक्रिया में ज्यादा वक्त लगेगा। बड़े शब्दों या उद्दीपकों का साहचर्य-काल छोटे शब्दों या उद्दीपकों के साहचर्य-काल से ज्यादा होगा।

8. अनेक अनुक्रिया-शब्द द्वारा बाधा : जब उद्दीपक-शब्द सुनकर अनेक अनुक्रिया-शब्द प्रयोज्य के मस्तिष्क में आयें एवं उनमें से उसे एक चुनना पड़े तो इस स्थिति में साहचर्य-काल की अधिकता होगी।

7. अभ्यास तथा आयु : मनोविज्ञानियों ने कई प्रयोगों से पता लगाया कि बालकों के साहचर्य-काल से वयस्कों के साहचर्य-काल में कमी होगी।

6. मानसिक तत्परता : यदि प्रयोज्य प्रयोग में रुचि ले एवं अनुक्रिया करने के लिए तत्पर हो तो साहचर्य-काल में अधिकता होगी या कमी।

3. अनुक्रिया-शब्द का अभाव : जब प्रयोज्य को अनुक्रिया के लिए कोई शब्द न मिले तो उसे ऐसा शब्द ढूँढ़ना पड़ेगा। अतः साहचर्य-काल अधिक होगा।

2. दमन के कारण अप्रत्यक्ष अनुक्रिया : जब उद्दीपक-शब्द सुनकर अनेक अनुक्रिया-शब्द प्रयोज्य के मन में ऐसी घटना या वस्तु का स्मरण हो जिसे वह व्यक्ति

न करना चाहता हो। अतः वह उसका दमन करके किसी अन्य शब्द से अनुक्रिया करेग और सायचर्य-काल में वृद्धि होगी।

1. आन्तरिक ध्यान-भंग : उद्दीपक शब्द सुनकर यदि प्रयोज्य के मन में कोई दुखद या सुखद घटना की याद आ जाय तो ध्यान-भंग होने से उसका साहचर्य-काल में वृद्धि होगी।

साहचर्य-प्रयोगों का उपयोग

संवेदनात्मक उद्वेगों एवं भावना-ग्रन्थियों के अलावा अपराध का पता लगाने के लिए भी साहचर्य-विधि का प्रयोग किया जाता है।

इस विधि का प्रयोग युंग, रिक्लीन, रोजानोफ द्वारा मनोरोगियों के निदान के लिए किया गया था और अब भी इसका प्रयोग होता है। इनमें ऐसे उद्दीपक-शब्दों को लिया जाता है जो रोगी के जीवन के विभिन्न पहलुओं, जैसे व्यापार, विवाह, झगड़ा, बीमारी, आर्थिक संकट, दोस्ती आदि से सम्बन्धित हों। फिर इन्हें अन्य सामान्य उद्दीपक-शब्दों के साथ मिलाकर रोगी पर क्रियाओं को अलग छाँट लिया जाता है जो भावना-ग्रन्थियों की सूचक हों। उनके प्रति अनुक्रिया-शब्द की आवृत्ति, अनुक्रिया-काल, अनुक्रिया का अभाव, अनेक प्रकार के चेहरे के भाव, व्यक्तिगत अनुक्रियाओं का विश्लेषण करके प्रयोज्य के व्यक्तित्व के बारे में जानकारी ली जाती है।

अपराधों की जानकारी करना

अपराध का पता लगाने के लिए सबसे पहले वे उद्दीपक शब्द छाँटे जाते हैं जो आपराधिक परिस्थिति से संबंधित हैं। फिर उन्हें अन्य सामान्य शब्दों से मिलाकर संदिग्ध अपराधी का परीक्षण करते हैं। अपराधी को अनुक्रिया करने का अनुदेश दिया जाता है एवं उसकी अनुक्रियाओं को अंकित कर लिया जाता है। परीक्षण करने के साथ ही अपराधी की श्वास प्रक्रिया, रक्तचाप, नाड़ी आदि का भी मापन करते हैं। अनुक्रिया-काल की अधिकता, किसी अपराध से सम्बद्ध घटना की अनुक्रिया, दमन आदि से अपराध का संकेत मिलता है। अनेक मनोवैज्ञानिकों ने इस विधि के उपयोग का विरोध किया है क्योंकि केवल परिस्थिति की वीभत्सता के कारण ही निर्दोष व्यक्ति ऐसी अनुक्रियाएँ कर सकता है ताकि कि उसे अपराधी करार दिया जा सके अतः इस परीक्षण से जो निष्कर्ष निकलते हैं उन्हें अन्तिम

रूप से स्वीकार नहीं किया जाता, वरन् वे विश्वास करने योग्य हैं या नहीं इसका परीक्षण किया जाता है।

शब्द-साहचर्य विधि सारी परिसीमाओं के बाद भी कई मौकों पर अपराधियों का पता लगाने में सहायक सिद्ध हुई है। सम्मोहन के प्रचुर प्रयोग से भी इस विधि को बल मिला है। गहरे सम्मोहन में वशीभूत प्रयोज्य को यह संसूचन देना सम्भव है कि उसने कोई अपराध किया है। सम्मोहन-संसूचन प्राप्त करने के पहले और बाद में उसे शब्द-साहचर्य-परीक्षण दिया जाता है। इन दोनों मौकों पर उसकी अनुक्रिया में काफी भिन्नता मिलती है। संसूचन ग्रहण करने के पश्चात् उसकी अनुक्रियाओं का विश्लेषण करने से अपराध सूचक संकेत मिल सकते हैं, जैसे दीर्घ अनुक्रिया-काल, उद्दीपक की पुनरावृत्ति आदि।

भावना-ग्रन्थियों का समूह

'भावना-ग्रन्थि' पद का प्रयोग कई अर्थों में किया गया है। फ्रॉयड एवं अन्य मनोविज्ञानियों ने काफी विस्तृत अर्थों में इस पद का प्रयोग किया है। वे सब बातें जो अचेतन में चली जाती हैं, ग्रन्थियाँ बन जाती हैं। इस संदर्भ में मैक्डॉनल्ड लैडिल ने यह प्रकाश डाला है कि, ''ग्रन्थि विचारों का एक ऐसा समूह है जो समान संवेग से संबंधित हो, जो अचेतन हो। असन्तुलित संवेग द्वारा उसकी उपस्थिति दिखायी जा सकती है।'' इंगलिश तथा इंगलिश के अनुसार ''संवेगात्मक विचारों की एक ऐसी व्यवस्था, जिसका दमन हो गया हो, और जिसके कारण अस्वस्थ व्यवहार उत्पन्न हो गया हो; या सम्बन्धित विचारों की व्यवस्था, जिसमें समान भावनात्मकता हो, ताकि व्यवस्था के एक अंक के उद्दीप्त होने पर पूरी भावात्मक व्यवस्था प्रकट हो।'' इसके अलावा उन्होंने यह भी लिखा है कि किसी भी साहचर्य-परीक्षण में ऐसा कोई भी व्यवहार जो दमन की गयी भावना-ग्रन्थि या स्वेच्छा से दबाये गये संवेग के कारण उत्पन्न होता है, भावना-ग्रन्थि का सूचक है।

वुडवर्थ तथा श्लासबर्ग के अनुसार, ''भावना-ग्रन्थि इच्छाओं, संवेगों और स्मृतियों की एक व्यवस्था है, जिसमें तनाव, विफलता, असन्तोष या अपराध-भावना का तत्व रहता है। प्रायः यह कोई प्रेम-सम्बन्ध होता है, कभी कोई व्यापारिक कठिनाई या पारिवारिक परेशानी। जब ये तत्परता से मन में नहीं आते तो इन्हें दमित या अचेतन कहा जाता है। अन्य ग्रंथियाँ पूर्ण रूप से अचेतन होती हैं तथा लोग उसे नहीं जानते और उनके संबंध को मानसिक समस्या से नहीं जान पाते हैं।

प्रयोग-संख्या 1

इस प्रयोग में प्रतिमाओं के स्वरूप का अध्ययन किया गया है–

प्रतिमाओं का स्वरूप

समस्या : "प्रतिमाओं के स्वरूप का पता लगाना।"

सामग्री : तीन प्रकार की शब्द-सूचियाँ : (1) प्रथम सूची में दस वस्तु-बोधक शब्द, जैसे– पहाड़, कुर्सी, पेड़, बादल। (2) दूसरी सूची में दस व्यक्ति-बोधक-शब्द, जैसे दुश्मन, चोर, उद्योगपति, मजदूर, नेता। (3) तीसरी सूची में दस अमूर्त शब्द, जैसे–राष्ट्रभक्ति, जनतन्त्र, सुन्दरता, शालीनता आदि।

विषय-प्रवेश–प्रतिमाओं का अर्थ बताइए। ये कितने प्रकार की होती हैं और इनके सम्बन्ध में गाल्टन तथा अन्य व्यक्तियों ने पहले कौन-कौन से प्रयोग किये हैं?

विधि–प्रयोज्य को आराम से बैठकर, अग्रलिखित अनुदेश दें : "मेरे तैयार कहने पर, आँखें बन्द कर लीजिए। कुछ क्षण बाद मैं एक शब्द बोलूंगा। कुछ सेकण्ड तक इसकी जो भी प्रतिमा आपके मन में आये, उस पर ध्यान दीजिए। मैं आपसे इस प्रतिमा-अनुभव के बारे में कुछ बातें पूछूँगा, जैसे इसका आकार क्या है, इसका रंग क्या है, यह किस दिशा में है, यह आपके ऊपर है, या नीचे, यह निश्चल है या गतिशील, यह कितनी स्पष्ट है आदि। आप इनका उत्तर देंगे।

ऊपर दिये गये अनुदेशों के अनुसार पूछ कर लिखें। पहले प्रथम सूची के शब्द प्रस्तुत कीजिए, फिर द्वितीय सूची के और अन्त में तृतीय सूची के।

सावधानियाँ–

प्रतिमाओं के स्वरूप का पता लगाते समय हमको निम्नलिखित सावधानियाँ बरतनी चाहिएँ–

(1) पर्यावरण शान्त रखिए, ताकि बाधा न उत्पन्न हो।

(2) यह देखिए कि प्रयोज्य प्रयोग पर ही पूरा ध्यान केन्द्रित कर रहा है और किसी बात से उसका ध्यान भंग न हो।

(3) प्रयासों के बीच उचित विश्राम दीजिए।

अन्तर्दर्शन-रिपोर्ट–इस आधार पर प्रश्न पूछें कि (1) प्रयोज्य को प्रतिमा की अनुभूति आसानी से हो जाती थी, या उसे ऐसा करने के लिए विशेष प्रयास करना पड़ता था। (2) क्या बाद की सूचियों में प्रारम्भिक सूचियों की अपेक्षा कम या अधिक प्रयास करना पड़ा?

परिणाम—

सूची-क्रम	**प्रस्तुत शब्द**	**प्रतिमा का विवरण**
प्रथम सूची	....	....
	....	....
	....	....
द्वितीय सूची	....	....
	....	....
	....	....
तृतीय सूची	....	....
	....	....
	....	....

विवेचन एवं निष्कर्ष

(1) प्रयोज्य की प्रतिमा किस श्रेणी की है, बताइए, (2) तीनों प्रकार की प्रतिमाओं की पारस्परिक तुलना कीजिए।

टिप्पणी - इसी प्रकार दृष्टि, श्रवण, स्वाद, गन्ध, स्पर्श आदि से सम्बन्धित शब्दों की सूचियाँ लेकर प्रतिमा-प्रकार की तुलना की जा सकती है।

प्रयोग-संख्या 2

इस प्रयोग में प्रतिमावली की स्पष्टता के बारे में अध्ययन किया गया है—

प्रतिमावली की स्पष्टता

समस्या—"प्रश्नावली विधि से प्रयोज्य की प्रतिमावली की स्पष्टता एवं उसके प्रतिमा-प्रकार का निर्धारण।"

उपकरण—एक प्रश्नावली जिसमें प्रत्येक संवेदन से सम्बन्धित दस प्रश्न हों, पेंसिल, पर्दा, कागज।

विषय-प्रवेश—प्रतिमा का आशय मानस पटल पर अनुभवों का चित्र बन जाना है। प्रतिमाएँ अनेक प्रकार की हो सकती हैं, जैसे अत्यन्त क्षीण, क्षीण, कम स्पस्ट, स्पष्ट एवं अत्यधिक स्पष्ट। संवेदनों के आधार पर भी प्रतिमाओं का वर्गीकरण होता है, जैसे स्वाद-प्रतिमा, त्वक्-प्रतिमा, दृष्टि-प्रतिमा, ध्वनि-प्रतिमा, गंध-प्रतिमा, गति-प्रतिमा आदि।

विधि—प्रयोज्य को सामने बैठाकर प्रकाशित की गई प्रश्नावली उसके सामने रखें। अपने तथा प्रयोज्य के बीच पर्दा रखें। फिर उसे निम्नलिखित अनुदेश दें :

''आपके सामने जो सूची हो उसमें दृष्टि, ध्वनि, गन्ध, स्वाद, त्वक् इन सभी संवेदनों के लिए 10 प्रश्न हैं। मेरे 'सावधान' कहते ही आप अपनी आँखें बन्द कर लेंगे और किसी भी प्रकार के भाव को अपने मन से दूर रखेंगे। फिर उसके बाद मैं प्रश्न करूँगा। आप उससे सम्बन्धित प्रतिमा को मन में लायेंगे और बतायेंगे कि वह प्रतिमा कैसी है-अत्यन्त क्षीण, क्षीण, कम स्पष्ट, स्पष्ट या अत्यन्त अस्पष्ट। अगर आप किसी भी प्रतिमा को अपने मानस पटल पर नहीं ला पाते हैं तो 'कोई नहीं' इस तरह का जवाब देंगे।"

उपरोक्त अनुदेशों के अनुसार प्रयोज्य को कुछ देर अभ्यास कराइए। तत्पश्चात् 'सावधान' का संकेत देकर प्रयोग शुरू कीजिए। एक -एक करके सभी प्रश्न पूछिए। जैसी प्रतिमा प्रयोज्य के मानस-पटल पर बनी हो, उसी के अनुसार अंक सारणी में लिख लीजिए। अंकों की व्यवस्था अग्रवत् होगी :

प्रतिमा-प्रकार	**अंक**
कोई प्रतिमा नहीं	0
अत्यन्त क्षीण	1
क्षीण	2
कम स्पष्ट	3
स्पष्ट	4
अत्यन्त स्पष्ट	5

सावधानियाँ

प्रतिमावली की स्पष्टता के संदर्भ में निम्नलिखित सावधानियाँ बरतनी चाहिएँ—

(1) प्रत्येक प्रकार की प्रतिमा की प्रकृति प्रयोज्य को समझा दी जाय।

(2) प्रयोज्य केवल प्रश्न से सम्बन्धित प्रतिमा में ही ध्यान केन्द्रित करें।

(3) पर्यावरण पूर्ण निस्तब्ध हो।

परिणाम—

प्रतिमा प्रकार	**प्रतिमा पदार्थ**	**तीव्रता (अत्यन्त क्षीण, क्षीण, कम स्पष्ट, स्पष्ट, अत्यन्त स्पष्ट)**

दृष्टि-प्रतिमा — इसके अंतर्गत बैलगाड़ी, रेल का इंजन, चमेली का फूल, दोस्त का

चेहरा, हाथी, अठन्नी का सिक्का, गुलाबी साड़ी, नेहरूजी का चित्र, हनुमानजी की मूर्ति, कोई प्रकाशमान भवन आदि जैसी प्रतिमाएँ आती हैं।

ध्वनि प्रतिमा – इसके अंतर्गत कुत्ते का भौंकना, सितार का स्वर, गधे का रेंकना, बिजली की कड़क, जन-मन-गन गीत, पानी बरसने की आवाज, दोस्त की आवाज, अत्यन्त घृणित स्वर, हवा चलने की आवाज, तालियों की आवाज आदि शामिल हैं।

गन्ध-प्रतिमा – इसके अंतर्गत गुलाब की सुगन्ध, चन्दन की सुगन्ध, प्याज की गन्ध, इत्र की सुगन्ध, गोबर की गन्ध, मिट्टी के तेल की गन्ध, सड़ी मछली की गन्ध, सरसों के तेल की महक, गीली मिट्टी की गन्ध, पसीने की बदबू आदि सम्मिलित हैं।

स्वाद-प्रतिमा – इसमें नमक, पान-सुपारी, नीबू, कुनैन, चीनी, लस्सी, प्याज, लाल-मिर्च, मक्खन-दूध, कॉफी आदि आते हैं।

त्वक्-प्रतिमा – इसके अंतर्गत दाँत का दर्द, अँगुली का जलना, सुई का चुभना, हाथ पर गर्म दूध, गर्म पानी से स्नान, मखमल का स्पर्श, चेहरे पर ठण्डी हवा चलना, शिशु के गालों का स्पर्श, मुँह में बर्फ रखना, प्रगाढ़ आलिंगन इसके उदाहरण हैं।

हर तरह की प्रतिमा की तीव्रता का औसत मान ज्ञात करें और एक ग्राफ में इन्हें प्रदर्शित करें। औसत का मान अग्रांकित तालिका बनाकर दिखा सकते है-

प्रतिमा-प्रकार	**औसत मान**
(1) दृष्टि प्रतिमा	....
(2) ध्वनि प्रतिमा	....
(3) गन्ध प्रतिमा	....
(4) स्वाद प्रतिमा	....
(5) त्वक् प्रतिमा	....

अन्तर्दर्शन-रिपोर्ट

प्रतिमाओं को मानस-पटल में लाने में प्रयोज्य को किसी कठिनाई का अनुभव तो नहीं हुआ। क्या प्रतिमाओं के अनुभव में प्रयास करना पड़ता था? किस प्रकार की प्रतिमा का अनुभव अधिक स्पष्टता से हुआ? क्या कुछ प्रयत्नों के बाद प्रयोज्य प्रतिमाओं का अनुभव बिलकुल न कर सका? अभ्यास एवं थकान का क्या प्रभाव पड़ा?

विवेचन एवं निष्कर्ष

आपके प्रयोज्य में कौनसा प्रतिमा-प्रकार अधिक प्रभावी है? अनेक प्रयोज्यों पर प्रयोग करके यह बताएँ कि लिंग का प्रतिमा-अनुभव से क्या सम्बन्ध है? प्रतिमा-प्रकार के आधार पर व्यक्तियों का वर्गीकरण उचित है या नहीं, यह बताइए। प्रतिमाओं के अनुभव पर अभ्यास का क्या प्रभाव पड़ता है तथा अन्य प्रयोगों के परिणामों से अपने परिणामों की तुलना कीजिए।

प्रयोग संख्या 3

इस प्रयोग में मुक्त साहचर्य से संबंधित अध्ययन किया गया है–

मुक्तसाहचर्य

समस्या–"भावना-ग्रन्थि सूचक शब्दों का पता लगाना।"[1]

उपकरण–साहचर्य शब्दों की एक सूची जिसमें 25 या 50 शब्द हों, विराम पर्दा या स्क्रीन, घड़ी, कॉपी तथा पेन्सिल।

टिप्पणी - प्रयोगकर्ता युंग (Jung) की सारणी जो सौ शब्दों की है या ईडर द्वारा संशोधित युग की सारणी जो सौ शब्दों की है ले सकते हैं एवं इस सारणी की अनुक्रियाओं के विश्लेषण के लिए भी युंग का ही वर्गीकरण प्रयुक्त हो सकता है। विद्यार्थी स्वयं ही अपनी सारणी बना सकते हैं लेकिन इसमें बहुत सावधानी बरतने की आवश्यकता है।

विषय-प्रवेश : साहचर्य का अर्थ बताइए एवं इसके प्रकारों तथा साहचर्य-काल के निर्धारक तत्वों का उल्लेख कीजिए।

विधि–प्रयोज्य को आराम से बैठायें एवं अपने तथा प्रयोज्य के बीच में पर्दा रख लें ताकि वह आपकी शब्द-सारणी न देख सके। फिर ये अनुदेश दें : "मैं कुछ शब्द बोलूँगा। प्रत्येक शब्द सुनकर प्रत्युत्तर में आपके मन में जो भी प्रथम शब्द आये, उसे बोलिए। शब्द बोलने में आपको कुछ सोचना-विचारना नहीं है। किसी शब्द को बोलने में झिझक या शर्म का अनुभव न करें। वह शब्द चाहे जैसा क्यों न हो, कितना ही अश्लील हो, उसे छिपाने या दमन करने का प्रयत्न न कीजिए। शब्द बोलना आरम्भ करने से पूर्व मैं पाँच शब्द द्वारा आपको बता दूँगा कैसे बोलना है।" (अभ्यास द्वारा समझाएँ)। अनुदेशोपरांत प्रयोगकर्ता को अभ्यास कराया, फिर तैयार रहने का संकेत किया। दो सेकण्ड बाद सूची में से प्रथम शब्द बोला और विराम घड़ी चला दी। प्रयोज्य के अनुक्रिया करने में कितना समय लगा, यह घड़ी देखकर लिख लिया।

अनुक्रिया करने में प्रयोज्य चेहरे की अभिव्यक्तियों को भी सूची के निर्धारित खाने में लिख दिया। यदि साहचर्य-काल अत्यधिक है प्रयोज्य से पूछकर उसका कारण लिखें। यदि प्रयोज्य तीस सेकण्ड या इससे अधिक समय किसी शब्द की अनुक्रिया करने में लगाये तो उस शब्द को छोड़कर आगे बढ़ें और विवरण के खाने में "कोई उत्तर नहीं" यह लिख दें। जिस प्रकार प्रथम शब्द बोला था उसी प्रकार एक-एक करके सभी शब्द बोलें और अनुक्रियाएँ अंकित करें।

सावधानियाँ–

मुक्त-साहचर्य के संदर्भ में निम्नलिखित सावधानियों को ध्यान में रखना चाहिए–

(1) पर्यावरण शान्त रखा जाय।

(2) प्रत्येक उद्दीपक-शब्द को एक सी आवाज में बोलें।

(3) मुखाकृतियों को ठीक से देखें।

(4) विराम-घड़ी का प्रयोग सावधानी से करें।

अन्तर्दर्शन-रिपोर्ट

निम्नलिखित प्रश्नों के आधार पर ये ब्यौरा लिखें–(1) क्या प्रयोज्य के मस्तिष्क में अनेक शब्द आते थे और उसे उनमें से छाँटकर शब्द बोलना पड़ता था? ऐसा विशेषकर किन उद्दीपक-शब्दों की अनुक्रिया में हुआ? (2) क्या किसी शब्द को सुनकर प्रयोज्य के मन में कोई विगत घटना का स्मरण हुआ? (3) प्रयोज्य प्रयोग में तल्लीन था या नहीं ? (4) क्या प्रयोज्य ने किसी अनुक्रिया को अश्लील होने के कारण या किसी अन्य कारण दमन (Repress) करने का प्रयत्न किया?

प्रदत्त–

परिणामों को सारणी क्रम में निम्न प्रकार से व्यक्त कर सकते हैं :

क्रम संख्या	उद्दीपक-शब्द	अनुक्रिया-शब्द	साहचर्य काल	अभिव्यक्तियाँ
1	सिर	बाल	2.4 से.	
2	हरा	घास	3.2 से.	
3	जल	नदी	1.6 से.	
.....				
.....				
.....				
50				

अगर संशोधित युग की शब्द सूची का प्रयोग ईडर द्वारा किया जाए तो उसे

इस प्रयोग के अन्त में छपी सारणी में दिखा सकते हैं। किन्तु अच्छा यह होगा कि स्वयं विद्यार्थी अध्यापक से अनुदेश लेकर सूची बनायें। प्रयोज्य अगर चाहे तो आगे प्रकाशित सूची के प्रथम अथवा अंतिम 50 शब्दों के आधार पर प्रयोग कर सकते हैं।

विवेचन एवं निष्कर्ष

अनुक्रिओं का युंग (या किसी अन्य) के आधार पर वर्गीकरण कीजिये एवं व्यक्तिगत अनुक्रियाओं की व्याख्या कीजिये। सब उद्दीपक-शब्द की अनुक्रिया में कितना समय लगा इसे जोड़कर एवं उद्दीपक-शब्द की संख्या से भाग देकर इनका माध्य (Mean) निकालिए। जिन अनुक्रिया-शब्दों का साहचर्य-काल इस माध्य (Mean) से अत्यधिक हो, उन्हें अलग छाँटिए। इनके आधार पर प्रयोज्य की भावना-ग्रन्थियों की व्याख्या कीजिए। देखिए, किन उद्दीपक-शब्दों की अनुक्रिया करते समय प्रयोज्य ने विशिष्ट अभिव्यक्तियाँ की हैं। जिन अनुक्रियाओं को प्रायोज्य ने दोहराया हो उनकी व्याख्या प्रस्तुत कीजिए। अन्तर्दर्शन-रिपोर्ट के आधार पर जिन शब्दों की अनुक्रिया गें आन्तरिक ध्यान कम रहा हो, जिनमें प्रयोज्य ने भावनाओं को दमन करने की कोशिश की हो या जिनकी अनुक्रिया के लिए उसे शब्द का चयन करना पड़ा हो, उनकी अनुक्रिया पर टिप्पणी कीजिए।

प्रयोग-संख्या 4

इस प्रयोग में नियंत्रित साहचर्य का अध्ययन किया गया है–

नियन्त्रित साहचर्य

समस्या : नियन्त्रित साहचर्य में प्रयोज्य के साहचर्य-काल का अध्ययन करना।

उपकरण : विराम घड़ी, कागज, पेन्सिल, तीन प्रकार की शब्द-सूचियाँ–

(i) वस्तुओं के अंश-द्योतक शब्द, (ii) वस्तुओं के पूर्ण-द्योतक शब्द, (iii) ऐसे शब्द जिनका विलोम सम्भव हो।

विषय-प्रवेश - साहचर्य का अर्थ, इसके प्रकार एवं अनुक्रिया-काल के निर्धारक तत्वों पर प्रकाश डालिए। नियन्त्रित साहचर्य का अनुक्रिया-काल मुक्त साहचर्य के अनुक्रिया-काल से अधिक है क्यों? बताइए।

विधि–प्रयोज्य को आराम से बैठाएँ और अपने एवं प्रयोज्य के बीच में पर्दा रख लें ताकि वह आपकी शब्द-सारणी न देख ले। तदुपरान्त ये अनुदेश दें जो तीनों सूचियों के लिए भिन्न-भिन्न हैं।

ईडर द्वारा संशोधित युंग की शब्द-सूची

उद्दीपक-शब्द	उद्दीपक-शब्द	उद्दीपक-शब्द
1. सिर	34. पीला	68. गाजर
2. हरा	35. गली	69. डॉक्टर
3. जल	36. गाढ़ना	70. तुषारापात
4. गाना	37. नमक	71. फूल
5. अमृत	38. नया	72. पीटना
6. लम्बा	39. आदत	73. सन्दूक
7. जहाज	40. प्रार्थना	74. पुराना
8. बनाना	41. धन	75. परिवार
9. स्त्री	42. बुद्धू	76. प्रतीक्षा करना
10. दोस्ताना	43. पुस्तकें	77. गाय
11. पतना	44. घृणा	78. नाम
12. पूछना	45. अँगुली	79. सौभाग्य
13. ठण्डा	46. खुशमिजाज	80. कहना
14. डण्डी	47. चिड़िया	81. मेज
15. नृत्य	48. घूमना	82. शरारती
16. गाँव	49. कागज	83. भाई
17. तालाब	50. पुष्ट	84. डरा हुआ
18. रूग्ण	51. मेंढ़क	85. प्रेम
19. गौरव	52. प्रयत्न करना	86. कुर्सी
20. तैरना	53. भूख	87. चिन्ता
21. स्याही	54. दुःखी	88. चुम्बन
22. क्रोधित	55. बालक	89. दुल्हन
23. सूई	56. बोलना	90. साफ
24. तैरना	57. पेंसिल	91. भीख माँगना
25. जाना	58. दुःखी	92. पसन्द
26. नीता	59. आलुबुखारा	93. बिस्तर
27. चिराग	60. विवाद करना	94. प्रसन्न
28. ले जाना	61. घर	95. सुखी
29. रोटी	62. घृणित	96. बन्द करना
30. अमीर	63. शीशा	97. घाव
31. पेड़	64. उड़ान	98. बुड़ाई
32. छलाँग	65. ऊन	99. दरवाजा
33. दया	66. बड़ा	100. अपमान
	67. गरज	

(i) पूर्ण से अंश साहचर्य - 'तैयार' कहने पर मैं ऐसा शब्द बोलूँगा, जो किसी वस्तु की पूर्णता का द्योतक होगा। इसे सुनकर आप इसका आंशिक शब्द बोलेंगे, जैसे हाथ कहने पर अँगुली।

(ii) अंश से पूर्ण साहचर्य—''तैयार' कहने पर मैं ऐसा शब्द बोलूँगा, जो किसी वस्तु की अंशता का द्योतक होगा जिसे सुनकर आप उसका पूर्णता-बोधक शब्द कहेंगे जैसे अँगुली कहने पर हाथ।

(iii) विलोम शब्द—'तैयार' कहने पर मैं ऐसा शब्द बोलूँगा, जिसका आपको विलोम शब्द बोलना है, जैसे सफेद कहने पर काला। 'समाप्त' सुनते ही आप अपनी आँख खेल लेंगे।

अनुदेशोपरांत प्रयोगकर्ता ने प्रयोज्य को अभ्यास कराया, फिर 'तैयार' का संकेत दिया। 2 सेकण्ड बाद सूची में से प्रथम शब्द बोला और विराम-घड़ी चला दी। प्रयोज्य के अनुक्रिया-शब्द बोलते ही घड़ी बन्द कर दी और उसे अनुक्रिया करने में कितना समय लगा, यह देखकर लिख लिया। उसके चेहरे की अभिव्यक्तियों को भी सूची के निर्धारित खाने में अंकित कर लिया। यदि प्रयोज्य अनुक्रिया काल में 30 सेकण्ड से अधिक समय लगाये तो उसे छोड़कर आगे का शब्द लें। इसी प्रकार अन्य शब्द भी लें और सभी सूचियों के शब्द का साहचर्य-काल लें।

सावधानियाँ—

नियंत्रित साहचर्य के संदर्भ में निम्नलिखित सावधानियों को ध्यान में रखना चाहिए—

(1) पर्यावरण शान्त हो।

(2) प्रत्येक उद्दीपक-शब्द को एक सी आवाज में बोलें।

(3) प्रयोज्य की मुखाकृतियों को ठीक से देखें।

(4) विराम घड़ी का प्रयोग चतुराई से करें।

अन्तर्दर्शन-रिपोर्ट—

(1) क्या प्रयोज्य के मस्तिष्क में अनेक शब्द आते थे और फिर वह उनमें से एक शब्द बोलता था?

(2) प्रयोज्य प्रयोग में तल्लीन था या नहीं ?

(3) क्या प्रयोज्य ने किसी विचार के दमन करने का प्रयास किया, यदि हाँ तो उसका कारण?

(4) क्या शब्द सुनकर प्रयोज्य के मन में किसी विगत घटना का स्मरण हुआ?

प्रदत्त–

(अ) पूर्ण से अंश

क्रम संख्या	उद्दीपक-शब्द	अनुक्रिया-शब्द	साहचर्य काल	मुखाअभि-व्यक्तियाँ तथा हाव-भाव
1	हाथ	अँगुली	1.6 से0	
2				
.				
.				
.				
10				

(ब) अंश से पूर्ण

1	पत्त	पेड़	1.8 से0	
2				
.				
.				
.				
10				

(स) विलोम

1	सफेद	काला	1.4 से0	
2				
.				
.				
.				
10				

विवेचन एवं निष्कर्ष

तीनों सूचियों के साहचर्य-काल का माध्य (Mean) निकालें। इनकी तुलना स्वतन्त्र साहचर्य-काल से करें। यदि साहचर्य-काल अधिक हो तो यह बतायें कि यह किसी भावना-ग्रन्थि के कारण है या भाषा-ज्ञान की दरिद्रता के कारण। अन्तर्दर्शन-रिपोर्ट के आधार पर अनुक्रिया-शब्दों को निर्धारित करने में प्रयोज्य के मन में जो प्रवृत्ति रही उस पर प्रकाश डालें।

टिप्पणी- पूर्ण रूप से एक शब्द सूची को नियंत्रित साहचर्य के लिए नीचे दी गई है अगर विद्यार्थी चाहें तो इस सूची का प्रयोग कर सकते हैं; या स्वयं कोई सूची बना सकते हैं। निम्न सूची में सभी के विलोम शब्द सम्भव हैं : काला; बड़ा, गहरा, भगा, पुरुष, ऊँचा, पूरब, जन्म, बहादुर, सफलता, सत्य, भला, विवाहित, प्राचीन, निर्धन, सरल, भद्दा, बालिका, पति, अन्धकार, स्वस्थ, स्वतंत्र, बहिर्मुखी, मालिक, खाली।

प्रयोग-संख्या 5

इस प्रयोग में सीमित साहचर्य का अध्ययन किया गया है—

सीमित नियन्त्रित साहचर्य

समस्या - "प्रयोज्य की अनुक्रिया का, जबकि अनुक्रिया-शब्द का उद्दीपक-शब्द से कोई निश्चित सम्बन्ध हो, अध्ययन करना।"

विषय-प्रवेश - साहचर्य का अर्थ बताइए। साहचर्य के प्रकारों का वर्णन करिये। मुक्त साहचर्य नियन्त्रित साहचर्य तथा सीमित नियन्त्रित साहचर्य का अन्तर बताइए।

सामग्री एवं उपकरण : 40 शब्दों की सूची जिसमें 20 उपजातिगत शब्द तथा 20 मुख्यजातिगत शब्द हों; पेन्सिल, विराम-घड़ी, पर्दा, आदि।

विधि—

प्रयोगकर्ता सबसे पहले एक सूची बनाएगा जिसमें 40 उद्दीपक शब्द होंगे जिनमें 20 शब्द उपजातिगत उद्दीपक होंगे तथा 20 मुख्यजातिगत शब्द होंगे। अपजातिगत शब्दों में विशिष्ट नाम होंगे, जैसे हिमालय, कुत्ता, तोता, गंगा, पीपल, लोहा, गुलाब, आदि। मुख्यजातिगत शब्दों की सूची में वर्ग-सम्बन्धी शब्द, जैसे पक्षी,

नदी, पर्वत, पशु, पेड़, फल, धातु आदि होंगे। प्रयोगकर्ता और प्रयोज्य के मध्य पर्दा रखा होगा। प्रयोक्ता इन 40 शब्दों को यादृच्छिक रूप से प्रयोज्य को निम्न अनुदेशों के बाद प्रस्तुत करेगा।

आप आराम से बैठ जाइए। मैं आपके सामने कुछ शब्द बोलूँगा। आप शब्द सुनकर उत्तर को इस प्रकार दें कि आपके उत्तर का मेरे शब्द से कोई निश्चित सम्बन्ध स्थापित हो जाय, जैसे यदि मैंने 'गंगा' शब्द कहा तो आप कोई इस प्रकार का शब्द कहिए जिसका इस शब्द से कोई निश्चित सम्बन्ध हो (जैसे- नदी आदि)। यह काम आप जितनी जल्दी कर सकें, कीजिए। परंतु आपका उत्तर मेरे शब्द से जुड़ा होना जरूरी है।

प्रयोग प्रारम्भ करने से पहले प्रयोक्ता 'सावधान' का संकेत देगा। फिर 2 सेकण्ड बाद अपनी सूची मे से कोई शब्द बोलेगा और विराम-घड़ी को चला देगा। जैसे ही प्रयोज्य प्रत्युत्तर देगा, प्रयोगकर्ता विराम-घड़ी बन्द कर लेगा तथा अनुक्रिया-शब्द और समय को सूची में लिख लेगा। इसी प्रकार प्रयोक्ता सूची के समस्त शब्दों को एक-एक करके बोलेगा और प्रयोज्य का अनुक्रिया-शब्द तथा प्रतिक्रिया-काल लिख लेगा।

अन्तर्दर्शन-रिपोर्ट–

प्रयोज्य से पूछिए कि उसे अनुक्रिया करने में कोई कठिनाई तो नहीं हुई। यदि किसी शब्द-विशेष में अनुक्रिया-समय अधिक लगा दे तो इसके बारे में प्रश्न कीजिएँ।

सावधानियाँ–

सीमित नियंत्रित साहचर्य के संबंध में निम्नलिखित सावधानियाँ बरतनी चाहिए–

(1) पर्यावरण शान्त हो

(2) शब्द का यादृच्छिक रूप से दिया जाय।

(3) प्रयोक्ता और प्रयोज्य के बीच में स्क्रीन इस प्रकार रखा रहे ताकि प्रयोज्य सूची के शब्द तथा समय न देख पाये।

(4) विराम-घड़ी शब्द बोलत ही चला दी जाय तथा अनुक्रिया होते ही बन्द कर दी जाय।

(5) समय ठीक-ठीक लिखा जाय।

प्रदत्त–

नीचे बनी तालिका के अनुसार प्रदत्त को प्रस्तुत कीजिए :

क्रम संख्या	उद्दीपक-शब्द	अनुक्रिया-शब्द	अनुक्रिया काल (सेकण्ड में)
1			
2			
.			
.			
.			
40			

समस्त अनुक्रिया काल =................सेकण्ड

औसत अनुक्रिया काल $= \frac{EX}{N}$ ....सेकण्ड

विवेचन एवं निष्कर्ष

औसत सीमित नियन्त्रित साहचर्य-काल कितना रहा? सीमित नियन्त्रित साहचर्य-काल तथा मुक्त साहचर्य-काल में से किसका समय अधिक रहा और क्यों? सीमित नियन्त्रित साहचर्य काल तथा नियन्त्रित साहचर्य काल में से किसका समय अधिक रहा?

3

सामान्य सिद्धान्त

प्रयोगात्मक मनोविज्ञान का अर्थ

मनोविज्ञान को मस्तिष्क विज्ञान भी कहा जाता है। मनोविज्ञान की एक प्रमुख शाखा मनोविज्ञान है—प्रयोगात्मक मनोविज्ञान यह आंतरिक एवं बाह्य दोनों प्रकार की क्रियाओं का अध्ययन करता है। मनोविज्ञान में व्यवहार का अध्ययन प्रयोगात्मक विधि द्वारा किया जाता है। थोड़े में यह कहा जा सकता है कि व्यवहार के प्रयोगात्मक अध्ययन का विज्ञान प्रयोगात्मक मनोविज्ञान है।

प्रयोगात्मक मनोविज्ञान की प्रकृति

प्रयोगात्मक मनोविज्ञान में यथार्थ तथ्यों के बीच कार्य और कारण के संबंध को जाना जाता है। विधायक विज्ञान को तथ्यों के शुभ या अशुभ होने से कोई सरोकर नहीं, जब तक कि वे तथ्यात्मक हों। प्रयोगात्मक मनोविज्ञान को व्यावहारिक मनोविज्ञान नहीं कहा जा सकता लेकिन उसके परिणाम को अपने व्यावहारिक जीवन में लागू करके लाभ प्राप्त किया जा सकता है। उसका दृष्टिकोण शुद्ध वैज्ञानिक है, उसमें प्रयोगों के आधार पर मिले निष्कर्षों को ज्यों का त्यों उपस्थित किया जाता है। इस प्रकार वह तटस्थ है। प्रयोग करते समय मनोवैज्ञानिक होने के पश्चात् कोई भी उनकी परीक्षा कर सकता है। वैज्ञानिक पद्धति में बौद्धिक प्रखरता के साथ-साथ सूक्ष्म निरीक्षण, निष्पक्ष तर्क और वस्तुगत दृष्टिकोण आवश्यक है। इसके प्रमुख चरण

लिखना, वर्गीकरण सामान्यीकरण तथा परीक्षण आदि हैं। वैज्ञानिक पद्धति के अतिरिक्त तथात्मकता, सार्वभौमिकता, प्रामाणिकता, कार्य-कारण सम्बन्धों की खोज और भविष्यवाणी करने की क्षमता विज्ञान में होनी जरूरी है। परीक्षा करने से ज्ञात होगा कि प्रयोगात्मक मनोविज्ञान में विज्ञान के लिए आवश्यक सभी विशेषताएँ मिलती हैं जिनका उल्लेख निम्न तथ्यों के अंतर्गत किया जा रहा है–

(6) वैज्ञानिक पद्धति–प्रयोगात्मक मनोविज्ञान में नियन्त्रित परिस्थितियों में रखकर अध्ययन के विषय को जाँच लिया जाता है। इस जाँच में अधिकतर विभिन्न यन्त्रों की सहायता ली जाती है। इस प्रकार के नये-नये यन्त्रों का मनोविज्ञान में बराबर विकास हो रहा है। गहनता से निरीक्षण के बाद तथ्यों का वर्गीकरण करके और फिर सामान्यीकरण के द्वारा सामान्य नतीजा निकलता है।

(5) तथ्यात्मकता–प्रयोगात्मक मनोविज्ञान में परिणाम वस्तुगत और तथ्यात्मक होते हैं। मनोवैज्ञानिक का कार्य निर्णय न होकर व्याख्या है। मनोविज्ञान मूल्यों से संबंधित न होकर तथ्यों से संबंधित होता है।

(1) सार्वभौमिकता–पूर्व में बताया गया है कि प्रयोगात्मक मनोविज्ञान के निष्कर्षों की जाँच किसी के द्वारा कभी भी की जा सकती है क्योंकि परिस्थितियाँ एक सी रहने पर वे सभी देश काल में बराबर होते हैं।

(2) बंधता–अस्तु, प्रयोगात्मक मनोविज्ञान प्रामाणिक है। उसके सिद्धान्तों में प्रामाणिकता होती है।

(3) कार्य-कारण सम्बन्धों की व्याख्या–मनोवैज्ञानिक कई तथ्यों में कार्यकरण संबंधों की स्थापना तथ्यों के द्वारा प्रायोगिकता के आधार पर भी की जा सकती है। उदाहरण के लिये ध्यान, स्मृति, सीखना, चिन्तन, कल्पना आदि विभिन्न मानव व्यवहार के विषय में व्यापक प्रयोग किये गये हैं और उनके आधार पर कार्य-कारण सम्बन्धों की व्याख्या की गई है।

(4) भविष्यवाणी करना–किसी भी विषय के बारे में भविष्यवाणी की क्षमता प्रयोगात्मक मनोविज्ञान में उपस्थित होती है। उदाहरण के लिए कारखानों में काम करने की परिस्थितियों के विषय में प्रयोगों के आधार पर अनेक परिणाम निकाले गये हैं। इस आधार पर किन परिस्थितियों में काम अच्छा होगा और किन में अच्छा नहीं होगा, किन में दुर्घटनाएँ कम होंगी, किन में उत्साह और नितिमत्ता बने रहेंगे आदि भविष्यवाणी की जा सकती है।

ऊपर दिए तथ्यों के अध्ययन से साफ हो जाता है कि प्रयोगात्मक विज्ञान की प्रकृति वैज्ञानिक होती है।

प्रयोगात्मक मनोविज्ञान का क्षेत्र

मनोविज्ञान की ही एक शाखा प्रयोगात्मक मनोविज्ञान है परंतु इसका क्षेत्र मनोविज्ञान की तुलना में संकुचित है। उदाहरण के लिए बालक के बहुत से व्यवहार का प्रयोगात्मक अध्ययन नहीं किया जा सकता, जैसे कोई भी मनोवैज्ञानिक किसी बालक को बुरी परिस्थितियों में रखकर उस पर उनके प्रभाव की जाँच नहीं कर सकता क्योंकि ऐसा करना अनैतिक होगा। अस्तु, इस प्रकार के अध्ययन प्रयोगात्मक विधि विषय नहीं है। परन्तु फिर बालक के सीखने, संवेग, बुद्धि, भाषा के विकास आदि बाल मनोविज्ञान के अनेक पहलुओं आदि के व्यवहार के विषय में अनेक प्रयोग किये गये हैं। उदाहरण के लिए सामूहिक तनाव के सम्बन्ध में राबर्स केव अध्ययन प्रसिद्ध है। प्रयोगात्मक विधि का मनोविज्ञान की कुछ शाखाओं में अपेक्षा से अधिक प्रयोग हुआ है। उदाहरण के लिए शारीरिक मनोविज्ञान और मनोभौतिक विज्ञान की ओर संकेत किया जा सकता है। मानव की प्रत्येक संवेदनाओं, प्रत्यक्षों, ध्यान और अनवधान, सीखना और उसका स्थानांतरण, चिन्तन, संवेग और अनुभूति, स्मृति और साहचर्य, बुद्धि और व्यक्तित्व के विषय में प्रयोगात्मक अध्ययन किये गये हैं। प्रयोगात्मक मनोविज्ञान और किसी भी पाठ्य-पुस्तक पर दृष्टि डालने से उसमें इन सभी विषयों पर अध्ययन दिखलाई पड़ेंगे। इन्हीं विषयों पर अध्ययन समान्य मनोविज्ञान की पाठ्यपुस्तक में भी दिखलाई पड़ते हैं। लेकिन भेद केवल यही है कि क्रियाओं के बारे में केवल प्रयोगसिद्ध परिणाम तथा तत्सम्बंधी प्रयोगों का विवरण प्रयोगात्मक मनोविज्ञान में ही होता है।

आधुनिक समय में विज्ञान का महत्व अधिक है। इसका प्रभाव साफ प्रतीत होता है। इसलिए आज का युग वैज्ञानिक युग है। प्रयोगात्मक मनोविज्ञान में गहन अवलोकन हेतु विविध प्रकार के यन्त्रों को प्रयुक्त किया जा रहा है। इन आविष्कारों से जहाँ मनोवैज्ञानिक अवलोकन की समर्थता बढ़ेगी वही प्रयोगात्मक मनोविज्ञान का क्षेत्र भी विस्तृत होगा।

मनोविज्ञान की अन्य शाखाओं से सम्बन्ध

प्रयोगात्मक मनोविज्ञान का संबंध बाल मनोविज्ञान, सामान्य मनोविज्ञान, किशोर मनोविज्ञान, असामान्य मनोविज्ञान, पशु मनोविज्ञान, प्रेरणात्मक मनोविज्ञान और सबसे अधिक शारीरिक मनोविज्ञान और मनोभौतिक विज्ञान से है। इसके अलावा प्रयोगात्मक मनोविज्ञान के निष्कर्ष शिक्षा मनोविज्ञान, औद्योगिक मनोविज्ञान

आदि में भी अत्यन्त उपयोगी सिद्ध हुये हैं। सत्यता यही है कि प्रयोगात्मक मनोविज्ञान को मनोविज्ञान की शाखा न कहकर उसका प्रयोगात्मक पक्ष कहना अधिक ठीक होगा।

प्रयोगात्मक मनोविज्ञान की विधियाँ

प्रयोगात्मक मनोविज्ञान के समस्त विवेचन में सर्वप्रथम प्रयोगात्मक विधि की विवेचना की जाती है। इसे प्रयोगशाला विधि के नाम से भी जाना जाता है।

प्रयोगात्मक विधि

प्रयोगात्मक विधि से वैज्ञानिक विधि की संपूर्ण विशेषताएँ पायी जाती हैं। मनोविज्ञान के स्तर पर लाने का श्रेय इसी विधि को है। अतः आधुनिक काल में मनोविज्ञान के विभिन्न क्षेत्रों में इस विधि का सर्वाधिक प्रयोग किया जाता है।

प्रयोग का अर्थ

प्रयोग का अर्थ साधारण शब्दों में व्यवस्थित रूप में पूछे गये प्रश्न से है। इस प्रकार प्रयोग में प्रयोगकर्ता के सामने एक स्पष्ट प्रश्न या समस्या होती है और उसका उत्तर पाने के लिए वह प्रयोग करता है। यह प्रश्न जितना ही स्पष्ट होगा उतना ही स्पष्ट उसका उत्तर होगा। यह प्रश्न उपकल्पना पर आधारित होगा। यह उपकल्पना युक्ति से निकलती है। प्रयोगों द्वारा ही उपकल्पना भी सिद्ध अथवा असिद्ध होती है। उदाहरण के लिए सीखने के दौरान इस तथ्य का अहसास किया गया है कि प्रेरणाओं की प्रभाविकता क्या होगी। यह एक उपकल्पना मात्र है। इसकी जाँच करने के लिये उसने इसको एक प्रश्न के रूप में रख दिया कि क्या प्रेरणा का सीखने में प्रभाव होता है? इस प्रश्न का उत्तर पाने के लिये उसने प्रयोग किये। माना कि प्रयोगों से परिणाम प्राप्त हुआ कि प्रेरणा सीखने में लाभप्रद है तो इससे उपकल्पना सिद्ध हो गई। अब इस पर आगे यह प्रश्न उठाया जा सकता है कि सीखने में प्रेरणा से कितना लाभ होता है। इसकी परीक्षा करने के लिये आगे प्रयोग किये जा सकते हैं। इसी प्रकार सीखने में प्रेरणा का कैसे और क्यों प्रभाव पड़ता है,आदि अनेक सम्बन्धित प्रश्नों पर प्रयोगों द्वारा खोज की जा सकती है। इसी तरह किसी भी उपकल्पना उस पर प्रयोग किया जा सकता है। प्रयोग में पहले से निर्धारित स्थितियों में निरीक्षण किया जाता है। इस प्रकार प्रयोग एक नियन्त्रित परिस्थितियों में किसी वस्तु कि क्रिया अथवा जीव के व्यवहार का जाँच है। इन जाँच के निष्कर्षों में यह विशेषता है कि इनको

कभी भी दोहराया जा सकता है अर्थात् उस विशिष्ट स्थिति में उसे अनेक बार करने पर परिणाम वही होगा। इस प्रकार प्रयोग वह प्रक्रिया है जिसको बार-बार किया जा सकता है।

प्रयोग विधि के प्रमुख सोपान

प्रयोगात्मक मनोविज्ञान में प्रयुक्त की जाने वाली प्रयोग विधि के महत्त्वपूर्ण चरण निम्न प्रकार हैं–

(1) परिवेश या परिस्थिति को नियमित करना–परिवेश को नियंत्रण में रखना प्रयोग विधि का सर्वाधिक महत्वपूर्ण सोपान है। नशे के प्रभाव के प्रयोग में कई कठिनाइयाँ है, हो सकता है कि प्रयोग का पात्र व्यक्ति यह साबित करना चाहता है कि नशे से उसकी शारीरिक और मानसिक क्षमता पर कोई असर नहीं पड़ता। इस प्रकार की सम्भावनाओं को निर्मूल करने के लिए नशे के प्रयोग में परिस्थिति को नियन्त्रित कर दिया गया। नशे के प्रयोग में परिवेश के नियंत्रण के ये समस्त सभी प्रयोगों में आवश्यक नहीं होते हैं। जैसा प्रयोग होगा वैसे ही नियन्त्रण आवश्यक हो जाते हैं, क्योंकि पात्र के प्रयोग का तात्पर्य जान जाने का और उससे उसकी मनोवृति में अन्तर हो जाने का भय रहता है। लेकिन इस तरह भी आशा पशु प्रयोग में नहीं रहती। इसी कारण पात्र के शारीरिक क्रिया-कलापों के नियंत्रण का उनमें विशेष ध्यान दिया जाता है। उदाहरण के लिए कुत्ते पर पैक्लोव के प्रयोग में कुत्ते के मुँह से गिरी लार को मापने के लिए विशेष आयोजन किया गया था।

(2) स्वतन्त्र परिवर्त्यों तथा आश्रित परिवर्त्यों को अलग करना–तृतीय चरण के प्रयोग की उपकल्पना प्रयोग के दौरान आश्रित परिवर्त्यों तथा स्वतंत्र परिवर्त्यों को अलग-अलग वर्गीकृत कर देती है। उपरोक्त उदाहरण में शारीरिक और मानसिक क्षमता आश्रित परिवर्त्य हैं, क्योंकि प्रयोग में ये स्थिर रहेंगे, नशा स्वतन्त्र परिवर्त्य है, क्योंकि प्रयोग में नशा करने या न करने की स्थिति में होने वाले प्रभावों का निरीक्षण किया जाता है।

(3) एक समस्या को उठाना–इस विधि में सबसे पहले किसी समस्या को लिया जाता है। एक उदाहरण लीजिये, बहुधा नशे की बड़ी आलोचना की जाती है। कहा जाता है कि नशा न करने वाले विद्यार्थी परीक्षा में नशा करने वाले विद्यार्थियों से अधिक अंक प्राप्त करते हैं अथवा नशा करने से चरित्र भ्रष्ट होता है दूसरी ओर कुछ लोग यह कहते देखे जाते है कि नशा करने से ध्यान एकाग्र होता है, जो नशे के पक्ष में है और न विपक्ष में है, वे कहते हैं कि परीक्षा में कम

अंक आने का कारण नशा न होकर विद्यार्थी का व्यक्तित्त्व है। नशा न करने वालों की अपेक्षा नशा करने वाले अधिक सामाजिक तथा आराम तलब होते हैं। अतः वे परीक्षा के लिए उतनी मेहनत नहीं करते। इस वाद-विवाद से यह प्रश्न उठता है कि नशे का मानसिक अथवा शारीरिक क्षमता पर क्या असर होता है?

(4) एक उपकल्पना बनाना—उपरोक्त उदाहरण में मानसिक तथा शारीरिक क्षमता पर नशा के प्रभाव की समस्या को एक उपकल्पना के रूप में रखना जरूरी है। नशे से होने वाली शारीरिक एवं मानसिक समस्याओं की जाँच उपकल्पना में की जाती है।

(5) प्रयोग फल का विश्लेषण—प्रयोग विधि में पाँचवाँ प्रमुख चरण प्रयोग फल का अध्ययन है। प्रयोग में अधिक पात्र होने पर कभी-कभी उनको दो दलों में विभक्त करना जरूरी हो जाता है—एक नियन्त्रित दल और दूसरा प्रयोगबद्ध दल। नशे के प्रयोग में प्रत्येक पात्र अपना नियन्त्रित पात्र भी था। सबने आधी बार तम्बाकू वाली पाइप पी और आधी बार तम्बाकू रहित पाइप पी। प्रयोगबद्ध दल बहुधा स्वतन्त्र परिवर्त्य और उसके परिणामों की तम्बाकू रहित परिणामों के साथ तुलना की गई। सांख्यिकी प्रणाली का उपयोग के अध्ययन में किया जाता है।

(6) प्रयोगफल से उपकल्पना की जाँच—इसका छठा चरण उपकल्पना की जाँच करने वाला प्रमुख सोपान है। नशे के प्रयोग में तम्बाकू वाले पात्रों की तम्बाकू रहित पात्रों से तुलना करने पर दोनों के निष्कर्षों में बहुत ही कम अन्तर मिला। नशा करने से हृदय की धड़कन में वृद्धि तथा स्थिरता में कमी एवं हाथ में कम्पन बढ़ा है। यह प्रस्ताव नशा करने वाले पात्रों की तुलना में नशा न करने वाले पात्रों में अधिक स्पष्ट दिखाई पड़ता था। मानसिक परीक्षणों में मापी हुई प्रक्रियाओं पर नशे का स्पष्ट प्रभाव नहीं पड़ा। 18 दिन तक नशे के इस प्रयोग से यह निष्कर्ष निकला कि नशा का प्रभाव नहीं के बराबर है। इससे जिस उपकल्पना को लेकर प्रयोग किया गया था वह सही नहीं सिद्ध हुई। लेकिन सत्यता यही है कि नशे के परिणाम की जाँच से नशे से होने वाले प्रभाव के बारे में जान सकते हैं।

इसके अतिरिक्त इस प्रयोग का दूसरा उदाहरण इस प्रकार है—समस्या है कि सीखने पर शाब्दिक उत्तेजकों का कैसा प्रभाव पड़ता है? उपकल्पना यह है कि सीखने पर शाब्दिक उत्तेजकों का प्रभाव पड़ता है। इस परिकल्पना की परीक्षा करने के लिए एक प्रयोग किया गया। प्रयोग के लिए कुछ बालकों को लेकर उनकी सहकारी स्मृति की परीक्षा की गई। बालकों को दो भागों में विभाजित कर दिया। इस विभाजन में एक समूह के बालकों को दूसरे समूह के बालकों के साथ सीखने के बाद प्रारम्भिक

अंकों पर समान किया गया जिससे कि दोनों उपसमूहों में औसत अंक तथा ऊपर से नीचे तक अंकों का विस्तार बराबर रहे। सभी बालकों को एक ही कक्षा से लिया गया और दोनों समूह में लड़कों तथा लड़कियों की संख्या बराबर रखी गई। इन समूहों में एक समूह नियन्त्रित समूह माना गया और दूसरा समूह प्रयोगात्मक समूह निश्चित किया गया। करीब तीन सप्ताह उपरांत प्रयोगात्मक समूह के अच्छे कार्य के लिए प्रोत्साहन दिया गया। परन्तु नियन्त्रित समूह को किसी प्रकार का शाब्दिक प्रोत्साहन नहीं दिया गया। इसके बाद शिक्षण चलता रहा। कुछ दिनों बाद दुबारा परीक्षा लेने पर प्रयोगात्मक समूह ने नियन्त्रित समूह की अपेक्षा अधिक अंक प्राप्त किये। अंकों के बढ़ने से पता चलता है कि शाब्दिक उत्तेजनाओं का सीखने का अच्छा प्रभाव पड़ता है। इस परिणाम से प्रयोग की उपकल्पना नहीं सिद्ध हुई।

स्वतन्त्र और आश्रित परिवर्त्य

स्वतंत्र परिवर्तन इस तरह का उद्दीपन हो जिसमें इच्छानुसार बदलाव किया जा सकता है। बहुधा यह स्वतन्त्र परिवर्त्य एक ही होता है क्योंकि प्रयोगकर्ता प्रत्येक कारण का अलग-अलग प्रभाव देखना चाहता है। यदि कोई परिवर्तन किन्हीं दो कारकों के कारण हो तो यह निश्चय करना कठिन होगा कि उनमें से किस कारक का उस परिवर्तन में कितना महत्त्व है। सांख्यिकीय पद्धति में एक बार से अधिक कारक भी स्वतन्त्र परिवर्त्य हो सकते हैं। परन्तु सांख्यिकीय अध्ययन हर कारक के प्रभाव को अलग कर देता है।

प्रयोगकर्ता के द्वारा सभी कारकों को स्थिर रखा जाता है। जब किसी कारक में बदलाव करता है। इस परिवर्तन से प्रयोग के विषय में अनेक अनुक्रियाएँ दिखाई पड़ती है। ये अनुक्रियाएँ उस प्रयोग के आश्रित परिवर्त्य हैं। जैसा कि इनके नाम से ही स्पष्ट है ये उस कारक पर आश्रित हैं जिसके प्रभाव का अध्ययन किया जा रहा है। इस प्रकार के आश्रित परिवर्त्यों में पात्र का बाह्य व्यवहार, बोलना, भयभीत होना, भागना, हँसना, रोना आदि तथा आन्तरिक शारीरिक क्रियाएँ सम्मिलित हैं। आन्तरिक शारीरिक क्रियाओं का अध्ययन पदार्थों अथवा विविध यन्त्रों की सहायता से किया जाता है। प्रयोगकर्ता द्वारा आन्तरिक व्यवहार को ज्ञात करने हेतु शाब्दिक विवरण ज्ञान होना अत्यन्त महत्वपूर्ण होता है।

प्रयोग विधि में नियंत्रण एवं प्रयोगात्मक समूह के बारे में बताया जा चुका है। सहयमज बालकों पर प्रशिक्षण का प्रभाव जानने के प्रयोग में प्रशिक्षित सहयमज प्रयोगात्मक समूह है क्योंकि प्रयोग द्वारा उसी में परिवर्तन देखा जाता हैं। नियन्त्रित

समूह तुलना के लिए रखा जाता है। उपरोक्त प्रयोग में प्रशिक्षण हीन सहयमज नियन्त्रित समूह है। यह प्रयोगात्मक और नियन्त्रित समूह कभी-कभी एक ही होता है अर्थात् प्रयोगकर्ता बारी-बारी से एक ही समूह को प्रयोगात्मक तथा नियन्त्रित परिस्थिति में रख कर किन्तु अक्सर देखने में आया है कि नियन्त्रित तथा प्रयोगात्मक समूह का स्वरूप पृथक् होता है इसके पृथक्ता के बाद भी प्रयोगात्मक समूह में परिवर्तन किया जा सकता है।

जे. पी. गिलफोर्ड ने अपनी पुस्तक में स्वतंत्र परिवर्तन तथा आश्रित परिवर्त्य की विस्तार से विवेचना की है। अनेक प्रयोग ऐसे भी किए हैं जिसमें कि विद्यालय की कक्षाओं में किसी श्रेणिओं से आँकी गई कारकों का अध्ययन किया गया है। हमारा विचार है कि इस विद्वता को निश्चित करने में बुद्धि का स्तर, विद्यार्थी का लिंग, पढ़ाई की मात्रा, अन्य क्रियाओं को दिया समय, आजीविका कमाने को दिया गया समय आदि का बड़ा महत्त्व है।

विद्यार्थी के क्रिया के प्रयोग को उपरोक्त व्यवस्था में दिया गया समय स्वतंत्र परिवर्त्य है और बाकी सब आश्रित परिवर्त्यों को नियन्त्रित रखकर और स्वतन्त्र परिवर्त्यों को घटा-बढ़ाकर विद्वता की उपलब्धि पर विद्यार्थी के कार्यों के लिये दिये गये समय के प्रभाव को जाना जायेगा। इसी प्रकार बाहर काम करने के घंटे, सामाजिक कार्यों के घण्टे, भविष्य की चिन्ता, स्कूल के काम में रुचि, स्कूल के काम में प्रेरणा, अध्ययन के घन्टे आदि में से प्रत्येक कारक को बारी-बारी से स्वतन्त्र परिवर्त्य बनाकर विद्वता की उपलब्धि में उसके प्रभाव को ज्ञात किया जाता है। ध्यान रहे कि एक समय में स्वतन्त्र परिवर्त्य एक ही हो सकता है। वैसे तो इस विश्लेषण में हमें एक विद्यार्थी पर ही परीक्षण किया जाना चाहिये जो कि स्कूल के विभिन्न सत्रों में बाकी बातों को एक सा रखते हुए विद्यार्थी के कार्यों में भिन्न-भिन्न मात्रा में भाग लें, परन्तु ऐसा करना कठिन होने के कारण हम अन्य सब बातों में समान कुछ विद्यार्थियों को चुन लेगें जो कि विद्यार्थी के कार्यों में भिन्न-भिन्न मात्रा में समय देते हों। अब इनकी तुलना करने से विद्वता की उपलब्धि पर विद्यार्थी के कार्यों में समय देने का प्रभाव मालूम हो जायेगा। यदि विद्यार्थी के कार्यों में दिये समय के परिवर्तन के साथ-साथ विद्वता की उपलब्धि में भी परिवर्तन हो तो यह निष्कर्ष निकाला जाएगा कि विद्वता की उपलब्धि में और विद्यार्थी के कार्यों में समय देने में सम्बन्ध है। अगर समय बढ़ने के साथ विद्वता की उपलब्धि में वृद्धि और कमी होने पर विद्वता में गिरावट आने से कहा जा सकता है दोनों में सरकारी सम्बन्ध है। इसके विपरीत परिस्थितियों अर्थात् विद्यार्थी

के कार्यों में समय देने के साथ-साथ विद्वता की उपलब्धि में कमी होने की स्थिति में विपरीत संबंध मान लेंगे।

प्रयोग में नियन्त्रण

मनोविज्ञान में प्रयोग के समय नियंत्रित स्थिति का विश्लेषण किया जाता है। प्रयोग करने वाला प्रयोगात्मक भाग के अलावा अन्य सभी भागों पर नियन्त्रण स्थापित करता है। इस प्रकार का नियन्त्रण न करने पर परिणाम कभी भी सही और विश्वसनीय नहीं हो सकता। उदाहरण के लिए पढ़ाई पर धूम्रपान के प्रभाव को जानने के लिए किये जाने वाले प्रयोग में धूम्रपान करने वाले और न करने वाले पात्रों की आयु, बुद्धि, पाठशाला के अभिलेख तथा पाठ्यक्रयोन्तर कार्यकलापों की समानता बड़ी आवश्यक है क्योंकि इन सबका भी पढ़ाई पर पड़ा प्रभाव पड़ता है। यदि इनकी समानता को ध्यान में न रखा गया तो हो सकता है प्रयोगकर्ता जिस अंतर को धूम्रपान के कारण समझ लेता है वह बुद्धि, आयु आदि के अन्तर के कारण हो। सामान्य जीवन में अधिकतर परिणामों में नियन्त्र के इस महत्त्व का ध्यान नहीं रखा जाता। यही कारण है कि ज्यादातर नतीजे बिल्कुल ठीक न होकर व्यावहारिक अनुमान मात्र होते हैं। दो-चार सिगरेट पीने वाले व्यक्तियों का अच्छा स्वास्थ्य देखकर यह निष्कर्ष निकाल लिया जाता है सिगरेट स्वास्थ्य के लिए नुकसानदेह नहीं है। किसी दवा से रोगी के अच्छा हो जाने पर यह जाँच नहीं की जाती कि रोगी दवा से अच्छा हुआ या किसी और कारक के कारण। व्यक्ति की आयु बुद्धि, हेतु उद्देश्य, होशियारी, शिक्षा तथा वर्तमान शारीरिक और मानसिक दशा जैसे भूख, थकान आदि। ऐसे कारक हैं, जो मनोवैज्ञानिक क्रियाओं को प्रभावित करते हैं। प्रयोग के परिणामों पर इन सबका प्रभाव पड़ सकता है। इन समस्त कारकों पर नियन्त्रण स्थापित किये बिना इसके ठीक नतीजे पर पहुँचना असंभव होता है।

इस प्रकार प्रत्येक प्रयोग में बहुत से प्रभावी तत्त्व होते हैं। इनमें प्रयोज्य की सामान्य दशा का बड़ा महत्त्व है। पात्र के झुकाव में नियंत्रण करना मनोवैज्ञानिक प्रयोग में जरूरी है। उद्दीपन को प्रस्तुत करते समय पात्र में आवश्यक झुकाव भी होना चाहिये। उदाहरण के लिये यदि सीखने के सम्बन्ध में प्रयोग किया जा रहा है, तो सीखने वाले पात्र में सीखने की रुचि उत्पन्न करना भी जरूरी हो जाता है, अन्यथा प्रयोग सफल नहीं होगा। इसी प्रकार प्रयोगों में पात्र को यह बतला दिया जाता है कि अमुक उद्दीपन की ओर ध्यान देगा और अमुक को छोड़ देगा। कभी-कभी उसको भ्रम में डालने की आवश्यकता पड़ती है। उससे कहा जाता है कि अमुक तत्व की

परीक्षा ली जा रही है लेकिन परीक्षा तो किसी और तत्व की ली जा रही है। उदाहरण के लिए यदि उस पर इन्जेक्शन के प्रभाव को देखना है तो चाहे जब पानी का और चाहे जब दवा का इन्जेक्शन दिया जाता है जिससे उसे यह न मालूम पड़े कि दवा का इन्जेक्शन कब दिया गया है। पशुओं के शोध की तुलना में मनुष्य पर हो रहे शोध पर नियंत्रण की जरूरत है।

झुकाव के साथ-साथ आन्तरिक और बाह्य उद्दीपनों का भी नियन्त्रण जरूरी है। उद्दीपन में आन्तरिक और बाह्य वे सब कारक आते हैं जिनका अध्ययन किये जाने वाले विषय पर कोई भी प्रभाव पड़ता है। प्रकाश, आवाज, स्पर्श, तापक्रम, गंध इत्यादि बाह्य उद्दीपन हैं और स्नायविक उत्तेजनाएँ इत्यादि आन्तरिक उद्दीपन के उदाहरण हैं। इस प्रकार के उद्दीपनों का प्रयोग के विषय पर प्रभाव पड़ता है। अतः इनका नियंत्रण किया जाता है। भोजन न देने की स्थिति में विशिष्ट भोजन तथा औषधि के माध्यम से आन्तरिक उद्दीपनों पर नियन्त्रण रखा जा सकता है।

अनेक परीक्षणों से आनुवंशिकता रोकने की जरूरत रहती है। उदाहरण के तौर पर मनोविज्ञानियों को इस परेशानी पर प्रयोग करना है कि प्रशिक्षण से बालक को अधिक लाभ होता है या परिपक्वता से। स्वाभाविक है वह इस प्रयोग में प्रशिक्षित तथा अप्रशिक्षित दो प्रकार के पात्र लेगा। परन्तु इसके साथ इन पात्रों का विकास भी समान गति से होना चाहिये। परन्तु विकास आनुवंशिकता पर निर्भर है। अतः पात्रों की आनुवंशिकता समान होनी चाहिए। परन्तु आनुवंशिकता केवल सहयमज युग्म बालकों में ही समान होती है। अतः उसका नियंत्रण करने के लिए प्रयोग में युग्म बालक लेने पड़ेंगे। तब इनमें से एक के प्रशिक्षण से और दूसरे से उसकी तुलना करने से प्रशिक्षण का प्रभाव जाना जा सकता। इस प्रकार मनुष्यों पर प्रयोग करने में अनेक कारकों का नियंत्रण करना होता है। जानवरों पर प्रायः किसी आंतरिक या बाहरी अंग को ऑपरेशन से अलग करके प्रयोग में लाया जाता है। उदाहरण हेतु किसी विशिष्ट अन्तःस्त्रावी ग्रन्थि का प्रभाव ज्ञात करने हेतु पहले पशु के व्यवहार को मालूम किया जाता है और फिर ऑपरेशन करके उस ग्रन्थि को निकालकर उसका व्यवहार मालूम किया जाता है तथा दोनों में आपसी तुलना से ज्ञात किया जाता है कि ग्रन्थि का असर क्या होता है।

प्रयोग विधि की उपयोगिता

प्रयोग विधि द्वारा दैनिक जीवन में अनेक उदाहरण देखने को मिलते हैं। इसे निम्नलिखित उदाहरण द्वारा जाना जा सकता है कि अन्धे निशब्द बाधाओं से कैसे

बचते हैं। हजारों वर्षों से यह देखा गया है कि अन्धे लोगों को रास्ते की बाधाओं का पता पहले से चल जाता है और वे उनसे बच जाते हैं। ऐसा क्यों होता है, इसके विषय में अनेक धारणाएँ प्रचलित हैं। कुछ लोगों के अनुसार अंधों के चेहरे की त्वचा और स्नायु सर्वाधिक संवेदनशील होते हैं, जिसे उनके चेहरे की दृष्टि का सिद्धान्त कहते हैं।

इस सिद्धांत के प्रयोग में नेत्रहीन एवं देखने वाले दो पात्रों को परीक्षण के लिए लिया गया। देखने वाले पात्रों की आँखों पर पट्टी बाँध दी गई। शुरू-शुरू में उनको बाधाओं का पता न चलता था परन्तु धीरे-धीरे उन्होंने बाधाओं का स्थान निश्चित करना सीख लिया। अंधे पात्रों को बाधाओं का आभास हो ही जाता था। परन्तु अंधे और आँखों पर पट्टी बाँधे हुए, दोनों ही प्रकार के पात्रों को यह पता नहीं चलता था कि वे परेशानियों को कैसे महसूस कर लेते हैं।

रहस्य का पता लगाने के प्रयोगों में नोट किया गया है कि किस फासले पर पात्रों की दीवार दिखाई पड़ने लगती थी और उसको छुए बिना वे उसके कितने नजदीक पहुँच सकते थे। इस परीक्षा के लिए उन्हें इधर-उधर घुमाया गया जिससे कि उसको दिशा का ज्ञान न रहे और पर्दे के सामने खड़ा कर दिया गया। प्रत्येक बार पर्दे की परिस्थिति में परिवर्तन किया गया। परन्तु स्थितियों के बदलने पर भी अंधे और पट्टी बाँधे हुये दोनों प्रकार के पात्रों को उसकी स्थिति निर्धारण में कोई समस्या उत्पन्न नहीं हुई। जब पात्र मोजे पहनकर पर्दे की ओर बढ़े जिससे कि पैरों की आवाज कम हो गई, तब पर्दे पर स्थान निर्धारित करने में उनको परेशानी हुई। कभी न कभी सभी पात्र पर्दे से टकरा गये। इससे यह विचार सही हुआ कि अंधों के वस्तुओं का स्थान तय करने में सुनने का कुछ न कुछ हाथ अवश्य है। तब भी दृष्टि का नियम इससे निष्फल नहीं हुआ।

इसके बाद पात्रें में हाथों में दस्ताने और चेहरे को कपड़े से दबा दिया क्योंकि हवा का स्पर्श न हो सके। किन्तु इसके बावजूद भी उनके द्वारा पर्दे की स्थिति को स्पष्ट करने में कोई समस्या नहीं हुई। इससे यह स्पष्ट हो गया कि बाधाओं को जानने में चेहरे की दृष्टि का कोई हाथ नहीं है। अब पात्रों के कानों को बन्द करके या शोर मचा कर फिर प्रयोग किया गया। इस बार पात्र पर्दे की स्थिति तय न कर सके और सब पर्दे से टकरा गये। इस तरह यह ज्ञात हुआ कि किसी की दशा निश्चित करने में ध्वनि मददगार है। यह बात एक अन्य प्रयोग से पुष्ट हुई। व्यवहार में हम देखते हैं कि चलने की आवाज, लाठी अथवा बैग खटखटाने आदि से अन्धों को अपने मार्ग की बाधाओं से बचने में सहायता मिलती है। इस प्रयोग से यह सिद्ध होता है कि अन्धे व बहरे व्यक्ति अवरोधों से निजात पाना न सीख सकें।

प्रयोग विधि के दोष व सीमाएँ

हालाँकि यह तरीका प्रयोग विधि निरीक्षण विधि की तुलना में अत्यधिक महत्त्वपूर्ण है, परन्तु अन्य विधियों के समान प्रयोग की भी कुछ अपनी सीमाएँ होती हैं। इस विषय की प्रमुख सीमाओं का उल्लेख निम्नलिखित तथ्यों के अंतर्गत किया गया है–

(1) प्रयोगशाला की कृत्रिम परिस्थिति–प्रयोगशाला की कृत्रिम परिस्थिति प्रयोग विधि की विशेषता है परन्तु वही उसकी सीमा भी है। प्रयोग विधि में प्रयोग करने वाले एक परिवर्त्य को स्वतन्त्र छोड़ देता है तथा अन्य परिवर्त्यों को नियन्त्रित करता है। इसमें कार्य करने वाले सभी परिवर्त्यों को निश्चित करने में बड़ी कठिनाई होती है। उदाहरण के लिए विद्वता की उपलब्धि के प्रयोग में बाहर काम करने के घंटे, सामाजिक कार्यों के घंटे, भविष्य की चिन्ता, स्कूल के काम में प्रेरणा अध्ययन के घंटे आदि परिवर्त्यों को नियन्त्रित रखा गया और विद्यार्थी के कार्यों के लिए दिए गए समय को घटाया-बढ़ाया गया। इस घटाने-बढ़ाने से विद्वता की उपलब्धि में जो अन्तर आया उसका कारण विद्यार्थी के कार्यों के लिए दिए गए समय को ही समझा गया। लेकिन जो कारक इस प्रयोग के अंतर्गत छूट गए हैं उनके प्रभाव को अन्य कारकों के कारण द्वारा समझ लेंगे।

(2) पात्र के रुख के नियंत्रित करने में कठिनाई–मनोवैज्ञानिक प्रयोग के लिए मानव की विचारधारा पर नियंत्रण प्राप्त करना अति आवश्यक है। यदि पात्र किसी प्रकार से प्रयोग के विरुद्ध है और उसकी परवाह नहीं करता तो वह उल्टे-सीधे और गलत उत्तर दे सकता है। कुछ परिस्थितियों में पात्रों के रुखों को नियन्त्रित किया जा सकता है परन्तु बालकों या विद्यार्थियों के समूहों पर प्रयोग करने में उनके रुख को नियन्त्रित करना और उनके मनोभावों को समझना बड़ी टेढ़ी खीर है।

(1) पात्र का सहयोग प्राप्त करने में कठिनाई–पात्र के सहयोग के बिना प्रयोग विधि में काम नहीं हो सकता। परन्तु पात्र का सहयोग प्राप्त करना सदैव सम्भव नहीं होता। हो सकता है कि विद्यार्थी की योग्यता की परीक्षा करनें में विद्यार्थी तैयार न हो या गलत जवाब दे या जान-बूझकर अपने को थका हुआ या न थका हुआ दिखाये।

(2) प्रयोग विधि का सीमित क्षेत्र–इस प्रयोग विधि का दायरा एवं क्षेत्र संकुचित होता है। उदाहरण के लिये बालक पर बुरे परिवेश का प्रभाव देखने के लिए उसे बुरे परिवेश में नहीं रखा जा सकता। अत्यधिक मद्यपान का प्रभाव देखने के लिए

किसी व्यक्ति को बहुत दिनों तक अत्यधिक मद्यपान नहीं कराया जा सकता। प्रेम आदि अनेक मानसिक दशायें ऐसी हैं जिन पर नियंत्रण नहीं किया जा सकता और न उन्हें प्रयोगशाला में उत्पन्न किया जा सकता है। वास्तव में मानव जीवन की जटिल परिस्थितियों और जटिल व्यवहारों में से अधिकतर प्रयोगशाला में उत्पन्न नहीं किये जा सकते। मानव जीवन की परिस्थितियों का पता वास्तविक जीवन से ही लगाया जा सकता है।

उक्त विश्लेषण से पता चलता है कि निरीक्षण तथा अन्य विधियों का भी मनोविज्ञान में अपना स्थान है। परन्तु प्रयोग विधि इन सबसे अधिक निश्चित परिणाम उपस्थित करती है। वास्तव में प्रयोग विधि मानव व्यवहार के ऐसे पक्षों में ही सीमित है जिनमें कुछ निश्चित निष्कर्ष निकाला जा सकता है। मानव व्यवहार के अनेक पक्ष इतने परिवर्तनशील और जटिल हैं कि उनका निरीक्षण करके और कुछ व्यावहारिक परिणाम पर पहुँच कर ही संतोष करना पड़ेगा। लेकिन मनोविज्ञान में प्रयोग के क्षेत्र में धीरे-धीरे विस्तार होता जा रहा है। नये-नये यन्त्रों के अनुसंधान से नई-नई समस्याओं पर प्रयोग किये जा रहे हैं। यदि निरीक्षण और अन्तर्दर्शन पद्धतियों ने मनोविज्ञान को व्यापक और दैनिक जीबन में उपयोगी बनाया है तो मनोविज्ञान प्रयोग विधि से ही और दूसरे विज्ञानों प्रमुख ख्याति प्राप्त करेगा।

4

वाचिक अधिगम

मनुष्य जो कुछ भी सीखता है, वाचिक अधिगम कहलाता है। कुछ न कुछ सीखते रहना मानव जीवन का अभिन्न अंग है। पशुओं द्वारा जो कुछ भी सीखा जाता है, गत्यात्मक कहलाता है। मानव केवल वाचिक अधिगम ही नहीं करता उसके द्वारा अवाचिक कौशलों का भी अधिगम किया जाता है। सामान्य शब्दों में, ''वाचिक अधिगम वह अधिगम है जिससे मनुष्य शब्दों का उपयोग उद्दीपक एवं अनुक्रिया के रूप में करता है।'' वाचिक अधिगम का मुख्य उद्देश्य भाषा का अर्जन करना है। भाषा प्रतीकों एवं संकेतों का सेट है। जिसमें निश्चित नियमों का उपयोग चिन्तन एवं संचार के लिए किया जाता है।

भाषा के अन्तर्गत संकेत प्रायः शब्द, चित्र एवं अंक होते हैं और वाचिक भाषा सभी भाषाओं में श्रेष्ठतम है, क्योंकि वाचिक भाषा के अन्तर्गत विभिन्न शब्दों एवं वाक्यों का निर्माण किसी भी सीमा तक किया जा सकता है। यही वाचक अनुक्रियाएँ मनुष्य के लिए सार्थक एवं विशिष्ट क्रियाएँ होती हैं। उदाहरण के लिए पढ़ते हैं, हम बोलते हैं, और लिखते हैं। इन सभी माध्यमों में हम निरन्तर भाषा का उपयोग करते हैं। भाषण सुनना, पुस्तक से नोट्स लिखना, उन्हें याद करना, परीक्षा में उत्तर लिखना वाचिक अधिगम एवं वाचिक व्यवहार के ही अंतर्गत आते हैं।

वाचिक अधिगम से तात्पर्य वाचिक इकाइयों के मध्य प्रायोगिक अध्ययनों में लिया जाता है। वाचिक अधिगम में प्रयोगों द्वारा यह किये जाने का प्रयास किया जाता है कि मनुष्य वाचिक इकाइयों को सम्मिलित करके उनका उपयोग करना कैसे सीखते हैं?

काफर (Cofer) के अनुसार, "वाचिक अधिगम से तात्पर्य उन प्रत्ययों एवं प्रक्रियाओं से है जिसमें व्यक्ति अभ्यास के द्वारा वाचिक पदों के मध्य साहचर्य स्थापित करता है, शाब्दिक इकाइयों की एक शृंखला को उसी क्रम में सीखता है, उनमें भिन्नता को पहचानता है एवं उनका मुक्त रूप से बिना किसी क्रम के पुनःस्मरण करता है।"

इस तरह वाचिक अधिगम की निम्नलिखित विधियाँ हैं, जैसे–युग्मित सहचर अधिगम, क्रमिक सीखना, शाब्दिक विभेदीकरण एवं मुक्त स्मरण अधिगम।

हरमन एबिंगहास ने वाचिक अधिगम के सूचीबद्ध प्रायोगिक अधिगम की शुरुआत की। इन्होंने अपने अधिगम में क्रमिक का उपयोग किया। एबिंगहास की प्रमुख रुचि याद की गयी सामग्री को विभिन्न समयान्तरों के बीत जाने के पश्चात् पुनःस्मरण कराने में थी। धारणा (Retention) का अध्ययन करते समय उन्होंने दो बिन्दुओं पर प्रकाश डालना आवश्यक समझा–(1) सर्वप्रथम यह ज्ञात कर लिया जाय कि क्या याद किया गया है? (2) अधिगम के समय घटित होने वाली परिस्थितियाँ।

वाचिक अधिगम प्रयोगों में उपयोग होने वाली सामग्री जैसे- शब्द, अंकन चित्र एवं अर्थहीन पद। एबिंगहास ने अर्थहीन पदों की खोज की। इससे पूर्व सीखने के अध्ययनों में गद्यांश एक पद्यांश का उपयोग वाचिक सामग्री के रूप में किया जाता था। इस प्रकार की सामग्री का उपयोग करते समय सबसे बड़ी कठिनाई यह थी कि इनका कठिनता स्तर वस्तुगत रूप से समान नहीं था। इस कमी को ध्यान रखते हुए वाचिक अधिगम के प्रयोगों में अर्थहीन पदों का उपयोग किया जाने लगा। अर्थहीन पद से तात्पर्य है कि "वे पद जो एक-दूसरे से सम्बन्धित न हों और जो आकार एवं महत्व में समान हों।" निरर्थक पदों की रचना करते समय में ध्यान रखा जाना आवश्यक होता है कि दोनों व्यंजन समान स्तर के हों। जैसे "ZUR', BAP', 'MUB' आदि पदों का उपयोग अर्थहीन पदों के रूप में कर सकते हैं। इन्हें प्रायः त्रिपद (Trigram) कहा जाता है। ये दो प्रकार के होते हैं–(1) CVC (Consonant-Vowel-Consonant) जिनमें दो व्यंजनों के मध्य एक स्तर होता है। (2) CCC (Consonant-Consonant-Consonant) जिनमें तीनों व्यंजन होते हैं।

एबिंगहास ने अर्थहीन पदों की तीन विशेषताओं का उल्लेख किया–प्रथम गद्य एवं पद्य की अपेक्षाकृत अर्थहीन पदों का कठिनाई स्तर समान होता है। द्वितीय एक

पद से अनेक पद युग्म बनाये जा सकते हैं और तृतीय अर्थहीन पदों से भिन्न-भिन्न पद बनाकर अधिगम सामाग्री की मात्रा में वृद्धि की जा सकती है।

अनेक मनोवैज्ञानिक जैसे इरियन (Irion, 1956) , डीज (Deese, 1961) के अनुसार एबिंगहास के अध्ययन साहचर्य का अध्ययन करने के लिए प्रयोगात्मक विधियों का चुनाव करते हैं। अपके अनुसार एबिंगहास का कार्य दर्शनशस्त्र के साहचर्यवाद का विकासात्मक रूप है।

जब अपने अनौपचारिक अध्ययन शुरू किए तभी गाल्टन ने भी साहचर्य से संबंध रखने वाले प्रयोगों का उल्लेख किया। गाल्टन ने पाया कि एक शब्द के प्रस्तुत करने पर मनुष्य के मस्तिष्क में उस शब्द से सम्बन्धित विचार उठते हैं। यह विधि शब्द साहचर्य विधि के रूप में आज तक प्रयोग की जाती है। 1950 तक इस विधि का प्रयोग एबिंगहास की विधि के साथ नहीं किया जाता था। जब से इनका प्रयोग साथ-साथ होने लगा तब से वाचिक अधिगम और शब्द साहचर्य मनोविज्ञान के दो अभिन्न क्षेत्र माने जाने लगे हैं। यह कार्य 1938 एवं 1954 में लागू हुआ।

मैगाच के द्वारा रचित पुस्तक 'मानव सीखना' में साह्चर्य की परिभाषा एवं सैद्धांतिक पहलू का प्रतिबिम्ब प्रस्तुत किया गया है। मैगोचे ने साहचर्य की परिभाषा प्रस्तुत करते हुए लिखा है कि दो या दो से अधिक मनोवैज्ञानिक घटनाओं के बीच सम्बन्ध साह्चर्य है या एक की अनुपस्थिति में दूसरे का स्मरण एवं गत व वर्तमान अनुभवों में संबंधित साहचर्य है।

मैगाच का मानना है कि 'साहचर्य' शब्द का प्रयोग शाब्दिक अधिगम के विश्लेषण में स्वेच्छाचारी है एवं संगठन शब्द का प्रयोग इस स्थान पर किया जा सकता है क्योंकि सम्बन्धित घटनाएँ एक क्रम में संगठित होती हैं। इसके अलावा साहचर्य के स्थान पर शब्द का प्रयोग किया जाने लगा।

प्रायोगिक सामग्री

वाचिक अधिगम में प्रयोग की जाने वाली सामग्रियों को तीन वर्गों में रख सकते हैं–सार्थक शब्द, निरर्थक शब्द, संरचित क्रम वाले सार्थक एवं निरर्थक शब्द। अतः इन तीनों शब्दों पर विस्तृत प्रकाश अलग-अलग बिंदुओं में नीचे डाला जा रहा है–

(क) निरर्थक शब्द–सबसे पहले सन् 1885 में निरर्थक शब्दों को एच एबिंगहास ने दो व्यजंनों के बीच एक स्वर रखकर बनाया था। इन शब्दों में पहला अक्षर व्यंजन, दूसरा स्वर एवं तीसरा अक्षर व्यंजन पाया गया। **एबिंगहास** ने अपने

बनाये निरर्थक शबदों की सहायता से वाचिक अधिगम पर अनेक प्रयोगात्मक अध्ययन किये।

प्रयोग के आधार पर **एबिंगहास** (Ebinghaus) ने यह निष्कर्ष निकाला कि 2300 निरर्थक शब्दों में से केवल 20 प्रतिशत शब्दों में साहचर्य संबंध पाया गया।

1967 में श्री **पंढारी पाण्डे** द्वारा उपर्युक्त मनोवैज्ञानिक की भाँति हिन्दी भाषा में निरर्थक शब्दों की सूची तैयार की।

ऊपर दिये गए दोनों मनोविज्ञानियों के द्वारा तैयार की गई सूचियों को यहाँ पर दर्शाया गया है। आज सभी व्यंजन अक्षरों वाली सूचियों का प्रयोग किया जाता है। ऐसे शब्दों को ट्राईग्राम (Trigram) के नाम से जाना जाता है, क्योंकि इनमें तीन अक्षर होते हैं। इनके संयुक्त रूप को **त्रिपद** कहा जाता है।

1965 में एक सुप्रसिद्ध एल. पोस्टमैन (L. Postman) ने इस बात का उल्लेख किया है कि समकालीन युग में प्रयोगात्मक अध्ययनों में **एबिंगहास** के द्वारा किये गये प्रयोग का ही अनुसरण किया जाता है। आधुनिक समय में शब्दों के सीखने से सम्बद्ध प्रायोगिक अध्ययनों में अंक अक्षर और शब्दों का अधिक मात्रा में प्रयोग किया जाता है।

तालिका संख्या

एबिंगहास (1885), ग्लेज के द्वारा प्रयुक्त निरर्थक शब्द

BAL	DUK	BIX	ZUD	BEH	EUJ
LIK	MUR	DAP	LEZ	FIW	CUW
TER	TUK	FOW	VUZ	MAF	XOK
JON	GIR	JED	GUX	QAZ	ZEC
BIS	NOC	VAG	TEW	VEQ	ZUB

तालिका

विटमर द्वारा प्रयुक्त

व्यंजन व्यंजन व्यंजन प्रकार के निरर्थक शब्द

QJF	BJH	BJS	BCJ	TBX	DNT
GMZ	CQH	CBP	DKQ	MSD	DPT
FNQ	DIQ	RBM	KSF	SPK	SNK
KMZ	GXC	XCZ	XZB	TRM	PNK
ZBK	ZKG	FBM	MZC	RTZ	HZL

तालिका संख्या
पण्ढारी पाण्डे (1967) द्वारा निर्मित निरर्थक शब्द

कउल	ठईव	पइक	सओक्ष
कआत	थओड	फउब	शओथ
खइर	दउठ	वऊत	हऊर
खउघ	णआख	महड	बऊड
गएथ	तआर	यओफ	क्षऐण

(ख) सार्थक शब्द—जे.ए. ग्लेज ने सन् 1928 में निरर्थक पदों के साहचर्य मूल्यों का अध्ययन रेटिंग पद्धति (Rating Method) की सहायता से किया और इस बात का उल्लेख किया कि निरर्थक पदों में अधिक या कम सार्थकता मिलती है। इसके फलस्वरूप वाचिक अधिगमन या सीखने में सार्थक या अर्थपूर्ण (Meaningful) शब्दों का प्रयोग आरंभ हुआ।

कई एवं भिन्न-भिन्न तरह की प्रायोगिक परिस्थितियों में साहचर्य मूल्यों को स्थिर रखकर और साहचर्य मूल्यों को मापकर सार्थक पदों की सार्थकता पर नियंत्रण किया जा सकता है।

शब्द की साहचर्य कीमत को शाब्दिक आवृत्ति द्वारा ज्ञात किया जाता है। किसी भी शब्द का साहचर्य मूल्य उतना ही अधिक समझा जाता है जितना उसकी आवृत्ति ज्यादा होती है।

श्री सी.ई. नोबल ने सन् 1952 में विभिन्न साहचर्य मूल्य वाले सार्थक शब्दों की एक सूची तैयार की और उसे छपवाया।

सन् 1944 में **ई.एल. थॉर्नकडाइक** और **लोर्ज** (E.L. Thorndike and Lorge) ने अंग्रेजी भाषा में प्रयोग में लाये जाने वाले 30,000 शब्दों की आवृत्तियों के मूल्यों के बारे में पता लगाया।

विभिन्न आवृत्तियों वाले शब्द के उदहरण थॉर्नडाइक तथा लोर्ज 1944 द्वारा गणना की गयी शब्द आवृत्ति

शब्द	आवृत्ति दस लाख में	शब्द	आवृत्ति दस लाख में
Kitchen	100+	Bodice	2
Army	100+	Tartan	1
Dinner	100+	Tankard	1
Wagon	50+	Naphtha	1
Keeper	23		
Quarry	11		

त्रिपाठी (1974) द्वारा गणना की गयी हिन्दी शब्दों की आवृत्ति

शब्द	आवृत्ति
हृदय	492.2
अवसर	266.6
शिक्षा	230.3
अस्वीकृत	2.3
अपाख्यान	1.7
कुव्यवस्था	.7

(ग) संरचित कम वाले सार्थक और निरर्थक शब्द—मिलर और सेल्फ्रिज ने सन् 1950 में इस बात का पता लगाया कि शब्दों में जितनी अधिक क्रमबद्धता होती है तो ऐसी स्थिति में विषयी उस विषय को उतना ही जल्दी या कम समय में सीख सकता है। इन दोनों मनोवैज्ञानिकों ने ऐसे शब्दों की सूची भी बनायी हैं । ऐसी सूचियों की प्रमुख खासियत इनमें मिलने वाली क्रमयुक्त निर्भरता है। क्रमयुक्त निर्भरता या आश्रयता का अभिप्राय किसी वाक्य में एक शब्द के पश्चात् दूसरे शब्द के पाये जाने की सम्भावना है। ऐसी संभावना जितनी ज्यादा होगी शब्द सूची का अधिगम उतना ही ज्यादा सरल होगा।

मिलर और सेल्फ्रिज ने कई क्रमबद्धता निर्भरता आश्रयता युक्त सूचियों को बनाया है। यहाँ पर इन मनोवैज्ञानिक के द्वारा बनायी गयी सूचियों में से केवल दो प्रकार की सूचियों को प्रस्तुत किया गया है। प्रथम सूची में शब्द में क्रमयुक्त आश्रयता या निर्भरता कम है और द्वितीय प्रकार की सूची में दिये गये शब्दों में क्रमयुक्त अधिक है।

सन् 1961 में एक सुप्रसिद्ध मनोवैज्ञानिक ऐपस्टीन (W. Epstein) ने दो प्रकार की सूचियाँ बनायीं :

(1) संरचित क्रम वाली सार्थक शब्दों की सूची,

(2) संरचित क्रम निरर्थक शब्दों की सूची।

उपर्युक्त प्रकार की सूचियों को तैयार ऐपस्टीन ने व्याकरण संकेतों ने प्रयोग किया है।

मिलर तथा सेल्फ्रिज (1950) की क्रमयुक्त आश्रयता वाक्य सूचियाँ (प्रथम श्रेणी)

The then is last lake there whether insurance be the is into closed went sight had order in dust could what terms friends boy a government.

(छठी श्रेणी)

Homes for people are a necessity can you do the job if you are capable the phrase said when you write enclosed three Dollars before you

एपेस्टीन (1961) की व्याकरण युक्त निरर्थक वाक्य सूचियाँ

A vay kous desaked the citar moletly um glox nerfs.
Koubs vapy the um glox citaranerfs motently.
The vigly wur vums rixest hum jeging miv.

प्रायोगिक प्रक्रियाएँ

प्रयोज्य अनेक प्रकार की विधियों से वाचिक सामग्री का अधिगम कर सकती है। इनमें मुक्त पुनःस्मरण, क्रमिक अधिगम और पुनःस्मरण, युग्मित-सहचर अधिगम प्रक्रिया तथा वाचिक विभेदन अधिगम प्रक्रियाएँ हैं। इन सभी पर विस्तृत प्रकाश नीचे डाला जा रहा है–

(1) **मुक्त पुनःस्मरण**–यह आसान विधि है। इसमें मनोवैज्ञानिक प्रयोग में प्रयोगकर्ता 10 से 20 शब्दों के मध्य किसी भी संख्या के शब्द (पद) का चुनाव करता है। उसके बाद हर एक शब्द को बारी-बारी से प्रयोज्य के सम्मुख रखा जाता है। प्रयोगकर्ता **मेमोरी ड्रम** द्वारा शब्दों को प्रस्तुत कर सकता है। इसके स्थान पर प्रयोगकर्ता, प्रयोज्य को शब्दों की सूची भी पढ़कर सुन सकता है और उसे सूची भी दे सकता है। इस प्रकार के प्रयोगों में पूरी शब्द सूची को फिर से याद भी कराया जा सकता है। इसे प्रयोज्य एवं शब्दों को लिखकर या बोलकर भी कर सकता है। प्रयोज्य किसी भी क्रम में पदों को बोलने में या प्रतिक्रिया व्यक्त करने में स्वतन्त्र होना इस विधि की विशेषता है। मुक्त पुनःस्मरण के बहुत-से अध्ययनों में पदों की सूची केवल एक बार ही प्रस्तुत की जाती है और उसे एक बार ही पुनःस्मरण करना होता है परंतु ज्यादातर विश्लेषणों में कई तरह के प्रयास किए जाते हैं और प्रत्येक

प्रयास के आखिर में पुनः स्मरण कराया जाता है। इसको बहु-प्रयास मुक्त स्मरण भी कहा जाता है। तलविंग (Talving, 1962) ने मुक्त पुनःस्मरण सीखने पर प्रयोग किया। आपने प्रयोज्यों को 22 शब्दों की सूची प्रस्तुत की और 12 प्रयास कराये। प्रत्येक प्रयास में 1 प्रति सेकण्ड के अनुपात से पदों को प्रस्तुत किया। इसके बाद 60 सेकण्ड वाचिक पुनःस्मरण (Oral Recall) के लिए दिये। प्राप्त परिणामों से ज्ञात हुआ है कि पहला प्रयास 9:25 शब्दों का ठीक स्मरण किया और धीरे-धीरे 12 प्रयास तक इनके निष्पादन में सुधार हुआ और प्रयोज्यों ने 18 से अधिक शब्दों का पुनःस्मरण किया।

अधिकांश अध्ययनकर्ता प्रत्येक प्रयास में पदों के क्रम में बदलाव कर देते हैं। हालाँकि एक क्रम द्वारा भी अध्ययन किया जा सकता है। पदों का क्रम परिवर्तित हो या नहीं परन्तु प्रयोज्य को किसी भी क्रम में पुनःस्मरण करने की स्वतन्त्रता रहती है।

रोजमर्रा के कार्यों में इस तरह का प्रयोग अत्यधिक महत्वपूर्ण है। उदाहरणार्थ, पार्टी में निमन्त्रित करने के लिए लोगों की सूची बनाने या यूरोप के सभी देशों का नाम जानने के प्रयास में इस प्रकार की प्रयोग प्रक्रिया ही काम में लायी जाती है।

(2) **क्रमिक अधिगम तथा पुनःस्मरण**– इसके अन्तर्गत दो विधियाँ आती हैं–

(i) क्रमिक प्रस्तुतीकरण विधि,

(ii) क्रमिक पूर्वाभास तथा अनुबोधन विधि।

(i) **क्रमिक प्रस्तुतीकरण विधि :** इस प्रणाली के द्वारा वाचिक शब्द सूची में दिये गए वाक्यों को प्रयोज्य के सामने पहले से निर्धारित क्रम के अनुसार प्रस्तुत किया जाता है। जब शब्द सूची को मेमोरी ड्रम (Memory drum) के द्वारा प्रस्तुत किया जाता है तो प्रयोज्य उसके साथ-साथ हर एक शब्द सूची को पढ़ता जाता है। इसके स्थान पर जब प्रयोगकर्ता द्वारा प्रयोज्य के सम्मुख शब्द सूची में दिये गये प्रत्येक शब्द को पढ़ा जाता है। सूची को एक बार प्रस्तुत करने की प्रक्रिया को एक प्रयास के रूप में स्वीकार किया जाता है। ऐसे प्रयास प्रयोज्य तब तक करवाये जाते हैं जब तक वह एक निश्चित स्तर तक पुनःस्मरण नहीं कर लेता।

(ii) **क्रमिक पूर्वाभास तथा अनुबोधन विधि**–इस पद्धति में प्रयोगकर्ता द्वारा वाचिक शब्द सूची के पदों को सर्वप्रथम एक निर्धारित क्रम में प्रस्तुत किया जाता है। इसके बाद प्रयोज्य के सम्मुख सूची में दिया गया प्रथम पद प्रस्तुत किया जाता है और उससे सूची के प्रथम पद के बाद वाले अगले पद के पूर्वाभास वाले पद को बदल सके। तत्पश्चात् प्रयोज्य को तीसरे पद के पूर्वाभास करने को कहा

जाता है। प्रयोज्य द्वारा पूर्वाभास करने के बाद, उस पद को संशोधित कर देते हैं। यह प्रक्रिया सूची के समाप्त होने तक दोहराई जातीी है। ऐसा माना जाता है कि जब एक सूची समाप्त होती है तो एक प्रयास पूरा होता है।

(3) युग्मित सहचर अधिगम प्रक्रिया—इस प्रकार की प्रक्रिया के तहत प्रयोगकर्ता दो-दो जोड़ों के पदों को तैयार करके उसे एक सूची पर अंकित करता है। तैयार की गयी सूची में 8 से 16 पदों के जोड़े (युग्म) होते हैं। युग्म (Pair) पदों में से प्रथम पद का चुनाव **उत्तेजना शब्द** (Stimulus word) के रूप में किया जाता है और दूसरे पद का चुनाव **अनुक्रिया शब्द** (Response word) के रूप में।

प्रयोगात्मक प्रक्रिया के तहत सबसे पहले पदों की सूची में से पहले Pair के पहले ही शब्द को दिखा कर प्रयोज्य से दूसरे सम्बन्धित शब्द के पूर्व-अनुमान करने को कहा जाता है। प्रयोज्य को ऐसा करने के लिए 1 से 5 सेकण्ड (seconds) का समय देते हैं, इसे पूर्वाभास मध्यान्तर (Interval) कहते हैं। प्रयोज्य द्वारा इस मध्यान्तर (Interval) में पूर्वाभास कर लेने की स्थिति में उसे प्रथम युग्म (Pair) के दोनों पदों को दिखाया जाता है ताकि वह उसके आधार पर आवश्यक संशोधन करने में किसी प्रकार की समस्या न हो। इस प्रकार प्रयोज्य के सामने दूसरे, तीसरे, चौथे एवं अन्य युग्म दर्शाये जाते हैं। एक बार सम्पूर्ण सूची के समाप्त या पूरा होने पर, उसे एक **प्रयास** माना जाता है। अलग-अलग प्रयासों से सम्बन्धित सूची में युग्म दर्शाये जाते हैं। प्रत्येक प्रयास में सही या गलत पूर्वाभासों को गिन कर युग्मित सहचर अधिगमन को मापा जाता है।

मनोविज्ञान में इस विधि का सर्वाधिक प्रयोग किया जाता है क्योंकि अन्य विधियों की अपेक्षा यह ज्यादा उपयोगी है। इस पद्धति द्वारा, उत्तेजना अनुक्रिया, सहचर्य एवं पनर्बलन को ठीक प्रकार एवं स्पष्ट समझ सकते है। यह इस पद्धति की मुख्य विशेषता है। इस पद्धति S–O–R सूत्र को प्रयोग में लाया जाता है।

अनेक प्रयोगात्मक अध्ययनों में युग्मित सहचर अधिगम प्रक्रिया (Paired Associate Learning Procedure) द्वारा सार्थकता और साहचर्य मूल्य का अध्ययन एवं प्रयोग कई बार किया गया है। अण्डरवुड, शुल्ज (Underwood B. J., R.W. Schulz) एवं सी. ई. नोबल (C.E. Noble) ने सन् 1960 में इस क्षेत्र में कई प्रयोग किये।

4. वाचिक विभेदन अधिगम प्रक्रिया—इस विधि के तहत कई प्रकार की विधियों का प्रयोग किया जाता है। एक विधि में प्रयोज्य के सम्मुख एवं क्रमिक ढंग से पूरी वाचिक सूची को दिखाया जाता है। इसके बाद सूची में दिये गये हर एक

पद के साथ तीन नये पदों को मिलाकर प्रयोज्य से उन चार पदों को देखकर, प्रथम बार दिखाये गये पद को पहचानने के लिए कहा जाता है।

प्रसिद्ध मनोवैज्ञानिक जे. डीज (J. Deeze, 1960) ने इस बात का उल्लेख किया है कि अधिक आवृत्ति (Frequency) वाले शब्द और अन्य ऐसे शब्दों में **साहचर्य** होता है। 1955 में एक अन्य मनोवैज्ञानिक जी. केप्पेल (G. Keppel) ने लिखा है कि सार्थकता और साहचर्य मूल्य सम्बन्धी अध्ययनों में इस विधि का कम प्रयोग हुआ है और यदि कुछ ऐसे अध्ययन हुए भी हैं, तो उनके द्वारा कोई विशेष अथवा महत्वपूर्ण सम्बन्ध का पता नहीं चल सका।

वाचिक अधिगम को प्रभावित करने वाले तत्व

वाचिक अधिगम को प्रभावित करने वाले कारकों को दो वर्गों में रखा गया है—प्रयोज्य (Subject) से सम्बन्धित कारक और सामग्री (Material) से सम्बन्धित कारक इन दोनों वर्गों में विभिन्न प्रकार के कारण आते हैं जिनके बारे में विस्तृत जानकारी निम्न प्रकार दी गई है—

प्रयोज्य से सम्बन्धित कारक या निर्धारक

वाचिक अधिगम को प्रभावित करने वाले विभिन्न कारकों को इस वर्ग के तहत रखा गया है जैसे—स्मृति व्यवस्था, प्रेरणा भाव, प्रबोधन एवं सक्रिय करण, अधिगम का कुल समय आदि। इनके बारे में संक्षिप्त जानकारी निम्न प्रकार दी गई है—

(1) स्मृति व्यवस्था—स्मृति व्यवस्था में चार प्रकार के कारक आते हैं जिन पर निम्न प्रकार प्रकाश डाला गया है—

(a) आवृत्ति—स्मृति को संगठित करने में इसकी महती भूमिका होती है। अण्डरवुड एवं शुल्ज (Underwod & Schulz, 1960) के अनुसार, "शाब्दिक इकाइयों के क्रम की उपलब्धि प्रत्यक्ष रूप से इकाइयों के अनुभव की आवृत्तियों से सम्बन्धित है।" हॉव्ज (Howes, 1975) ने परिणामों के आधार पर बताया कि शब्दों की आवृत्ति जितनी अधिक होगी उतना ही वाचिक अधिगम अधिगम अधिक होगा। आपने मुक्त साहचर्य परीक्षण के उपयोग में देखा कि स्मरण एवं आवृत्ति के मध्य सहसम्बन्ध 0.94 था।

(b) **शाब्दिक सामग्री की ताजगी**—इसका मतलब किसी व्यक्ति की शाब्दिक सामग्री की ताजगी से है। यह कोई गोपनीय तथ्य नहीं कि विस्मरण होता

है और इसमें भी कोई आश्चर्यचकित बात नहीं कि समय व्यतीत होने के साथ-साथ सही अनुक्रियाओं के पुनःस्मरण की सम्भावना कम होती जाती है। यहाँ यह समझना आवश्यक है कि प्रयोज्य को दिये गये पदों की प्रकृति पर पुनःस्मरण निर्भर करता है और प्रयोज्य ऐसे पदों का पुनः स्मरण कम करता है या पदों के उच्चारण में ऐसी त्रुटियाँ कम करता है जो पद सूची में ही नहीं होते। इस प्रकार की प्रवृत्ति को अण्डरवुड एवं शुल्ज (1961) ने Hypothetical Selector Mechanism की संज्ञा दी और इस बात की पुष्टि की कि किसी पद की पुनः स्मृति अनुभव में उसकी ताजगी (Recency) पर निर्भर करती है। उदाहरणार्थ प्रयोज्य के सम्मुख 12 पद प्रस्तुत किये जायें और 9 मिनट पश्चात् उनका पुनःस्मरण कराया जाय तो हो सकता है कि प्रयोज्य सभी 12 मूल पदों का पुनःस्मरण पाये परन्तु ऐसा भी सम्भव नहीं कि प्रयोज्य किसी ऐसे अन्य पद का पुनःस्मरण करे जो कि मूल सूची में ही न हो। अण्डरवुड (Underwood, 1964) ने अपने अध्ययन के आधार पर बताया कि 30 प्रयोज्यों ने 16 सामान्य युग्मों पर 15 प्रयासों में 1426 त्रुटियाँ कीं परन्तु इन त्रुटियों में केवल एक पद ऐसा था जो 16 युग्म पदों की सूची में नहीं था।

(c) **स्मृति विस्तार** (Meaning Span) : स्मृति विस्तार से तात्पर्य प्रयोज्य की स्मृति की सीमित क्षमता है। यह सीमा विकसित व्यक्तियों में स्थिर होती है। मिलन (Miller, 1956) के अनुसार सामान्य व्यक्ति का स्मृति विस्तार लगभग 7 होता है। इससे तात्पर्य है कि सामान्य विकसित व्यक्ति एक समय में 7 पदों का अर्जन एक साथ कर सकता है यह पद सूचना के कूट संकेतक (Coded) होते हैं इससे अधिक सामग्री देने पर पुनःस्मरण में कठिनाई होती है।

(d) **अधिगम सामग्री की वरीयता** (Preference to Learn the Material) : स्मृति व्यवस्था का यह आधारभूत सत्य हे कि व्यक्ति या प्रयोज्य कुछ सामग्री को याद करना अन्य सामग्रियों की अपेक्षा पसन्द करते हैं (Underwood, 1964)। इसका तात्पर्य यह नहीं कि प्रयोज्य अधिगम सामग्री की सीखने की गति समझ लेता है और वही सामग्री को याद करता है जिसे वह शीघ्रता से याद कर सकता है यहाँ तक कि समान रूप से याद की जाने वाली सामग्री के सम्बन्ध में भी पसन्द काम करती है। पोस्टमैन एवं रिले (Postman and Reily, 1975) ने दो समूहों को समान रूप से याद की जाने वाले समान और असमान युग्मों का अधिगम कराया एवं एक अन्य समूह को मिश्रित प्रकार की एक ऐसी सूची प्रस्तुत की जिसमें आधे समान युग्म एवं आधे असमान युग्म थे। परिणामों में पाया कि

प्रयोज्य ने समान युग्मों को याद करना पहले पसन्द किया। उक्त परिणामों से सिद्ध होता कि प्रयोज्य कुछ पदों को वरीयता देते हैं और उन्हीं पदों को याद करते हैं जो उसे पसन्द होते हैं अतः वे पद उसके मस्तिष्क में धारण हो जाते हैं। इस प्रकार की वरीयता सम्भवतया भाषा की आदत का कार्य हो सकती है या कोई प्रत्यक्षपरक वरीयता या अन्य सौन्दर्यात्मक कारक इस वरीयता के पीछे कार्य कर सकते हैं यद्यपि इस सम्बन्ध में कोई प्रयोगात्मक अध्ययन नहीं हुआ है।

(2) प्रेरणा—प्रेरणा अधिगम में बहुत ही सहायक साबित होती है। लेकिन अनेकों प्रयोगों से यह पुष्टि हुई है कि शाब्दिक अधिगम में प्रेरणा की भूमिका नगण्य है। हार्ले एवं वाइनर (Harley and Weiner, 1956-66) ने परिणामों में पाया कि सिवाय कुछ अपवादों को छोड़कर शाब्दिक सीखने पर पुनर्बलन का प्रभाव नगण्य होता है। विकिन्स एवं सिम्पसन (Wickens & Simpson, 1968) ने बताया कि जहाँ कहीं भी शाब्दिक सीखने में प्रेरणा का प्रभाव देखा गया वहाँ कुछ अन्य अप्रत्यक्ष कारणों को शाब्दिक अधिगम का कारण बताया जैसे अधिक प्रयास को वाचिक अधिगम का कारण माना गया न कि प्रेरणा का।

ज्यादातर मनोवैज्ञानिकों का मानना है कि प्रयोज्य को दिये गये निर्देश ही प्रेरणा के कारण हैं। प्रयोज्य को यह कहना कि 'इस सामग्री को याद करो' यह कथन ही पर्याप्त प्रेरणा है। इसका अर्थ तो यह हुआ कि यदि प्रयोज्य को निर्देश न दिया जाये तो सीखने की गति धीमी होगी। जब प्रयोज्यों की निर्देशों के अभाव में सीखने का अध्ययन किया गया और यदि निष्पादन सम्भावना स्तर (Chance Level) से उच्च पाया गया तो इस घटक को 'आकस्मिक सीखने' (Incidental Learning) की संज्ञा दी गयी। मैकलालिन एवं पोस्टमैन Mc Laughlin, 1956; Postman,1964) ने आकस्मिक सीखने के दो प्रकारों का अध्ययन किया। प्रथम रूपावली में प्रयोज्य को इस प्रकार निर्देश दिये कि उसे आभास ही न हो कि उसे कार्य को याद करना है जबकि दूसरे प्रकार की रूपावली में प्रयोज्यों को सम्बन्धित निर्देश याद करने के लिए दिये। बाद में दोनों का परीक्षण कर यह निष्कर्ष निकाला गया कि निर्देशों का अभिप्रेरण मूल्य बिल्कुल नहीं है।

(3) भाव प्रबोधन एवं सक्रियकरण—ऐसा माना जाता है कि सांवेगिक शब्दों के प्रस्तुत होते ही व्यक्ति तुरन्त उत्तेजित हो जाता है। ऐसे शब्दों के सुनने से व्यक्ति GSR (Galvanic Skin Response) में परिवर्तन हो जाता है। इस सम्बन्ध में क्लेनस्मिथ और कैपलान (Kleinsmith and Kaplan,

1963) ने अध्ययन किया। आपने कॉलेज विद्यार्थियों के समक्ष 8 युग्मित पदों की सूची प्रदान की। उद्दीपक पदों का चयन इस आधार पर किया कि वे भिन्न-भिन्न भाव-प्रबोधन को जाग्रत करें। युग्मित सहचरों के उद्दीपक पदों का चयन इस आधार पर किया कि वे भिन्न-भिन्न भाव-प्रबोधन को जाग्रत करें। युग्मित सहचरों के उद्दीपक पद इस प्रकार थे - KISS, RAPE, VOMIT, EXAM, DANCE, MONEY, LOVE एवं SWIM । प्रत्येक उद्दीपक पद को प्रस्तुत करने के बाद प्रयोज्य का GSR नोट किया गया। अनुक्रिया पदों का पुनःस्मरण 2 मिनट, 20 मिनट, 45 मिनट, एक दिन तथा एक सप्ताह बाद कराया गया। परिणामों में पाया कि उच्च सक्रियशीलता वाले पदों के पुनःस्मरण में, पुनःस्मरण के अन्तराल के साथ-साथ वृद्धि होती है और निम्न सक्रियशीलता वाले पदों के पुनःस्मरण में अन्तरालों के बढ़ने के साथ-साथ कमी होती है। इन परिणामों को नीचे प्रस्तुत किये गये ग्राफ में भी देखा जा सकता है।

(4) अधिगम का कुल समय : अधिगम में प्रयास संख्या नहीं बल्कि अधिगम में लगने वाला समय वाचिक अधिगम को प्रभावित करने वाला महत्वपूर्ण कारक है। कूपर एवं पेण्टिल (Cooper and Pantle, 1967) ने अपने अध्ययनों के आधार पर पाया कि वाचिक सामग्री का अधिगम उस पर व्यतीत किये गये समय पर निर्भर करता है न कि अधिगम विधि पर और न पदों की प्रस्तुति समय पर। यदि प्रत्येक प्रयास में 1/2 सेकण्ड के अनुपात से 20 प्रयासों में वाचिक पद प्रस्तुत किये जायें या 1 सेकण्ड प्रति प्रयास से 10 प्रयास या 2 सेकण्ड प्रति प्रयास से 5 प्रयास कराये जायें तो सीखना प्रभावित होगा। सीखने में लगने वाला समय महत्वपूर्ण कारक है। अधिगम सामग्री जितनी लम्बी होती है उसके अधिगम में समय भी उतना अधिक लगता है।

सामग्री से सम्बन्धित कारक

वाचिक अधिगम को प्रभावित करने वाले इस वर्ग के कारकों में सार्थकता आवृत्ति, व्याकरण सन्निकटन, अनुक्रमिक पराधीनता, अंतःसूची समानता आदि उल्लेखनीय हैं। इन पर निम्न प्रकार प्रकाश डाला गया है–

(1) सार्थकता : वाचिक अधिगम में सार्थकता के प्रभाव को नकारा नहीं जा सकता। हल (Hull, 1966) के अनुसार, "अन्य सभी घटकों के महत्व के साथ-साथ वाचिक अधिगम में सामग्री की सार्थकता सबसे महत्वपूर्ण चर है।" ("All things Considered, the most important variable found in the verbal learning task is the meaningfulness of the material that is used,": –*Hull,* 1966) सार्थकता का प्रथम माप पदों का साहचर्य मूल्य (Associative value) है जिसे सर्वप्रथम ग्लेज (Glaze, 1928) ने प्रस्तुत किया। ग्लेज ने 15 प्रयोज्यों के समक्ष 2019 निरर्थक पद जो CVC प्रारूप पर आधरित थे प्रस्तुत किये और प्रयोज्यों से प्रत्येक पद के प्रति अनुक्रिया व्यक्त करने के लिए कहा चाहे वे कोई साहचर्य उत्पन्न करें या न करें और इस प्रकार प्रयोज्य द्वारा दी गयी अनुक्रियाओं के आधार पर प्रतिशत ज्ञात करें। प्रत्येक पद का साहचर्य मूल्य शतप्रतिशत था। परिचित शब्दों का साहचर्य मूल्य निरर्थक पदों की तुलना में उच्च पाया गया और देखा कि उच्च साहचर्य मूल्य वाले पदों का अधिगम निम्न साहचर्य वाले पदों की तुलना में शीघ्र होता है।

डीमेटो (D'Amato, 1970) ने लिखा है कि मुक्त पुनःप्रसारण प्रत्यक्ष रूप से सामग्री की सार्थकता पर निर्भर करता है। इसी प्रकार नोबल (Noble, 1952) के अनुसार क्रमिक अधिगम उतना ही अधिक शीघ्र होगा जितना अधिक वाचिक पदों में सार्थकता होगी। युग्म सहचर विधि के साथ सामग्री की सार्थकता का प्रभाव ज्यादा जटिल होता है क्योंकि उद्दीपक एवं अनुक्रिया शब्द की सार्थकता वाचिक अधिगम को प्रभावित करती है। मैग्गाश (McGeoch, 1930) ने विभिन्न साहचर्य मूल्य के CVC का उपयोग कर क्रमिक पुनःस्मरण विधि द्वारा यह ज्ञात किया कि जैसे-जैसे पदों का साहचर्य मूल्य बढ़ता जाता है उनका पुनःस्मरण विधि द्वारा यह ज्ञात किया कि जैसे-जैसे पदों का साहचर्य मूल्य बढ़ता है उनका पुनःस्मरण सरल होता है। स्यूटेट, स्टाकवैल एवं नोबल (Cieutat,Stockwell and Noble, 1958) ने युग्मित सहचर विधि का उपयोग कर एक प्रयोग किया। इन्होंने 10 युग्म जो सार्थकता मूल्य भिन्न-भिन्न रखते थे, प्रयोज्यों के समक्ष प्रस्तुत किये। इस प्रयोग के अन्तर्गत दो प्रकार के साहचर्य मूल्य लिये गये थे–उच्च साहचर्य मूल्य वाले पद और कम साहचर्य मूल्य वाले पद। इन दोनों को मिलाकर चार सूचियाँ बनायी गयीं जिन्हें निम्न प्रकार प्रस्तुत किया गया है–

	उद्दीपक शब्द	अनुक्रिया शब्द
1.	कम साहचर्य मूल्य	अधिक साहचर्य मूल्य
2.	अधिक साहचर्य मूल्य	अधिक साहचर्य मूल्य
3.	कम साहचर्य मूल्य	कम साहचर्य मूल्य
4.	अधिक साहचर्य मूल्य	कम साहचर्य मूल्य

चार समूहों को अलग-अलग सूचियों का अधिगम युग्मित साहचर पूर्वाभास विधि से कराया गया। फलस्वरूप युग्म के प्रतिक्रिया शब्द की सार्थकता युग्मित सहचर्य अधिगम को अधिक प्रभावित करती है, जबकि उत्तेजना शब्द की सार्थकता वाचिक अधिगम को कम प्रभावित करती है परिणामों में सर्वाधिक अधिगम द्वितीय सूची का हुआ और तृतीय सूची का सबसे कम।

(2) आवृत्ति—आवृत्ति का अर्थ शब्दों के उपयोग से है। कोई भी भाषा हो उसमें विभिन्न शब्दों का अम्बार होता है जिनमें से कुछ का उपयोग बहुत अधिक होता है और कुछ का कम। जिन शब्दों की आवृत्ति या उपयोग अधिक होता है उनका पुनःस्मरण अपेक्षाकृत शीघ्र होता है। अण्डरवुड एवं पोस्टमैन (Underwood and Postman, 1960) ने अपने प्रयोग में 12 उच्च आवृत्ति वाले एवं 12 निम्न आवृत्ति वाले शब्दों का प्रयोग किया एवं दोनों सूचियों के पुनःस्मरण में कोई अन्तर नहीं पाया। डीज (Deese, 1960) ने अपने प्रयोगों के आधर पर निष्कर्ष दिया कि उच्च आवृत्ति वाले शब्दों का पुनःस्मरण सरल होता है क्योंकि अन्तर शब्द साहचर्य शब्दों को एक ही क्रम में याद करने में बाध उत्पन्न करता है। जबकि पोस्टमैन (Postman, 1961) ने डीज के विपरीत परिणाम प्राप्त किये। उन्होंने यह स्पष्ट किया कि उच्च आवृत्ति वाली सूची को कम आवृत्ति वाली तुलनीय सूची की अपेक्षा याद करना सरल है।

हल (Hull, 1954) ने मुक्त पुनः स्मरण विधि का प्रयोग करते हुए वाचिक अधिगम पर आवृत्ति के प्रभाव का अध्ययन किया। उन्होंने अपने प्रयोग हेतु चार सूचियाँ तैयार कीं। प्रत्येक सूची में 20 शब्द थे प्रथम सूची में वह शब्द थे जिनकी आवृत्ति .0001 प्रतिशत थे। द्वितीय सूची में .001 प्रतिशत आवृत्ति वाले शब्द, तृतीय सूची में.003 प्रतिशत आवृत्ति वाले और चतुर्थ सूची में .005 प्रतिशत आवृत्ति वाले शब्द थे। परिणामें में पाया कि न्यूनतम आवृत्ति वाली सूची के शब्दों का पुनः स्मरण 80% हुआ जबकि .003 एवं .005 प्रतिशत आवृत्ति वाली सूचियों के शब्दों के पुनःस्मरण में किसी भी प्रकार का अंतर देखने को नहीं मिला।

अण्डरवुड एवं पोस्टमैन (Underwood and Postman, 1961) के अनुसार क्रमिक पूर्वाभास विधि द्वारा सीखने वाले शब्दों का अधिगम निम्न आवृत्ति वाले शब्दों की अपेक्षा शीघ्र गति से होता है। इसी प्रकार यग्म सहचर विधि में वाचिक अधिगम उस समय अधिक होता है जब अनुक्रिया शब्द उच्च आवृत्ति वाला होता है। इसके विपरीत जब उद्दीपक पक्ष में आवृत्ति को परिवर्तित किया गया हो सीखना सर्वाधिक सरल होता है जब उद्दीपक शब्द औसत आवृत्ति का हो। हॉवर (Hower, 1957),

अण्डरवुड एवं शुल्ज (Underwood and Schulz, 1960) ने परिणामों के आधार पर बताया कि शब्दों की आवृत्ति जितनी अधिक होगी वाचिक अधिगम उतना ही अधिक होगा।

(३) व्याकरण सन्निकटन—शब्दों के उपयोग का निर्धारण करने हेतु प्रत्येक भाषा में व्याकरण के अनेक संकेत होते हैं, उदाहरणार्थ—कारक, संज्ञा, वचन, लिंग इत्यादि। ऐसे संकेतों से रहित और ऐसे संकेतों से युक्त निरर्थक पदों की सूची की तुलना करके देखा जा सकता है कि इस प्रकार के व्याकरण संकेतों से बनी सूची का अधिगम सार्थक रूप से सरलतम होता है। इस संदर्भ में एप्स्टाइन (Epstein, 1961) ने इस सम्बन्ध में अध्ययन किया। आपने व्याकरण संकेतों की सहायता से निरर्थक पदों द्वारा वाक्य रचना की जो इस प्रकार थी— 'yig wur vum rix hum jig miv'। जबकि दूसरी वाक्य संरचना में वाक्य प्रारम्भ होने से पूर्व 'The' शब्द का प्रयोग किया जो इस प्रकार था— 'The yigs wur vumly rixly hum in jegest miv'। एप्स्टाइन ने पाया कि द्वितीय प्रकार की वाक्यरचना का अधिगम अपेक्षकृत अधिक सरल था। इसी प्रकार आपने सार्थक शब्दों में व्याकरण संकेतों एवं नियमों का उपयोग करते हुए निरर्थक वाक्य बनाया जबकि दूसरे प्रकार की वाक्य रचना में शब्दों का उपयोग अनियमित क्रम में व्याकरण संकेतों का उपयोग न करते हुए किया। उदहरणार्थ, 'Cruel tables sang falling circles to empty better pencils'। परिणामों में पाया कि जब उक्त वाक्य रचना को अनियमित क्रम में प्रस्तुत कर प्रयोज्यों के स्मक्ष दिया गया तो पुनःस्मरण में अधिक समय लगा। अतः कहा जा सकता है कि जिस वाक्य अथवा वाचिक सामग्री में व्याकरण संरचना की जितनी अधिक विशेषताएँ होंगी पुनःस्मरण उतना ही शीघ्र होगा अर्थात् पुनःस्मरण का समय व्याकरण संरचना की विशेषताओं पर निर्भर है।

(4) अनुक्रमिक पराधीनता—यह लगभग प्रत्येक व्यक्ति की स्वाभाविक आदत होती है कि जब वह किसी को कुछ कहते हुए सुनता है तो पहले ही अनुमान लगा लेता है कि अमुक व्यक्ति क्या कहने वाला है? जैसे-'गेंद' बोलने पर प्रायः अनुमान लगाया जाता है कि 'बल्ला' या 'गोल' होती है' बोलेगा इसलिए अगला बोलने वाला शब्द या वाक्य पीछे बोले गये शब्द या वाक्य पर निर्भर करता है। अनुक्रमिक पराधीनता दो रूपों में प्रकट होती है जिसे निम्न प्रकार स्पष्ट किया गया है—

(i) अक्षरों की अनुक्रमिक पराधीनता—अक्षरों की अनुक्रमिक परधीनता से

तात्पर्य यह है कि कुछ अक्षरों के बाद सम्बन्धित भाषा के कुछ अक्षर ही आ सकते हैं जैसे अंग्रेजी भाषा में Q के बाद हमेशा U अक्षर आता है और QU के बाद कोई स्वर (Vowel) ही घटित होगा व्यंजन नहीं। अतः Q और U अनुक्रमिक पराधीनता पर प्रयोगात्मक अध्ययन किये। इन्हों ने 15,000 अंग्रेजी के शब्दों में अनुक्रमिक रीति से घटित होने वाले तीन अक्षरों की संचुक्तियों के घटित होने की आवृत्ति की गणना की। परिणामों में पाया कि 15,000 शब्दों वाले अंग्रेजी गद्य में THE 1201 बार, ONE 126 बार, IVE 114 बार, IRS 115 बार, ACK 31 बार, DUC 21 बार और GAT केवल एक बार घटित होते हैं। इन्होंने अनुक्रमिक पराधीनता के आधार पर चार प्रकार की सूचियाँ बनायीं। पहली सूची में वे पद थे जिनमें अनुक्रमिक पराधीनता बहुत कम थी, दूसरी में कम, तीसरी में कुछ अधिक व चौथी में सर्वाधिक अनुक्रमिक पराधीनता वाले शब्द थे। युग्म सहचर विधि में क्रमिक पूर्वाभास का प्रयोग कराते हुए प्रयोज्यों से पुनःस्मरण कराया गया। परिणामों में पाया कि जिस सूची में अनुक्रमिक पराधीनता सबसे अधिक थी उस सूची का पुनःस्मरण सबसे अधिक हुआ। इसके अतिरिक्त यह भी पाया गया कि जिन पदों में उच्चरणशीलता जितनी अधिक होती है अधिगम उतना ही सरल होता है।

(ii) शब्दों की अनुक्रमिक पराधीनता—शब्दों की अनुक्रमिक पराधीनता से तात्पर्य है कि बोले गये शब्दों के बाद सम्बन्धित शब्दों के आने की सम्भावना, जैसे 'गेंद' के बाद 'बल्ला'। पुनः स्मरण में शब्दों की अनुक्रमिक पराधीनता का प्रभाव का अध्ययन करने के लिए मिलर एवं सेल्फ्रिज (Miller and Selfridge, 1950) ने अध्ययन किया। आपके अनुक्रमिक पराधीनता को ध्यान रखते हुए आठ प्रकार की सूचियाँ बनायीं। जिसमें पहली सूची में शब्दों की अनुक्रमिक परधीनता शून्य एवं आठवीं सूची में सर्वाधिक थे। इन सूचियों को इन्होंने अंग्रेजी गद्य के 'सन्निकट क्रम' (Approximation) कहा। मिलर एवं सेल्फ्रिज ने सन्निकटन के विभिन्न क्रमों और सूची की लम्बाई के प्रभावों का प्रायोगिक अध्ययन किया। परिणामों में पाया कि सूची की लम्बाई बढ़ने के साथ-साथ पुनःस्मरण भी कम होता है और सन्निकटन क्रम सूची में जितना अधिक होता है पुनःस्मरण भी उतना अधिक होता है।

(5) अन्तःसूची समानता—वाचिक अधिगम को यह भी बड़े पैमाने पर प्रभावित करता है। अन्तःसूची समानता का प्रभाव वाचिक अधिगम पर सार्थकता से अधिक जटिल है क्योंकि यह इस बात पर निर्भर करता है कि समानता को किस प्रकार से परिभाषित किया गया है? सूची का निर्माण करते समय अनेक प्रकार की

वाचिक इकाई या वाचिक पद काम में लिये जाते हैं। निरर्थक पदों की सूची में कितने अक्षर कितनी बार प्रयोग किये हैं यह समानता सूचकांक (Index) कहलाता है।

समानता के दो प्रकार बतलाए गए हैं—आकृति समानता। आकृति समानता को शाब्दिक पदों में सामान्य अक्षरों के सन्दर्भ में परिभाषित किया गया है जैसे BUX, XBM और MUB अधिक समान हैं। इसका कारण यह है कि तीन पदों में अधिकांशतः समान अक्षरों का प्रयोग हुआ है जबकि XBM, YVJ और CFT में समानता मात्र ही है। मुख्य रूप से शब्दार्थ विषयक समानता दो प्रकार की होती है—सार्थकता समानता और सम्प्रत्यात्मक समानता। साहचर्यपरक समानताओं की जननी होती है। इसी प्रकार सम्प्रत्यात्मक समानता की सूची में यदि एक ही सम्प्रत्यय वर्ग में आने वाले कई शब्द होते हैं तो यह सम्प्रत्यात्मक समानता उत्पन्न करते हैं। उदाहरण के तौर पर यदि किसी सूची में समुद्र, नदी, झील, तालाब इस प्रकार के शब्द हों तो इनमें सम्प्रत्ययात्मक समानता होगी। इस सबसे एक सम्प्रत्यय का बोध होता है। जॉनसन एवं रेनक्यूस्ट (1968) के मुताबिक युग्म सहचर सीखने में उद्दीपक पदों में जितनी अधिक समानता होगी अधिगम में उतनी ही ज्यादा जटिलता आयेगी। आपने आकृति समानता के प्रभाव का अध्ययन किया और कहा कि उद्दीपक पदों में आकृति समानता होने से युग्म सहचर विधि द्वारा सीखने में मुश्किल होगी। इसी प्रकार बीक्रफ्ट ने सम्प्रत्ययात्मक समानता को लेकर अध्ययन किये और जॉनसन एवं रेनक्यूस्ट के सदृश परिणाम प्राप्त किये कि उद्दीपक शब्दों में समानता चाहे आकृतिक हो, अर्थपूर्ण या प्रत्ययात्मक हो, युग्म सहचर विधि द्वारा सीखने में पुनःस्मरण प्रभावित होगा। रेनक्यूस्ट एवं अण्डरवुड ने अपने प्रायोगिक अध्ययन के आधार पर यह स्पष्ट किया कि युग्म सहचर विधि में युक्त पुनःस्मरण कराये जाने पर अनुक्रिया सदस्यों की अधिक समानता वाली सूची को सीखने में अपेक्षाकृत अधिक समय लगा।

वाचिक अधिगम के विविध प्रक्रम

वाचिक अधिगम के मुख्य रूप से तीन प्रक्रम हैं जिन्हें वृहद् रूप में निम्न प्रकार स्पष्ट किया गया है–

(3) गुच्छन–गुच्छन से अभिप्राय समान प्रकृति के ऐसे पद जिन्हें सरलतापूर्वक एक-दूसरे के अनुक्रम में दुहराया जाये। सन् 1953 में सुप्रसिद्ध मनोवैज्ञानिक **बोसफील्ड** ने मुक्त पुनःस्मरण में इस प्रकार के परिवर्त्य की खोज जिसे उन्होंने

गुच्छक के नाम का नाम दिया। बोसफील्ड ने अपने प्रयोग में शब्दों की सूची का प्रयोग किया तथा उन्हें चार पृथक् भागों में विभाजित किया। **प्रथम** श्रेणी में जानवरों, **दूसरी** में सब्जियों के नामों का उल्लेख किया। 3 सेकण्ड (seconds) के अन्तर में प्रयोज्य को चारों श्रेणियों के पद दिखाये गये। सूची को एक बार दिखाने के बाद प्रयोज्य से प्रत्यास्मरण करने के लिए कहा गया। **बोसफील्ड** ने अपने प्रयोग से यह निष्कर्ष निकाला कि प्रयोज्य के प्रत्यास्मरण में एक श्रेणी के शब्द एक साथ मिलकर अर्थात् गुच्छक होकर अधिक सरलता से याद किए जा सकते हैं। बोसफील्ड (1957) में अपने सहयोगियों के साथ पुनः परिवर्त्य का अध्ययन किया तथा बड़े प्रतिदर्श पर किया। गुच्छन को अनेक कारक प्रभावित करते हैं जैसे- प्रयासों की संख्या, पदों की भाषा, पदों की सूची में क्रम तथा प्रत्येक की प्रकृति आदि।

इस संदर्भ में भी सी.एन.कॉफर ने भी प्रयोगात्मक अध्ययन किये हैं और निष्कर्ष निकाला गया कि गुच्छन अधिक मात्रा में अधिक स्पष्ट एवं संगठित होता है। जबकि कम मात्रा में कम स्पष्ट और कम संगठित होता है। मनोवैज्ञानिक टुलविंग ने सन् 1965 में अपने प्रयोगों के आधार पर यह निष्कर्ष निकाला कि प्रयोज्य द्वारा सूची का पुनः संगठन इसलिए करता है कि उसे अधिगम करने में सुविधा रहती है और सुविधा की दृष्टि से अधिगम सामग्री को समानता पर आधारित संगठित करना ही वास्तव में गुच्छन है।

(1) कूट संकेतन (Coding) - कूट संकेतन से अभिप्राय सामग्री का अधिगम सामग्री पर किया जाये अथवा सूची के पदों को स्थानान्तरित करके किया जाये तो सामग्री का इस रूप में प्रयोग करना ही संकेतन है। इस क्षेत्र में मनोवैज्ञानिक अण्डरवुड और केप्पेल ने व फारेस्टर एवं स्पीयर ने अनेक प्रयोगात्मक अध्ययन किये और उनके किये गये अध्ययनों के आधार पर यह निष्कर्ष निकाला कि प्रयोज्य द्वारा अपरिचित, निरर्थक व विचित्र पदों का अधिगम कूट संकेतन पर आधारित होता है।

(2) क्रमिक स्थिति वक्र—इस प्रकार के वक्रों के अध्ययन द्वारा यह निष्कर्ष निकाला गया है कि क्रमिक पूर्वाभास विधि द्वारा यदि अधिगम होता है तो वाचिक अधिगम के अन्तर्गत प्रयोज्य सूची के प्रारम्भिक पदों का अधिगम सर्वाधिक करता है। प्रयोज्य द्वारा मध्य के पदों का अधिगम कठिन लगता है और पुनःस्मरण कराने पर पुनःस्मरण बहुत कम मात्रा में होता है। उसने अपने प्रयोगों में उन्मुक्त पुनःस्मरण कराया। कुछ अध्ययनों द्वारा पता चला है कि

प्रयोज्य को सूची के प्रारम्भ और मध्य के पदों की तूलना में अन्त में पदों को अधिक याद रखता है, किन्तु यदि प्रयोग से सम्बन्धित क्रमिक शाब्दिक शब्दों की सूची के मध्य का अन्तर अधिक हो तो पुनःस्मरण की मात्रा बहुत ही कम होती है। अतः मनोवैज्ञानिकों ने प्रयोगों के आधार पर प्रमाणित किया कि अधिगम की मात्रा मध्यान्तर व पदों की प्रकृति पर निर्भर करती है।

सैद्धान्तिक रूप

वाचिक अधिगम के सैद्धांतिक स्वरूप को निम्न प्रकार उजागर किया गया है–

(1) युग्मित सहचर अधिगम प्रकार से होता है?–ऐश तथा ईबेनहोल्ट्ज (Asch & Ebenholtz) के प्रायोगिक अध्ययनों से पता चलता है कि उपर्युक्त प्रक्रिया के अन्तर्गत प्रयोज्य उत्तेजना व अनुक्रिया के बीच साहचर्य के आधार पर ही अधिगम करता है।

(2) क्रमिक अधिगम किस प्रकार से होता है?–ईबेनहोल्ट्ज के अनुसार इस प्रक्रिया में प्रयोज्य दिये गये पदों की क्रमिक स्थिति पहचान कर ही सीखता है। अपने प्रयोग में उन्होंने पाया कि प्रयोज्य द्वारा नियन्त्रित समूह की तुलना में दूसरी सूची के पदों को शीघ्र अधिगम किया गया।

(3) वाचिक अधिगम कैसे होता है?–वाचिक अधिगम का आधार बिन्दु वही है जिनके आधार पर अनुबन्धन होता है। मनोवैज्ञानिक स्पीयर, एक्स्ट्रैण्ड तथा अण्डरवुड ने कहा कि वाचिक अधिगम के लिए पुनर्बलन की उपस्थिति आवश्यक नहीं है। मध्यस्थता प्रक्रम से तात्पर्य हे वाचिक अधिगम में युग्मित पद के उत्तेजना अनुक्रिया शब्द के मध्य एक प्रकार का अर्थपूर्ण व अव्यक्त साहचर्य की उत्पत्ति होना। मध्यस्थता प्रक्रम की उपयोगिता पर बुगेल्सकी अण्डरवुड व शुल्ज द्वारा अनेक प्रायोगिक अध्ययन किये गये व कथन की सार्थकता की पुष्टि की गयी।

साहचर्य की विशेषताएँ

प्रसिद्ध मनोवैज्ञानिकों जैसे Underwood, 1960 व D' Amato, 1970 ने प्रायोगिक अध्ययनों के आधार पर निम्नलिखित विशेषताएँ बतायी हैं–

1. युग्मित-सहचर्य अधिगम में प्रयोगकर्ता द्वारा प्रस्तुत की जाने वाली

उत्तेजना-अनुक्रिया तथा प्रयोज्य द्वारा ग्रहण की गयी उत्तेजना-अनुक्रिया में समानता भी हो सकती है और भिन्नता भी।

2. साहचर्य एक प्रकार का मध्यवर्ती चर (Intervening Variable) है।
3. साहचर्य की स्थापना के लिए विशेष सन्दर्भ की आवश्यकता होती है।
4. उत्तेजना-अनुक्रिया के मध्य स्थापित होने वाला साहचर्य-मध्यस्थता के कारण ही हो सकता है।
5. साहचर्य अग्रोमुखी (Proactive) तथा पृष्ठोमुखी (Retroactive) दोनों ही प्रकार का हो सकता है।
6. साहचर्य उत्तेजना-उत्तेजना, उत्तेजना-अनुक्रिया, अनुक्रिया-उत्तेजना, अनुक्रिया-अनुक्रिया के मध्य स्थापित हो जाता है।

वाचिक अधिगम से सम्बन्धित प्रयोग

प्रयोग संख्या–1

क्रमिक शाब्दिक विधि सीखना

समस्या - क्रमिक पूर्वाभास विधि के माध्यम से निरर्थक पदों की सूची को स्मरण कराये जाने पर पदों की क्रमिक स्थिति पर पड़ने वाले विभिन्न प्रभाव का अध्ययन करना।

प्रयोग परिचय- इस प्रयोग का संबंध शब्दिक अध्ययन के क्षेत्र से है। इस संदर्भ में ग्लैन्जर एवं पीटर्स (Glanzer & Peters, 1962) का प्रयोग अत्यधिक महत्वपूर्ण है। इन्होंने अपने प्रयोग द्वारा यह निष्कर्ष निकाला है कि प्रयोज्य क्रमिक सूची के प्रारम्भिक पदों को अपेक्षाकृत प्रारम्भिक एवं अन्तिम पदों से शीघ्र सीखता है। अनेक अध्ययनों के अतिरिक्त यंग (Young, 1968) के विचारों में, अभी इस क्षेत्र में अनेक विश्लेषणात्मक अध्ययनों की आवश्यकता है। इस दिशा में अण्डरवुड ने भी कुछ प्रयोगात्मक अध्ययन किये हैं।

उपकल्पना- क्रमिक शृंखला में पदों का स्मरण कराये जाने पर पदों की क्रमिक स्थिति का प्रभाव पर पड़ता है तथा प्रयोज्य सूची के प्रारम्भ और अन्त के पद मध्य पदों की अपेक्षा जल्दी सीखता है।

उपकरण तथा सामग्री—इस प्रयोग में मेमोरी ड्रम, प्रारूप पर आधारित 10 निरर्थक शब्दों की सूची, पेपर, पैन आदि सामग्रियों की आवश्यकता पड़ती है। मेमोरी ड्रम उपलब्ध न होने पर प्रयोग का सम्पादन मेट्रोनोम, विराम घड़ी अथवा टैचिस्टोस्कोप

की सहायता से संभव है। समय को स्थिर करके प्रत्येक घण्टी पर एक शब्द प्रस्तुत करें।

परिवर्त्य- स्वतन्त्र चर - पदों की क्रमिक स्थिति।

परतन्त्र चर- प्रयोज्य की सहायता किया गया क्रमिक पूर्वाभास

नियंत्रण—इसे निम्न प्रकार स्पष्ट किया गया है—

(1) मेमारी ड्रम से लगभग एक फुट दॅरी पर प्रयोज्य को इस प्रकार से व्यवस्थित किया कि उसे मेमोरी ड्रम पर अंकित निरर्थक शब्द स्पष्ट दिखायी दे सकें।

(2) वातावरण शान्त रखा गया।

(3) निरर्थक शब्दों को स्पष्ट एवं सामान्य से कुछ बड़े आकार में लिखा गया।

(4) मेमोरी ड्रम पर समय हो 2 सेंकण्ड की गति पर स्थिर किया गया जिससे प्रत्येक शब्द में समय का नियन्त्रण रह सके।

(5) प्रयोग से पूर्व किसी भी प्रकार का पूर्व अभ्यास प्रयोज्य से नहीं कराया गया।

प्रयोग प्रक्रिया—प्रयोग की प्रक्रिया इस प्रकार शुरू होती है—

(अ) पूर्व व्यवस्था - (1) प्रयोज्य से सामंजस्य स्थापित कर प्रयोगशाला में लाया गया।

(2) प्रयोग से सम्बन्धित सभी सामग्री को यथास्थान रखा गया।

(3) मेमोरी ड्रम को एक बार जाँच कर लिया गया कि वह ठीक प्रकार से काम कर रहा है या नहीं।

(4) निरर्थक पदों की सूची को तैयार कर लिया गया।

(ब) निर्देश- प्रयोग प्रारम्भ करने से पूर्व प्रयोगकर्ता द्वारा प्रयोज्य को निम्नलिखित निर्देश दिये गये—

"सर्वप्रथम मैं आपको रेडी का संकेत दूँगा। इस संकेत के सुनते ही आप मेमोरी ड्रम पर लिखे हुए निरर्थक शब्दों को देखने के लिए तैयार हो जायें। इस संकेत के साथ ही आपको मेमोरी ड्रम पर लिखा हुआ शब्द दिखायी देगा। आप उसे याद रखने का प्रयास करें। इस प्रकार क्रमिक रूप से आपको मेमोरी ड्रम की खिड़की पर 10 निरर्थक पदों की सूची दिखायी जायेगी। आप सूची को ध्यान से देखें। प्रयोग सम्बन्धी कोई बात यदि समझ न आयी हो तो निःसंकोच पूछ लें।"

वास्तविक प्रायोगिक विधि- निर्देश देने के उपरान्त वास्तविक प्रयोग कार्य प्रारम्भ किया गया। 'रेडी' के संकेत के कुछ समय बाद ही मेमोरी ड्रम को स्टार्ट किया गया और सूची का प्रथम पद मेमोरी ड्रम द्वारा प्रयोगकर्ता के समक्ष प्रस्तुत किया गया। दो सेकण्ड बाद अगला पद दिखाया गया और इस तरह प्रयोज्य को सभी दस पद दिखाये गये। एक बार सम्पूर्ण सूची दिखा देने के बाद प्रयोज्य सूची का प्रथम पद पूर्वाभास द्वारा दुहराने को कहा गया। प्रयोज्य ने पद को सही रूप से दोहराया या नहीं। ड्रम पर पहला पद दिखाया गया और प्रयोज्य से दूसरे पद को पूर्वाभास द्वारा दोहराने के लिए कहा। प्रयोज्य द्वारा व्यक्त की गयी प्रतिक्रिया को नोट कर लिया साथ ही दूसरा पद दिखाया गया और तीसरा पद कां पूर्वाभास करने को कहा गया। इसी प्रकार से अगले क्रमिक पदों को क्रम से पूर्वाभास के आधार पर दोहराने को कहा गया। सभी क्रमिक पदों को पूर्वाभास द्वारा उपर्युक्त ढंग से दुहाराने पर एक प्रयास हुआ। इस प्रकार तब तक प्रयास कराये गये जब तक प्रयोज्य से समस्त पदों का क्रमिक पूर्वाभास विधि याद नहीं कर लिया। प्रत्येक प्रयास में प्रत्येक शब्द के लिए प्रयोज्य द्वारा अभिव्यक्त प्रतिक्रिया को लगाकर पोइण्ट्स को मिला दें। इनकी सहायता से जो वक्र उभर कर आयेगा वह क्रमिक स्थिति वक्र कहलायेगा। उपकल्पना की जाँच करते समय कारणों की खोज अवश्य करें जिससे प्रयोग प्रारम्भिक और अन्तिम पदों को मध्य पदों की अपेक्षा जल्दी सीखता है?

क्रमिक स्थिति प्रभाव प्राथमिकता और समाप्ति के प्रभाव के कारण होता है। साधारणतः प्रथम पद में प्रयोज्य की रुचि अधिक होती है, किन्तु यह स्थिर नहीं रहती और वह क्रमशः घटने लगती है। सूची के अन्तिम पद अरोचकता को तोड़ते हैं और उनका प्रभाव सन्तोषप्रद होता है और एक बार फिर से अन्तिम पदों को याद रखना आवश्यक हो जाता है। प्राप्त परिणामों में क्रमिक स्थिति प्रभाव की व्याख्या सीखने में अवरोधक प्रवृत्तियाँ महत्वपूर्ण भूमिका निभाती हैं। क्रमिक स्थिति की व्याख्या इसी के आधार पर की जा सकती है अन्यथा नहीं। प्रारम्भिक तथा अन्तिम पदों का साहचर्य केवल एक दिशा में होता है, जबकि बीच के पदों का साहचर्य दोनों दिशाओं में Bi-dimentional होता है। अतः प्रस्तुत किये गये पद के तुरन्त बाद के पद का पूर्वानुमान करने के लिए या पुनःस्मरण करने के लिए अनेक पदों से प्रतिस्पर्धा करनी पड़ती है। प्रयोज्य की अनुक्रियाओं को सही (√) एवं गलत (×) के निशान द्वारा चिन्हित किया गया।

प्रायोगिक परिणाम

प्रयास संख्या	XID	ZUR	BAK	CET	RUZ	NIR	TUP	WOJ	GIW	YAJ
1	×	×	×	×	×	×	×	×	×	×
2	√	×	×	×	×	×	×	×	×	√
3	√	×	×	×	×	×	×	×	×	√
4	√	√	√	×	×	×	×	×	√	√
5	√	√	√	√	×	×	√	×	√	√
6	√	√	√	√	√	×	×	×	√	√
7	√	√	√	√	√	×	×	√	√	√
8	√	√	√	√	√	×	×	√	√	√
9	√	√	√	√	√	×	√	√	√	√
10	√	√	√	√	√	√	√	√	√	√
सही पूर्वाभास	9	8	7	6	5	1	3	4	7	9

अन्तर्दर्शन रिपोर्ट- प्रयोग कार्य के दौरान प्रयोज्य को कैसा अनुभव हुआ उन सभी अनुभवों को इस शीर्षक के अन्तर्गत लिखें।

विवेचन- प्राप्त परिणामों के आधार पर परिकल्पना की जाँच करें। परिणामों के आधार पर क्रमिक स्थिति वक्र बनायें। X-अक्ष पर पदों की क्रमिक स्थिति अंकित क़रें। Y-अक्ष पर पदों की सही पूर्वाभास की संख्या अंकित करें। ग्राफ पर पोइण्ट्स दें। इसलिए अवरोध का प्रभाव क्रमिक पुनःस्मरण पर पड़ता है।

अन्त में अपने परिणामों की तुलना अन्य मनोवैज्ञानिक के परिणामों से करें।

निष्कर्ष - परिकल्पना को सिद्ध करें।

प्रयोग संख्या 2

युग्मित सहचर विधि द्वारा सीखना

समस्या- पूर्वाभास विधि द्वारा समान एवं असमान युग्मित पदों के प्रति प्रयोज्य के अधिगम का तुलनात्मक अध्ययन करना।

प्रयोग परिचय- युग्मित सहचर क्या है? युग्मित सहचर विधि को प्रभावित करने वाले कारक, युग्मित सहचर से सम्बन्धित प्रमुख प्रक्रम इसी अध्याय से लिखें। इसी शीर्षक में युग्मित सहचर विधि से सम्बन्धित इतिहास पर प्रकाश डालें, जो इस प्रकार है—

इतिहास—युग्मित सहचर विधि के संदर्भ में हालाँकि शुरू से ही प्रयोगात्मक अध्ययन होते रहे हैं लेकिन सन् 1940 के बाद इसमें तेजी आयी। युग्मित सहचर अधिगम में युग्मित सहचरों का एक विशेष क्रम व्यवस्था में होना आवश्यक नहीं। बल्कि कुछ मनोवैज्ञानिक मानते हैं कि प्रत्येक प्रयास में युग्मित सहचरों के प्रस्तुतीकरण का क्रम बदल देना चाहिए ताकि क्रम व्यवस्था का प्रभाव अधिगम पर न पड़ सके। क्रम बदलने से प्रयोज्य शुद्ध रूप से उद्दीपक एवं अनुक्रिया के मध्य साहचर्य स्थापित करना सीखता है। बेटिंग और उनके साथियों ने विविध व्यवस्था और सतत प्रस्तुति समस्या का अध्ययन किया। परन्तु इन्होंने प्रस्तुतीकरण के मध्य किसी प्रकार का अन्तर नहीं पाया। यद्यपि युग्मित साहचर पदों को विभिन्न रूप में प्रस्तुत करने पर कोई अन्तर नहीं होता, परन्तु विश्लेषणात्मक अखण्डता एवं सत्यता को बनाये रखने के लिए युग्मित सहचर पदों को प्रस्तुत करते समय प्रत्येक के दौरान उपस्थित करते समय क्रम बदलते रहना चाहिए।

परिकलपना—प्रयोज्य असमान युग्मित पदों की अपेक्षा समान युग्मित पदों का अधिगम अपेक्षाकृत जल्दी करता है।

उपकरण एवं सामग्री—इस प्रयोग में चार एवं पाँच अक्षरों वाले दस समान युग्मित पदों की सूची जिसमें वही पद सम्मिलित होने चाहिएँ जो एक दूसरे से संबंधित हो, दस असमान युग्मित पदों की सूची जिसमें ठीक इसके विपरीत पद शामिल किए जाये। मेमोरी ड्रम, पेपर, पेन्सिल इत्यादि की जरूरत होती है।

परिवर्त्य-स्वतन्त्र परिवर्त्य - समान एवं असमान युग्मित सहचर पद।

परतन्त्र चर—पुनः स्मरण।

नियन्त्रण—इसे निम्न प्रकार स्पष्ट किया गया है—

(i) दोनों सूचियों के पदों का कठिनता स्तर समान रखा गया।

(ii) दोनों सूचियों के मध्य 15 मिनट का विश्राम रखा गया ताकि एक सूची के अधिगम का प्रभाव दूसरी सूची पर न पड़े।

(iii) युग्मित सहचर पदों की सूची को प्रयोज्य से गुप्त रखा गया।

(iv) वातावरण शान्त रखा गया।

निर्देश- प्रयोग प्रारम्भ करने से पूर्व प्रयोगकर्ता द्वारा प्रयोज्य को कुछ निर्देशों का आवश्यक रूप से पालन करना चाहिए जिसका विवेचन इस प्रकार है—

सबसे पहले आपको रेडी का संकेत दिया जायेगा। इस संकेत के साथ ही मेमोरी ड्रम की सहायता से एक-एक करके समान एवं असमान युग्मित पदों की सूची प्रस्तुत की जायेगी। आप प्रत्येक युग्मित पद को ध्यान से देखें और अधिगम का प्रयास करें। दोनों सूचियों के मध्य 15 मिनट का विश्राम दिया जायेगा। एक बार सूची दिखाने के पश्चात् आपको प्रथम युग्मित पद का प्रथम पद या उद्दीपक शब्द दिखाया जायेगा और आपको द्वितीय पद या 'प्रतिक्रिया पद' का पूर्वाभास द्वारा पुनःस्मरण करना होगा। आपके द्वारा व्यक्त सही एवं गलत अनुक्रिया को नोट किया जायेगा। इसी प्रकार द्वितीय पद का उद्दीपक शब्द प्रस्तुत किया जायेगा और आपको अनुक्रिया शब्द का प्रत्याहान करना होगा। अतः आपको सर्वप्रथम समान सूची के एक-एक उद्दीपक पद को प्रस्तुत किया जायेगा और आपका अनुक्रिया पद का पुनःस्मरण करना होगा। यह प्रक्रिया तब तक चलती रहेगी जब तक पूरी सूची का स्मरण प्रयोज्य नहीं कर लेता है। पहले की तरह असमान युग्मित सहचर पदों को मेमोरी ड्रम पर प्रस्तुत किया जायेगा और समान युग्मित पदों के सदृश द्वितीय सूची का पुनःस्मरण भी करना होगा। यह प्रयास तब तक जारी रहेगा जब तक प्रयोज्य पूरी सूची का अधिगम नहीं कर लेता है।

वास्तविक प्रायोगिक विधि—निर्देश देने के उपरान्त वास्तविक प्रायोगिक कार्य शुरू किया गया। 'रेडी' के संकेत के कुछ देर बाद ही मेमोरी ड्रम पर समान युग्मों की सूची प्रस्तुत की गयी। एक बार सूची दिखाने पर प्रयोज्य के समक्ष युग्म का उद्दीपक शब्द प्रस्तुत किया गया और प्रयोज्य से पूर्वाभास द्वारा युग्म का प्रतिक्रिया शब्द व्यक्त करने के लिए कहा। प्रयोज्य की प्रतिक्रिया को (सही) व × (गलत) के निशान द्वारा चिन्हित किया गया। इसके बाद प्रयोज्य के समक्ष प्रथम युग्म का प्रतिक्रिया शब्द दिखा दिया गया। फिर द्वितीय युग्म का उद्दीपक शब्द प्रस्तुत किया और पूर्वाभास द्वारा प्रतिक्रिया शब्द बताने को कहा गया। इस प्रकार सम्पूर्ण सूची के उद्दीपक शब्दों के प्रति प्रतिक्रिया शब्द की जानकारी ली और तब तक अधिगम कराया जब तक प्रयोज्य सभी प्रतिक्रिया शब्दों को सही रूप में अधिगम नहीं कर लिया। इसके उपरान्त 15 मिनट का विश्राम दिया। विश्राम के उपरान्त असमान युग्मों की सूची की गयी और प्रथम सूची की तरह ही इस सूची का भी अधिगम प्रयोज्य को कराया गया और सम्बन्धित सभी आँकड़े एकत्र किये गये।

प्रायोगिक परिणाम

समान युग्मों की सूची

क्र.	युग्मित पद	प्रयास संख्या					
		1	2	3	4	5	6
1.	Watch-Time	√	√	√	√	√	√
2.	Tree-Green	×	×	√	√	√	√
3.	Ring-Round	×	×	×	√	√	√
4.	House-Home	×	√	√	√	√	√
5.	Light-Yellow	×	×	×	×	√	√
–	....	×	×	√	√	√	√
–	....	×	×	×	×	√	√
–	....	×	√	√	√	√	√
–	....	×	×	×	×	√	√
10.	....	√	√	√	√	√	√

असमान युग्मों की सूची

क्र.	युग्मित पद	प्रयास संख्या							
		1	2	3	4	5	6	7	8
1.	Delh-River	×	×	×	×	√	√	√	√
2.	Paper-Tomoto	×	√	×	√	√	√	√	√
3.	Nose-Ice	×	×	×	×	×	√	√	√
4.	Stones-Saree	×	×	×	√	√	×	√	√
5.	Book-Honey	×	×	×	×	×	√	√	√
–	....	×	×	×	×	√	√	√	√
–	....	×	×	√	√	√	√	√	√
–	....	×	×	×	×	×	×	×	√
–	....	×	×	×	√	√	√	√	√
10.	....	×	×	×	×	√	√	√	√

अन्तर्दर्शन रिपोर्ट- प्रयोग के दौरान प्रयोज्य को कैसा अनुभव हुआ? इन समस्त अनुभवों पर आगे प्रकाश डाला गया है–

परिणाम विश्लेषण- समान एवं असमान युग्मों के प्रति प्रयोज्यों ने जो प्रतिक्रिया व्यक्त की उनका आकलन ग्राफ में करें जिससे प्राप्त निष्कर्ष को सरलता एवं आकर्षक रूप से समझा जा सकता है। इसमें मुख्यतः दो ग्राफ बनते हैं। एक ग्राफ में समान युग्मों के प्रति प्रयोज्य ने जो त्रुटियाँ कीं एवं जिनका पुनःस्मरण किया उनका आकलन होगा और दूसरे ग्राफ में उन त्रुटियों व पुनःस्मरण का आकलन होगा जिसे प्रयोज्यों ने असामान्य युग्मों के प्रति की है। X-अक्ष पर प्रयास संख्या एवं Y-अक्ष पर त्रुटियों पर पुनःस्मरण के अंक का उल्लेख किया जाता है।

विवेचन—इस चरण के तहत प्रयोग की सम्पूर्ण परिकल्पना को लिपिबद्ध कर उसकी जाँच करें। त्रुटियों तथा पुनःस्मरण के साथ ही प्रयास संख्या के आधार पर अपने प्रदत्तों की व्याख्या करें अपने परिणामों की तुलना अन्य मनोवैज्ञानिक अथवा समूह के आँकड़े से करें।

प्रयोग संख्या—3

प्रतिस्थापन विधि द्वारा सीखना

समस्या— अंक प्रतिस्थापन द्वारा प्रयोज्य की अधिगम सम्बन्धित प्रगति का अध्ययन करना।

प्रयोग परिचय— एक अनुमानित आँकड़े के अनुसार लगभग सन् 1940 में संकेत या प्रतिस्थापन के माध्यम से सीखने का इतिहास आरम्भ होता है। वर्ष 1943 में केलर (F.S. Keller) ने संकेत शिक्षण विधि का सर्वप्रथम व्यवस्थित वर्णन किया। यह विधि संकेत स्वर विधि के नाम से प्रकाशित एवं लोकप्रिय हुई। केलर द्वारा प्रस्तुत की गयी विधि युग्मित साहचर्य का ही एक संशेधित रूप है। आइजनेक एवं विलेट ने सन् 1962 में संकेत प्रतिस्थापन पर कुछ महत्वपूर्ण प्रयोग किये। सन् 1952 में विन्डल ने संकेत अधिगम के क्षेत्र में विभिन्न मनोवैज्ञानिक द्वारा किये गये अध्ययनों को एकत्रित किया। इसके अतिरिक्त रेडियो टेलीग्राफी पर भी कुछ प्रयोगात्मक अध्ययन किये गये।

सिद्धान्त - इसके अन्तर्गत यहाँ पर पूछे गये कुछ प्रश्नों का उत्तर दीजिए :

(i) सीखने का क्या अर्थ है?

(ii) थॉर्नडाइक का सिद्धान्त क्या है?

(iii) सीखने की वक्र की विशेषताएँ क्या हैं?

(iv) अंक प्रतिस्थापन का क्या अभिप्राय है?

परिकल्पना–अभ्यास का सीखने पर सकारात्मक (Positive) प्रभाव पड़ता है।

उपकरण और सामग्री–इस प्रयोग के दौरान पेन, विराम घड़ी (Stop watch) और अंक प्रतिस्थापन द्वारा सीखने की सूची इत्यादि। वस्तुओं की आवश्यकता पड़ती है।

परिवर्त्य–इसे निम्न प्रकार स्पष्ट किया गया है–

(i) स्वतन्त्र परिवर्त्य - सूची की कुँजी (Key of the list) ।

(ii) आश्रित परिवर्त्य - हर एक प्रयास में प्रतिस्थापित अक्षरों की संख्या।

नियन्त्रण–इसे निम्न प्रकार प्रस्तुत किया गया है–

(i) प्रयोग में तैयार रहने एवं प्रयोग को आरम्भ करने सम्बन्धी संकेतों (रेडी एवं स्टार्ट) का उचित ढंग से प्रयोग किया गया।

(ii) प्रयोज्य के सामने प्रतिस्थापित सूची को उल्टा करके रखा गया। उसे यह कहा गया कि प्रत्येक बार रेडी संकेत देने पर वह उस सूची को सीधा करकें रखेगा और प्रत्येक स्टार्ट के संकेत पर वह उस सूची को उलट देगा।

(iii) अंक प्रतिस्थापन सूची के विषय में प्रयोज्य को विस्तारपूर्वक समझाया गया।

(iv) प्रयोज्य को प्रयोग के सम्बन्ध में किसी भी प्रकार का पूर्वाभास नहीं कराया गया।

(v) प्रयोगशाला में शान्त वातावरण रखा गया।

(vi) रोशनी का समुचित प्रबन्ध किया गया ताकि प्रयोज्य (Subject) को सूची को पढ़ने में कोई भी परेशानी न हो।

निर्देश - प्रयोज्य को आरामपूर्वक बैठने को कहा गया। बातचीत के आधार पर एक सुन्दर वातावरण बनाया गया जिससे प्रयोज्य उसमें अपने आपको व्यवस्थित करे। इसके पश्चात् उसे निम्नलिखित निर्देश दिये गये (प्रयोगकर्ता द्वारा निम्नलिखित प्रकार से ही प्रयोज्य (Subject) को निर्देश देने चाहिएँ। दिए गए निर्देश पूर्ण रूप स्पष्ट एवं सरल होने चाहिएँ जिससे प्रयोज्य को प्रयोग में किसी भी प्रकार की असुविधा या परेशानी का सामना न करना पड़े।

(i) मैं आपके सामने एक परीक्षण सूची को उलटा करके रख रहा हूँ जब आपको इसे सीधा करने के लिए कहा जाये तभी आप ऐसा करें।

(ii) आपको सर्वप्रथम पूर्ण रूप से तैयार रहने का संकेत दिया जायेगा। इस

संकेत को मिलने के साथ ही सूची को सीधा रख दें। पेन को हाथ में लेकर उस सूची को भरने के लिए तैयार हो जायें।

(iii) कुछ समय के पश्चात् आपको स्टार्ट (Start) शुरू करने का संकेत दिया जायेगा। इस संकेत को सुनते ही आप उस सूची को भरना आरम्भ कर दें। निर्देश देने से पूर्व आपको यह बता दिया जायेगा कि आपको दी जाने वाली परीक्षण सूची में सबसे ऊपर एक कुँजी (Key) दी गयी है जिसमें कुछ अक्षर (Words) हैं और उन अक्षरों के नीचे अंक (Figures) दिये गये हैं। कुँजी के नीचे अक्रमिक रूप में अक्षरों का उल्लेख किया जाना चाहिए।

(iv) जिस प्रकार के अक्षरों के नीचे अंक दिये गये हैं, आपको प्रत्येक लाइन में कुंजी (Key) को देखकर अक्षरों के नीचे अंकों को लिखना है। इस कार्य को उस समय तक जारी रखना है जब तक रुकने का निर्देश न दे दिया जाए।

(v) आपको कुछ निर्धारित समय के पश्चात् स्टाप (Stop) का संकेत दिया जायेगा। इस संकेत को सुनते ही आप सूची भरना बन्द कर दें और वहाँ पर एक तिरछी रेखा (Line) खींचकर सूची को उलटा कर दें।

(vi) स्टॉप (Stop) संकेत के 30 सेकण्ड के पश्चात् दूसरा प्रयास होगा। यह एक प्रयास माना जायेगा।

(vii) कुल 12 प्रयास ठीक इस प्रकार किये जायेंगे।

(viii) हर प्रयास में समयावधि में निरन्तर कमी आनी चाहिए।

(ix) प्रयोग से सम्बन्धित किसी भी प्रकार की बात न समझ में आने की स्थिति में आप उसके विषय में पूछ सकते हैं।

प्रयोग करने के विविध तरीके

प्रयोग करने में निम्नलिखित विधियों का प्रयोग किया जा सकता है—

1. प्रयोज्य को अंक प्रतिस्थापन सूची के बारे में महत्वपूर्ण जानकारी दी गई।
2. सर्वप्रथम प्रयोज्य को आराम से बैठाया और वातावरण में व्यवस्थित होने दिया।
3. उसे विस्तारपूर्वक सूची भरने सम्बन्धी जानकारी दी गयी।
4. प्रयोज्य को यह बताया कि परीक्षक सूची में क्या दिया गया है?
5. प्रयोज्य के द्वारा करवाये गये।
6. प्रयोग समाप्ति के पश्चात् अंक प्रतिस्थापन सूची में किये गये हर एक प्रयास

में प्रतिस्थापित अंकों की संख्या और त्रुटियों का पता लगाकर, सारणी में देकर उसकी व्याख्या की गयी।

7. उसे प्रयोग के विषय में आवश्यक निर्देश दिये गये।

प्रायोगिक परिणाम

प्रयास संख्या	प्रतिस्थापित अंक	त्रुटियाँ	वास्तविक प्रतिस्थापित अंक	व्यवहार निरीक्षण
1	15	7	8	प्रयोग में परेशानी या किसी प्रयास में समय अधिक लगा तो प्रयोज्य से पूछकर यहाँ लिखा।
2	17	5	12	
3	19	3	16	
:	:	:	:	
11	28	0	28	
12	28	0	28	

परिणाम का विश्लेषण

त्रुटियों का मध्यमान

प्रथम एवं द्वितीय प्रयास का $M = \frac{\Sigma X}{N}$

सप्तम (7) एवं अष्टम प्रयास का M =

11वें एवं 12वें प्रयास का M =

समय का मध्यमान

प्रथम एवं दूसरे प्रयास का $M = \frac{\Sigma X}{N}$

7वें एवं 8वें प्रयास का = ''

11वें एवं 12वें प्रयास का M=''

अधिगम वक्र का निर्माण—इस प्रयोग के अन्तर्गत 2 ग्राफ बनाने होंगे—

(i) जिसमें X-अक्ष पर त्रुटियाँ तथा

(ii) दूसरे ग्राफ में X-अक्ष पर प्रयास तथा Y-अक्ष पर प्रतिस्थापित अंकों की संख्या को।

विस्तार एवं परिणाम

इसे निम्न प्रकार स्पष्ट किया गया है—

(i) प्रथम चरण में परिकल्पना की जाँच करें।

(ii) परिकल्पना की जाँच करने के पश्चात् परिणाम के आँकड़े और मध्यमान के आधार पर आप यह सिद्ध करने की कोशिश करें कि जैसे-जैसे प्रयोज्य अभ्यास करता

जाता है उसके साथ-साथ त्रुटियों की संख्या में निरन्तर कमी आती जाती है। या यूँ कहें कि अंक प्रतिस्थापन का अधिगम पर अभ्यास का सकारात्मक प्रभाव पड़ता है।

(iii) इस प्रकार प्रयोग द्वारा आँकड़ों के आधार पर निर्मित अधिगम वक्रों द्वारा प्रयोज्य की सीखने सम्बन्धित प्रगति और अधिगम वक्र की विशेषताओं का सारगर्भित रूप में उल्लेख करें।

(iv) अन्त में थार्नडाइक के सिद्धान्त एवं नियमों को प्रमाणित कीजिए।

प्रयोग संख्या 4

पुरस्कार का अधिगम पर प्रभाव

अधिगम या सीखने पर पुरस्कार का क्या प्रभाव डालता है अर्थात् पुरस्कार अधिगम को किस प्रकार प्रभावित करता है।

समस्या— सहचर अधिगम पर पुरस्कार का क्या प्रभाव पड़ता है—

प्रयोग-परिचय-इतिहास—इसके अन्तिर्गत अधिगम से सम्बन्धित अध्ययनों को सूचीबद्ध कर उल्लेख करें।

सिद्धान्त—यह प्रयोग निम्नलिखित सिद्धांतों पर आधारित है—

(i) युग्मित सहचर विधि क्या है?

(ii) वाचिक अधिगम को निर्धारित करने वाले कौन-कौन से तत्व हैं?

परिकल्पना- युग्मित सहचर अधिगम पर युग्मित प्रभाव पड़ता है।

उपकरण एवं सामग्री- तीन-तीन अक्षरों वाले 8-8 अलग-अलग युग्मित (Paired) पदों की दो सूचियाँ

नियन्त्रण—इसे निम्न प्रकार स्पष्ट किया गया है—

(1) वातावरण पूरी तरह शान्त रखा जाय, क्योंकि यह प्रयोग श्रवणपरक प्रयोग है। ऐसा होने पर प्रयोज्य को युग्मित सहचर पद सुनने में परेशानी होगी।

(2) प्रयोज्य से युग्मित पदों की सूची को छुपाकर रखा गया।

(3) सूची के विषय में जानकारी देते समय, इसके अतिरिक्त दूसरा पद बनाकर भी सुनाया गया।

(4) दोनों सूचियों में पदों का स्तर तक जैसा रखा गया।

(5) युग्मित सहचर पदों को पूर्णतया अव्यवस्थित क्रम दोहराया गया।

निर्देश—प्रयोग संख्या 2 में दिये गये निर्देश दिये गये।

परिवर्त्य— **स्वतन्त्र परिवर्त्य** - प्रयोज्य के सामने समान युग्मित सहचर पद

आश्रित परिवर्त्य– पुनःस्मरण (Recall) प्राप्तांक।

आवश्यक नोट– यदि प्रयोज्य (Subject) पूर्वाभास के आधार पर एक पद सुनकर दूसरा पद दबाने में सफल हो जाता है तो ऐसा होने को ठीक या बहुत अच्छा कह सकते हैं। ऐसा निर्देश प्रयोज्य (Subject) को उसी समय देंगे जब उसे अधिगम के लिए दूसरी सूची दी जायेगी।

प्रयोग करने के विविध तरीके

इस प्रयोग में निम्न प्रकार के तरीके अपनाए जा सकते हैं–

(i) इस प्रयोग में युग्मित सहचर पदों की दो सूचियाँ हैं।

(ii) इस प्रयोग में दूसरी सूची का अधिगम कराते समय, ठीक या बहुत अच्छा उस समय कहा जायेगा जब वह एक पद को सुनकर दूसरा पद बता देता है।

प्रायोगिक परिणाम–निम्न दो तालिकाएँ बतायें :

(1) Dissimilar paired associate item list (Normal Conditions)

(2) Dissimilar paired associate item list (Reward Condition)

(यहाँ सामान्य एवं पुरस्कृत स्थिति दोनों को देखना है।

परिणाम विश्लेषण–X- अक्ष पर प्रभाव संख्या, Y-अक्ष पर पुनःस्मरण अंक होंगे।

यह पुनःस्मरण (Recall marks) सामान्य एक पुरस्कार दोनों स्थितियों में होंगे। इसका अभिप्राय यह है कि एक ही ग्राफ पर दो रेखाएँ होंगी।

व्याख्या एवं निष्कर्ष- प्रयोग संख्या 2 में दिये निष्कर्ष एक व्याख्यान के आधार पर कीजिए।

5

चिन्तन एवं संप्रत्यय निर्माण

चिंतन का आशय एवं परिभाषाएँ

चिंतन मानव समस्याओं को समाधान करने की प्रक्रिया है। चिन्तन को एक सर्वश्रेष्ठ मानसिक क्रिया के रूप में देखा जा सकता है। मनुष्य की विशेषता है कि वह अपने शब्दों के माध्यम से अपनी समस्या को दूसरे के समक्ष प्रस्तुत कर सकता है और इसीलिए उसमें वैचारिक चिन्तन की शक्ति होती है। इस गुण के कारण मनुष्य पशुओं से श्रेष्ठ माना जाता है और इसी के कारण हमारी सभ्यता का विकास हो पाया है। पशुओं के कार्य मूल प्रवृत्तियों के आधार पर होते हैं, लेकिन मनुष्य अपनी कल्पना व स्मृति शक्ति के आधार कार्य के परिणाम को देखते हुए निर्णय लेता है। वह अपनी धारणाओं को बदलने का प्रयास करता है। अगर आज हम मूल प्रवृत्तियों के आधार पर ही कार्य करते तो हमारी भी स्थिति पशुओं के समान बनी रहती। जब भी हम कोई कार्य करने बैठते हैं तो पहले उसके परिणामों पर विचार करते हैं फिर हम पूर्व के अनुभवों की और वर्तमान अनुभव की समानता और विषमता की तुलंना करते हैं तब हम निश्चित परिणाम की उम्मीद करते हैं जो व्यक्ति अपने कार्यों को करने के लिए जितना ही अधिक चिन्तन कर सकता है, वह उतना ही श्रेष्ठ कहलाता है।

मनुष्य के सामने जब गम्भीर समस्या आ जाती है तो वह अधिक चिंतनशील हो जाता है। यह सोचने व विचार करने की मनोवैज्ञानिक प्रक्रिया चिन्तन कहलाती है अर्थात् "चिन्तन की प्रक्रिया समस्या के कारण उत्पन्न होती है एवं उसके अन्त तक चलती रहती है।"

रायबर्न के विचार में, "चिन्तन, इच्छा सम्बन्धी प्रक्रिया है, जो किसी असन्तोष के कारण आरम्भ होती है और प्रयास एवं त्रुटि के आधार पर चलती हुई उस अन्तिम स्थिति तक पहुँच जाती है, जो इच्छा को सन्तुष्ट करती है।"

रॉस महोदय ने चिंतन को परिभाषित करते हुए लिखा कि, "चिन्तन, मानसिक क्रिया का ज्ञानात्मक पहलू है अथवा मन की बातों से सम्बन्धित क्रिया है।

उपर्युक्त कथनों से स्पष्ट समझा जा सकता है कि चिंतन मनुष्य की मनोदशा है। जिसमें हम अपने पूर्व अनुभवों के आधार पर वर्तमान अनुभवों का सूक्ष्मतम विश्लेषण करके उनका हल निकालते हैं। जब मनुष्य के सामने संकट या समस्या उत्पन्न होती है। तब चिंतन का जन्म होता है, क्योंकि यह बिना प्रयोजन के नहीं होती। जब हमारे सम्मुख कोई समस्या अथवा परिस्थिति आती है तो हम उसे एक लक्ष्य के रूप में देखते हैं और हमारी इच्छा होती है कि किसी प्रकार उस लक्ष्य की प्राप्ति की जाए। इस लक्ष्य की प्राप्ति की इच्छा से प्रेरित होकर हम चेष्टा करते हैं। चेष्टा सफलता का मार्ग प्रशस्त करती है। पशु तो बिना सोचे-विचारे कार्य आरम्भ कर देते हैं लेकिन मनुष्य अपनी स्मृति तथा कल्पना के आधार पर कार्य प्रारंभ करता है।

(1) चिन्तन के प्रकार—चिन्तन के निम्नलिखित प्रकार हैं—

(i) प्रत्यक्षात्मक चिन्तन—इस प्रकार के चिन्तन में कल्पना की आवश्यकता नहीं होती है। इस प्रकार का चिन्तन बालकों में और कुछ उच्चकोटि के पशुओं जैसे—चिम्पैंजी, गोरिल्ला आदि में पाया जाता है। यह चिन्तन उन्हीं प्राणियों में पाया जाता है जिन्हें केवल अनुभव अथवा प्रत्यक्ष ज्ञान हुआ है। इस प्रकार के चिन्तन में पूर्व के विचारों की कल्पना होती है। पशुओं में शब्द कल्पना का विकास नहीं होता। वे अपनी मनोदशा को शब्दों में प्रयोग नहीं कर सकते। इसलिए वे प्रत्यक्ष ज्ञान सम्बन्धी चिन्तन कर सकते हैं और उनके लिए पूर्व अनुभवों का प्रयोग कर सकते हैं। अगर आप किसी पशु को पत्थर से मारते हैं तो वह दर्द का अनुभव करता है। अब भविष्य में जब भी वह आपको पत्थर उठाते देखता है तो तुरन्त भाग खड़ा होता है, क्योंकि पुराने अनुभव के आधार पर वह यही सोचता है कि आप उसे मारने के लिए पत्थर उठा रहे हैं। वही स्थिति मानव शिशु की होती है। लेकिन बालक धीरे-धीरे वस्तुओं का नाम सीखने लगता है और शब्दों का प्रयोग करना सीखता है। इसीलिए बाद में उसका चिन्तन प्रत्यक्ष ज्ञान पर आश्रित नहीं रहता।

(ii) प्रत्ययात्मक चिन्तन—इस प्रकार का चिंतन पूर्व विचारों पर आधारित

होता है जिनकी सहायता लेकर किसी निश्चय पर पहुँचा जाता है। इस प्रकार के चिन्तन में विचारों की सहायता लेना आवश्यक होता है। जो शब्द विस्तीर्ण वस्तु का अथवा अनेक वस्तुओं का बोध कराता है, उसे प्रत्यय कहते हैं। यही प्रत्यय मनुष्य के चिन्तन में सहायक होता है। पशुओं में प्रत्यय शक्ति नहीं होती, इसीलिए वे प्रत्ययात्मक चिंतन नहीं कर सकते। बालकों में भी प्रत्ययों का विकास अच्छी तरह नहीं हो पाता। इसीलिए उनमें भी इस प्रकार के चिन्तन का अभाव रहता है। उनका चिन्तन मानसिक प्रतिमाओं तक ही सीमित रहता है। प्रत्ययात्मक चिन्तन के लिए मानव की भाषा तथा शब्द ज्ञान का होना बहुत आवश्यक है।

प्रत्ययात्मक सोच दो प्रकार की होती है—एक 'जातिवाचक' और दूसरी 'भाववाचक'। जैसा अभी पहले कहा गया है कि वह शब्द जो किसी विस्तीर्ण वस्तु अथवा अनेक वस्तुओं का बोध कराता है, प्रत्यय कहलाता है। जितनी भी जातिवाचक अथवा भाववाचक संज्ञाएँ हैं, वे सब प्रत्यय हैं। जब हम सेव, केला, आदि कहते हैं इनसे उसकी पूरी जाति के बारे में ज्ञान होता है। इसी प्रकार वीरता, कायरता आदि भाववाचक प्रत्यय हैं। हमें इनसे कुछ खास गुणों का बोध होता है। प्रारम्भ में प्रत्ययात्मक चिन्तन जातिवाचक होता है और पश्चात् में भाववाचक, क्योंकि प्रारम्भ में जातिवाचक प्रत्ययों का विकास होता है और बाद में भाववाचक प्रत्ययों का। प्रत्ययात्मक चिन्तन में विकास के लिए बौद्धिक योग्यता का होना आवश्यक है। बुद्धिमान व्यक्ति ही भाववाचक प्रत्ययों को ग्रहण करता है तथा इसमें उम्र की भी भूमिका होती है। नार्सवर्दी तथा हिटले का ऐसा विश्वास है कि प्रथम चार-पाँच वर्ष में बालक दया, न्याय, सत्यता आदि भाववाचक संज्ञाओं के बारे में सोच नहीं पाता है। आयु और अनुभव के विकास के साथ-साथ उसके प्रत्यय की सीमा का भी विकास होता है।

(iii) कल्पना चिन्तन—इस प्रकार की कल्पना में प्रत्यक्षता की कमी होती है। केवल वस्तु की प्रतिमा के आधार पर ही उसके बारे में सोचा जा सकता है। वस्तु की उपस्थिति की आवश्यकता नहीं होती। काल्पनिक चिन्तन मनुष्यों तक सीमित है। पशुओं में इस प्रकार की कल्पना का अभाव होता है।

(iv) तार्किक चिन्तन—तार्किक चिंतन द्वारा किसी का हल समस्या का हल निकालना होता है। समस्या उस परिस्थिति को कहते हैं जिसके लिए मनुष्य के पास पहले से तैयार कोई प्रक्रिया नहीं होती है। उसे तुरन्त उस परिस्थिति का सामना करने के लिए साधन जुटाने के लिए विचार करना पड़ता है। इस विचार करने की प्रक्रिया को तार्किक चिन्तन समझा जाता है।

(2) चिन्तन के प्रमुख चरण—जब कोई समस्या मनुष्य के सामने खड़ी हो जाती है तभी चिंतन की प्रक्रिया प्रारंभ होती है। अतः उस समस्या का आँकलन करना प्रथम चरण होता है। दूसरे चरण में समस्या को समझने एवं उसके आँकलन के बाद उन तथ्यों को एकत्रित किया जाता है जो समस्या को सुलझाने में सहायता करते हैं। तथ्यों के संकलन के लिए चिन्तन में प्रेरणा की आवश्यकता होती है। एक कहावत है जहाँ चाह है वहाँ राह है अर्थात् चाह जितनी अधिक होगी राह ढूँढ़ने का चिन्तन भी उतना अधिक होगा। राह निकाले बिना व्यक्ति आराम से नहीं बैठ सकता। तीसरे चरण में समस्या से सम्बन्धित तथ्यों की जानकारी हासिल करके फिर उसको सुलझाने के लिए कड़ा चिंतन करता है।

(3) चिन्तन शक्ति के विकास के उपाय—विद्यार्थियों में अध्यापकों द्वारा प्रयास करके उनकी चिन्तन-शक्ति बढ़ाई जा सकती है। ऐसा अग्रलिखित उपायों से सम्भव है—

1. बच्चों के ज्ञान का विस्तार करना चाहिए क्योंकि ज्ञान, चिन्तन का मुख्य आधार है। तर्क वाद-विवाद प्रतियोगिता एवं समस्या के समाधान के कार्यक्रमों को विद्यार्थियों के मध्य आयोजित करके उनकी चिन्तन शक्ति को प्रयोग द्वारा विकसित किया जा सकता है।
2. जिम्मेदारी की भावना विद्यार्थियों की चिन्तन शक्ति के विकास में सहायक होती है।
3. रुचि व जिज्ञासाओं का चिन्तन में महत्त्वपूर्ण स्थान है अतः विद्यार्थियों को इन प्रवृत्तियों का विकास करना चाहिए।
4. विद्यार्थियों को समस्या समझने और उसका समाधान खोजने के लिए प्रेरित करना चाहिए। यह उपाय उनमें चिन्तन की प्रक्रियाओं के विकास में योग देता है।

(4) तर्क का आशय—चिन्तन के उस रूप को 'तर्क' कहते हैं जो उस समय सामने आती है, जब हम किसी समस्या को हल करने में प्रयासरत होते हैं। वस्तुतः 'तर्क' चिन्तन का ही एक विशिष्ट रूप है। 'चिन्तन' द्वारा जब समस्या का समाधान ढूँढा जाता है, तब वह 'तर्क' कहलाता है। अतः तर्क को समझने के लिए किसी समस्या या प्रयोजन का होना अनिवार्य है। जब तक हमारे सामने समस्या अथवा कठिनाई नहीं उपस्थित होती 'तर्क' उभरता ही नहीं। अतएव 'तर्क' तथा 'समस्या' एक ही सिक्के के दो पहलू हैं।

समस्या उस मुसीबत को कहते हैं जिन्हें दो टूक करने का समाधान नहीं

होता। अंग्रेजी में कहा भी है—A problem is a situation for which the individual has no readymade solution. समस्या अचानक उपस्थित होती है तथा उसका सामना करने के लिए, आदमी को उपाय ढूँढ़ना तथा साधन जुटाना पड़ता है। ऐसी स्थिति में व्यक्ति बहुत-सी बातों को करने से पहले सोचता है तथा हल के लिए एक के बाद एक तर्क करता रहता है। जब तक समस्या सुलझ नहीं जाती, तब तक वह चिन्तन और तर्क करता ही रहता है। उदाहरण के लिए, कोई व्यक्ति अपनी ऐनक कहीं रखकर भूल जाता है। वह विचार करता है कि उसने अन्तिम बार उसे कहाँ रखा था। वह स्थान उसकी पढ़ने की मेज थी। वह मेज के पास जाकर देखता है, वहाँ उसकी ऐनक उसे मिल जाती है जिससे उसकी समस्या हल हो जाती है। इस उदाहरण के आधार पर हम कह सकते हैं कि कार्य-कारण में सम्बन्ध स्थापित कर, किसी समस्या को सुलझाने में तर्क का विशेष स्थान है।

गेट्स महोदय ने तर्क पर अपने विचार व्यक्त करते हुए कहा कि तर्क वह फलदायक चिन्तन है, जिससे किसी समस्या का समाधान करने के लिए पूर्व अनुभवों को नई विधियों से पुनर्संगठित अथवा सम्मिलित किया जाता है।''

स्किनर के शब्दों में, ''तर्क शब्द का प्रयोग कारण और प्रभाव के सम्बन्धों की मानसिक स्वीकृति व्यक्त करने के लिए किया जाता है। यह किसी अवलोकित कारण से एक घटना की भविष्यवाणी अथवा किसी अवलोकित घटना के किसी कारण का अनुमान हो सकता है।

उपर्युक्त परिभाषाओं से समझा जा सकता है कि तर्क भी चिंतन का ही एक हिस्सा है। तर्क द्वारा अर्जित विचारों का इस्तेमाल करके हम संकटों का सामना कर सकें हम इसका प्रयास करते हैं।

(5) चिन्तन एवं कल्पना—चिन्तन तथा कल्पना दोनों ही मनुष्य की विशिष्ट प्रक्रियाएँ हैं। कल्पना को परिभाषित करते हुए **रेबर** (Reber, 1985) ने कहा है, "गत अनुभूतियों की यादों और गत प्रतिमाओं (Images) को पुनर्गठित कर एक नई संरचना करने की प्रक्रिया को कल्पना कहा जाता है।" इस परिभाषा से स्पष्ट शब्दों में समझा जा सकता है कि कल्पना एक ऐसी मानसिक प्रक्रिया है जिसमें पूर्व अनुभूति (Past experiences) के आधार पर व्यक्ति कुछ नए विचारों का सृजन करता है। यह सृजन सर्जनात्मक भी हो सकता है तथा अनुकृत (imitative) भी। जब व्यक्ति अपनी ओर से किसी नए विचार की रचना करता है तो इस तरह की कल्पना को सर्जनात्मक कल्पना (creative imagination) कहा जाता है और जब व्यक्ति किसी ऐसे विचार (thought) को सामने प्रस्तुत करता है जिसे वह वास्तव

में दूसरे व्यक्तियों से सीखता है तो इस तरह की कल्पना को कल्पना (imitative imagination) कहा जाता है।

चिन्तन भी एक ऐसी प्रक्रिया है जिसमें व्यक्ति अपनी गत अनुभूतियों का सहारा लेता है और इस बिन्दु पर चिन्तन तथा कल्पना दोनों ही प्रक्रियाएँ समान हैं। इस समानता के बावजूद भी चिन्तन तथा कल्पना की प्रक्रिया एक-दूसरे से भिन्नात्मक है।

(i) चिन्तन की प्रक्रिया लक्ष्य पर आधारित होती है। जब हमारे सम्मुख समस्या आती है तो हम उसके समाधान के लिए प्रयत्नशील हो जाते हैं और चिन्तन की प्रक्रिया प्रारंभ हो जाती है। चिन्तन के समय व्यक्ति का सारा प्रयास एक निश्चित लक्ष्य को हासिल करने के लिए होता है। कल्पना में ऐसी बातें नहीं होती हैं। कल्पना करते समय हमारे सामने कोई स्थायी समस्या नहीं होती है; फलस्वरूप, हमारा प्रयास (effect) किसी खास समस्या या लक्ष्य की ओर नहीं होता है। प्रायः यही देखा गया है कि कल्पना करते समय व्यक्ति भिन्न-भिन्न वस्तुओं एवं घटनाओं से संबंधित विचारों में खो जाता है।

(ii) चिन्तन में, खासकर पर्यायवादी तर्क होता है परन्तु कल्पना में कोई अर्थ नहीं होता है। चिन्तन करते समय व्यक्ति किसी विषय या घटना के दोनों पक्षों में तर्क करता है। उदाहरणार्थ, कोई छात्र अपने कमरे में टेबल लैम्प की रोशनी में पढ़ रहा है। अचानक रोशनी बुझ जाती है। तब छात्र के सामने प्रकाश की समस्या आ जाती है। छात्र अपने मन में कई तरह के तर्क करते हुए चिन्तन कर सकता है। वह सोच सकता है कि संभवतः बिजली के मीटर के बगल का फ्यूज तार जल गया हो। फिर वह सोच सकता है कि चूँकि बगल के कमरे का बल्ब जल रहा है, अतः जरूर ही लैम्प का बल्ब फ्यूज हो गया हो। अतः छात्र बल्ब की जाँच करेगा और उसके बाद यदि वह यह यह पाता है कि बल्ब भी ठीक है तो स्पष्टतः वह इस निष्कर्ष पर पहुँचेगा कि टेबुल लैम्प का स्विच खराब हो गया है। इस उदाहरण से स्पष्ट है कि चिन्तन में क्रमबद्धता पायी जाती है। कल्पना में ऐसी बात नहीं होती है। कल्पना में कभी एक वस्तु से संबंधित प्रतिपाद्य या पूर्व अनुभूतियाँ मन में आती हैं तो कभी दूसरी वस्तु से संबंधित प्रतिमाएँ या पूर्व अनुभूतियाँ। इसमें कोई क्रमबद्धता तथा तर्क सम्मिलित नहीं होता है।

(iii) प्रायः चिन्तन का संबंध वास्तविकता से होता है, हालाँकि कुछ चिन्तन में वैकल्पिक वस्तुओं का समावेश होता है। जैसे, यदि कोई छात्र गणित की समस्या का समाधान कर रहा है और साथ-ही-साथ सोच रहा है कि कल की पार्टी काफी

अच्छी थी तो इसमें उसके द्वारा किए गए चिन्तन का संबंध वास्तविकता एवं काल्पनिक वस्तुओं दोनों से होता है, परन्तु ऐसा कम होता है। ज्यादातर चिन्तन का संबंध वास्तविकता से ही होता है। कल्पना का संबंध वास्तविक चीजों, वस्तुओं एवं घटनाओं से कम तथा अवास्तविक चीजों या वस्तुओं से अधिक होता है। जैसे, कोई शिशु चन्द्रमा की छाया को पानी में देखकर उसको पकड़ने का प्रयास करता है तो यह उसकी कल्पना का उदाहरण है।

(iv) चिन्तन में प्रयत्न तथा त्रुटि की प्रक्रिया होती है। ऐसा इसलिए होता है, क्योंकि चिन्तन के सहारे व्यक्ति किसी समस्या का समाधान करता है। प्रयत्न तथा त्रुटि की प्रक्रिया कल्पना रहित होती है क्योंकि इसका संबंध किसी समस्या को सुलझाने से नहीं होता है।

(v) किसी समस्या को हल करने का प्रयास करना ही चिंतन कहलाता है। सच्चाई यह है कि किसी समस्या के उत्पन्न होने पर ही चिन्तन की प्रक्रिया प्रारभ होती है। अतः चिन्तन की प्रक्रिया किसी न किसी समस्या को हल करने के लिए होती है परन्तु कल्पना के साथ ऐसी बात नहीं होती है। कल्पना का संबंध किसी निश्चित वस्तु, व्यक्ति या घटना से नहीं होता है। हम चुपचाप बैठे रहते हैं। हमारे सामने कोई समस्या होती है, फिर भी हम अपने विचारों में मग्न रहते हैं।

(6) चिन्तन में भाषा का महत्त्व—चिन्तन में भाषा का महत्त्व क्या है, यह एक विवादास्पद विषय है। इस संबंध में मनोवैज्ञानिकों के विचारों में मतभेद हैं। मनोवैज्ञानिकों के इन सभी विचारों को निम्नांकित तीन भागों में बाँटा जा सकता है—

1. कुछ मनोवैज्ञानिकों का विचार है कि चिन्तन के लिए भाषा आवश्यक है। भाषा के अभाव में चिन्तन की प्रक्रिया नहीं हो सकती है। अतः चिन्तन की प्रक्रिया भाषा द्वारा प्रभावित होती है तथा निर्धारित भी होती है। इस तरह के विचार व्यक्त करने वाले मनोवैज्ञानिकों में सापिर (Sapir) तथा उनके शिष्य वोर्फ (Whorf, 1956) ब्रुनर (Bruner, 1964), बर्नस्टील (Bernstein, 1958) आदि के नाम प्रमुख हैं।

सापिर (Sapir) की परिकल्पना यह थी कि भाषा द्वारा चिन्तन की प्रक्रिया काफी हद तक प्रभावित होती है। इस परिकल्पना का समर्थन ब्रुनर (Bruner, 1964) के प्रयोगात्मक सबूतों द्वारा होता है। इन्होंने शिशुओं (infants) तथा प्राक्-स्कूली छात्रों पर प्रयोग किया और पाया कि इन बच्चों के चिन्तन की प्रक्रिया तथा संज्ञानात्मक विकास अधिक सीमित इसलिए होता है क्योंकि इनमें भाषा पूर्णरूपेण विकसित नहीं होती है। इनके अध्ययन के अनुसार 6-7 वर्ष की अवस्था

में सोचने के लिए भाषा का प्रयोग करने लगता है। चूँकि प्राक्-स्कूली बच्चों की उम्र 6 साल से नीचे होती है और उनमें भाषा का विकास पूर्ण नहीं रहता अतः उनका संज्ञानात्मक विकास पर चिंतन का व्यापक प्रभाव होता है। बर्नस्टीन (Bernstein, 1958) ने गरीब तथा धनी परिवार के बच्चों के चिन्तन का एक तुलनात्मक अध्ययन किया। इनके अनुसार गरीब परिवार के बच्चों की भाषा सीमित एवं अविकसित होती है तथा धनी परिवार के बच्चों का संज्ञानात्मक विकास भी अधूरा एवं अपूर्ण होते पाया। ऐसे बच्चों के चिन्तन एवं तर्क करने की क्षमता धनी परिवार के बच्चों की अपेक्षा सदैव कम पायी गई।

पशुओं पर भी इस तरह से कुछ अध्ययन किए गए हैं जिनसे यह पता चलता है कि भाषा द्वारा चिन्तन प्रभावित होता है। प्रीमैक (Premack, 1983) ने एक इस तरह का अध्ययन 'साराह' नामक वनमानुष पर किया। इस वनमानुष को प्लास्टिक के बने भिन्न-भिन्न आकारों तथा रंगों की वस्तुओं के सहारे कई शब्दों को सिखलाया गया। प्लास्टिक के बनी प्रत्येक वस्तु का अर्थ एक खास 'शब्द' होता था। ढाई साल के इस तरह के प्रशिक्षण के बाद 'साराह' ने 100 शब्दों को सीख लिया और इन शब्दों के सहारे वह उसने आवश्यकताओं की भी अभिव्यक्ति करना सीख लिया। बाद में प्रीमैक ने 'साराह' को अन्य वनमानुषों, जिन्हें ऐसा प्रशिक्षण नहीं दिया गया था, के साथ प्रयोगशाला में कई कठिन एवं जटिल समस्याओं का समाधान ढूँढ़ने के लिए दिया। इस समस्याओं के समाधान में उच्च चिन्तन जरूरत थी। परिणाम में देखा गया कि 'साराह' ने अन्य वनमानुषों की अपेक्षा इसको कम समस्याओं का सामना करना पड़ा। प्रीमैक ने इस संबंध में कहा कि ऐसा इसलिए हुआ क्योंकि 'साराह' को भाषा का प्रशिक्षण दिया गया था। इस अध्ययन से यह भी स्पष्ट हो जाता है कि भाषा द्वारा चिन्तन और अधिक सुदृढ़ बनाया जा सकता है।

वोर्फ (Whorf, 1956) ने अपने गुरु **सापिर** (Sapir) के इस कथन को कि भाषा द्वारा चिन्तन प्रभावित होती है, और भी अधिक तीक्ष्ण करते हुए कहा कि भाषा द्वारा चिन्तन प्रभावित ही नहीं बल्कि निर्धारित भी होता है। सचमुच में वोर्फ के योगदान (contribution) को मनोवैज्ञानिकों द्वारा अधिक मान्यता मिली है। ओर्फ (Whorf) की परिकल्पना (hypothesis) यह थी कि भाषा का विकास चिन्तन की प्रक्रिया से पहले होता है तथा भाषा द्वारा चिंतन को समझा जा सकता है। इसे *'भाषाई नियतिवाद'* कहा गया तथा साधारण रूप से 'वोर्फ परिकल्पना' के नाम से मशहूर हुआ इस परिकल्पना के अनुसार सभी उच्चस्तरीय चिन्तन भाषा द्वारा ही निर्धारण होता है।

वोर्फ परिकलपना (Whorf hypothesis) के समर्थन में उन अध्ययनों का उल्लेख किया जाता है जो भिन्न-भिन्न तरह के भाषा प्रयोग करने वाले व्यक्तियों के प्रत्यक्ष ज्ञानात्मक एवं संज्ञानात्मक अन्तर से संबंधित है। वोर्फ (Whorf, 1956) ने अपने एक ऐसे ही अध्ययन में ग्रीनलैंड की जाति एस्किमों तथा अंग्रेजी भाषा बोलने वाले व्यक्तियों के प्रत्यक्षण एवं चिन्तन की प्रक्रियाओं का तुलनात्मक अध्ययन किया। एस्किमों की भाषा में 'बर्फ' के लिए कम से कम 12 शब्द और हैं जिनका अर्थ 'बर्फ' ही होता है लेकिन अलग-अलग प्रकार की बर्फ के लिए प्रयोग होता है। अंग्रेजी भाषा में 'बर्फ' के लिए सिर्फ एक या दो शब्द हैं। वोर्फ (Whorf) ने अपने अध्ययन में पाया कि जितने स्पष्ट रूप से भिन्न-भिन्न प्रकार की बर्फों का प्रत्यक्षण एवं उसके बारे में चिन्तन एस्किमों (Eskimo) द्वारा किया जाता है, उतना स्पष्ट प्रत्यक्षण एवं चिन्तन अंग्रेजी बोलने वाले व्यक्तियों द्वारा नहीं किया जाता है। इस अध्ययन से समझा जा सकता है कि भाषा का चिंतन पर प्रत्यक्ष प्रभाव पड़ता है।

वोर्फ परिकल्पना (Whorf hypothesis) का समर्थन उन अध्ययनों से भी होता है जिसे कुछ ऐसी जनजातियों पर किया गया है। जिनमें भिन्न-भिन्न प्रकार के रंगों को पहचानने के लिए दूसरे शब्दों का प्रयोग नहीं है। दानी (Dani), न्यू गिनिया (New Guinea) की एक ऐसी जाति है जिसमें भिन्न-भिन्न रंगों को ज्ञात करने के लिए मात्र दो 'शब्द' हैं—'मिली' (Mili) जिसका अर्थ काला (black) से होता है तथा 'मोला' (Mola) जिसका अर्थ उजला से होता है। के (Kay, 1975) एवं बर्लिन के (Berline & Kay, 1969) ने जब 'डानी' जनजाति के एवं अंग्रेजी भाषा बोलने वाले कुछ व्यक्तियों को जो रंगों को पहचानने के लिए विभिन्न शब्दों का प्रयोग करते हैं। भिन्न-भिन्न प्रकार के रंगों के अन्तर का प्रत्यक्षण तथा उसके बारे में सोचकर कुछ बताने के लिए कहा, तो दानी जनजाति के व्यक्तियों में ऐसा उसके बारे में सोचकर कुछ बताने के लिए कहा, तो दानी जनजाति के व्यक्तियों ने अपनी असमर्थता जाहिर की जबकि अंग्रेजी भाषा बोलने वाले व्यक्ति ऐसा करने में समर्थ रहे। इसका कारण बतलाते हुए प्रयोगकर्ताओं ने कहा कि ऐसा इसलिए हुआ क्योंकि दानी के भाषा में भिन्न-भिन्न रंगों के लिए मात्र दो ही शब्द थे जबकि अंग्रेजी भाषा में भिन्न-भिन्न रंगों के लिए लगभग ग्यारह-बारह शब्दों का प्रयोग किया जाता है।

यद्यपि वोर्फ परिकल्पना एक काफी महत्त्वपूर्ण परिकल्पना है फिर भी मनोवैज्ञानिकों ने इस पर तर्क प्रस्तुत किये—

(i) वोर्फ परिकल्पना के अनुसार भाषा में विभिन्नता से चिन्तन क्षमता में भी

विभिन्नता आती है। डेल (Dale, 1976) ने इस परिकल्पना पर तर्क प्रस्तुत करते हुए कहा है कि भाषा में विभिन्नता से यह तो स्पष्ट रूप से पता चलता है कि भाषाएँ एक-दूसरे से भिन्न होती हैं परन्तु इसके आधार पर बिना किसी स्वतंत्र माप (independent measure) के यह कह देना कि इसके कारण चिन्तन क्षमता में भी अन्तर होता है, अनुचित है। वोर्फ परिकल्पना में ऐसा ही किया गया है जिसका कोई वैज्ञानिक औचित्य दिखायी नहीं पड़ता है।

(ii) वोर्फ प्ररिकल्पना की दूसरी आलोचना इस आधार पर भी की गई है कि भिन्न-भिन्न भाषाओं में विभिन्नता के बावजूद काफी अधिक समानता होती है। जैसे, प्रत्येक भाषा में संज्ञा तथा क्रिया होते हैं और प्रत्येक भाषा में कुछ नियम (rules) होते हैं जिनके अनुसार शब्दों के क्रम (sequence) का निर्धारण होता है। इतना ही नहीं, भाषा की किसी विशेष संरचना जैसे—शब्द मिलाकर बोलना, पूरा-पूरा शुद्ध वाक्य बोलना आदि प्रत्येक भाषा बोलने वाले बच्चों में करीब-करीब एक ही समय में विकसित होती है। ब्राउन तथा कूक (Brown & Cook, 1986) के अनुसार ऐसी परिस्थिति में भिन्न-भिन्न भाषा बोलने वाले एक उम्र के सभी बच्चों की चिन्तन क्षमता में समानता नहीं होनी चाहिए थी। यदि ऐसा होता तो वोर्फ परिकल्पना को पूर्ण समर्थन मिलता, परन्तु भाषा में इस समानता के बावजूद भी उनकी चिन्तन क्षमता में भिन्नता पायी जाती है।

2. मनोवैज्ञानिकों का एक-दूसरा समूह ऐसा भी है जिसने उपर्युक्त विचार के ठीक प्रतिकूल विचार व्यक्त किया है। इसमें पियाजे (Piaget, 1923) तथा क्लार्क (Clark, 1973) का नाम अधिक प्रसिद्ध है। इन मनोवैज्ञानिकों का कहना है कि चिन्तन की प्रक्रिया व्यक्ति में पहले होती है और बाद में उससे संबंधित शब्दों (या भाषा) का विकास होता है। दूसरे शब्दों में चिन्तन की प्रक्रिया के लिए भाषा आवश्यक नहीं है क्योंकि चिन्तन पहले होता है और भाषा का प्रयोग बाद में। इस तरह से चिन्तन की प्रक्रिया भाषा द्वारा प्रतिबिम्बित होती है। उसका कोई पूर्व निर्धारण नहीं होता है। पियाजे ने अपने प्रयोग में पाया कि कुछ शब्द जैसे बड़ा, छोटा, लम्बा, दूर आदि का अर्थ बच्चा तबतक नहीं समझता है जब तक कि उसमें इन शब्दों से संबंधित तार्किक संप्रत्ययों (logical concepts) का विकास नहीं होता है।

3. कुछ मनोवैज्ञानिक ऐसे भी हैं जो इन दो विपरीत विचारों के केन्द्र में अपना विचार रखते हैं। ऐसे मनोवैज्ञानिकों का मानना है कि भाषा तथा चिन्तन दो ऐसी प्रक्रियाएँ हैं जो प्रारम्भ में अलग-अलग तथा स्वतंत्र रूप से विकसित होती हैं। किसी एक का विकास दूसरे द्वारा प्रभावित नहीं होता है। रूसी मनोवैज्ञानिक वाइगोटस्काइ

(Vygostsky, 1962) का ऐसा ही विचार है। इसके अनुसार दो साल तक की अवस्था में चिन्तन तथा भाषा का विकास बिना एक-दूसरे को प्रभावित किए हुए होता है, परन्तु उसके बाद चिन्तन की अभिव्यक्ति अपनी-अपनी बात को बड़े विवेकपूर्ण ढंग से प्रस्तुत करने लगते हैं।

उपर्युक्त परिकल्पनाओं के आधार पर कहा जा सकता है कि इसमें कोई सन्देह नहीं है कि भाषा द्वारा चिन्तन की प्रक्रिया प्रभावित अथवा निर्धारित होती है, परन्तु इसके आधार पर यह कह देना कि सभी उच्चतर चिन्तन भी निश्चित रूप से भाषा पर ही निर्भर होते हैं, ऐसा संभव नहीं है।

(7) चिन्तन में वृत्ति या तत्परता का महत्त्व—मनोवैज्ञानिकों के चिन्तन या समस्या-समाधान एवं व्यवहार में मानसिक तत्परता के महत्त्व को काफी गंभीरता से समझना चाहिये। मानसिक तत्परता के महत्त्व को काफी गहन रूप से अध्ययन किया है। मानसिक तत्परता या संक्षेप में तत्परता से तात्पर्य प्राणी की ऐसी मानसिक स्थिति से होती है जिसके माध्यम से वो समस्याओं को सुलझाने का प्रयास करता है। प्रत्येक समस्या का समाधान करने के पहले व्यक्ति एक प्रकार की मानसिक तैयारी करता है कि इसके समाधान के लिए वह किस तरीके से इसको हल करे। इसे ही मानसिक तत्परता या वृत्ति की संज्ञा दी जाती है।

मनोवैज्ञानिकों द्वारा किए गए भिन्न-भिन्न प्रयोगों से यह स्पष्ट हो गया है कि तत्परता से समस्या के समाधान में मदद भी मिलती है तथा बाधा भी मिलती है तथा बाधा भी पहुँचती है। तत्परता के इन दोनों तरह के प्रभावों को दिखलाने के लिए मनोवैज्ञानिकों ने प्रयोज्यों की तत्परता को दो तरीकों से प्रभावित कर प्रयोग किए हैं—पहला तरीका वह है जिसमें प्रयोज्यों को कुछ खास-खास शाब्दिक निर्देश देकर उसकी तत्परता को प्रभावित करने का प्रयास किया जाता है तथा दूसरा तरीका वह है जिसमें प्रयोज्यों की पूर्व अनुभूतियों को नियंत्रित करके उसकी तत्परता को प्रभावित करने का प्रयास किया जाता है। पहले तरीके द्वारा अधिकतर ऐसे प्रयोग किए गए हैं जिनसे यह ज्ञात हुआ कि तत्परता से किसी समस्या के समाधान में किस तरह से मदद मिलती है। तत्परता के इस प्रभाव को गुणकारी या लाभकारी प्रभाव कहा गया है। दूसरे तरीके से अधिकतर वैसे प्रयोग किए गए हैं जिनसे यह पता चलता है कि तत्परता, विशेषकर गलत तत्परता से समस्या को सुलझाने में किस तरह की सहायता मिलती है। तत्परता के इस प्रभाव को गुणकारी या लाभकारी प्रभाव कहा गया है। दूसरे तरीके से अधिकतर वैसे प्रयोग किए गए हैं जिनसे यह ज्ञात हुआ कि तत्परता, विशेषकर गलत तत्परता से समस्या के समाधान में किस तरह

की बाधा पहुँचती है या किस तरह इसका समाधान खोजने में देरी हो जाती है। मनोवैज्ञानिकों ने तत्परता के इस प्रभावों को अगुणकारी प्रभाव कहा है। इन दोनों तरह के प्रभावों की चर्चा अलग-अलग तरीके से निम्नलिखित बिंदुओं से समझी जा सकती है–

(i) समस्या समाधान में तत्परता का लाभकारी प्रभाव–किसी समस्या के समाधान में तत्परता का व्यापक प्रभाव होता है। दूसरे शब्दों में जब किसी समस्या के समाधान में हम सही तत्परता विकसित करते हैं, तो वह समस्या शीघ्रता से हल हो जाती है। तत्परता के इस गुणकारी या लाभकारी प्रभाव को दिखलाने के लिए कई प्रयोग काफी महत्त्वपूर्ण हैं। मायर ने तत्परता के लाभकारी प्रभाव को समझाने के लिए कई प्रयोग भिन्न-भिन्न मनोवैज्ञानिक द्वारा किये गये हैं। इसमें मायर (Maier, 1930) द्वारा किया गया प्रयोग काफी महत्त्वपूर्ण है। मायर ने तत्परता के लाभकारी प्रभाव के संबंध में तीन महत्वपूर्ण प्रयोग किए हैं। इन तीनों प्रयोग में इन्होंने यह दिखलाया कि तत्परता को किस तरह से शाब्दिक निर्देश द्वारा प्रभावित किया जा सकता है जो बाद में व्यक्ति को समस्या के समाधान में सहयोग देता है। इनके तीन प्रयोग निम्नांकित हैं–

(a) पेण्डुलम समस्या पर प्रयोग–यह प्रयोग कॉलेज के छात्रों पर किया गया। इन छात्रों को दो पेण्डुलम या दोलक बनाना था। इसके लिए छात्रों को एक-एक करके कमरे में बुलाया जाता था। इस कमरे में बहुत तरह की सामग्रियाँ जैसे, छोटी लग्गी, बड़ी लग्गी, बिजली का तार, शिकंजा, खल्ली, आदि बिखरे थे। इन सभी सामग्रियों की जरूरत दो दोलन बनाने में नहीं थी, परन्तु इस बात को छात्रों को नहीं बताया गया। इस प्रयोग में प्रयोज्य को दो दोलक इस ढंग से बनाना था कि प्रत्येक दोलक में एक निर्धारित स्थल पर होकर झूले। इस समस्या के तीन अंश प्रदर्शन थे जिन्हें एक साथ मिला देने से समस्या का समाधान आसानी से हो जा सकता था। इसके अलावा मायर प्रयोज्यों को एक निश्चित शाब्दिक निर्देश भी दिया करते थे जिसका उद्देश्य प्रयोज्यों में एक ऐसी तत्परता कायम करना था जिससे समस्या का समाधान आसानी से हो सके। इस प्रयोग में निम्नाकित पाँच समूहों मे में विभाजित किया।

समूह I : इसे सिर्फ समस्या दी गयी।

समूह II : इसे समस्या के अलावा अंश प्रदर्शन (part demonstration) भी दिया गया परन्तु यह भी कह दिया गया कि इस तरह के प्रदर्शन से समस्या का समाधान नहीं होगा।

समूह III : इसे समस्या के अलावा अंश प्रदर्शन यह कहकर दिया गया कि इससे समस्या के समाधान में उसे मदद मिलेगी।

समूह IV : इसे समस्या के अलावा निश्चित शाब्दिक निर्देश भी दिया गया।

समूह V : इसे समस्या, निश्चित शाब्दिक निर्देश तथा अंश प्रदर्शन यह कहकर दिया गया कि यदि इन प्रदर्शनों को एक साथ संयोजित कर लिया जाए, तो इससे समस्या को हल करने में काफी आसानी होगी।

इस प्रयोग के परिणाम बड़े रोचक थे। परिणाम में देखा गया कि प्रथम चार समूह में से जिसमें प्रयोज्यों की कुल संख्या 62 थी, केवल एक प्रयोज्यों ने समस्या का समाधान निर्धारित समय के भीतर किया। पाँचवें समूह के 22 प्रयोज्य में से 8 ने समस्या का समाधान किया। इस परिणाम के आधार पर मायर ने निष्कर्ष के रूप में यह बतलाया कि प्रयोज्य को समस्या के समाधान के लिए सिर्फ अंश प्रदर्शन की ही जरूरत नहीं थी बल्कि एक खास प्रकार की तत्परता की भी जरूरत थी जो उनके प्रयोज्य में एक निश्चित शाब्दिक निर्देश देने से उत्पन्न हुआ था। शायद यही कारण है कि पाँचवे समूह के अधिकतर प्रयोज्यों ने समस्या का सही-सही समाधान किया। जो प्रयोज्य असफल रहे, उनमें प्रतिकूल तत्परता जागृत हो गयी।

(b) रस्सी बाँधने की समस्या पर प्रयोग—मॉयर (Maier, 1930) का यह दूसरा महत्त्वपूर्ण प्रयोग भी कॉलेज के छात्रों पर प्रयोग किया गया। इस प्रयोग का उद्देश्य यह दिखलाना था कि जब प्रयोग में शाब्दिक संकेत तथा अशाब्दिक संकेत। किसी समस्या का समाधान तो इससे प्रयोज्य में विशेष तत्परता जागृत हो जाती है जिससे उसे समस्या का समाधान करने में मदद मिलती है। प्रयोज्यों को एक एक करके कमरे में भेजा जाता है। जिसकी छत से दो रस्सी लटक रही थी। रस्सी इतनी छोटी तथा उसके आपस की दूरी इतनी अधिक थी कि प्रयोज्य के लिए एक ही साथ दोनों को छूना संभव नहीं था। प्रश्न यह था कि दोनों रस्सी को आपस में बाँधना था। कमरे में इस बार भी काफी सामग्रियाँ (materials) उपस्थित थीं परन्तु उन सभी की जरूरत समस्या समाधान में नहीं थी। ऐसे भी इस समस्या के कई समाधान थे परन्तु मायर (Maier) एक निश्चित समाधान ही चाहते थे। वे चाहते थे कि प्रयोज्य किसी एक रस्सी के लटकते छोर से कोई भारी चीज (जो कमरे में था) को बाँध दे ताकि वह एक दोलक (pendulum) के समान झूलने लगे। फिर इसे जोर से झूला दे और झुलते-झुलते जब दूसरे लटकती रस्सी से बाँध दे।

इस प्रयोग को सुलझाने के लिए 10 सेकेण्ड का समय दिया गया। कुछ लोगों ने तो इस समय के भीतर निर्दिष्ट समाधान कर लिया परन्तु कुछ लोग असफल भी

रहे। असफल रहने पर मायर (Maier) ने दो तरह के संकेत दिए। परिणाम में यह देखा गया कि बिना संकेत के 39% प्रयोज्यों ने समस्या का समाधान किया। और बाकी 23% इस तरह के संकेत के बावजूद भी सफल नहीं हो सके। मायर ने इस प्रयोग के परिणाम के आधार पर यह बतलाया कि संकेत देने से प्रयोज्य में कुछ विशेष तत्परता (set) उत्पन्न हो गई जिसके कारण 38% प्रयोज्यों की समस्या सुलझ गयी।

(c) मायर का तीसरा प्रयोग—मायर का तीसरा प्रयोग दो प्रयोगों में किए गए एक विशेष प्रेक्षण पर आधारित था। मायर ने इन दोनों प्रयोगों में पाया कि कुछ प्रयोज्यों द्वारा समस्या के समाधान में जो असफलता प्राप्त हुई उसका प्रमुख कारण गलत तत्परता थी। क्या यह संभव नहीं है कि इस तरह की तत्परता का परिवर्तन करके प्रयोज्य दूसरी ऐसी तत्परता विकसित करें जिससे समस्या को आसानी से सुलझाया जा सके। मायर (Maier) ने तीसरा प्रयोग इसी उद्देश्य की पूर्ति के लिए किया। इस प्रयोग में प्रयोज्यों के दो समूह लिए गए—प्रयोगात्मक समूह तथा नियंत्रित समूह। दोनों समूह के प्रयोज्यों को अलग-अलग तीन समरूप समस्या का समाधान करने को कहा गया। प्रयोगात्मक समूह को समस्या का समाधान निकालने से 20 मिनट का उसी विषय पर भाषण दिया गया कि किसी तरह किसी समस्या के समाधान में जब गलत तत्परता (set) विकसित हो जाती है, तो इसे बदलकर उसकी जगही पर दूसरी तत्परता विकसित की जा सकती है जिससे समस्या को आसानी से हल किया जा सके।

मायर के इन प्रयोगों के अलावा भी तत्परता के लाभकारी प्रभाव को दिखलाने के लिए अनेक मनोवैज्ञानिकों ने जैसे हारली (Harlow, 1951), जॉनसन (Johnson, 1944) आदि ने प्रयोग किए हैं और इनके निष्कर्ष भी मायर के अनुरूप थे। इस सभी तथ्यों को ध्यान में रखते हुए हम इस निष्कर्ष पर पहुँचते हैं कि सही एवं उचित तत्परता के होने पर किसी समस्या का समाधान करने में काफी आसानी होगी।

(ii) समस्या समाधान में वृत्ति या तत्परता का हानिकारक प्रभाव—तत्परता (set) से समस्या के समाधान में कभी-कभी बाधा उत्पन्न हो जाती है। मायर (Maier) के प्रयोगों से हमें इस बात का भी पूर्णरूपेण संकेत मिल जाता है कि अनुचित तत्परता किसी समस्या का समाधान करने में जब विकसित हो जाती है, तो इससे समस्या के समाधान में बाधा पहुँचती है। वृत्ति के केवल प्रतिकूल प्रभाव को दिखाने के लिए मनोवैज्ञानिकों ने अलग से कई प्रयोग किए हैं जिसमें प्रयोज्यों (subject) की गत अनुभूतियों (past experiences) को नियंत्रित करके तत्परता (set) के हानिकारक प्रभाव का अध्ययन किया गया है। डंकर (Duncker, 1945)

ने गलत तत्परता के इस अंध प्रभाव को (जिसके कारण व्यक्ति उपस्थित समस्या का समाधान नहीं कर पाता है) *'क्रियात्मक अटलता या स्थिरता'* कहा जाता है। ऐसा इसलिए कहा गया है क्योंकि व्यक्ति नई समस्या का समाधान करने में एक तरह से क्रियात्मक रूप से स्थिर हो जाता है, यानी, बार-बार एक ही अनुक्रिया करता रहता है जिससे वर्तमान समस्या का समाधान नहीं हो पाता है। वृत्ति के हानिकारक प्रभाव को दिखलाने के लिए कई प्रयोग पानी घड़ा समस्या पर किया। इसके एक विशेष प्रयोग में प्रयोज्यों को काल्पनिक रूप से तीन पानी के घड़े (a, b एवं c) दिए गए। प्रत्येक घड़े में कुछ पानी था और इन्हीं तीन घड़ों के सहारे एक घड़े से दूसरे घड़े में अदल-बदलकर पानी का एक खास स्तर लाना होता था। इस तरह की कुल 9 समस्याएँ थीं जिन्हें एक-एक करके प्रयोज्य को दिया गया। इन सभी समस्याओं का विस्तृत स्वरूप (प्रथम अभ्यास समस्या को छोड़कर) निम्नांकित है–

***Containers* (घड़ा)**		**घड़ा में वांछित पानी का स्तर**		
		a	b	c
समस्या संख्या 2	21	127	3	100
समस्या संख्या 3	14	163	25	99
समस्या संख्या 4	18	43	10	5
समस्या संख्या 5	9	42	6	21
समस्या संख्या 6	20	59	4	31
समस्या संख्या 7	23	49	3	20
समस्या संख्या 8	15	39	3	18
समस्या संख्या 9	28	76	3	25

यदि हम उपर्युक्त समस्याओं पर ध्यान दें तो समस्या संख्या 2 से 6 तक का समाधान सूत्र b-a-2c से हो सकता है अर्थात् b घड़ा को पूर्णतः दिखाए गए इकाई की मात्रा में भरकर उसमें से a घड़ा की क्षमता को घटा कर पानी निकाल कर फिर b घड़ा से ही c घड़ा की क्षमता के बराबर पानी दो बार निकाल लेने से सबसे बड़े घड़ा से (अर्थात् b में) निर्दिष्ट पानी की मात्रा प्राप्त हो जाएगी। समस्या संख्या 7 और 8 का समाधान भी इसी सूत्र से समाधान किया जा सकता है परन्तु इसका समाधान और भी आसानी से अर्थात् बिना b घड़ा के उपयोग के ही वांछित स्तर का पानी प्राप्त किया जा सकता है। समस्या संख्या 9 का समाधान सिर्फ एक लघु विधि

(अर्थात् 28-3) से ही किया जा सकता है और किसी दूसरे तरीके को अपनाने की आवश्यकता नहीं होती है।

इस प्रयोग में प्रयोज्यों के कई समूह थे जिन्हें मूल रूप से दो भागों में बाँटा गया था—नियंत्रित समूह तथा प्रयोगात्मक समूह। पहली समस्या एक तरह की अभ्यास समस्या थी। इस प्रयोग में दोनों समूह सफल हुए। इसके बाद नियंत्रित समूह को हटा दिया गया और प्रयोगात्मक समूह समस्या संख्या 2 से 6 तक का समाधान किया। इसके बाद पुनः नियंत्रित समूह को भी बुला लिया गया और दोनों समूहों को अलग-अलग समस्या संख्या 7, 8 तथा 9 दिया गया। समस्या 7 और 8 कुछ ऐसा था जिस पहले की विधि (यानी जिस विधि द्वारा समस्या संख्या 1 से 6 तक का समाधान किया गया था) से तो समाधान किया ही जा सकता था। लेकिन समूह-9 के लिए ये उपाय संभव नहीं था। इसका समाधान बिलकुल ही नई विधि से हो सक्ता था। परिणाम में यह देखा गया कि प्रयोगात्मक समूहों के 70 से 100% प्रयोज्यों ने समस्या संख्या 7 और 8 का समाधान पुरानी विधि से किया (यानी उस विधि से जिसके सहारे समस्या संख्या 1 से 6 तक का समाधान किया गया था।) ऐसा इसलिए हुआ क्योंकि इन समस्याओं का समाधान करने से प्रयोज्य में एक खास तत्परता उत्पन्न हो गई थी। नियंत्रित समूह के किसी भी प्रयोज्य ने समस्या संख्या 7 और 8 के समाधान में पुरानी विधि का उपयोग नहीं किया। समस्या संख्या 9 के समाधान में प्रयोगात्मक समूहों के अधिकतर प्रयोज्य नियमित समूहों की अपेक्षा कम सफल हुए। हालांकि इसका समाधान कम समय में ही आसानी से किया जा सकता था। **लुचिन्स** के इस परिणाम से स्पष्ट है कि समस्या के समाधान से उत्पन्न तत्परता हमेशा सहायक सिद्ध नहीं होती है। शायद यही कारण है कि समस्या संख्या 9 के समाधान में प्रयोगात्मक समूह के अधिकतर प्रयोज्य नियंत्रित समूहों की अपेक्षा असफल रहे हालांकि इसका समाधान कम समय में ही आसानी से किया जा सकता था। लुचिन्स के इस परिणाम से स्पष्ट है कि समस्या के समाधान करने से उत्पन्न तत्परता हमेशा बाद के समस्या के समाधान में सहायक ही नहीं होती है। इन सदस्यों में समस्या संख्या 1 से 8 तक एक ही विधि से समाधान करने की तत्परता उत्पन्न हो गई थी जो समस्या संख्या 9 के समाधान के लिए उपयुक्त नहीं थी।

रीस तथा इजरेल (Rees & Israel, 1935) के प्रयोग से भी तत्परता के अन्य प्रभाव का पता चलता है। समस्या समाधान में उन्होंने तत्परता के अन्ध प्रभाव को दिखलाने के लिए एनाग्राम के सहारे प्रयोग किया (अर्थपूर्ण शब्दों के अक्षरों के क्रम को बदलने से जो अर्थहीन शब्द बनता है, उसे एनाग्राम कहा जाता है, जैसे

CAMEL से ELAMC बन सकता है जिसका कोई अर्थ नहीं निकलता है। प्रयोगकर्त्ताओं ने 30 एनाग्राम की एक सूची बनाई जिसमें से प्रथम 15 एनाग्राम के समाधान में उत्पन्न तत्परता प्रयोज्यों को अन्तिम 15 एनाग्राम के वैकल्पिक समाधान निकालने में समस्या होती है क्योंकि प्रयोज्य उस तत्परता के कारण वैकल्पिक समाधान की बात सोच ही नहीं पा रहे थे।

लूचिन्स (Luchins) तथा रीस और इजरेल (Rees & lsrael) के प्रयोगों के परिणाम से यह स्पष्ट हो जाता है कि तत्परता के अनुचित तथा गलत होने पर समस्या सुलझने के स्थान पर उलझ जाती है। इसके अलावा अन्य मनोवैज्ञानिकों जैसे केन्डलर, ग्रीनबर्ग तथा रिचमैन (Kendier, Greenberg & Richman, 1952), रोकीच (Rokeach, 1950) ने भी अपने-अपने प्रयोगों में तत्परता के अन्ध प्रभाव को यानी उनके हानिकारक प्रभाव को दिखलाया है।

निष्कर्ष यह है कि समस्या के समाधान में यानी चिन्तन में किसी तत्परता का प्रभाव अनुकूल तथा प्रतिकूल होता है। तत्परता के इस बाधक प्रभाव (facilitating) को यानी हानिकारक प्रभाव को कुछ विशेष तरीकों द्वारा कम भी किया जा सकता है।

(8) चिन्तन में प्रयत्न तथा त्रुटि का महत्त्व—प्रत्येक समस्या के समाधान में यानी चिन्तन में प्रयत्न तथा त्रुटि का विशेष महत्त्व है। 'प्रयत्न तथा त्रुटि' शब्द का सबसे पहला प्रयोग पशु मनोविज्ञान में **लायड मार्गन (Loyd Morgan)** ने 1894 में किया जिससे उनका तात्पर्य पशु के वैसे व्यवहारों से था जिसमें पशु कारण तथा परिणाम संबंधों को बिना समझे ही किसी समस्या का समाधान करने की कोशिश करता था। आज भी इस शब्द का प्रयोग इसी अर्थ में किया जाता है।

मनोवैज्ञानिकों ने पशुओं एवं मानव पर अनेक प्रयोग करके यह दिखला दिया है कि जब भी प्राणी किसी समस्या का समाधान अचानक नहीं कर लेता है। प्रारंभ में वह किसी एक विधि का उपयोग करता है, वह उसमें असफल हो जाता है, इस प्रक्रिया को वो तब तक जारी रखता है कि जब तक वह पूर्ण रूप से सफल न हो जाये। इसका सबसे स्पष्ट समर्थन हमें थॉर्नडाइक (Thorndike) द्वारा एक भूखी बिल्ली को पहेली बॉक्स में रखकर किए गए प्रयोग से मिलता है। भूखी बिल्ली के सामने समस्या यह थी कि किसी तरह वह उस बॉक्स का दरवाजा खोलकर बाहर आ जाए ताकि बाहर रखी गयी मछली को वह खा सके। इस समस्या के समाधान में बिल्ली ने कई प्रकार की अनुक्रियाएँ (responses) कीं। जैसे, कभी वह पंजे से बॉक्स को नोंच खसोट कर दरवाजा खोलना चाहती थी तो कभी मात्र उछल-कूद कर

ही दरवाजा खोल लेना चाहती थी। ये सभी क्रियाएँ थीं क्योंकि इससे समस्या का समाधान नहीं हो पा रहा था। फिर बिल्ली का पंजा अचानक सिटकिनी पर पड़ जाता है और दरवाजा खुल जाता है। बाद के प्रयासों में धीरे-धीरे त्रुटिपूर्ण क्रियाएँ कम होती गईं और बिल्ली दरवाजे को खोलना सीख गयी और उसकी समस्या का समाधान हो गया। इस प्रयोग में बिल्ली द्वारा भिन्न-भिन्न प्रयासों (trials) में उछल-कूद तथा नोंच खसोट की क्रियाएँ करना प्रयत्न तथा त्रुटि के उदाहरण हैं। थॉर्नडाइक के प्रयोग से यह पता चलता है किसी काम को बार-बार करने से उसमें सुधार होता है, जिसे प्रयत्न व भूल विधि कहते हैं।

मनुष्यों पर भी कुछ प्रयोग किए गए जिसके परिणाम थॉर्नडाइक के परिणाम के समान थे। रूजर (Ruger, 1910) ने हृदय एवं धनुष नामक एक पहेली तैयार की। यह पहेली मानव प्रयोज्य को दे दिया गया और उन्हें 'धनुष की आकृति' को 'हृदय की आकृति' से अलग करने को कहा गया। प्रयोज्यों द्वारा किए सभी प्रयासों में अनुक्रियाओं को रूजर (Ruger) ठीक ढंग से लिखते गए और बाद में उनका विश्लेषण कर बतलाया कि मनुष्य भी थॉर्नडाइक की बिल्ली के समान ही समस्या के समाधान में तत्परता व्यक्त करता है। गेल्डार्ड (Geldard, 1963) के अनुसार, "इन सभी आँकड़ों को रूजर द्वारा विश्लेषण करने पर एक महत्त्वपूर्ण निष्कर्ष निकाला—समस्या-समाधान की परिस्थिति में मनुष्य वैसी अनुक्रियाएँ करता है जिसे थॉर्नडाइक की बिल्ली द्वारा की गई अनुक्रिया से अधिक भिन्न नहीं माना जा सकता है।"

कुछ मनोवैज्ञानिकों ने उपर्युक्त प्रयोगों का खंडन किया। जैसे, हाब्हाऊस (Hobhouse, 1910) तथा कोहलर (Kohler, 1927) ने थॉर्नडाईक के पहेली बॉक्स समस्या की आलोचना करते हुए यह कहा है कि इस समस्या का कुछ भाग बिल्ली के सामने स्पष्ट न होकर छिपा हुआ था। ऐसी परिस्थिति में समस्या के समाधान के लिए यह स्वाभाविक ही था कि बिल्ली प्रयत्न तथा त्रुटि का सहारा लेती। अतः थॉर्नडाइक द्वारा प्रतिपादित समस्या कृत्रिम या अस्वाभाविक थी। कोहलर ने 'सुलतान' नामक वनमानुष पर कई प्रयोग किए जिसके लिए उन्होंने अनुकूल वातावरण उपस्थित किया तथा जिसका कोई भी अंश वनमानुष से छिपा हुआ नहीं था। उन्होंने सुलतान को एक बड़े कमरे में बन्द कर दिया जिसकी छत से केला लटक रहा था। वनमानुष भूखा था। अतः उसका ध्यान तुरन्त ही केले पर गया। प्रतिमा वास्तविक एवं अतिस्पष्ट होती है। मनोवैज्ञानिकों के प्रयोग से स्पष्ट हो गया है कि बच्चों में इस प्रकार का चिंतन अधिक होता है परंतु जैसे-जैसे उम्र बढ़ती जाती

है, इस तरह की प्रतिमाओं में कमी आने लगती है। समूर्त्त प्रतिमा की दो विशेषताएँ होती हैं—व्यक्ति इस प्रतिमा के किसी भी भाग पर अपनी इच्छानुसार अधिक या कम बल डाल सकता है तथा दूसरा जैसा कि आलपोर्ट (Allport, 1924) ने बतलाया है, समूर्त्त चिन्तन का कम या अधिक होना वस्तु में व्यक्ति की रुचि पर आधारित होता है।

कुछ मनोवैज्ञानिकों जैसे जिम्बार्डो तथा रूक (Zimbrado & Ruch, 1977) का कहना है कि जिन लोगों में संमूर्त्त प्रतिमा बनाने की क्षमता होती है, वे पहले से देखी गयीं घटनाओं एवं वस्तुओं का आसानी से पुनरुत्पादन तो कर लेते हैं लेकिन उसमें नवीनता लाने में असमर्थता व्यक्त करते हैं। इसका मतलब यह हुआ कि समूर्त्त प्रतिमा से सिर्फ पुनरुत्पादन में मदद मिलती है। इससे व्यक्ति को अमूर्त्त चिन्तन या सर्जनात्मक कल्पना करने में कोई मदद नहीं मिलती है। अतः निष्कर्ष यह है कि समूर्त्त प्रतिमा का महत्त्व अमूर्त्त चिन्तन में गौण होता है। कुछ ऐसे और भी मनोवैज्ञानिक हैं जिन्होंने यह दिखलाया है कि चिन्तन की प्रक्रिया में प्रतिमा की कोई महत्वपूर्ण भूमिका नहीं है। फ्रैन्सिस गाल्टन (Francis Galton) ने 1883 में बतलाया कि कुछ महान वैज्ञानिकों जैसे डाक्टर व इंजीनियर आदि का चिन्तन बिना प्रतिमा के ही होता है। इन लोगों के चिन्तन प्रक्रिया का विश्लेषण करने पर किसी प्रकार की कोई प्रतिमा की जानकारी नहीं मिलती है। गाल्टन के इस विचार से प्रेरित होकर 1900 के लगभग कुछ मनोवैज्ञानिकों ने कई प्रयोग किए और पाया कि सचमुच में बहुत से प्रयोज्यों द्वारा समस्या के समाधान में किसी प्रकार की प्रतिमा का न होना पाया गया। इसके परिणामस्वरूप *'प्रतिमाहीन चिन्तन'* विवाद का जन्म हुआ। इस विवाद पर सबसे अधिक अध्ययन एक विशेष सम्प्रदाय (school) के सदस्यों द्वारा किया गया। इस सम्पद्राय के मुख्य सदस्य कुल्पे (Kulpe), मार्बे (Marbe), वाट (Watt) तथा बुहलर (Buhler) आदि हैं। यद्यपि कुल्पे वुन्ट (Wundt) के शिष्य थे, फिर भी वे वुन्ट के इस विचार से असहमत थे। उन्होंने अपने प्रयोगात्मक अध्ययन के आधार पर यह स्पष्ट रूप से बतलाया है कि चिन्तन में न तो कोई संवेदन होता है और न ही किसी प्रकार की कोई प्रतिमा ही होती है। मार्बे (Marbe) ने वजन-उठाने की प्रक्रिया पर अध्ययन किया। इन्होंने प्रयोज्य को दो दिए गए वजन में से कौन-सा भारी है, बतलाने को कहा। उत्तर दे देने के बाद प्रयोज्यों से उसका उत्तर ढूँढ़ते समय में आने वाली अनुभूतियों का अन्तर्निरीक्षण करने को कहा गया। अधिकतर प्रयोज्यों ने यह बतलाया कि वे किस तरह से उत्तर ढूँढ़ कर निर्णय कर पाए, इसका वर्णन करना संभव नहीं है। उनके मन में किसी प्रकार

की प्रतिमा नहीं बनी। उस समय का चिन्तन बिलकुल ही प्रतिमारहित था जिसका वर्णन अन्तर्निरीक्षण करके करना संभव नहीं था। बुहलर (Buhler) तथा वाट (Watt) के भी परिणाम इसी प्रकार के थे। इन मनोवैज्ञानिकों का ऐसा विश्वास था कि चिन्तन में प्रयोज्यों की मानसिक वृत्ति अधिक महत्त्वपूर्ण होती है क्योंकि समस्या के समाधान में इसका व्यापक असर देखा गया न कि प्रतिमाओं का।

निष्कर्ष यह है कि प्रतिमाएँ चिन्तन में कभी-कभी बिलकुल ही स्पष्ट होती हैं और समस्या के समाधान में महत्त्वपूर्ण भूमिका अवश्य निभाती हैं, लेकिन कभी-कभी समस्या-समाधान में कोई प्रतिमा नहीं बनती है।

(9) चिन्तन के सिद्धान्त—सामान्यतः सभी मनोवैज्ञानिकों का मानना है कि चिन्तन की शुरुआत उस समय होती है जब व्यक्ति के सामने समस्या उत्पन्न होती है और चिन्तन तब तक समाप्त नहीं हो जाता जब तक उस समस्या का समाधान नहीं हो जाता है, परन्तु चिन्तन की इस पूरी प्रक्रिया में यानी, समस्या उत्पन्न होने तथा उसका समाधान होने तक कौन-कौन-सी प्रक्रियाएँ होती हैं तथा उसकी व्याख्या कैसे की जा सकती है, इसे लेकर मनोवैज्ञानिकों में मतभेद रहा है। इन प्रक्रियाओं की व्याख्या करने के लिए मनोवैज्ञानिकों ने कुछ सिद्धान्तों का प्रतिपादन किया है जिसमें निम्नांकित दो सिद्धान्त प्रमुख हैं—

1. केन्द्रीय सिद्धान्त तथा
2. परिधीय सिद्धान्त या गति सिद्धान्त।

इन दोनों सिद्धान्तों की व्याख्या निम्नलिखित है—

1. केन्द्रीय सिद्धांत—इस सिद्धान्त के अनुसार चिन्तन का आधार केन्द्रीय तंत्रिका तंत्र होता है। जब व्यक्ति किसी समस्या का समाधान करता है, तो केन्द्रीय तंत्रिका तंत्र में विशेषकर मस्तिष्क में बहुत तरह की अंतिर्क्रियाएँ होती हैं जिनका परिणाम यह होता है कि व्यक्ति उस समस्या का समाधान नहीं कर पाता है, तब तक मस्तिष्क में अन्तर्क्रियाएँ चलती रहती हैं। इस तथ्य से यह भी स्पष्ट हो जाता है कि केन्द्रीय सिद्धान्त में शरीर की पेशीय क्रियाओं का महत्त्व नहीं है। दूसरे शब्दों में, चिन्तन की प्रक्रिया में या किसी समस्या में शरीर के पेशीय अंगों या प्रभावकों द्वारा की गयी क्रियाओं का कोई महत्त्व नहीं होता है।

औसगुड (Osgood, 1953) के शब्दों में चिन्तन के अध्ययन में दी गयी समस्या एक प्रकार का उद्दीपक है। अतः यह व्यक्ति को उत्तेजित करता है जिसके परिणामस्वरूप संवेदी तंत्रिका द्वारा तंत्रिका आवेग मस्तिष्क के एक खास क्षेत्र विशेषकर साहचर्य क्षेत्र में पहुँचता है। परिणामस्वरूप व्यक्ति के मस्तिष्क में

भिन्न-भिन्न प्रकार की प्रतिमाएँ एवं विचार उत्पन्न होने लगते हैं जिनके सहारे व्यक्ति समस्या का समाधान कर लेता है। इस सिद्धान्त की व्याख्या का समर्थन कुछ संरचनावादियों तथा गेस्टाल्ट मनोवैज्ञानिकों द्वारा व्यक्त किये गए विचारों से मिलता है।

केन्द्रीय सिद्धान्त की आलोचना

केन्द्रीय सिद्धांत की आलोचना निम्नलिखित हैं–

(i) केन्द्रीय सिद्धान्त चिन्तन की व्याख्या का एक पुराना सिद्धान्त है जिसके समर्थन में कोई ठोस प्रयोगात्मक तथ्य प्राप्त नहीं है जिसके कारण मनोवैज्ञानिकों ने इसे सामान्य सिद्धांत की संज्ञा प्रदान की है। जिसकी व्याख्या के आधार पर किसी प्रकार का सामान्यीकरण नहीं किया जा सकता है। यह सिद्धान्त मात्र सामान्य बोध का समर्थन करता है कि चिन्तन व्यक्ति के मस्तिष्क में होने वाली एक क्रिया है।

(ii) इस सिद्धान्त में शरीर के पेशीय अंगों द्वारा की गयी क्रियाओं के महत्त्व को स्वीकार नहीं किया गया है। आज मनोवैज्ञानिकों के सामने इस तरह के अनेकों साक्ष्य हैं जिनके आधार पर यह आसानी से दिखलाया गया है कि चिन्तन में पेशीय क्रियाओं का भी महत्त्व होता है।

2. परिधीय सिद्धांत या गति सिद्धांत–इस सिद्धान्त का प्रतिपादन वाटसन ने किया। वाटसन, जो व्यवहारवाद के जनक हैं, के अनुसार चिन्तन एक प्रकार का उपवाचिक बातचीत है। दूसरे शब्दों में, चिन्तन में हम लोग धीरे-धीरे अपने से बातचीत करते हैं। इस तरह से चिन्तन में वागेन्द्रियों में पेशीय क्रियाएँ होती हैं और व्यक्ति अपने आप में बातचीत करना प्रारंभ कर देता है। बाद में वाटसन ने यह भी बतलाया कि सभी तरह के चिन्तन में वागेन्द्रियों की ही मांशपेशियों में क्रियाएँ नहीं होती हैं बल्कि अन्य अंगों जैसे हाथ एवं पैर की मांशपेशियों में भाग नहीं लेती हैं बल्कि अन्य अंगों जैसे हाथ एवं पैर की मांशपेशियों में भी अधिक क्रियाएँ होते पायी गयीं। इस तरह से वाटसन (1914) ने कहा, "हम लोग पूरे शरीर के सहारे चिन्तन क्रिया करते हैं।" वाटसन के उपर्युक्त विचारों से प्रेरित होकर परिधीय सिद्धान्त या गति सिद्धान्त का प्रतिपादन किया गया। इस सिद्धान्त के अनुसार जब व्यक्ति के सामने कोई उद्दीपक यानी समस्या दी जाती है, तो उससे उत्पन्न स्नायुप्रवाह मस्तिष्क में पहुँचता है जो एक रिले स्टेशन के समान कार्य करता है। यहाँ से स्नायु प्रवाह को तुरंत उपयुक्त प्रभावक यानी मांशपेशियों में भेज दिया जाता है जिसके फलस्वरूप व्यक्ति कोई अनुक्रिया करता है। मांसपेशियों की इस अनुक्रिया से पुनः एक स्नायु

प्रवाह मस्तिष्क में वापस भेज दिया जाता है। इस तरह की पूरी प्रक्रिया जिसमें वापसी की प्रक्रिया भी सम्मिलित है, यह प्रक्रिया तब तक होती रहती है जब तक उस तथ्य का हल नहीं निकल जाता है। इस वापसी प्रक्रिया को मनोवैज्ञानिकों ने पुनर्निवेशन, की संज्ञा दी है। इस व्याख्या से स्पष्ट है कि परिधीय सिद्धान्त में मस्तिष्क में होने वाली अन्तःक्रियाओं को प्रमुखता दी गयी है और साथ-ही-साथ परिधीय सिद्धान्त की व्याख्या केन्द्रीय सिद्धान्त से अलग परिधीय सिद्धान्त में पेशीय क्रियाओं को अधिक प्रमुखता दी गयी है।

कुछ ऐसे प्रयोगात्मक प्रमाण प्राप्त हुए हैं। परिधीय सिद्धान्त या गति सिद्धान्त का समर्थन करते हैं। **जैकोबसन** (Jaconbson, 1932) ने अपने प्रयोज्य (subject) को कभी बाएँ हाथ से तथा कभी दायें हाथ से 10 पौण्ड का वजन उठाने की कल्पना (चिन्तन) करने को कहा। साथ-ही-साथ जैकोबसन प्रयोजन के बायें हाथ तथा दायें हाथ की पेशीय क्रियाओं (muscular activities) को विशेष उपकरण (apparatus) द्वारा रिकार्ड (record) करते गये। उन्होंने पाया कि जब प्रयोज्य दायें हाथ से 10 पौण्ड वजन उठाने की बात सोचता था, तो उसके दायें हाथ की पेशीय क्रियाएँ पहले से बढ़ जाती थीं। इस अध्ययन द्वारा यह जानकारी मिलती है। चिन्तन की प्रक्रिया में पेशीय क्रियाएँ (muscular activities) होतीं है। टोटैन (Totten, 1935) ने उसी तरह एक अध्ययन किया जिसमें प्रयोज्य (subject) को कुछ ज्यामितिय डिजाइन (geometric design) के बारे में सोचने को कहा गया। इससे यह निष्कर्ष निकला कि ऐसा करते समय प्रयोज्य की आँख एवं पलकों की मांसपेशियों की क्रियाएँ (activities) पहले से तीव्र हो गयीं। मैक्स (Max, 1937) ने गति सिद्धान्त की जाँच के लिए एक प्रयोग किया जिसमें 18 बहरे (deaf) तथा 16 सामान्य (यानी जो अच्छी तरह सुन सकते थे) प्रयोज्य थे। इन दोनों तरह के प्रयोज्यों को एक ऐसी बात सोचने को कहा गया जिसमें मानों वे अपने हाथ के सहारे कुछ भारी वजन उठा रहे हैं। ऐसा सोचते समय इन सभी प्रयोज्यों के बाँहों की मांसपेशियों की क्रियाओं (activities) का भी रिकार्ड तैयार किया गया। निष्कर्षस्वरूप बहरे प्रयोज्यों के बाँह की मांसपेशियों की क्रियाएँ (activities) सामान्य प्रयोज्यों की बाँह की मांसपेशियों की क्रियाओं (activities) की लगभग बराबर थीं। इससे पता चलता है कि सामान्य व्यक्ति के समान बहरे व्यक्ति के चिन्तन में भी मांसपेशीय क्रियाएँ (muscular activities) होती हैं। अमूर्त्त चिन्तन (abstract reasoning) करते समय जैसे, मन में जोड़, घटाव, गुणा, भाग आदि की क्रियाएँ करते समय बहरों में उनके बाँह की मांसपेशीय क्रियाएँ 84% हुईं जबकि इसी परिस्थिति में सामान्य व्यक्ति में ऐसी

मांसपेशीय क्रियाएँ 31% हुई। इससे साबित होता है कि अमूर्त्त चिन्तन करते समय बहरे व्यक्तियों में सामान्य व्यक्तियों की अपेक्षा पेशीय क्रियाएँ और भी अधिक होती हैं।

इन विभिन्न प्रयोगों से यह स्पष्ट हो जाता है कि चिन्तन करते समय व्यक्ति में मांसपेशीय क्रियाएँ (muscular activities) होती हैं। मनोवैज्ञानिकों ने यह भी दिखलाया है कि इस तरह से होने वाली मांसपेशीय क्रियाओं का पुनर्निवेशन (feedback) द्वारा व्यक्ति को ज्ञान होता है। यही कारण है कि, चिन्तन में मांसपेशीय क्रियाओं में एक क्रम (sequence) पाया जाता है परन्तु चूँकि इस तरह का पुनर्निवेशन (feedback) आन्तरिक (intrinsic) होता है, अतः व्यक्ति को इसका प्रत्यक्ष बोध नहीं होता है और इससे व्यक्ति सीधे अवगत नहीं हो पाता है। इस तरह के पुनर्निवेशन प्रक्रम (feedback mechanism) को जिम्बार्डो तथा रूच (Zimbardo & Ruch, 1977) ने सर्वो-मैकेनिज्म (servo-mechanism) की संज्ञा दी। सर्वो-मैकेनिज्म के चार भाग (parts) होते हैं जिसके द्वारा चिन्तन में किये गयीं मांसपेशीय क्रियाओं का ज्ञान व्यक्ति को होता है और जिनके फलस्वरूप इन क्रियाओं में एक क्रमबद्धता (systematization) भी आती है। इन चारों भागों को निम्न प्रकार स्पष्ट किया गया है–

(i) **संसाधक निवेश**–संसाधक निवेश से तात्पर्य वैसे उद्दीपकों (stimuli) से होता है जो व्यक्ति में आवेग (impulse) उत्पन्न करते हैं।

(ii) **थ्रुपुट**–उद्दीपक से आवेग (impulse) उत्पन्न होकर थ्रुपुट (throughput) में पहुँचता है, जिसे तंत्रिका तंत्र (nervous system) कहा जाता है। इन आवेगों को तंत्रिका तंत्र में संगठित (organise) किया जाता है।

(iii) **निर्गत**–तंत्रिका आवेग थ्रुपुट या तंत्रिका में संगठित होने के बाद मांसपेशियों को उत्तेजित करते हैं जिसके फलस्वरूप व्यक्ति मांसपेशीय क्रियाओं को (muscular activities) करता है।

(iv) **पुनर्निवेशन**–किये गये मांसपेशीय क्रियाओं की क्रमबद्धता (sytematization) का निर्धारण उन सूचनाओं के आधार पर होता है जिसका पुनर्निवेशन (feedback) व्यक्ति को पुनः होता है।

उपरोक्त प्रक्रियाओं को चिंतन का प्रमुख चरण बतलाया गया है–कुछ मनोवैज्ञानिकों का कहना है इसलिए इनमें हमेशा अंतर नहीं किया जा सकता। उनमें अतिव्याप्ति (overlapping) का गुण होता है।

आलोचना–कुछ हद तक उपयोगी होने के बाद भी यह सिद्धांत आलोचनाओं

से नहीं बच सका। इसकी आलोचना करते हुए मनोवैज्ञानिकों ने यह कहा है कि इस सिद्धान्त में संवेदी क्रियाओं (sensory activities) एवं मस्तिष्क को मांसपेशीय क्रियाओं (muscular activities) की तुलना में बहुत ही कम महत्त्व दिया गया है। इसके अलावा कुछ ऐसी अन्य क्रियाओं को करने का समय ही नहीं होता है।

इस आलोचना के बावजूद भी परिधीय सिद्धान्त को केन्द्रीय सिद्धान्त से अधिक श्रेष्ठ (superior) माना गया है क्योंकि उसके पक्ष में कई प्रयोगात्मक तथ्य (experimental facts) मौजूद हैं।

सामान्य निष्कर्ष–प्रयोगात्मक अध्ययनों से प्राप्त निष्कर्षों के माध्यम से परिधीय सिद्धांत को केन्द्रीय सिद्धांत से श्रेष्ठ माना जा सकता है परन्तु इसका मतलब यह है कि केन्द्रीय सिद्धान्त बिलकुल ही अनुपयुक्त एवं गलत है तथा परिधीय सिद्धान्त बिलकुल ही सही है। अतः सबसे उपयुक्त तथा तर्कपूर्ण निष्कर्ष, जैसा कि औसगुड (Osgood, 1953) ने कहा भी है, वह होगा जो इन दोनों सिद्धान्तों के बीच एक प्रकार का मध्यमार्ग (compromise) तैयार करता है। औसगुड के अनुसार दोनों सिद्धान्तों की व्याख्या सही है क्योंकि चिन्तन में संवेदी क्रियाएँ तथा पेशीय क्रियाएँ दोनों ही होती हैं। जैसे, एक बच्चे के चिन्तन में पेशीय क्रियाएँ (motor or muscular activities) अधिक तथा संवेदी क्रियाएँ (sensory activities) या केन्द्रीय क्रियाएँ (central activities) कम होती हैं, परन्तु एक वयस्क के चिन्तन में ठीक इसके विपरीत संवेदी क्रियाएँ अधिक तथा पेशीय क्रियाएँ कम होती हैं। उसी तरह तीव्र बुद्धि के व्यक्ति के चिन्तन में संवेदी क्रियाएँ तथा मस्तिष्क की क्रियाएँ (brain activities) अधिक होती हैं तथा कम बुद्धि के व्यक्ति के चिन्तन में पेशीय क्रियाएँ (motor activities) अधिक होती हैं। औसगुड (Osgood, 1953) ने निम्न प्रकार के निष्कर्ष मिलने की बात कही है।

"शायद सबसे तर्कपूर्ण विचार एक मध्यमार्ग (compromise) है। प्रतीकात्मक प्रक्रियाओं के विकास में परिधीय मध्यस्थता आवश्यक है जो किसी परिपक्व व्यक्ति के केन्द्रीय प्रतिनिधित्व (central representation) में घुसा होता है।"

पियाजे का संज्ञान-विकासात्मक सिद्धान्त

संज्ञान-विकासात्मक सिद्धान्त स्विट्ज़रलैण्ड के प्रसिद्ध वैज्ञानिक जीन पियाजे (Jean Piaget) द्वारा विकसित किया गया है। पियाजे ने इस सिद्धान्त में बालक के भीतर चलने वाली संज्ञानात्मक प्रक्रियाओं (cognitive processes) के विकास की व्याख्या की है। मूल रूप से पियाजे ज्ञानशास्त्र (epistemlogy) में रुचि रखते

थे। वे बालक द्वारा अर्जित ज्ञान के स्वरूप को समझना चाहते थे। उनका विश्वास था कि ज्ञान के स्वरूप को समझने का सबसे अच्छा उपाय उसके विकास का अध्ययन करना है। अतः उन्होंने अपने ही बच्चों के संज्ञान-विकास का अध्ययन प्रारम्भ कर दिया। पियाजे ने अपनी प्रारम्भिक रचनाओं में इन अध्ययनों, विधियों और परिणामों का उल्लेख किया है। अपने मौलिक अध्ययन एवं गंभीर चिन्तन के आधार पर पियाजे ने भली-भाँति यह समझ लिया कि संज्ञान एक विकासशील मानसिक विचार है और इस प्रक्रिया का विकास शनैः-शनैः बालक के भीतर होता रहता है। पियाजे के सिद्धान्त में संज्ञान-विकास के अंतर्गत ज्ञान तथा उसके अर्जन में सन्निहित प्रक्रियाओं का अध्ययन सम्मिलित है। इस सन्दर्भ में यह स्पष्ट कर देना आवश्यक है कि पियाजे के सिद्धान्त में ज्ञान (knowlege) और बुद्धि (intelligence) समान अर्थ में प्रयुक्त होने वाले पद हैं।

(1) पियाजे के सिद्धान्त की अवधारणाएँ–पियाजे ने बतलाया है कि संज्ञान को व्यक्ति को वातावरण के साथ समायोजित होने में सहायता प्रदान करती है। जन्म के समय बच्चों के भीतर केवल एक नैसर्गिक क्षमता विद्यमान होती है। आयु और परिपक्वता में वृद्धि होते रहने के कारण उसके भीतर संज्ञानात्मक प्रक्रियाओं का विकास होता रहता है। संज्ञानात्मक विकास चार प्रमुख अवस्थाओं से होकर गुजरता है। प्रत्येक अवस्था में ज्ञान का एक नया भण्डार निर्मित होता है जो पिछली अवस्था में पाये जाने वाले ज्ञान-भण्डार से गुणात्मक दृष्टि से भिन्न (qualitatively different) होता है। इस प्रकार प्रत्येक अवस्था में बालक न केवल अधिक ज्ञान अर्जित करता है बल्कि उसके ज्ञान में संशोधन एवं परिमार्जन भी होता है। सभी विकसित होने वाले बालक संज्ञान-विकास की इन चारों अवस्थाओं से गुजरते हैं। पियाजे की उक्त अवधारणा के आधार पर ही उनके सिद्धान्त को अवस्था-सिद्धान्त (stage theory) माना जाता है।

पियाजे ने ज्ञान अर्जन के सन्दर्भ में कुछ ऐसे सम्बन्धों की कल्पना की है जो सभी अवस्थाओं में समान रूप से पाए जाते हैं। ऐसे संबंध उन प्रक्रियाओं से सम्बन्धित हैं जो बालक में जीवन-पर्यन्त चलती रहती हैं, जो किसी अवस्था विशेष तक ही सीमित नहीं होतीं। इन प्रक्रियाओं को अवस्थामुक्त कहा जाता है क्योंकि ये सम्पूर्ण विकास काल में अपरिवर्तित रहती है। संगठन, अनुकूलन, आत्मसातन तथा समंजन ऐसी प्रक्रियाओं में प्रमुख हैं। इस प्रकार पियाजे ने संज्ञान-विकास को कुछ परिवर्तनशील और कुछ अपरिवर्तनशील प्रक्रियाओं की सहायता से समझाने का प्रयास किया है। इन्हीं को क्रमशः अवस्था-निर्भर और अवस्थामुक्त की संख्या दी गई है।

पियाजे का मानना है कि संज्ञान-विकासात्मक सिद्धान्त का आधार जीव-वैज्ञानिक (biological) है। उन्होंने संज्ञान या बुद्धि को पाचन-प्रक्रिया, श्वास-क्रिया एवं रक्त संचार-क्रिया की भाँति एक जैविक क्रिया से जोड़कर देखते हैं। संज्ञान मानव प्राणी को अपने सामाजिक-भौतिक वातावरण के साथ समायोजित होने में सहायक होता है और इसलिए भी जीवन के अन्य जैविक क्रियाओं के लिए इतना महत्वपूर्ण है। प्राणी के सम्पूर्ण विकास-काल में संगठन और अनुकूलन की क्रियाएँ चलती रहती हैं। इनके अभाव में प्राणी का जीवित रह सकना संदिग्ध है।

पियाजे विशेष रूप से संज्ञान-विकास में उत्पन्न होने वाले गुणात्मक परिवर्तनों (qualitative changes) में अधिक रुचि रखते हैं। उनके द्वारा सम्पन्न अध्ययन अत्यन्त सरल है। अधिकांश अध्ययनों में पियाजे ने बच्चों की प्रतिक्रियाओं का स्वाभाविक दशाओं में प्रेक्षण किया है। उन्होंने बालकों द्वारा प्रदर्शित प्रतिक्रियाओं का मात्रात्मक (quantitative) विश्लेषण आवश्यक नहीं समझा क्योंकि केवल गुणात्मक प्रदत्त से ही संज्ञान-विकास की विशेषताओं के बारे में जानकारी मिलती है।

(2) पियाजे के मूलभूत संप्रत्यय–पियाजे एक प्रसिद्ध मनोवैज्ञानिक हैं। इन्होंने संज्ञान की दिशा में गहन अध्ययन किया। इन्होंने संज्ञानात्मक विकास की व्याख्या करते हुए बताया है कि संज्ञान प्राणी का वह ज्ञान है जिसे वह वातावरण में सक्रिय रूप से व्यवहृत होकर अर्जित करता है। उन्होंने संज्ञान को क्रिया पर आधारित ज्ञान (action based knowledge) कहा जाता है। शिशु प्रारम्भ में माँ के स्तन को ढूँढ़कर, छूकर और उसका पान करके ही उसके सम्बन्ध में जानकारी प्राप्त करता है। इन क्रियाओं के कारण शिशु में माँ के स्तन से सम्बन्धित ज्ञान का विकास होता है। इसी प्रकार वातावरण में विद्यमान अनेक उद्दीपकों का ज्ञान बालक की क्रियाओं (actions) पर आधारित होता है।

पियाजे द्वारा प्रस्तुत सिद्धांत में कुछ उपयोगी संप्रत्ययों पर प्रकाश डाला गया है जिनकी जानकारी संज्ञानात्मक विकास को समझने के लिए आवश्यक है। संज्ञान-संक्रिया और संज्ञान-संरचना पियाजे के प्रमुख संप्रत्यय हैं। संज्ञान-संक्रियाओं का उल्लेख करते हुए उन्होंने बतलाया है कि जन्म से ही बालक में प्रत्यक्षीकरण, स्मृति, चिन्तन, तर्क आदि की क्रियाएँ पाई जाती हैं और जीवन-पर्यन्त चलती रहती हैं। ये क्रियाएँ विकास की किसी अवस्था में पहुँचकर न तो समाप्त होती हैं न बदलती हैं। पियाजे ने इन क्रियाओं को अपरिवर्तनशील तथा अवस्थामुक्त माना है क्योंकि विकास की सम्पूर्ण अवधि में ये क्रियाएँ समान रूप से चलती रहती हैं। बालक इन्हीं मानसिक क्रियाओं की सहायता से उद्दीपक जगत का ज्ञान अर्जित

करता है। उसके द्वारा अर्जित ज्ञान से एक ज्ञान-भण्डार या संज्ञान-संरचना का निर्माण होता है। पियाजे के संज्ञान-संरचना में बालक की सभी क्षमताएँ, योग्यताएँ, विचार, ज्ञान, आदतें शामिल होती हैं। बालक द्वारा एक अवस्था में अर्जित ज्ञान, अनुभव और परिपक्वता में वृद्धि के कारण अगली अवस्था में परिमार्जित एवं संवर्द्धित हो जाता है। ज्ञान-भण्डार या संज्ञान-संरचना प्रत्येक अवस्था में आकर और गुण दोनों ही दृष्टियों से परिवर्तित होती है। इसलिए इन संरचनाओं को अवस्था-आश्रित माना गया है।

पियाजे के दो अन्य संप्रत्यय हैं—संगठन (organization) तथा अनुकूलन (adaptation)। संगठन से पियाजे का यह अभिप्राय है कि बुद्धि में सन्निहित विभिन्न क्रियाएँ (acts of intelligence) जैसे प्रत्यक्षीकरण, स्मृति, चिन्तन एवं तर्क आदि परस्पर संगठित होकर कार्य करती हैं। जब कोई बालक वातावरण की किसी उद्दीपक परिस्थिति के सम्मुख होता है तो उस समय उसकी विभिन्न मानसिक क्रियाएँ पृथक्-पृथक् कार्य नहीं करतीं बल्कि एक साथ संगठित होकर ज्ञान-अर्जन में उसकी सहायता करती हैं। मानसिक स्तर पर संगठन की यह क्रिया सदा चलती रहती है। वातावरण के साथ समायोजन संगठन का ही परिणाम है। अनुकूलन (adaptation) भी संगठन की भाँति वातावरण के साथ समायोजन स्थापित करने की एक आवश्यक प्रक्रिया है। वस्तुतः संगठन और अनुकूलन एक-दूसरे की पूरक (complementary) प्रक्रियाएँ हैं। व्यक्ति और वातावरण के सम्बन्ध को संगठन की अपेक्षा अनुकूलन बाह्य रूप से प्रभावित करता है। पियाजे ने संगठन की अपेक्षा अनुकूलन की प्रक्रिया को अधिक महत्त्वपूर्ण माना है और अनुकूलन की दो उप-प्रक्रियाओं का उल्लेख किया हैं। इनमें से एक प्रक्रिया को आत्मसातन (assimilation) और दूसरी प्रक्रिया समंजन (accommodation) कही गई है। संज्ञान-विकास में उक्त दोनों क्रियाएँ किस प्रकार सहायक होती हैं इसे समझना आवश्यक है। अतः इस पर वृहद् रूप में निम्न प्रकार प्रकाश डाला गया है—

(i) आत्मसातन—यदि पियाजे द्वारा प्रस्तुत आत्मसातन की व्याख्या पर नजर डाली जाए तो पता चलता है कि वे एक जीव वैज्ञानिक भी थे क्योंकि यह व्याख्या एक जीव-वैज्ञानिक प्रक्रिया (biological process) के रूप में की गई है। पियाजे के अनुसार जीव-वैज्ञानिक दृष्टि से आत्मसातन प्राणी की विकसित अथवा विकासशील संरचनाओं में बाह्य तत्त्वों के समन्वित हो जाने की प्रक्रिया है। "From a biological point of view, assimilation is the integration of external element into evolving or completed structures of and organism."

पियाजे के उक्त विचार को इस उदाहरण की सहायता से समझा जा सकता है। जब कोई प्राणी भोजन करता है तो भोजन मूल रूप से उसके भीतर नहीं रह पाता बल्कि भोजन से बना हुआ रक्त उसकी माँसपेशियों में इस प्रकार समाहित हो जाता है जिससे माँसपेशियों की संरचना आकार में बड़ी हो जाती है। अतः यह कहा जा सकता है कि आत्मसातन की प्रक्रिया के कारण संरचनात्मक परिवर्तन घटित होते हैं। आत्मसातन प्रक्रिया की जैविक व्याख्या को दृष्टिगत रखते हुए अब हम बालक के भीतर संज्ञानात्मक आत्मसातन (cognitive assimilation) को सरलतापूर्वक समझ सकते हैं। उदाहरण के तौर पर, मान लीजिए किसी बच्चे को एक ऐसे त्रिभुज का अनुभव है जिसकी तीनों भुजाएँ बराबर होती हैं। इसके पश्चात् अब उसे एक ऐसे त्रिभुज को देखने का अवसर मिलता है जिसकी तीनों भुजाएँ बराबर नहीं हैं। अब यह प्रश्न उठता है कि बच्चा नए त्रिभुज को अपने ज्ञान-भण्डार में किस तरह रखे। पियाजे के अनुसार बच्चा नए त्रिभुज के ज्ञान का पुराने त्रिभुज के ज्ञान के साथ आत्मसातन करेगा। आत्मसातन की प्रक्रिया में बच्चा नए त्रिभुज की उन विशेषताओं को नजरअंदाज कर देगा जो पुराने त्रिभुज में नहीं थी बल्कि वह नए त्रिभुज को भी पुराने त्रिभुज के समान मानकर उसे एक त्रिभुज के रूप में स्वीकार करेगा। इस प्रकार के आत्मसातन की प्रक्रिया का विश्लेषण करने से पता चलता है कि आत्मसातन क्रिया में उद्दीपक का स्वरूप एक सीमा तक विकृत (distorted) हो जाता है जिसके कारण वह पहले अनुभव की गई वस्तुओं के वर्ग में पहुँच जाता है। दूसरे शब्दों में कहा जाता है कि नए अनुभव का आत्मसातन करने के लिए अनुभव के स्वरूप में परिवर्तन लाना पड़ता है जिससे वह पुराने अनुभव के साथ मिलजुल कर संज्ञान के एक नए ढाँचे (structure) को उत्पन्न करता है। इस उदाहरण से आत्मसातन प्रक्रिया के सम्बन्ध में जो एक मुख्य बात समझ में आती है वह यह है कि इस प्रक्रिया में बालक का पुराना अनुभव ज्यों का त्यों रहता है, केवल उसके नए अनुभवों में ही परिवर्तन होता है जिससे वे पुराने अनुभवों के साथ आत्मसात् हो सकें।

(ii) समंजन—पियाजे का मानना है कि बालक उद्दीपक-ज़गत का ज्ञान एक दूसरी प्रक्रिया की सहायता से प्राप्त करता है। इस प्रक्रिया का नाम समंजन (accommodation) है। समंजन को वस्तुतः आत्मसातन की एक पूरक प्रक्रिया माना जाता है। समंजन की प्रक्रिया में बालक किसी नई वस्तु को अपने ज्ञान-भण्डार में लाने के लिए उस वस्तु के स्वरूप को परिवर्तित नहीं करता बल्कि पुराने अनुभव के साथ नए अनुभव को इस प्रकार व्यवस्थित करता है जिससे दोनों पुराने और नए

अनुभव मस्तिष्क में साथ-साथ रह सकें। स्पष्ट है कि समंजन की प्रक्रिया में बाह्य उद्दीपक ज्यों का त्यों रहता है। लेकिन स्वयं व्यक्ति को अपने पुराने अनुभव में थोड़ा परिवर्तन लाने की आवश्यकता होती है। नए अनुभव के साथ पुराने अनुभव का व्यवस्थित अथवा समायोजित होना ही समंजन की प्रक्रिया है। इसे भी एक उदाहरण द्वारा समझा जा सकता है। मान लीजिए किसी सोफे पर दो व्यक्ति आराम से बैठे हैं। एक तीसरे व्यक्ति के आ जाने पर उसे भी सोफे पर बैठा लिया जाता है। तीसरे व्यक्ति को उसी सोफे पर बैठा लेना समंजन की प्रक्रिया है। ऐसा करने से पहले से बैठे हुए व्यक्तियों को नए व्यक्ति के लिए जगह देने में थोड़ी-बहुत अपनी स्थिति बदलनी पड़ी होगी। आत्मसातन और समंजन की क्रियाओं में यही एक मुख्य अंतर यह है कि आत्मसातन में नए तत्त्व के स्वरूप को बदल कर उसे समझने का प्रयास किया जाता है जबकि समंजन में पुराने अनुभव को इस प्रकार बदलने की आवश्यकता होती है जिससे नया उद्दीपक उसके साथ व्यवस्थित हो सके।

(3) संज्ञान विकास की विविध अवस्थाएँ—पियाजे ने संज्ञानात्मक विकास की चार प्रमुख अवस्थाओं (stage) का उल्लेख किया है, जिन्हें निम्न प्रकार स्पष्ट किया गया है—

(i) संवेदी-पेशीय अवस्था—इस अवस्था में बच्चा उद्दीपक-जगत का ज्ञान केवल अपनी संवेदनाओं और शारीरिक क्रियाओं की सहायता से अर्जित करता है। इस अवस्था का समय जन्म से लेकर दो वर्षों तक है। जब बच्चा पैदा होता है तो उसके भीतर केवल सहज क्रियाएँ (reflexes) ही पायी जाती हैं, जिसे पियाजे ने सहज स्कीमा (innate schema) की संज्ञा दी है। इन सहज क्रियाओं और ज्ञानेन्द्रियों की सहायता से बच्चा वस्तुओं, ध्वनियों, स्पर्शों, रसों और गन्धों का अनुभव प्राप्त करता है। इन अनुभूतियों की पुनरावृत्ति के कारण बच्चा संज्ञानात्मक आत्मसातन और समंजन की प्रक्रियाएँ आरम्भ करता है और समय के साथ परिवेशीय उद्दीपकों की उपस्थिति एवं उनकी कुछेक बाह्य विशेषताओं से परिचित हो जाता है। पियाजे ने इस प्रथम अवस्था को छः उप अवस्थाओं में विभाजित किया है। दो वर्षों की अवधि समाप्त होते-होते बच्चे के भीतर विचार और कल्पना का श्रीगणेश हो जाता है। अब वह अपनी क्रियाओं के परिणाम भी समझने लगता है और तदनुसार अपने व्यवहार को नियंत्रित रख सकता है। संक्षेप में कहा जा सकता है कि बच्चे का सहज स्कीमा अब अर्जित स्कीमा बन जाता है। वस्तु-बोध (object consciousness) का विकास इसी अर्जित स्कीमा के आधार पर होता है।

(ii) पूर्वसंक्रियात्मक अवस्था—संज्ञान-विकास की इस अवस्था में बालक

स्वकेन्द्रित और स्वार्थी न रहकर दूसरों के सम्पर्क में ज्ञान अर्जित करता है। वह अब खेल, अनुकरण, चित्र-निर्माण और भाषा के माध्यम से वस्तुओं के सम्बन्ध में अपनी जानकारी पुष्ट करता है। इस अवस्था का समय दो वर्ष से छः वर्ष तक माना जाता है। इस अवस्था में बच्चा धीरे-धीरे प्रतीकों (symbols) को ग्रहण करना सीखने लगता है। किन्तु अभी वह कारण-कार्य सम्बन्ध अथवा तार्किक चिंतन के प्रति अनभिज्ञ होता है। उदाहरण के लिए, वह यह तो रट कर याद कर लेगा कि दो और दो चार होते हैं, परन्तु यह कैसे होता है उसकी समझ में नहीं आता। वस्तुतः यह अवस्था अतार्किक चिंतन की अवस्था है। इसीलिए बालक द्वारा लिए गए ज्यादातर निर्णय त्रुटिपूर्ण होते हैं। इस अवस्था में बालक प्रायः बाह्य आडम्बर का ज्यादा प्रभाव पड़ता है जिससे वे भ्रमित हो जाते हैं। ऐसा इसलिए होता है क्योंकि बच्चा इस अवस्था में पहली बार चिंतन (thinking) की शुरुआत करता है। ये बालक दूसरे के विचारों को जल्दी से ग्रहण नहीं करते क्योंकि उनके भीतर तर्क-शक्ति का अभाव होता है। जहाँ तक समस्या-समाधान का प्रश्न है, इस अवस्था के बालक मानसिक रूप से अपरिपक्व होने के कारण समस्या के केवल एक पक्ष पर ही ध्यान केन्द्रित कर पाते हैं और एक पक्ष का अन्य पक्षों से सम्बन्ध नहीं समझ पाते। इसलिए इनके निर्णय प्रायः गलत सिद्ध होते हैं।

(iii) स्थूल संक्रिया की अवस्था—पहली अवस्था की तुलना में दूसरी अवस्था विकसित संज्ञान की अवस्था कही जा सकती है, वैसे ही दूसरी अवस्था की तुलना में यह तीसरी अवस्था और अधिक विकसित संज्ञान की अवस्था मानी जाती है। इस अवस्था का समय 7 वर्ष से 12 वर्ष माना जाता है। इस अवस्था में बालक तार्किक चिंतन (logical thinking) करने योग्य हो जाता है किन्तु उसका तर्क केवल स्थूल परिस्थितियों तक ही सीमित रहता है। उदाहरण के लिए, यदि कहा जाए कि राम श्याम की अपेक्षा अच्छा है और श्याम मोहन से अच्छा है, तो इस अवस्था में बालक इस निष्कर्ष पर पहुँच सकता है कि राम तीनों में सबसे अच्छा बालक है। बालक के भीतर इस अवस्था में दो वस्तुओं या घटनाओं के बीच समानता या भिन्नता समझने की क्षमता विकसित हो जाती है। वह विभिन्न आकारों और विभिन्न रंगों की वस्तुओं को आकार अथवा रंग के आधार पर वर्गीकृत कर सकता है। इसी प्रकार सम्बन्धों (relations) को समझने की क्षमता भी इस अवस्था में काफी विकसित हो जाती है।

(iv) औपचारिक संक्रिया की अवस्था—संज्ञान-विकास की यह अंतिम अवस्था है जो तार्किक चिन्तन की अवस्था होती है क्योंकि बालक अन्य वस्तुओं के

अतिरिक्त स्वयं 'विचार' के सम्बन्ध में विचार (thought about thought) करने में सक्षम होता है। इस अवस्था की शुरुआत 12 वर्ष से होती है। अब वह उद्दीपकों की अनुपस्थिति में भी उनकी विशेषताओं, उपयोगिताओं और अन्य विवरणों के सम्बन्ध में सोच सकता है। अमूर्त चिन्तन किशोरावस्था की एक प्रमुख विशेषता होती है। इस अवस्था में किशोरों के विचार संगठित एवं परिपक्व हो जाते हैं। वैसे किशोर बालक भी कभी-कभी गलत तर्क का शिकार हो जाता है, किन्तु पियाजे के अनुसार इस अवस्था का मुख्य लक्ष्य तार्किक चिंतन की क्षमता अर्जित करना ही है। तर्क का यही आधार बालक को वास्तविकता (reality) और अवास्तविकता (non-reality) अथवा प्रस्तुति में अंतर को समझाने में सहायक होता है।

(4) ब्रुनर के संज्ञानात्मक विकास का सिद्धान्त–संज्ञानात्मक विकास का एक सिद्धांत जे. एस. ब्रुनर ने भी प्रस्तुत किया है। इन्होंने पियाजे के सिद्धान्त की अपेक्षा अपने सिद्धान्त को अधिक उन्नत बनाने की कोशिश की है। ब्रुनर ने मूलतः दो प्रश्नों के उत्तर ढूँढ़ने में अधिक रुचि दिखाई है, ये दो प्रश्न इस प्रकार हैं–शिशु किस ढंग से अपनी अनुभूतियों को मानसिक रूप से बताते हैं, तथा शैशवावस्था तथा बाल्यावस्था में बालकों का मानसिक चिन्तन कैसे होता है? इन दोनों प्रश्नों का उत्तर ब्रुनर ने अपने सिद्धान्त में देने की कोशिश की है। इस सन्दर्भ में ब्रुनर महोदय का कहना है कि शिशु अपनी अनुभूतियों को मानसिक रूप से तीन तरीकों द्वारा बताता है–सक्रियता, दृश्य प्रतिमा तथा सांकेतिक।

सक्रियता एक ऐसी प्रविधि है। जिसके अन्तर्गत शिशु अपनी अनुभूतियों को क्रिया द्वारा व्यक्त करता है। दूध की बोतल देखकर शिशु द्वारा मुँह चलाना, हाथ-पैर फेंकना एक सक्रियता विधि का उदाहरण है अपनी इस क्रिया द्वारा बच्चा दूध पीने की इच्छा की अभिव्यक्ति कर रहा है। दृश्य प्रतिमा विधि में बालक अपने मन में कुछ प्रतिमाएँ, बनाकर अपनी अनुभूतियों की अभिव्यक्ति करता है तथा सांकेतिक विधि में बालक भाषा के व्यवहार द्वारा अपनी अनुभूतियों को प्रस्तुत करता है। होब्रुनर महोदय ने अपने शोधों के द्वारा यह स्पष्ट किया है कि इन तीनों के संप्रत्यय का विकास एक क्रम में होता है। बच्चे पर सक्रियता विधि का असर जन्म से करीब 18 महीनों तक रहता है। 1½ वर्ष या 2 साल की उम्र में दृश्य प्रतिमा विधि की प्रधानता होती है और करीब 7 साल की उम्र सांकेतिक विधि की उम्र होती है।

ब्रुनर ने केनी के साथ मिलकर एक प्रयोग कर यह दिखाया है कि बालकों में पहले दृश्य प्रतिमा विधि की प्रबलता होती है और बाद में सांकेतिक विधि की।

प्रयोगकर्त्ताओं ने 3×3 मैट्रिक्स में 9 प्लास्टिक के गिलास को सजाकर बालकों के सामने रखा। बालकों के समूह में पाँच से सात साल तक की उम्र के बालक थे। इस मैट्रिक्स की विशेषता यह थी कि खड़े किनारों पर के गिलास नीचे से ऊपर की दिशा में लम्बाई में बढ़ते थे तथा पड़े किनारों पर के गिलास बाईं ओर से दाईं ओर बढ़ने में चौड़ाई में बढ़ते थे। कुछ मिनट तक मैट्रिक्स को दिखाने के बाद सभी गिलासों को सुव्यवस्थित कर डिजाइन को हू-ब-हू दोबारा बनाना होता था। इसके बाद फिर प्रयोगकर्त्ताओं द्वारा सभी 9 गिलासों से बननेवाले मैट्रिक्स का एक नया डिजाइन बनाया गया जिसमें दाईं ओर के तीनों सबसे अधिक चौड़े गिलासों को बाईं ओर तथा बाईं ओर के तीनों सबसे कम चौड़े गिलास को दाईं ओर रखा गया और बालकों से पहले देखे गए मूल डिजाइन के समान मैट्रिक्स तैयार करने को कहा गया। इस तरह इस दूसरी बार में बालकों को एक तरह से गिलासों को पक्षान्तरित करना था। प्रयोग के परिणाम में देखा गया कि पहले कार्य की तरह अर्थात हू-ब-हु दोबारा बनाने के कार्य में अधिक बालकों (जिनकी उम्र 5 से 7 साल की थी) को सफलता मिली परन्तु, दूसरे कार्य में अर्थात् पक्षान्तरण कार्य में सफलता मिल पाई परन्तु 7 साल के अधिकतर बालकों को अच्छी सफलता मिली। ब्रुनर महोदय का कहना है कि पाँच वर्ष के बालकों में विफलता का प्रमुख कारण यह रहा कि उनमें सांकेतिक विधि से अपनी अनुभूतियों को व्यक्त करने की क्षमता नहीं विकसित हुई थी। वे मूलतः दृश्य प्रतिमा विधि का प्रयोग कर रहे थे जो कि पक्षान्तर कार्य के लिए अनुपयुक्त था परन्तु दृश्य प्रतिमा से उन्हें हू-ब-हू दोबारा मैट्रिक्स बनाने में काफी मदद मिल रही थी। संभवतः इसी वजह से उन्हें इस कार्य में कामयाबी मिली। 6 साल के कुछ ही बालकों को पक्षान्तरण कार्य में कामयाबी मिली। इसका परिणाम यह हुआ कि इस प्रकार के बालकों के अन्तर्गत अपनी अनुभूतियों को भाषा के द्वारा प्रस्तुत करने की क्षमता अत्यधिक पैदा हो गयी थी लेकिन सात वर्ष के सम्पूर्ण बालकों में चूँकि भाषा उपयोग की शक्ति ज्यादा पैदा हो गयी थी। अर्थात् सांकेतिक विधि द्वारा उनमें अपनी अनुभूतियों की अभिव्यक्ति की क्षमता हो गई थी, इसलिए उन्हें पक्षान्तरण कार्य पर पूर्ण सफलता मिल रही थी। इस उम्र के बालकों के मन में एक शाब्दिक नियम उत्पन्न हो गया था कि "सभी लम्बे गिलास एक तरह से रखे गए हैं और सभी चौड़े गिलास दूसरी तरह से रखे गए हैं।" इस ढंग का शाब्दिक नियम पाँच साल के बालकों में नहीं था तथा 6 साल के सिर्फ कुछ ही बालकों में था। अध्ययन से स्पष्ट हो जाता है कि बालकों के संवेगात्मक विकास में दृश्य प्रतिमा पहले विकसित होती है तथा सांकेतिक का प्रयोग बाद में होता है।

उपरोक्त विवरण का अध्ययन करने से पता चलता है कि ब्रुनर ने भी पियाजे के समान ही संज्ञानात्मक विकास को एक क्रमिक प्रक्रिया माना है तथा बालकों के चिन्तन में संकेत तथा प्रतिमा को महत्त्वपूर्ण माना है। ब्रुनर के सिद्धान्त की व्याख्या पियाजे के सिद्धान्त की प्रथम तीन अवस्थाओं के समानान्तर है। इसके बावजूद ब्रुनर ने संज्ञानात्मक विकास में भाषा को पियाजे की तुलना में अधिक महत्त्वपूर्ण बताया है। ब्रुनर ने बालकों के चिन्तन में भाषा को ज्यादा महत्व दिया है जबकि पियाजे के सिद्धान्त में बालकों के चिन्तन में उसकी परिपक्वता एवं अनुभूतियों को ज्यादा महत्व दिया है।

सूचना संसाधन सिद्धान्त

इस सिद्धांत को आधुनिक सिद्धांत की संज्ञा दी जा सकती है क्योंकि इसका प्रतिपादन लगभग 1970-80 के बीच हुआ। उसके बाद इसका महत्त्व दिन-प्रतिदिन बढ़ता जा रहा है। यह सिद्धांत कम्प्यूटर प्रणाली के आधार पर मानव व्यवहार व विकास की व्याख्या करता है। सूचना सिद्धान्त जीन पियाजे के सिद्धान्त की ही भाँति बालक की संज्ञानात्मक क्षमता के विकास की व्याख्या करता है, परन्तु संज्ञान के विकास में जहाँ पियाजे ने उन अवस्थाओं का महत्त्व बताया है जिनसे होकर बालक गुजरता है वहीं सूचना सिद्धान्त में संज्ञान के विकास पर बालक द्वारा परिवेश से ग्रहण की जाने वाली सूचनाओं की मात्रा, उन सूचनाओं को व्यवहार में लाने की योग्यता तथा बालक की जानकारी पर ज्यादा महत्व दिया गया है।

प्रमुख बातें—इस सिद्धान्त का मानना है कि बालक का मस्तिष्क आधुनिक कम्प्यूटर की भाँति काम करता है। कम्प्यूटर में जो सूचना डाली जाती है वह उसकी 'मेमोरी' में चली जाती है। मेमोरी कम्प्यूटर के भीतर सूचना-भण्डारण की एक प्रणाली होती है जिसमें सारी सूचनाएँ एकत्र होकर सुरक्षित पड़ी रहती हैं। जब उन सूचनाओं का उपयोग करना होता है तो उन्हें कम्प्यूटर से बाहर निकाल लिया जाता है। ठीक इसी प्रकार मनुष्य भी वातावरण से वस्तुओं और ध्वनियों के रूप में जो सूचनाएँ ग्रहण करता है वह उसके मस्तिष्क में संचित होती रहती हैं। आवश्यकता पड़ने पर व्यक्ति उन संचित सूचनाओं का प्रत्याह्वान (recall) और पहचान (recognition) करता है। इस प्रक्रिया में ध्यान या स्मरण की महती भूमिका रहती है।

सूचना सिद्धान्त के प्रवर्तकों ने यह जानने का प्रयास किया है कि भिन्न-भिन्न आयु के बालक सूचनाओं को किस प्रकार ग्रहण करते हैं और उन्हें कैसे व्यवहार में लाते हैं। मनोवैज्ञानिक अध्ययनों से यह बात प्रकाश में आयी है कि दो-तीन वर्ष के

छोटे बच्चे (pre-school children) उतनी कुशलता के साथ सूचनाओं का संचय और प्रत्याह्वान नहीं कर पाते जितनी कुशलता के साथ आठ वर्ष के बालक करते हैं। छोटे बच्चे बड़े बालकों की अपेक्षा वस्तुओं का अधिक अपूर्ण वर्णन भी करते हैं। ऐसा क्यों होता है ?

सूचना सिद्धान्त के समर्थकों का मानना है कि छोटी आयु के बच्चे वातावरण से ग्रहण की गई सूचनाओं का समुचित संचय और स्मरण इसलिए नहीं कर पाते क्योंकि वे बड़े बालकों की भाँति सोच-विचार और तर्क-वितर्क करने में सक्षम नहीं होते और उनमें अपनी मानसिक क्रियाओं का समुचित उपयोग करने की क्षमता विकसित नहीं होती है। उनके पास ज्ञान (अनुभव) भी सीमित मात्रा में होता है। दूसरे शब्दों में कहा जा सकता है कि भिन्न-भिन्न आयु के बालकों की योग्यताओं में मात्रात्मक (quantitative) अंतर पाया जाता है। जहाँ जीन पियाजे ने इस अन्तर का कारण विकासात्मक अवस्थाओं (stage) को माना है, वहीं सूचना सिद्धान्त के समर्थक इस अन्तर का कारण स्वयं सूचनाओं की जटिलता (complexity of information), बालकों में भाषात्मक कौशल (language skill) का अभाव, संचय की अयोग्यता तथा अनुभव की कमी को मानते हैं। उम्र बढ़ने के साथ ये कमियाँ दूर होने लगती हैं।

सूचना संग्रह तथा प्रोसेसिंग—वातावरण से बालक सूचनाओं को किस प्रकार ग्रहण करता है ? बच्चे कितनी मात्रा में सूचनाएँ ग्रहण कर सकते हैं? कितनी शीघ्रता से वे सूचनाओं का मानसिक स्तर पर उपयोग कर सकते हैं तथा कितनी कुशलता से वे संचित सूचनाओं का प्रत्याह्वान और स्मरण कर सकते हैं ? इन प्रश्नों पर सूचना सिद्धान्त विशेष रूप से प्रकाश डालता है।

वर्पिलाट (Vurpillot, 1968) का मानना है कि छोटे बच्चे परिवेश का अवलोकन कर वस्तुओं और ध्वनियों पर ध्यान तो देते हैं परन्तु वे परिवेश को सुव्यवस्थित ढंग से (systematically) नहीं परखते। उन्होंने एक अध्ययन में चार से आठ वर्ष के बालकों को लेकर उनको एक साथ मकानों के दो-दो चित्र दिखलाये और पूछा गया कि जोड़े (pairs) में दिखाए गए दोनों चित्र एक ही मकान के थे या भिन्न-भिन्न मकानों के थे। बालकों को दोनों मकानों की तुलना विस्तार के साथ करनी थी, अर्थात् जोड़े में दिखाए गए चित्रों को बारी-बारी देखना था तथा उनकी खिड़कियों में पाये जाने वाले अन्तरों को ढूँढ़ना था। आठ वर्ष के बालकों ने वस्तुतः ऐसा ही किया। जब उन्होंने दोनों मकानों की खिड़कियों में अन्तर पाया तो उन्होंने दोनों मकानों को भिन्न-भिन्न बताया, किन्तु पाँच वर्ष के बालकों ने ऐसा कुछ भी

नहीं किया उन्होंने एक किनारे से दूसरे किनारे तक मकानों को न तो ध्यानपूर्वक देखा और न ही दोनों ही खिड़कियों की तुलना की।

इसी प्रकार **एल्काइन्ड (Elkind)** ने भी बच्चों को कार्ड पर छपी वस्तुओं के चित्र दिखाये और पाया कि आठ वर्ष के बालकों ने दायें से बायें और ऊपर से नीचे तक सभी चित्रों को देखा और सभी का नाम बताया जबकि पाँच वर्ष के बच्चों ने कई चित्रों को छोड़ दिया और कुछ चित्रों का नाम दो-दो बार बताया।

इन प्रयोगों से पता चलता है छोटे बच्चे बड़े बच्चों की भाँति परिवेश के तत्त्वों पर व्यवस्थित ढंग से ध्यान नहीं दे पाते। छोटे बच्चों के भीतर अवधान की क्रिया में बड़े बच्चों की भाँति चयनशीलता (selectivity) भी नहीं पाई जाती। इसी वजह से वे परिवेश में विद्यमान आवश्यक या अधिक सार्थक वस्तुओं पर ध्यान केन्द्रित नहीं कर पाते और अपने ध्यान को अनावश्यक विचलन से सुरक्षित नहीं रख पाते। अर्थात् किसी एक वस्तु पर अपना ध्यान एकाग्रचित करने में वे असमर्थ होते हैं।

मुख्य बिन्दु–सूचना सिद्धांत के कुछ प्रमुख बिंदुओं को निम्न प्रकार उजागर किया गया है–

1. सूचना सिद्धान्त जीन पियाजे के संज्ञानात्मक विकास सिद्धान्त की कमियों को प्रदर्शित करता है और उनके द्वारा प्रतिपादित संज्ञानात्मक अवस्थाओं (stage) के संप्रत्यय का खंडन करता है।
2. सूचना सिद्धान्त अपेक्षाकृत नया और आधुनिक सिद्धान्त है और यह बालक के संज्ञानात्मक विकास की व्याख्या कम्प्यूटर प्रणाली के आधार पर करता है।
3. सूचना सिद्धान्त बालकों द्वारा परिवेश से ग्रहण की गई सूचनाओं के उपयोग की प्रक्रिया (Processing of information) पर अनेक कारकों की भूमिका को महत्त्वपूर्ण बतलाया है। इन कारकों में मुख्य हैं–
   - (i) सूचनाओं का अपर्याप्त संचय एवं स्मरण (Inadequate retention and recall),
   - (ii) अनुभव की कमी (Insufficient knowledge),
   - (iii) भाषात्मक कौशल का अभाव (Lack of languages skills),
   - (iv) सूचनाओं की जटिलता (Complexity of information),
   - (v) सूचनाओं पर ध्यान देने की अक्षमता (Inefficiency of paying attention),
   - (vi) ध्यान की क्रिया में चयनशीलता का अभाव (Lack of selectivity in attention)।

उपरोक्त दशायें छोटे बालकों (pre-school children) में पाई जाती हैं किन्तु उम्र बढ़ने के साथ ये कमियाँ दूर होने लगती हैं। फिर भी छोटे और बड़े बालकों में सूचनाओं की उपयोग-शक्ति में मात्रात्मक (quantitative) अंतर ही पाया जाता है।

समस्या-समाधान

समस्या समाधान एक प्रमुख संज्ञानात्मक व्यवहार है। समस्या-समाधान उस समय आवश्यक हो जाता है जब व्यक्ति किसी लक्ष्य पर पहुँचना चाहता है परंतु लक्ष्य आसानी से उपलब्ध नहीं होता है। जब लक्ष्य आसानी से उपलब्ध हो जाता है, तो कोई समस्या नहीं उत्पन्न होती और तब समस्या-समाधान का प्रश्न ही नहीं उठता है। जैसे–यदि हम कुछ लिखना चाहते हैं, परन्तु कलम या पेंसिल उपलब्ध नहीं है, तो यह व्यक्ति के लिए समस्या होगी परन्तु यदि उसके पास कलम उपलब्ध है तो कोई समस्या नहीं होगी। इसका स्पष्ट मतलब तब यह हुआ कि समस्या-समाधान एक ऐसी परिस्थिति होती है जिसमें लक्ष्य तक पहुँचने में कुछ चीजें बाधा उत्पन्न करती हैं। समस्या समाधान को मनोवैज्ञानिकों ने कुछ इस प्रकार परिभाषित किया है–

विटिंग एवं **विलियम्स** के अनुसार, "समस्या-समाधान का अर्थ होता है समस्याओं को दूर करने तथा लक्ष्यों की ओर पहुँचने के लिए चिन्तन प्रक्रियाओं का विकास करना।"

बेरॉन (Baron, 1992) के शब्दों में, "समस्या-समाधान में विविध अनुक्रियाओं को करने या उनमें से चुनने का प्रयास सम्मिलित होता है ताकि वांछित लक्ष्यों को प्राप्त किया जा सके।"

उपरोक्त परिभाषाओं के आलोक में यह कहा जा सकता है कि समस्या समाधान एक ऐसी प्रक्रिया है जिसमें व्यक्ति समस्या की वर्तमान अवस्था से लक्ष्य अवस्था की ओर जाता है। समस्या से तात्पर्य एक ऐसी अवस्था से होता है जिसमें व्यक्ति कुछ (लक्ष्य) चाहता है परंतु वह आसानी से प्राप्त नहीं होता है। किसी भी कार्य को करने में जो समस्यायें बाधा उत्पन्न करती हैं, उनके समाधान के लिए चिंतन करना पड़ता है। मैटलिग ने समस्या-समाधान के तीन महत्त्वपूर्ण अवस्थाएँ बतलाई हैं–प्रथम मौलिक अवस्था, जिसका तात्पर्य उस अवस्था से होता है जो समस्या के सामने आने पर प्रारंभ में उत्पन्न होती हैं। दूसरा लक्ष्य अवस्था, जिसका तात्पर्य उस अवस्था से होता है जो लक्ष्य पर पहुँचने अर्थात् समस्या-समाधान होने के बाद उत्पन्न होती है। तीसरा नियम, जिसका तात्पर्य उस कार्यविधि से होता है जिसे व्यक्ति समस्या की मौलिक अवस्था से लक्ष्य अवस्था तक पहुँचने में अपनाता है।

उदाहरण के तौर पर मान लिया जाय कि आपको तीन किलोमीटर की दूरी तय करके सब्जी लाने जाना है। इस उदाहरण में समस्या की मौलिक अवस्था में यह चिन्तन हो सकता है कि अभी तीन किलोमीटर उस स्थान से दूर है जहाँ हमें अभी पहुँचना है परंतु जाने का साधन भी कुछ नहीं है। लक्ष्य अवस्था में यह हो सकता है कि हमें सब्जी बाजार पहुँचना है। इस नियम में कई तरह की कार्य विधियाँ हो सकती हैं—जैसे पैदल चलकर आना, दूसरे की गाड़ी में लिफ्ट लेकर आना आदि। अतः स्पष्ट है कि जब समस्याएँ आती हैं तो व्यक्ति चिन्तन करता है।

समस्याएँ दोनों तरह की होती हैं—आसान भी और जटिल भी। जो समस्याएँ आसान होती हैं उनका समाधान आसानी से हो जाता है, परंतु कुछ समस्याएँ जटिल होती हैं जिनका समाधान करने में कठिनाई होती है। फलतः इनके समाधान के लिए व्यक्ति को कुछ विशेष तरह के उपाय ढूँढ़ना पड़ते हैं।

समस्या समाधान की विधियाँ—समस्या-समाधान की विभिन्न विधियों को वृहद् रूप में निम्न प्रकार स्पष्ट किया गया है—

(1) यादृच्छिक अन्वेषण विधि—इस विधि में व्यक्ति समस्या के समाधान के लिए प्रयत्न एवं त्रुटि उपायों का सहारा लेता है। दूसरे शब्दों में, समस्या के समाधान के लिये वह एक तरह का यादृच्छिक अन्वेषण करता है जो दो प्रकार का होता है—अक्रमबद्ध यादृच्छिक अन्वेषण तथा क्रमबद्ध यादृच्छिक अन्वेषण। अक्रमबद्ध यादृच्छिक अन्वेषण में व्यक्ति समस्या के समाधान के लिए सभी तरह की संभावित अनुक्रियाओं को करता है परंतु ऐसा करने में वह कोई निश्चित क्रम को नहीं अपनाता है और ना ही पहले किये गए प्रयासों का कोई अभिलेख ही रखता है। क्रमबद्ध यादृच्छिक अन्वेषण में व्यक्ति समस्या के समाधान के लिए संभावित अनुक्रियाओं को एक क्रम में करता है तथा पहले से की गयीं अनुक्रियाओं का एक रिकार्ड भी रखता है ताकि वह पहले की गलत अनुक्रियाओं को पुनः न दोहरा सके। क्रमबद्ध यादृच्छिक अन्वेषण द्वारा समस्या के समाधान में तुलनात्मक रूप से समय अधिक लगता है परंतु यह विधि अक्रमबद्ध यादृच्छिक अन्वेषण से अधिक प्रभावी है। जैसे, मान लिया जाय कि व्यक्ति को NSO वर्णविपयर्य देकर उसके क्रम को ठीक करके सार्थक शब्द बनाने के लिये कहा जाय, तो क्रमबद्ध अन्वेषण विधि के अनुसार वह 'SNO', फिर 'ONS' और अन्त में 'SON' बना पा लेगा और इस तरह से समस्या का समाधान कर लेगा। इससे इस बात का अंदाज लग ही जाता है कि यदि कोई लम्बा वर्णविपयर्य जैसे सात या उससे भी अधिक अक्षरों का हो, तो क्रमबद्ध यादृच्छिक अन्वेषण द्वारा उसका समाधान करने में काफी समय लगेगा।

यादृच्छिक अन्वेषण विधि का तात्पर्य यह है कि इसमें छोटे अक्षर जिसकी संख्या कम होती है उन्हें आसानी से जो शब्द अक्सर 7 या 8 शब्दों वाला होता है उसमें अधिक समय लगता है।

(2) स्वतः शोध अन्वेषण विधि– इस विधि का प्रयोग करते समय व्यक्ति उन्हीं विकल्पों को ढूँढ़ता है जिन्हें प्राप्त करना आसान हो। **रिटमैन** के अनुसार ऐसी अन्वेषण विधि एक लघु नियम के समान होती है जिससे किसी समस्या का समाधान जल्द हो जाता है। एलगोरिद्म की तुलना में इसमें कम समय लगता है, परंतु जहाँ एल्गोरिद्म में समस्या-समाधान की गारंटी होती है, वहाँ स्वतः शोध विधि में समाधान की गारंटी तो नहीं होती है परंतु समाधान निकल आने की संभावना अधिक बनी होती है। इसे एक उदाहरण द्वारा इस प्रकार समझाया जा सकता है। उदाहरण के तौर पर व्यक्ति को पाँच अक्षरों का एक वर्णविपयर्य के अक्षरों को ठीक करके शब्द बनाने के लिये कहा जाता है। थोड़े देर के लिये मान लिया जाय कि वह वर्णविपयर्य 'LEPAP' है। यदि इसे एल्गोरिद्म से समाधान किया जाय तो काफी समय लगेगा क्योंकि इसमें अक्षरों के प्रत्येक संयोग को एक-एक करके सार्थक शब्द ढूँढ़ने का प्रयास किया जायेगा। अतः व्यक्ति किसी लघु या सरल उपाय को अपनायेगा। इसमें वह उन अक्षर संयोगों पर पहले ध्यान देगा जो अंग्रेजी भाषा में अधिक प्रयोग किये जाते हैं और तब अन्य अक्षर संयोगों पर इस तरह से वह कोशिश करके उसका समाधान अपेक्षाकृत जल्द ढूँढ़ लेगा–(APPLE) यह स्वतः शोध अन्वेषण का उदाहरण होगा।

स्वतः शोध अन्वेषण विधि तीन रूपों में प्रयोग की जाती है—साधन-साध्य विश्लेषण, पश्चगामी अन्वेषण और योजना विधि। इन तीनों प्रविधियों के बारे में वृहद् जानकारी निम्न प्रकार दी गई है–

(1) साधन-साध्य विश्लेषण–साधन-साध्य विश्लेषण एक लोकप्रिय की विधि में व्यक्ति समस्या को कई छोटी-छोटी उपसमस्याओं में बाँट देता है। इनमें से प्रत्येक उपसमस्या का समाधान करके समस्या की मौलिक अवस्था तथा लक्ष्य अवस्था के बीच के अंतर को कम कर दिया जाता है अर्थात् समस्या एवं समाधान की दूरी को कम कर दिया जाता है। इस विधि की उपयोगिता कई क्षेत्रों जैसे शतरंज की समस्या का समाधान में, गणितीय समस्याओं के समाधान में एवं कम्प्यूटर द्वारा किसी समस्या का समाधान करने के लिए कार्यक्रम तैयार करने में सिद्ध हो चुकी है। नीवेल एवं साईमन द्वारा साधन-साध्य विश्लेषण का उपयोग कम्प्यूटर अनुकरण उपागम में किया गया है।

(2) पश्चगामी अन्वेषण–यह एक ऐसा स्वतः शोध अन्वेषण है जिसमें समस्या समाधान करने के विचार से व्यक्ति लक्ष्य अवस्था से अपना प्रयास प्रारंभ करता है और पश्चगामी दिशा में कार्य करते हुए प्रारंभिक मौलिक अवस्था तक आता है। इस तरह का अन्वेषण दो परिस्थितियों में अधिक लाभप्रद सिद्ध हुआ है–जब समस्या का स्वरूप कुछ ऐसा होता है जहाँ उसका लक्ष्य अवस्था में मौलिक अवस्था की तुलना में अधिक सूचनाएँ सम्मिलित होती हैं। जब समस्या का स्वरूप कुछ ऐसा होता है उसके समाधान के लिए प्रयास अग्रगामी तथा पश्चगामी दोनों ही दिशा में संभव है।

पश्चगामी अन्वेषण शैक्षिक समस्याओं एवं मनोरंजन समस्याओं के समाधानों में अक्सर किया जाता है। जैसे, मान लिया जाय कि कोई व्यक्ति मानव भूलभुलैया में सही पथ की खोज कर रहा है। ऐसी परिस्थिति में वह लक्ष्य बिन्दु से सही पथ की ओर आगे बढ़ते हुए कुछ दूर तक आने पर वहाँ उसे छोड़कर वह फिर प्रारंभ बिन्दु से सही पथ की ओर आगे बढ़ते हुए उस बिन्दु पर आकर रुक सकता है जहाँ वह लक्ष्य बिन्दु से आगे चलते हुए आकर रुका था। इस तरह से वह भूलभुलैया में सही पथ की खोज निकाल सकने में समर्थ हो पायेगा। यह पश्चगामी अन्वेषण का उदाहरण होगा।

(3) योजना विधि–इस विधि द्वारा व्यक्ति समस्या-समाधान को मुख्य रूप से दो भागों में बाँट दिया जाता है–साधारण पहलू तथा जटिल पहलू। पहले व्यक्ति साधारण पहलू का समाधान करता है तथा जटिल पहलू को छोड़ देता है। उसके बाद वह जटिल पहलू की ओर अग्रसर होता है और फिर उसका समाधान करता है। योजना विधि का एक सामान्य सादृश्यता है। सादृश्यता में पहले प्रकार समस्या के समाधान को ही वर्तमान समस्या के समाधान में एक सहयोग के रूप में उपयोग किया जाता है। उदाहरण के लिए माना कि एक शिशु ने अंग्रेजी के शब्द 'समर्थ' का उच्चारण करना सीखा है। यदि वह बाद में 'असमर्थ' शब्द को कहीं देखता है तो उसे भी वह 'समर्थ' ही कहता है। स्पष्टतः यहाँ शिशु दूसरी समस्या के समाधान में सादृश्यता का उपयोग कर रहा है जो एक तरह की योजना विधि है। कई मनोवैज्ञानिकों ने सादृश्यता की उपयोगिता का प्रयोगात्मक अध्ययन किया है और कहा है कि सादृश्यता की योजना कुछ विशेष अवस्था में ही सफल हो पाती है। रीड, महोदय ने अपने प्रयोग द्वारा यह स्पष्ट किया है कि सादृश्यता के माध्यम से किसी समस्या का समाधान करने हेतु कुछ प्रमुख शर्तों को समझना आवश्यक होता है। ये शर्तें निम्न प्रकार वर्णित हैं–

1. व्यक्ति को यह याद हो कि उसने पहले की समस्या का समाधान किस तरह किया था।
2. व्यक्ति को यह महसूस हो कि वर्तमान समस्या पहले की समस्या की सादृश है।
3. सादृश्यता में सम्मिलित सूचना की पुनः प्राप्ति करने, अनुवादित करने तथा उनका उपयोग करने में लगा समय उस समय से कम हो जो उसी तरह की सूचना को प्रारंभ से खोज करने में लगा हो।
4. व्यक्ति पहली समस्या के समाधान के कदमों को वर्तमान समस्या के समाधान में उपयोग करने की समझ रखता हो।

स्पष्ट है कि समस्या के हल की विभिन्न विधियाँ हैं जिन्हें प्रयोग में लाकर व्यक्ति समस्याओं को हल करता है तथा समस्या की मौलिक अवस्था तथा लक्ष्य अवस्था के बीच की दूरी को घटाता है।

निर्धारक कारक—मनोवैज्ञानिकों ने इस सिद्धांत से संबंधित जो विश्लेषण प्रस्तुत किए हैं उनसे पता चलता है कि ऐसे विभिन्न तत्त्व हैं जो समस्या-समाधान को प्रभावित करते हैं। ऐसे कुछ प्रमुख तत्वों या कारकों पर निम्न प्रकार प्रकाश डाला गया है—

(1) प्रशिक्षण—समस्या के समाधान में प्रशिक्षण का भी असर पड़ता है। समस्या-समाधान की उपयुक्त प्रविधियों में प्रशिक्षण देकर समस्या-समाधान को आसान बनाया जा सकता है। इस सिलसिले में एक मशहूर अध्ययन डी ल्यू का है। इन्होंने स्कूली बच्चों के दो समूह लिये—एक समूह को एल्गोरिद्म विधि से समस्या-समाधान करने की प्रशिक्षण दी गयी जिसमें उन्हें समस्या के बारे में कुछ महत्त्वपूर्ण निर्णय पर पहुँचना सिखलाया गया। दूसरे समूह को स्वतः शोध अन्वेषण द्वारा प्रशिक्षण दिया गया जिसमें छात्रों ने स्वयं ही दी गयी समस्याओं के बारे निर्णय लिया। प्रशिक्षण समाप्त होने के बाद दोनों समूहों को विशेष तरह की समस्या का समाधान करने के लिये दिया गया। परिणाम में पाया गया कि एल्गोरिद्म विधि द्वारा प्रशिक्षित समूह का निष्पादन स्वतः शोध अन्वेषण द्वारा प्रशिक्षित समूह के निष्पादन से उत्तम था। परंतु कुछ दिनों के बाद स्वतः शोध अन्वेषण वाले समूह का निष्पादन पहले तरह के समूह से अधिक श्रेष्ठ हो गया। इसका मतलब यह हुआ कि समय बीतने के साथ स्वतः शोध अन्वेषण विधि का प्रशिक्षण समस्या-समाधान में अधिक गुणकारी होता है।

(2) मानसिक वृत्ति—इस कारक का समस्या-समाधान पर बहुत ज्यादा प्रभाव पड़ता है। समस्या-समाधान में कार्यात्मक अटलता जहाँ वस्तु की एक खास विशेषता से संबंधित होता है, वहाँ मानसिक वृत्ति व्यक्ति की एक खास विशेषता से संबंधित होती है। जब व्यक्ति किसी समस्या का समाधान करता है, तो उसमें एक खास तरह की मानसिक वृत्ति उत्पन्न हो जाती है, जो समस्या-समाधनकर्त्ता को किसी दूसरी समस्या के समाधान में भी वही तरीका अपनाने की प्रेरणा देता है हालाँकि इस समस्या के समाधान का नया तरीका पहले से अधिक सुलभ एवं सरल रहता है। इस तरह की मानसिक वृत्ति से समस्या के समाधान में बाधा पहुँचती है। इसका प्रयोगात्मक समाधान लुचिन्स के द्वारा पानी-घड़ा समस्या पर किये गये प्रयोग से होता है। इस प्रयोग से यह ज्ञात हुआ है कि जब बौद्धिक या मानसिक वृत्ति प्रयुक्त नहीं होती तो इससे समस्या-समाधान में रुकावट होती है। परंतु जब मानसिक वृत्ति वर्तमान समस्या के समाधान के लिए उपयुक्त होती है तो उससे समस्या के समाधान में बाधा पहुँचती है।

(3) उद्भवन—समस्या-समाधान पर इस तत्व का भी व्यापक प्रभाव पड़ता है। जब व्यक्ति किसी समस्या का समाधान करते समय कुछ बिन्दु पर अपने आप को असमर्थ पाता है, तो वह थोड़े समय के लिए उस बिन्दु पर ध्यान हटाकर आराम करने लगता है। यही अवस्था उद्भवन कहलाती है। वास्तविकता यह है कि व्यक्ति जब आराम की अवस्था में होता है जहाँ वह चेतन रूप से भले ही समस्या-समाधान से अपना ध्यान हटा लेता है, परंतु अचेतन रूप से वह समस्या के समाधान के बारे में सोचता रहता है। परिणामतः उसे समस्या-समाधान करने में विशेष मदद मिलती है। फलतः उद्भवन का समस्या-समाधान पर अनुकूल प्रभाव पड़ता है।

(4) कार्यात्मक अटलता—कार्यात्मक अटलता से समस्या समाधान में बाधा होती है। कार्यात्मक अटलता से तात्पर्य किसी वस्तु की एक विशेष उपयोगिता या कार्य के बारे में एक अटल विचार या चिन्तन से होता है जिसके कारण व्यक्ति उस वस्तु का उपयोग दूसरे ढंग से समस्या-समाधान में नहीं कर पाता है। इसका मतलब यह हुआ कि कार्यात्मक अटलता में वस्तु का कोई विशेष उपयोग या कार्य एक अटल प्रारूप धारण कर लेता है जिसके कारण व्यक्ति उस वस्तु का उपयोग हमेशा उसी ढंग से करता है। यदि समस्या का स्वरूप ऐसा होता है कि वहाँ उस वस्तु को नये ढंग से कार्यरूप देना है तो उसे उसमें सफलता नहीं मिल पाती है। स्पष्टतः कार्यात्मक अटलता से यह पता चलता है कि व्यक्ति की गत अनुभूति किस तरह से किसी समस्या के समाधान में बाधक होती है। समस्या-समाधान में कार्यात्मक अटलता के

इस महत्त्व को डंकर ने अपने प्रयोग में स्पष्टतः दिखलाया है। इनके प्रयोग में दो समूह लिये गए—प्रयोगात्मक समूह तथा नियंत्रित समूह। प्रयोगात्मक समूह को तीन छोटे-छोटे कार्ड बोर्ड बॉक्स दिये गए जिसमें एक में दियासलाई की तीली, दूसरे में मोमबत्ती तथा तीसरे में कील रखे गये थे। नियंत्रित समूह को भी तीन वैसे ही कार्ड ही दिये गये थे परंतु उनमें कुछ रखा नहीं गया था। इसके अलावा उन्हें भी माचिस अथवा दियासलाई की तीली, मोमबत्ती तथा कुछ कील दिये गये परन्तु वे किसी बॉक्स में नहीं रखे हुए थे। दोनों समूह के सामने एक ही समस्या थी—मोमबत्ती को दीवाल पर इस तरह रखना था कि वह सीधे खड़ी अवस्था में जलती रहे। इसका समाधान यह था कि मोमबत्ती को जला लिया जाय, किसी एक कार्डवार्ड बॉक्स पर थोड़ा पिघलते मोम को गिरा दें, इस पर जलती हुए मोमबत्ती को खड़ी स्थिति में रोक लिया जाए तथा इस बॉक्स को दो तीली पर रखकर उन तीलियों को दीवाल में अटका दें या ठीक किया जाए। निष्कर्ष के तौर पर देखा गया कि प्रयोगात्मक समूह को इस समस्या का समाधान करने में नियंत्रित समूह की अपेक्षा अधिक कठिनाई हुई। डंकर के अनुसार ऐसा इसलिए हुआ क्योंकि विभिन्न वस्तुओं को कार्ड बोर्ड बॉक्सों में रखकर दिये जाने से प्रयोगात्मक समूह के प्रयोज्यों के मन में बॉक्सों को एक डब्बा के रूप में होने की स्थिरता या अटलता विकसित हो गयी। इससे यह परिणाम प्राप्त हुआ कि प्रयोगकर्ताओं ने बॉक्सों को दूसरे रूप में व्यवहृत करने जैसे मोमबत्ती को खड़ा करने में उसे एक समर्थन के रूप में उपयोग करने में और फिर दिवाल में कील ठीक कर उस पर रखने की बात सोच ही नहीं पाते थे। नियंत्रित समूह के प्रयोज्यों में ऐसी बात या ऐसी कार्यात्मक अटलता नहीं थी इसलिए उन्हें समस्या का समाधान करने में आसानी हुई। ठीक इसी ढंग का एक अन्य प्रयोग ऐडमसन द्वारा किया गया। उन्होंने भी डंकर की तरह ही परिणाम प्रस्तुत किए।

(5) समस्या का स्वरूप—समस्याएँ प्रमुख रूप से दो प्रकार की हो सकती हैं—स्पष्ट समस्याएँ तथा अस्पष्ट समस्याएँ। समस्या के इस स्वरूप का भी प्रभाव समस्या-समाधान पर पड़ता है। रिटमैन के अनुसार स्पष्ट समस्या की कई विशेषताएँ होती हैं जो इन्हें अस्पष्ट समस्या से भिन्न करती हैं। स्पष्ट समस्या वैसी समस्या को कहा जाता है जिसमें व्यक्ति क्रमबद्ध ढंग से यह निश्चित कर पाता है कि इसका समाधान सही है; ऐसी समस्या के प्राप्त समाधान के बारे में लोगों में सहमति होती है तथा ऐसी समस्या की मौलिक अवस्था, लक्ष्य अवस्था तथा मौलिक अवस्था को लक्ष्य अवस्था में बदलने वाले नियम सभी बिल्कुल ही स्पष्ट होते हैं। अस्पष्ट समस्या में इन विशेषताओं के विपरीत गुण या विशेषता पायी जाती है। मनोवैज्ञानिकों द्वारा

किये गए अध्ययनों से स्पष्ट हुआ है कि अस्पष्ट समस्या का समाधान स्पष्ट समस्या के समाधान की तुलना में कठिन होता है, लेकिन इसका मतलब यह नहीं है कि अस्पष्ट समस्या का समाधान व्यक्ति कर ही नहीं पाता है। सच्चाई यह है कि कुछ विशेष उपायों को अपनाकर मौलिक अवस्था को लक्ष्य अवस्था में बदलने वाले नियमों को संरचित कर बहुत हद तक उनका समाधान किया जा सकता है।

(6) विक्षिप्तीकरण—यह विशिष्ट तौर पर समस्या समाधान को प्रभावित करता है। विक्षिप्तीकरण का अर्थ एक ऐसी क्रिया से है जिसके तहत व्यक्ति को एक साथ समस्या के सभी संभावित संसाधनों के बारे में बतलाना होता है। इस तरह से एक सीमित समय के भीतर प्रयोज्य को समस्या बतलाने के लिये कहा जाता है। इस तरह के विक्षिप्तीकरण का फायदा यह होता है कि व्यक्ति द्वारा बतलाये गये विभिन्न समाधानों में कुछ उत्तम समाधान निकल आते हैं और इस तरह से समस्या का समाधान हो जाता है। मनोवैज्ञानिकों का मत है कि विक्षिप्तीकरण की प्रक्रिया दो ढंग से कार्य करती है—पहला, इसमें व्यक्ति द्वारा समस्या-समाधान के लिये किये गये विशेष व्यवहार या क्रिया के संभावित परिणाम की पहचान हो पाती है तथा दूसरा, इसमें कुछ वैसे चरण भी प्रकाश में आते हैं जिनका अनुसरण करके समाधान या लक्ष्य की प्राप्ति की जा सकती है। थाम्पसन ने अपने अध्ययन में पाया है कि विक्षिप्तीकरण उत्पन्न होने पर करीब 40% प्रयोज्यों ने पहले से अधिक समस्या का समाधान कर पाये।

(7) अवधान विस्तार—समस्या-समाधान को प्रभावित करने में अवधान विस्तार का बड़ा हाथ है। यदि व्यक्ति एक साथ समस्या के कई पहलुओं पर अवधान देने में समर्थ हो पाता है तो इससे वह समस्या के महत्त्वपूर्ण एवं महत्त्वहीन पहलुओं के बीच अन्तर करने में सफल हो जाता है। ऐसी परिस्थिति में वह समस्या के अधिक पहलुओं पर अवधान नहीं दे पाता है, फलस्वरूप ऐसा अंतर करने में वह असमर्थ होता है जिसके कारण समस्या-समाधान में अधिक सफलता नहीं मिल पाती है। ऐसे तो प्रत्येक व्यक्ति का अवधान विस्तार सीमित होता है परंतु व्यक्ति अपने विशेष प्रयास के द्वारा अवधान विस्तार को कुछ हद तक बढ़ा सकता है और ऐसी स्थिति में उसे समस्या-समाधान में कुछ और अधिक सफलता प्राप्त हो सकती है।

(8) दुश्चिंता—कतिपय समस्याएँ इस प्रकार की भी होती हैं जिनका लक्ष्य क्रम व्यक्ति में चिन्ता पैदा कर देता है। व्यक्ति में जब अत्यधिक चिन्ता व्याप्त हो जाती है तो इसका असर समस्या-समाधान पर बुरा पड़ता है और व्यक्ति समस्या-समाधान ठीक ढंग से नहीं कर पाता है। मनोवैज्ञानिकों द्वारा किये गए अध्ययनों से यह स्पष्ट

हुआ है कि किसी भी समस्या के लिए व्यक्ति में साधारण स्तर की चिन्ता आवश्यक है। इससे सचमुच में समस्या-समाधान में एक तरह की मदद मिलती है क्योंकि इससे समस्या-समाधान की प्रेरणा प्रबल होती है, पंरतु यदि इसका स्तर बहुत ज्यादा होने पर समस्या-समाधान में बाधा होने लगती है क्योंकि ऐसी स्थिति में व्यक्ति में संज्ञानात्मक भंगता उत्पन्न होने लगती है।

उपरोक्त बिंदुओं के अध्ययन से पता चलता है कि समस्या-समाधान पर विभिन्न तत्त्वों का प्रभाव पड़ता है। इन तत्त्वों के सन्दर्भ में जान लेने से समस्या समाधान कार्य के स्वरूप को समझने में काफी मदद मिलती है।

समस्या समाधान के चरण—समस्या समाधान में विभिन्न प्रकार के चरण अपनाए जाते हैं। कुछ प्रमुख चरणों को निम्न प्रकार स्पष्ट किया गया है—

(1) समस्या के स्वरूप को समझना—समस्या-समाधान की यह एक प्रमुख अवस्था है। इस अवस्था में सबसे पहले समस्या के स्वरूप को समझा जाता है। यहाँ व्यक्ति यह समझने की कोशिश करता है कि समस्या स्पष्ट है या अस्पष्ट है, उसके समाधान के लिए किन चीजों एवं किन-किन व्यक्तियों की जरूरत पड़ सकती है, आदि। कहने का तात्पर्य यह है कि इस अवस्था में व्यक्ति समस्या के विभिन्न पहलुओं की पहचान करता है तथा उसके स्वरूप को समझने की कोशिश करता है ताकि वह उसके समाधान से संभावित तरीकों को अपना सके।

(2) समाधान के विषय में चिन्तन—समस्या-समाधान की यह दूसरी अवस्था होती है जिसमें समस्या समाधानकर्त्ता समस्या के स्वरूप को निश्चित कर लेने के बाद उसके संभावित समाधान के बारे में सोचता है। इसके लिए वह अपने गत अनुभूतियों का भी सहारा लेता है तथा वर्तमान समय में उपलब्ध स्रोतों को टटोलता है। इस तरह से वह किसी समस्या के समाधान के बारे में कई तरह के उपायों के बारे में सोच लेता है। वह प्रत्येक ऐसे समाधान की एक सूची तैयार कर लेता है। संभव है कि किसी समस्या के समाधान के दोनों तरीके या उससे भी अधिक तरीके सामने उपलब्ध हों।

(3) सर्वोत्तम समस्या-समाधान उपाय का निर्णयन—समस्या-समाधान की इस अवस्था में समस्या समाधान-कर्त्ता दूसरी अवस्था में तय किये गए विभिन्न उपायों में से सबसे उत्तम एवं वैज्ञानिक उपाय का चयन करता है। दूसरे शब्दों में वह यह निश्चित करता है कि इन विभिन्न उपायों में से किस उपाय से सबसे कम समय में तथा बिना किसी तरह की त्रुटि किये ही समस्या का समाधान कर पायेगा। इसके लिये वह दूसरी अवस्था में चयनित प्रत्येक उपाय की उपयोगिता की तुलनात्मक

अध्ययन करने के बाद निष्कर्ष पर पहुँचता है कि अमुक उपाय ही समस्या-समाधान का सबसे प्रमुख एवं उपयुक्त उपाय है।

(4) उपयुक्त उपाय को कार्यान्वित करना—इस अवस्था में चयनित उपाय को व्यक्ति कार्य रूप देता है। दूसरे शब्दों में वह उससे समस्या का समाधान करता है। अगले चयनित उपाय के बहुत सारे कदम नहीं हैं, तथा यदि उपाय सरल है तो समस्या का समाधान आसानी से हो जाता है। परंतु अगर चयनित उपाय जटिल है और उसमें बहुत सारे कदम सम्मिलित हैं तो समस्या का समाधान थोड़ा कठिन हो जाता है। कभी-कभी यह भी देखा गया है कि सावधानीपूर्वक चयनित उपाय को जब कार्यरूप दिया जाता है तो भी समस्या का समाधान नहीं हो पाता है और समस्या समाधान में त्रुटियाँ होती रहती हैं। इसका कारण यह है कि संबंधित उपाय या चयन करने में ही कुछ त्रुटि या गलती हो जाती है।

(5) कार्यान्वित समाधान का मूल्यांकन करना—समस्या-समाधान की यह पाँचवीं और अन्तिम अवस्था है। इस अवस्था के अन्तर्गत व्यक्ति समस्या-समाधान के नतीजों का मापन करता है। इस अवस्था में व्यक्ति समाधान में सम्मिलित कदमों के गुण-दोष को परख करता है तथा इन चरणों या कदमों के महत्त्वपूर्ण तथ्यों या बातों को पुनः प्राप्ति संकेतों के रूप में स्मृति में संचित करके रखता है कि उसका उपयोग वह अन्य समान समस्याओं के समाधान में भविष्य में कर सके।

निष्कर्षतः समस्या-समाधान में कई कदम या चरण होते हैं। इन कदमों या चरणों की जरूरतों को यदि ठीक ढंग से व्यक्ति उपयोग करता है तो समस्या का समाधान करने में सफलता मिलना अवश्यम्भावी हो जाता है।

समस्या-समाधान क्षमता में यौन विषमताएँ—20वीं सदी के चौथे व पाँचवें दशक में किए गए मनोवैज्ञानिक विश्लेषणों से पता चलता है कि समस्या-समाधान व्यवहार में यौन अंतर होता है। मैकोवाई एवं जेकलिन द्वारा इस अवधि में किये गए अध्ययनों की समीक्षा से यह स्पष्ट हुआ है कि कुछ समस्याओं जैसे पानी घड़ा समस्या तथा द्वय-रस्सी समस्या के समाधान में पुरुष महिलाओं से श्रेष्ठ निष्पादन दिखाते हैं। इससे यह संकेत मिलता है कि अशाब्दिक समस्याओं के समाधान में महिलाएँ पुरुषों से ज्यादा सफल हैं। फिर बाद में मैकाबाई एवं जैकलिन ने 1960 एवं 1970 वाले दशकों में किये गए 10 ऐसे प्रमुख अध्ययनों की समीक्षा की जिसमें समस्या के रूप में वर्णविपयर्य का उपयोग किया गया और इनका प्रयोज्यों ने एक निर्धारित समय के भीतर समाधान किया था। इस प्रकार पता चलता है कि इस समस्या का

स्वरूप अशाब्दिक न होकर शाब्दिक था। इन दस अध्ययनों में से छह अध्ययनों के परिणाम में कोई यौन अंतर नहीं पाया गया और चार अध्ययनों में महिलाओं का निष्पादन पुरुषों से अच्छा पाया गया। स्पष्टतः जब समस्या का स्वरूप शाब्दिक होता है, तो महिलाओं का निष्पादन उत्तम होता है। बाद में केसलर, डेन्नी एवं हाईली ने एक अध्ययन किया जिसमें बुजुर्गों को तीन तरह की समस्याओं का समाधान करने के लिये दिया गया—लिखित समस्याएँ, बीस-प्रशंसनीय कार्य तथा एक समस्या जिसमें एक प्रभावी स्वतःशोध योजना विकसित हो सके। इस अध्ययन के निष्कर्षस्वरूप महिलाएँ पुरुषों की अपेक्षा ज्यादा कुशल साबित हुईं। बाद में प्रयोगकर्ताओं ने इन्हीं प्रयोज्यों में से शिक्षा, पेशा एवं अशाब्दिक बुद्धि के आधार पर एक नया उन्नत प्रतिदर्श तैयार किया और इस बार पाया गया कि उक्त तीनों समस्याओं पर समस्या-समाधान क्षमता में महिला एवं पुरुष में कोई अंतर नहीं था।

विभिन्न मनोविशेषज्ञों ने विशिष्ट रूप की समस्या-समाधान क्षमता जिसे रचनात्मक की संज्ञा प्रदान किया जाता है में भी यौन अन्तरों पर असर डालने वाले प्रभावों का भी विश्लेषण किया है। मैकोवी तथा जैकलिन ने सर्जनात्मकता के क्षेत्र में किये गए अध्ययनों को दो प्रमुख श्रेणियों में बाँटा है—सर्जनात्मकता के शाब्दिक मापन वाले अध्ययन तथा सर्जनात्मकता के अशाब्दिक मापन वाले अध्ययन। इन अध्ययनों की समीक्षा से यह पता चला है कि प्राक्-स्कूल अवस्था या आरंभिक स्कूल अवस्था में शाब्दिक सर्जनात्मकता के क्षेत्र में कोई यौन अंतर नहीं पाया गया, परंतु सात साल की अवस्था के बाद लड़कियाँ लड़कों से अधिक सर्जनात्मकता उत्तर दिखाते पायी गयीं। किसी भी उम्र पर सर्जनात्मकता के अशाब्दिक मापनों पर कोई यौन अंतर नहीं पाया गया। सात अध्ययनों में कोई यौन अंतर नहीं पाया गया; आठ अध्ययनों में लड़कियाँ लड़कों से श्रेष्ठ पायी गईं तथा आठ अध्ययनों में लड़के लड़कियों से श्रेष्ठ पाये गए। अलपाघ एवं बिरेन ने वयस्कों के सर्जनात्मकता में यौन अंतरों का अध्ययन किया। इस अध्ययन में प्रयोज्यों को सात सर्जनात्मकता परीक्षण दिये गए जिनमें से छह सर्जनात्मकता परीक्षणों में पुरुष तथा महिलाओं का निष्पादन समान रहा परंतु उस सर्जनात्मकता परीक्षण में जिसमें आरेखीय या आकृतिक क्षमता का मापन होता है, पुरुष महिला से श्रेष्ठ पाये गए।

इस प्रकार पता चलता है कि रचनात्मकता में यौन भिन्नता कम होती है परंतु थोड़ा सबूत इस बात का अवश्य मिलता है कि शाब्दिक सर्जनात्मकता में महिलाएँ पुरुष से उत्तम होती हैं परंतु आकृतिक सर्जनात्मकता की स्थिति में पुरुष का निष्पादन महिलाओं से श्रेष्ठ होता है।

संज्ञानात्मक शैली में वैयक्तिक विभिन्नता

संज्ञानात्मक भाषा अथवा शैली का अर्थ उस निरन्तर वैयक्तिक विषमता से लगाया जाता है, जिसके द्वारा व्यक्ति प्रतिवेदनों का एकीकरण करते हैं। यहाँ इस तथ्य को विशेष रूप से उजागर करना आवश्यक है कि संज्ञानात्मक शैली संज्ञान या कौशल के स्तर पर बल नहीं डालता है बल्कि यह उन मनोवृत्ति, पसंद तथा विभिन्न तरह के उपायों की ओर इशारा करता है जिसे व्यक्ति अपने चिंतन में उपयोग करता है। संज्ञानात्मक शैली के विभिन्न प्रकारों का वर्णन मनोवैज्ञानिकों द्वारा किया गया है। जैसे, मेस्सिक ने 19 विभिन्न प्रकार के संज्ञानात्मक शैलियों का वर्णन किया है; कोगन ने चार तरह के संज्ञानात्मक शैलियों का वर्णन किया है। उसी तरह से स्मिथ ने कानून के छात्रों एवं प्रोफेसरों में कई तरह के संज्ञानात्मक शैलियों को होते पाया है। यहाँ दो शैलियों पर प्रकाश डाला गया है जो निम्नलिखित हैं–

(1) विमर्श-आवेगशीलता शैली–यह एक महत्वपूर्ण संज्ञानात्मक शैली है जिसका अर्थ समस्या-समाधान में किस गति एवं वास्तविकता से व्यक्ति कई वैकल्पिक संकल्पनाओं को अपनाता है, मेस्सिक ने इसे संप्रत्यात्मक शैली कहा है। विमर्शी व्यक्ति वैसा व्यक्ति होता है जो विभिन्न वैकल्पिक परिकल्पनाओं पर सावधानीपूर्वक विचार-विमर्श करता है। सामान्यतः वह अनुक्रिया करने में अधिक समय लेता है तथा आवेगशील व्यक्ति की तुलना में अधिक सोच-समझकर अनुक्रिया करने वाला होता है। जो व्यक्ति अविलम्ब बिना कुछ सोचे-समझे अनुक्रिया कर लेता है वह आवेगशील होता है। फलस्वरूप, उससे त्रुटियाँ भी अधिक होती हैं। मेस्सर का मत है कि विमर्श-आवेगशीलता शैली को अनुक्रिया करने में लगे समय एवं त्रुटि दोनों के आधार पर मापा जाता है। मेस्सर के अध्ययन के अनुसार छोटे-छोटे बच्चे अधिक आवेगशील हुआ करते हैं। जैसे-जैसे उनकी आयु बढ़ते जाती है, वे अधिक विमर्शी होते जाते हैं। इस प्रकार के व्यक्ति को अनुक्रिया करने हेतु अधिक समय की जरूरत होती है साथ ही ये यथार्थता पर अधिक जोर देते हैं।

भिन्न-भिन्न संज्ञानात्मक कार्यों पर विमर्शी एवं आवेगशील व्यक्ति का निष्पादन अलग-अलग होता है उदाहरण के लिए विमर्शी व्यक्ति सादृश्यता से संबंधित प्रश्नों का उत्तर अधिक सही ढंग से करते हैं परंतु आवेगशील व्यक्ति ऐसे प्रश्नों का चिर-परिचित एवं गलत साहचर्य बनाकर देते हैं। एकेनबैक के अनुसार बीस-प्रश्नीय परीक्षण पर विमर्शी बच्चे आवेगशील बच्चों की तुलना में अधिक समस्या-समाधान वाले उपायों को अपनाते हैं। कोगन के अध्ययन के आधार पर आवेगशील बालक विद्यालय में अत्यधिक सफल नहीं होते हैं।

(2) क्षेत्र निर्भरता-स्वतंत्रता शैली—इस शैली के संदर्भ में विटकिन, मूरे, गुडएनफ तथा कौक्स द्वारा किए गए अध्ययन काफी उल्लेखनीय रहे हैं। इसे एक महत्वपूर्ण संज्ञानात्मक शैली माना जाता है। विटकिन तथा इनके इन सहयोगियों ने मौलिक रूप से इस क्षेत्र में निर्भरता-स्वतंत्रता का उपयोग वस्तुओं के प्रत्यक्षण में होने वाले वैयक्तिक विभिन्नताओं के संदर्भ में किया है। इसका उपयोग बाद में सामाजिक अंतःक्रियाओं एवं संज्ञानात्मक कार्यों के अध्ययन में सफलतापूर्वक किया गया है। क्षेत्र-निर्भर व्यक्ति वैसे व्यक्ति को कहा जाता है जो घटनाओं का अनुभव सम्पूर्ण रूप से करते हैं तथा ऐसे लोग किसी वस्तु के उसकी पृष्ठभूमि से अलग नहीं कर पाते हैं। दूसरे तरफ क्षेत्र-स्वतंत्र व्यक्ति अपने अनुभूतियों को नये ढंग से विश्लेषित कर सकते हैं तथा पुनर्निर्मित कर सकते हैं तथा ऐसे लोग वस्तुओं को आसानी से उसकी पृष्ठभूमि से अलग करना संभव है।

स्पष्ट रूप में समझने हेतु इसका मापन विधियों को समझना आवश्यक है जिन पर निम्न प्रकाश डाला गया है—

(i) सन्निहित या अंतःस्थापित आकृति परीक्षण—इस परीक्षण में व्यक्ति एक सरल आकृति को जो एक जटिल आकृति में छिपाया जाता है, अलग करना होता है। जो व्यक्ति क्षेत्र-निर्भर होता है, उसे इस कार्य को पूरा करने में अधिक समय लगता है क्योंकि ऐसे लोगों को किसी वस्तु के पृष्ठभूमि से अलग करने में कठिनाई का सामना करना पड़ता है।

(ii) शलाका एवं फ्रेम परीक्षण—इस परीक्षण में व्यक्ति को किसी अंधेरे कमरे में एक चमकीले शलाका जो एक झुके हुए चमकीला वर्गाकार फ्रेम के भीतर होता है, उस स्थिति में पहचान करनी होती है जब वह सीधा खड़े होने की स्थिति में होती है। जब व्यक्ति क्षेत्र-आश्रित या क्षेत्र-निर्भर होता है तो वह प्रायः शलाका की उस स्थिति की पहचान करता है जब वह सीधा न होकर पृष्ठभूमि के समान होता है अर्थात् वह झुके हुए वर्गाकार फ्रेम के समान होता है। परंतु क्षेत्र-स्वतंत्र व्यक्ति प्रायः शलाका की पहचान उस परिस्थिति में भी कर लेता है जब वह ठीक सीधे की स्थिति में होता है।

विटकिन महोदय ने अपने प्रयोगों द्वारा यह बतलाया है कि इस संज्ञानात्मक शैली का यह अर्थ कदापि नहीं लेना चाहिए कि व्यक्ति के दो अलग-अलग समूह हैं, अर्थात् व्यक्ति या तो क्षेत्र-आश्रित हो या क्षेत्र-स्वतंत्र होगा। सच्चाई यह है कि इन दोनों छोरों का प्राप्तांक लगभग बीच में होता है अर्थात् ऐसे लोग क्षेत्र-स्वतंत्र होने के बजाय थोड़ा अधिक क्षेत्र-निर्भर होते हैं। इन्होंने अपने अध्ययन के आधार पर यह

भी बतलाया है कि क्षेत्र निर्भरता-स्वतंत्रता परीक्षण का निष्पादन कई तरह के व्यवहारों से संबंधित होता है। जैसे, क्षेत्र-निर्भर व्यक्तियों पर साथियों के समूहों प्राधिकारिक व्यक्तियों को अत्यधिक प्रभावित करता है इस प्रकार के व्यक्ति उन व्यक्तियों के चेहरे पर अधिक देर तक देखते हैं जिनके साथ वे अंतर्क्रिया करते हैं। ऐसे लोगों में सामाजिक कौशल अधिक होता है। गुडएनफ ने कई तरह के संज्ञानात्मक कार्यों के निष्पादन पर क्षेत्र निर्भरता-स्वतंत्रता को संबंधित किया और कुछ महत्त्वपूर्ण निष्कर्ष निकाले जो निम्नलिखित हैं–

(i) क्षेत्र-निर्भर व्यक्ति संप्रत्यय निर्माण कार्यों के उन गुणों या विशेषताओं से अधिक प्रभावित होते हैं जो अधिक स्पष्ट होते हैं तथा क्षेत्र-स्वतंत्र लोग कम स्पष्ट विशेषताओं से ही ज्यादा प्रभावित होते हैं। जैसे, संप्रत्यय निर्माण कार्य में पहले तरह के व्यक्ति स्पष्ट गुण जैसे रंग पर आश्रित करके कोई परिकल्पना बना सकता है जबकि क्षेत्र स्वतंत्र व्यक्ति कम स्पष्ट वस्तुओं पर अर्थात् वस्तुओं के गहरे या पहले किनारों पर ध्यान देकर कोई परिकल्पना तैयार कर सकता है।

(ii) अधिगम अथवा सीखने की दशा में क्षेत्र-निर्भर व्यक्ति अपना दृष्टिकोण निष्क्रिय रखता है जबकि क्षेत्र-स्वतंत्र व्यक्ति ऐसी परिस्थिति में अपना एक सक्रिय दृष्टिकोण रखते हुए उसमें मनन आदि का भी उपयोग करता है।

(iii) क्षेत्र-स्वतंत्र व्यक्ति की तुलना में क्षेत्र-निर्भर व्यक्ति सामाजिक रूप से संगत वस्तुओं की याद अधिक रखता है।

(iv) क्षेत्र-स्वतंत्र व्यक्ति तथा क्षेत्र-निर्भर व्यक्ति दोनों ही तरह के लोग धनात्मक पुर्नबलन जैसे, प्रशंसा के प्रति समान रूप से अनुक्रिया करते हैं परंतु क्षेत्र-निर्भर व्यक्ति पर आलोचना का प्रभाव तुलनात्मक रूप से अधिक पड़ता है।

(v) ऐसे शिक्षक जो क्षेत्र-निर्भर होते हैं, वर्ग में मात्रा भाषण की तुलना में विचार-विमर्श को अधिक पसंद करते हैं जबकि ऐसे शिक्षक जो क्षेत्र-स्वतंत्र होते हैं, वे वर्ग में भाषण को तुलनात्मक रूप से बहुत महत्त्वपूर्ण स्थान प्रदान करते हैं।

संप्रत्यय निर्माण

चिंतन एवं मनन के क्षेत्र में सम्प्रत्ययों की महत्वपूर्ण भूमिका होती है। चिन्तन

के तहत सम्प्रत्ययों का यह प्रयोग अत्यधिक अनिवार्य है। संप्रत्ययों के सम्बन्ध में कुछ अधिक कहने से पूर्व यह आवश्यक है कि संप्रत्यय का अर्थ समझ लिया जाय। इस सन्दर्भ में विनाके महोदय का कहना है कि, "संप्रत्यय अनुक्रियाओं की यह व्यवस्था है जिसके द्वारा प्रत्यक्षीकृत अनुभवों से प्राप्त प्रदत्तों की व्याख्या और संगठन होता है।" ऑसगुड तथा गास के अनुसार, "संप्रत्यय वे मध्यस्थ प्रतिक्रियाएँ हैं जो किन्हीं परिस्थितियों, वस्तुओं, या कार्यों में एक सादृश्य तत्त्वों वाले उद्दीपक के प्रति होती हैं या एक सादृश्य प्रत्यक्षपरक सम्बन्धों के समूह के प्रति होती हैं।" ब्रूनर तथा उनके साथियों के अनुसार, "संप्रत्यय वह संकेत-संकेतार्थ अनुमानों का समूह है जिससे व्यक्ति एक पदार्थ या घटना की जाति को पहचानता है। व्यक्ति की यह पहचान उस घटना या पदार्थ के प्रेक्षित तथा प्रासंगिक विशेषताओं से परे होती है।" प्रयोगात्मक दृष्टिकोण से उपर्युक्त परिभाषाएँ अधिक उपयोगी नहीं हैं क्योंकि इनसे संप्रत्यय का केवल वर्णनात्मक परिचय प्राप्त होता है। फिर भी कहा जा सकता है कि संप्रत्यय अनुक्रियाओं की एक व्यवस्था है या मध्यस्थ प्रतिक्रिया है या संकेत-संकेतार्थ अनुमानों का वह समूह है जिसमें व्यक्ति एक पदार्थ या घटना को पहचानता है। विनाके ने इनको परिभाषित करते हुए कहा है कि संप्रत्यय ज्ञानात्मक संगठन की वह व्यवस्था है जो वर्तमान उत्तेजना के सम्बन्ध में गत अनुभवों से कुछ विशिष्ट लक्षणों को उपस्थित करती है। जब संप्रत्यय अभिवृत्तियों से सम्बन्धित हो जाते हैं तब यह अनुक्रियाओं का नियन्त्रण करते हैं। यह अनुभवों के संगठन का प्रतिनिधित्व करते हैं तथा वस्तुओं के अर्थ का निर्धारण करते हैं। अधिगम प्रक्रम के साथ इनका विकास होता है। आयु बढ़ने के साथ-साथ इनमें अधिक जटिलता, विशिष्टता आदि आती है।

यह प्रतीकात्मक होते हैं। इसका प्रमुख कारण यह है, कि जिस माहौल या वस्तु के विषय में प्रत्युत्तर दिया जा रहा है वे उसके गुणों पर निर्भर होते हैं साथ ही साथ वे अनुपस्थित वस्तु और परिस्थिति के गुणों पर भी निर्भर होते हैं। संप्रत्यय जटिल ही नहीं होते हैं बल्कि नये अनुभवों और नये ज्ञान की वृद्धि के साथ-साथ इनमें परिवर्तन होता रहता है। संप्रत्यय विवेकशील संवेदनात्मक अनुभवों के संयुक्तीकरण और विस्तार के परिणामस्वरूप बनते हैं। संप्रत्ययों का सम्बन्ध व्यक्तियों, वस्तुओं, गुणों (जैसे—अच्छा, बेईमान, ईमानदार आदि) तथा सम्बन्धों के सम्बन्ध में हो सकता है। यह निश्चित भी हो सकते हैं और अनिश्चित भी हो सकते हैं। यह आवश्यक नहीं है कि व्यक्ति में इसकी चेतना हो अथवा व्यक्ति इन्हें भाषा द्वारा व्यक्त कर सके। कुछ संप्रत्ययों का विकास अधिक, कुछ का कम तथा कुछ का विकास दोषपूर्ण

होता है। चाल्ल के अनुसार संप्रत्ययों का अध्ययन इसलिए आवश्यक है क्योंकि यह व्यक्ति की ऐसी चीजों का निर्धारण करते हैं; जैसे कि व्यक्ति क्या जानता है, उसके क्या विश्वास हैं तथा वह क्या करता है, आदि?

अतः स्पष्ट संप्रत्ययों का सम्बन्ध व्यक्तियों, वस्तुओं, गुणों, घटनाओं और शब्दों आदि उत्तेजनाओं से होता है। इन उत्तेजनाओं की विशेषताएँ को तकनीकी भाषा में विमा कहते हैं। रंग, आकृति, आकार, संरचना आदि विमाएँ हैं। प्रत्येक विमा के कुछ मूल्य भी होते हैं; जैसे—रंग विमा के मूल्य हैं—लाल, पीला, हरा, गुलाबी, नारंगी, आदि। विमा के मूल्य प्रासंगिक या मानदण्डीय कहलाते हैं, जिनके आधार पर सम्प्रत्यय अनुक्रिया होती है। उन विमा मूल्यों को अप्रासंगिक कहा जाता है जो उद्दीपक में उपस्थित तो होते हैं परन्तु उनके आधार पर व्यक्ति संप्रत्यय अनुक्रिया नहीं करता है।

संप्रत्ययों का स्वरूप—सम्प्रत्यय के प्रमुखतः तीन स्वरूप बतलाए गए हैं जो निम्नलिखित हैं—

1. संयोजक संप्रत्यय—ये वे संप्रत्यय हैं जिनमें विभिन्न गुण संयुक्त रूप से विद्यमान होते हैं।

2. वियोजक संप्रत्यय—ये वे संप्रत्यय हैं जिनमें एक गुण अथवा अन्य गुण में से कोई एक गुण होता है।

3. सम्बन्धपरक संप्रत्यय—ये वे संप्रत्यय हैं जो उद्दीपक गुणों के सम्बन्ध को दर्शाते हैं। मन के अनुसार, यह संप्रत्यय मूर्त (कुर्सी, मेज, मकान आदि) तथा अमूर्त (न्याय, सत्य, प्रेम आदि) दोनों प्रकार के हो सकते हैं।

संप्रत्यय का विकास—सम्प्रत्यय के विकास की प्रक्रिया बहुत ही लम्बी होती है। साथ ही इसमें कुछ हद तक जटिलता भी पाई जाती है। यदि किसी बच्चे में संप्रत्यय पर्याप्त मात्रा में विकसित हो जाते हैं और इतने विकसित हो जाते हैं कि वह अपनी दुनिया की आवश्यकताओं को समझ सके तो उस बालक के व्यवहार में निम्न तीन विशेषताएँ अवश्य पर्याप्त मात्रा में दिखाई देती हैं जो निम्न प्रकार वर्णित हैं—

(1) सम्बन्धों को पहचानने की योग्यता,

(2) अन्तर्निहित अर्थ समझने की योग्यता,

(3) तर्क करने की योग्यता।

चूँकि बालकों की ज्ञानेन्द्रियाँ बड़े व्यक्ति की अपेक्षा कम विकसित होती हैं

इसलिए उनके द्वारा किया गया प्रत्यक्षीकरण अपेक्षाकृत कम अच्छा होता है। बच्चों के इस प्रकार के प्रत्यक्षीकरण का एकमात्र कारण बच्चों का सीमित ज्ञान और अनुभव है। कुछ विद्वानों का विचार है कि बच्चों में संप्रत्ययों का विकास उनके प्रत्यक्षीकरण, उनकी स्मृतियों और प्रतिमाओं आदि पर आधारित होता है। इस पर भाषा और अन्य संकेतों का भी प्रभाव पड़ता है। बच्चों के कुछ संप्रत्यय जल्दी विकसित होते हैं, कुछ देर से होते हैं। यह भी देखा गया है कि विकसित संप्रत्यय भी दूसरे संप्रत्ययों के विकास में सहायक होते हैं; जैसे Aesthetic Concepts तथा Humorous Concepts का विकास सामाजिक संप्रत्यय पर निर्भर होता है।

इस अधिगम के अन्तर्गत प्रमुख रूप से दो क्रियाएँ विद्यमान होती हैं। प्रथम प्रक्रिया पृथक्करण है। इसका अर्थ उस प्रक्रिया से लगाया जाता है जिसके अन्तर्गत प्रयोगकर्ता एक वर्ग की अनेक असमान या भिन्न-भिन्न वस्तुओं या घटनाओं के समान गुणों या विशेषताओं को अलग-अलग छाँटता है, इस प्रकार छाँटने में वह वस्तुओं की अन्य विशेषताओं की उपेक्षा करता है। दूसरी प्रक्रिया सामान्यीकरण की प्रक्रिया है। यह प्रक्रिया पृथक्करण प्रक्रिया की पूरक है। सामान्यीकरण की प्रक्रिया में प्रयोज्य पृथक्करण के आधार पर वस्तुओं की छाँटी गई विशेषताओं को संगठित कर एक इकाई का या प्रतीकात्मक रूप (चिन्ह, शब्द अथवा अंक आदि) प्रदान करता है। अन्य अर्थों में एक वर्ग के कई असमान उद्दीपकों की समानताओं को एक इकाई के रूप में संगठित करने, नाम देने अथवा सामान्य प्रतीक देने की क्रिया को समान्यीकरण की संज्ञा देते हैं। संप्रत्यय अधिगम में ये दोनों प्रक्रियाएँ साथ-साथ अविच्छिन्न रूप में सक्रिय पाई जाती हैं। साधारण तौर पर व्यक्ति को इन प्रक्रियाओं की चेतना नहीं होती है। इन दोनों प्रक्रियाओं का यदि तुलनात्मक महत्त्व देखा जाय तो यह कहा जा सकता है कि पृथक्करण की प्रक्रिया अधिक महत्त्वपूर्ण है। सामान्यीकरण पृथक्करण के बिना नहीं हो सकता है। अतः सामान्यीकरण प्रक्रिया तो पृथक्करण प्रक्रिया की पूरक मात्र है। मनुष्य असमानताओं में समानता ढूँढ़ता है। इसी कारण से दो मनुष्यों का आकार, रंग, रूप आदि एक-दूसरे से भिन्न होने पर भी हम दोनों को ही व्यक्ति या मनुष्य कहते हैं क्योंकि आदमी का प्रत्यय विभिन्न आदमियों की समानताओं के चयन के आधार पर बना है। उद्दीपकों के समान गुणों को चुनकर श्रेणी बनाने की प्रक्रिया पृथक्करण कहलाती है, दूसरी ओर समानताओं को सामान्य रूप देने की प्रक्रिया सामान्यीकरण कहलाती है।

संप्रत्यय निर्माण में उपरोक्त प्रक्रियाओं के अलावा और भी कई तरह की

प्रक्रियाएँ शामिल होती हैं। कुछ प्रमुख प्रक्रियाओं को निम्न प्रकार स्पष्ट किया गया है–

(1) तुलना–संप्रत्यय निर्माण की यह तीसरी प्रक्रिया है। इस प्रक्रिया के आधार पर उद्दीपकों में विभेदीकरण किया जाता है। इन सभी प्रक्रियाओं में सर्वाधिक महत्त्व की केवल पृथक्करण और सामान्यीकरण की ही प्रक्रियाएँ हैं।

(2) विश्लेषण–संप्रत्यय निर्माण की अथवा अधिगम की यह द्वितीय प्रक्रिया है।

(3) प्रत्यक्षीकरण– प्रत्यक्षीकरण वास्तव में संप्रत्यय निर्माण की प्रथम प्रक्रिया है। इस प्रक्रिया के बिना संप्रत्यय निर्माण अथवा अधिगम सम्भव नहीं होता है।

संप्रत्यय संबंधी प्रयोगों के उपकरण–डीज महोदय ने संप्रत्यय निर्माण प्रयोगों एवं अध्ययनों को प्रयुक्त सामग्री या उपकरण के आधार पर दो भागों में विभाजित किया है जिनका वृहद् विवेचन निम्न प्रकार किया गया है–

(1) कृत्रिम उद्दीपक सामग्री–इस सामग्री का अधिगम या निर्माण करके भी विभिन्न प्रयोगात्मक अध्ययन संप्रत्यय निर्माण पर किये गये हैं। ब्रूनर तथा उनके साथियों ने अपने कुछ प्रयोगात्मक अध्ययन संप्रत्यय निर्माण पर कृत्रिम उद्दीपक सामग्री की सहायता से किये हैं। इस सामग्री में तीन प्रकार की आकृतियाँ होती हैं--क्रास, वृत्त और वर्ग। ये आकृतियाँ तीन रंग की हैं। धारीदार आकृतियाँ हल्की हरी, ठोस आकृतियाँ गहरी हरी तथा सादी आकृतियाँ बिना रंग की हैं। प्रत्येक आकृति के चारों ओर बनी सीमा रेखाएँ भी तीन प्रकार की हैं--कुछ में एक सीमा रेखा, कुछ में दो सीमा रेखाएँ तथा अन्य में तीन सीमा रेखाएँ हैं। इस प्रकार निर्मित कृत्रिम उद्दीपक समूह में चार उद्दीपक विमाएँ हैं तथा प्रत्येक उद्दीपक विमा के तीन-तीन मूल्य हैं–आकृति 3×वर्ण 3×संख्या 3×सीमा रेखा 3=81 उद्दीपक। ब्रूनर (1956) के अलावा अन्य मनोवैज्ञानिकों ने भी अपने संप्रत्यय निर्माण सम्बन्धी प्रयोगों में कृत्रिम उद्दीपक सामग्री का उपयोग किया है। इन मनोवैज्ञानिकों ने कृत्रिम उद्दीपक सामग्री अपने-अपने ढंग से निर्मित की है।

ब्रूनर की उपर्युक्त कृत्रिम उद्दीपक सामग्री तीन प्रकार की है जिससे तीन प्रकार के संप्रत्ययों का अध्ययन किया जा सकता है, जो निम्नलिखित हैं–

(i) संयोजक संप्रत्यय–संयोजक संप्रत्यय वह संप्रत्यय है जिसके अन्तर्गत कई विशेषताएँ मिश्रित रूप से उपस्थित होती हैं। ब्रूनर की कृत्रिम सामग्री में सभी ठोस हरे रंग की वृत्ताकार आकृतियाँ जो तीन सीमा रेखाओं से घिरी हैं, वह संयोजक

संप्रत्यय की द्योतक हैं क्योंकि इनमें तीन गुण हैं तथा प्रत्येक का एक विशेष मूल्य है।

(ii) वियोजक संप्रत्यय—इस संप्रत्यय के अन्तर्गत एक या एक से अधिक विशेषताएँ अथवा गुण के अलावा कोई एक विशेषता पायी जाती है। ब्रूनर की कृत्रिम उद्दीपक सामग्री में "दो आकृतियों/या दो वृत्त" वियोजक संप्रत्यय हैं। वियोजक संप्रत्यय वह है जिनमें आकृति का मूल्य बदल जाता है—यह वृत्त हो सकता है या कोई और आकृति भी हो सकती है।

(iii) सम्बन्धपरक संप्रत्यय—यह संप्रत्यय उद्दीपक विशेषताओं अथवा गुणों को अंकित करता है। ब्रूनर की कृत्रिम उद्दीपक आकृतियों में कई सम्बन्धों पर संप्रत्यय हैं; जैसे (अ) वह सभी कार्ड जिन पर समान संख्या की आकृतियाँ और सीमा रेखाएँ हैं। (ब) वह सभी कार्ड जिन पर सीमा रेखाओं की अपेक्षा कम आकृतियाँ हैं। (स) वह सभी कार्ड जिन पर आकृतियों की अपेक्षा सीमा रेखाएँ कम हैं।

(2) स्वाभाविक उद्दीपक सामग्री—मनोवैज्ञानिकों द्वारा इस प्रकार की सामग्री का प्रयोग कर विभिन्न प्रकार के शोधात्मक विश्लेषण किये हैं। संप्रत्यय निर्माण की इस प्रकार की अध्ययन सामग्री में प्राकृतिक, मनुष्य निर्मित अथवा दैनिक जीवन में काम आने वाली वस्तुओं को लिया जाता है। इस प्रकार की उद्दीपक सामग्री को प्रयोगों में दो ढंग से उपयोग में लाया जा सकता है। प्रथम ढंग से इन उद्दीपकों के छोटे-छोटे नमूने बनाकर प्रयोग में उपयोग किए जाते हैं। दूसरे ढंग में इन उद्दीपकों के चित्रों का भी उपयोग अध्ययनों में किया जाता है।

कतिपय प्रयोग ऐसे भी किए गए हैं जिसमें स्वाभाविक उद्दीपक सामग्री में चित्रों के स्थान पर शब्दों का उपयोग किया जाता है। यह शब्द प्रकृति निर्मित वस्तुओं के सम्बन्ध में भी हो सकते हैं और मनुष्य निर्मित वस्तुओं के सम्बन्ध में भी हो सकते हैं; उदाहरण के लिए—सूर्य, चन्द्रमा, नदी, आम, पर्वत आदि प्रकृति निर्मित वस्तुएँ हैं, इसी प्रकार से रेलगाड़ी, मोटरगाड़ी, शहर, आगरा, कालेज आदि मनुष्य निर्मित चीजें हैं।

संप्रत्यय निर्माण पर प्रभाव डालने वाले तत्व

संप्रत्यय निर्माण पर प्रभाव डालने वाले विभिन्न तत्व बतलाए गए हैं। कुछ प्रमुख तत्वों पर निम्न प्रकार प्रकाश डाला गया है—

(1) प्रयोज्य की अभिप्रेरणा—हल के विचारानुसार सीखने की प्रक्रिया में

अभिप्रेरणा एक अनिवार्य सोपान है जो व्यक्ति में सीखने के प्रति उत्साह जागृत करती है। वेसली (1953) ने अपने प्रयोगों में देखा कि उच्च चिन्तन वाले व्यक्तियों का संप्रत्यय अधिगम निम्न चिन्तन वाले व्यक्तियों की अपेक्षा अधिक अच्छा है। किन्समैन ने अपने संप्रत्यय अधिगम के प्रयोग में अभिप्रेरणा के अभाव का प्रयोगात्मक अध्ययन किया है। इस अध्ययन में पाया गया है कि प्रथम स्तरीय अधिगम में दण्डित तथा पुरस्कृत प्रयोज्यों के निष्पादन में अन्तर प्राप्त हुआ। किन्समैन ने प्रयोग की द्वितीय दशा में यह नोट किया कि प्रयोज्य विद्युत आघात से अधिक अभिप्रेरित ही नहीं होता है बल्कि उद्दीपन संकेतों के प्रति सचेत भी अधिक हो जाता है। प्रायोगिक अध्ययन इसके लिए अनिवार्य है।

(2) उद्दीपक चर—उद्दीपक चरों के संदर्भ में हाइडब्रीडर (1947, 1948) महोदय ने एक प्रयोग कर यह निष्कर्ष निकाला कि प्रयोज्य संख्या और रंग उद्दीपकों की तुलना में मूर्त वस्तुओं या उद्दीपकों का संप्रत्यय अधिगम शीघ्र करते हैं। वोलफिल महोदय ने अपने एक अध्ययन के द्वारा यह स्पष्ट किया है कि प्रयोगकर्ता संख्या तथा वर्ण की तुलना में आकृति का संप्रत्यय अनुक्रियाएँ उद्दीपक-समुच्चय से प्राप्त उद्दीपक संकेत तथा अन्य सूचनाओं के आधार पर करता है। ब्राउन तथा आर्चर महोदय ने अपने एक अध्ययन के अन्तर्गत कार्ड पर निर्मित ज्यामितिक प्रतिमाओं की मदद से तथा नौ अध्ययन परिस्थितियों की मदद से Concept-Identification में अधिगम, अभ्यास, वितरण तथा उद्दीपक सामग्री की जटिलता के प्रभाव का अध्ययन किया। प्रयोग द्वारा प्राप्त निष्कर्ष से यह बोध होता है कि संप्रत्यय अधिगम उतना ही कठिन होता है जितना कि Irrelevant Dimension में Set Stimuli की जटिलता बढ़ाई जाती है।

इस संदर्भ में बोर्न महोदय ने अपने साथियों के साथ मिलकर एक अध्ययन कर जो निष्कर्ष निकाला वह ब्राउन व आर्चर के परिणामों की पुष्टि करता है। बोर्न ने अपने एक प्रयोग में तीन प्रायोगिक दशाओं में अध्ययन के आधार पर सिद्ध किया कि अप्रासंगिक सूचनाओं में वृद्धि संप्रत्यय अधिगम में कठिनाई उत्पन्न करता है। कुछ संप्रत्यय अधिगम सम्बन्धी प्रयोगों में देखा गया है कि अनुप्रयुक्त उद्दीपक सामग्री से जो उद्दीपक संकेत अथवा सूचना प्राप्त होती है उसमें अतिरिक्तता की विशेषता भी संप्रत्यय अधिगम को प्रभावित करती है। बोर्न तथा हेगुउ ने इस अतिरिक्तता (जब दो या दो से अधिक हमेशा साथ पाई जाने वाली उद्दीपक विमाएँ साथ-साथ Relevant या Irrelevant हों, तो इस अवस्था में अतिरिक्ता का गुण

होता है) का संप्रत्यय अधिगम पर पड़ने वाले प्रभाव का प्रायोगिक अध्ययन किया है। बोर्न तथा हेगुड ने अपने प्रयोग द्वारा यह निष्कर्ष निकाला कि प्रासंगिक विमाओं की अतिरिक्तता बढ़ने से संप्रत्यय अधिगम सुगमतर हो जाता है जबकि अप्रासंगिक विमाओं की अतिरिक्तता बढ़ने से संप्रत्यय अधिगम कठिनतर होता जाता है।

(3) मध्यवर्ती प्रक्रम–मध्यवर्ती प्रक्रम की क्रियाएँ वे हैं जो उत्तेजना के उपस्थित होने तथा अनुक्रिया के प्रकट होने तक होती हैं। अतः उत्तेजना और अनुक्रिया के मध्य होने वाली प्रक्रियाएँ मध्यवर्ती प्रक्रम कहलाते हैं। यह प्रक्रम भी संप्रत्यय अधिगम को प्रभावित करते हैं। यह प्रक्रम उद्दीप्त साहचर्य पर आधारित होते हैं तथा इनका उद्देश्य उत्तेजना और अनुक्रिया में सम्बन्ध स्थापित करना होता है। उत्तेजना और अनुक्रिया में सम्बन्ध स्थापित करने वाले यह प्रक्रम अवरोधात्मक अथवा सुविधाजनक हो सकते हैं। संप्रत्यय अधिगम पर मध्यवर्ती प्रक्रम के प्रभाव का अध्ययन कई मनोवैज्ञानिकों (Kendler 7 D'Amato, 1955; Underwood & Richardson, 1956; Coleman, 1964 etc.) ने किया है।

(4) बुद्धि–प्रयोगकर्ता की बुद्धि पर भी संप्रत्यय अधिगम निर्भर करता है। डैनी ने अपने एक प्रयोग में कम तथा अधिक बुद्धि वाले दो प्रकार के प्रयोज्यों को चुना। उसने देखा कि समस्या समाधान में अधिक बुद्धि वाले प्रयोज्यों ने कम बुद्धि वाले प्रयोज्यों की अपेक्षा अधिक सफलता प्राप्त की। उसके प्रयोग द्वारा एक अन्य परिकल्पना की भी पुष्टि होती है कि अधिक बुद्धि वाले प्रयोज्यों में संप्रत्यय अनुक्रिया प्रयोज्यों की चिन्ता को अधिक सुगम बना देती है जबकि कम बुद्धि वाले प्रयोज्यों में संप्रत्यय अनुक्रिया को प्रयोज्यों की चिन्ता कठिन बना देती है।

(5) सूचनापरक प्रतिपूर्ति–तीन प्रमुख मनोवैज्ञानिक पोस्टमैन, पिस्किन तथा बोर्न ने एक अध्ययन कर यह निष्कर्ष निकाला कि प्रयोगकर्ताओं का संप्रत्यय विकास या अधिगम उस वक्त मुश्किल हो जाता है जब प्रयोगकर्ताओं के वास्तविक अनुक्रिया करने पर गलत सूचना दी जाय अथवा गलत अनुक्रिया करने पर सही सूचना दी जाय। स्पष्ट है कि भ्रामक सूचना प्रतिपूर्ति संप्रत्यय अधिगम के लिए हानिकारक है, अतः इससे बचना चाहिए। बोर्न ने अपने एक प्रयोग में देखा कि सूचनापरक प्रतिपूर्ति का मध्यान्तर जितना बढ़ाया जाता है, संप्रत्यय अधिगम उतना कठिन हो जाता है। परन्तु अन्य प्रयोगों में देखा गया कि मानव प्रयोज्यों पर सूचनापरक प्रतिपूर्ति का मध्यान्तर (विलम्बित सूचना प्रतिपूर्ति) बढ़ाने से संप्रत्यय अधिगम कठिन नहीं होता है। बोर्न तथा बण्डरसन ने अपने एक प्रयोग से सिद्ध

किया कि विलम्बित सूचना प्रतिपूर्ति का संप्रत्यय अधिगम पर प्रभाव नहीं पड़ता है, प्रभाव केवल अन्तर्प्रयास मध्यान्तर का पड़ता है। बोर्न, डाड, गाई तथा जस्टेशन (Born et. al., 1968) ने अपने एक प्रयोग में देखा कि अन्तर्प्रयास मध्यान्तर में एक निश्चित सीमा के बाद वृद्धि संप्रत्यय अधिगम को कठिन बना देती है। बोर्न तथा बण्डरसन (1963) ने अपने एक प्रयोग में स्थिर किया कि 9 सेकण्ड के अन्तर्प्रयास मध्यान्तर पर संप्रत्यय अधिगम सरल होता है।

(6) अन्तरण—पूर्व अधिगम का आगामी अधिगम पर प्रभाव अन्तरण कहलाता है। संप्रत्यय अधिगम पर भी अन्तरण का प्रभाव पड़ता है। कई मनोवैज्ञानिकों ने इस दिशा में प्रयोगात्मक अध्ययन किए हैं। बोर्न ने भी संप्रत्यय अधिगम में अन्तरण कारण का महत्त्वपूर्ण स्थान होता है।

(7) प्रयोज्य की स्मृति—विभिन्न प्रयोगों द्वारा यह स्पष्ट हो चुका है प्रयोगकर्ता की स्मरण शक्तित संप्रत्यय निर्माण या अधिगम पर प्रमुख रूप से आकर्षित होती है। ट्राबैसी तथा बावर ने अपने प्रयोग के आधार पर सिद्ध किया कि प्रयोज्य संप्रत्यय अधिगम अवधि में आरम्भ के और अन्त के उद्दीपकों का अधिक संख्या में पुनःस्मरण करता है जबकि आरम्भ के और अन्त के उद्दीपकों के मध्य में आने वाले उद्दीपकों का वह पुनःस्मरण नहीं कर पाता है अथवा उन्हें भूल जाता है। अतः कहा जा सकता है कि स्मृति संप्रत्यय अधिगम को भी प्रभावित करती है।

(8) संप्रत्यय अनुक्रियाओं की जटिलता—यह सच है कि संप्रत्यय अनुक्रियाओं की जटिलता संप्रत्यय निर्माण को प्रभावित करता है। बायर्स तथा डेविडसन तथा बावर और किंग ने अपने प्रयोगों के आधार पर सिद्ध किया कि संप्रत्यय अधिगम प्रयोज्य उस समय शीघ्रता से करते हैं जब प्रयोज्यों की अनुक्रिया के साथ सम्बन्धित उपकल्पना की माँग की जाती है। बोर्न ने कुछ प्रयोगों का उल्लेख करते हुए यह सिद्ध किया है कि संप्रत्यय अधिगम को अनुक्रिया की जटिलता महत्त्वपूर्ण ढंग से प्रभावित करती है। बेकर तथा बोर्न ने अपने एक प्रयोग में सिद्ध किया कि संप्रत्यय सम्बन्धी समस्याओं और सम्बन्धित अनुक्रियाओं की संख्या बढ़ाने से संप्रत्यय निर्माण में जटिलता आने लगती है।

ऊपर हमने संप्रत्यय निर्माण पर प्रभाव डालने वाले विभिन्न तत्वों का अध्ययन किया। इन तत्त्वों के अलावा कई अन्य तत्त्व ऐसे भी हैं जो सम्प्रत्यय अधिगम पर प्रभाव डालते हैं। जैसे—ज्ञानेन्द्रियों की अवस्था, अधिगम के अवसर, अनुभव के प्रकार, निर्देशन की मात्रा, सूचना माध्यम का प्रकार, लिंग, व्यक्तित्त्व आदि।

संप्रत्यय अधिगम के सिद्धांत—संप्रत्यय अधिगम कुछ प्रमुख सिद्धांतों पर निम्न प्रकार प्रकाश डाला गया है—

(1) मध्यवर्ती प्रक्रम सिद्धान्त—ऑसगुण और केण्डलर के प्रयोगों पर आधारित है। यह सिद्धांत उत्तेजना और अनुक्रिया के मध्य होने वाली प्रक्रियाओं से है। इन मनोवैज्ञानिकों के अनुसार संप्रत्यय अधिगम मध्यवर्ती प्रक्रम का परिणाम है। इस सिद्धान्त के समर्थकों का कहना है कि उद्दीपकों के उपस्थित होने पर ही प्रयोज्य संप्रत्यय अधिगम सम्बन्धी अनुक्रियाएँ करता है, परन्तु उद्दीपक के साथ अनुबन्धित अनुक्रिया-समूह की अनुक्रिया में भी उपस्थित होती है। एक उद्दीपक के साथ अनुबन्धित अनुक्रियाएँ अनेक होती हैं तो यह आदत-परिवार-पदानुक्रम का अपसारी पदानुक्रम तब होती है जब वह अनेक अनुक्रिया उद्दीपकों के साथ अनुबन्धित होती है। संप्रत्यय अधिगम अभिसारी पदानुक्रम के आधार पर होता है।

(2) सूचना प्रोसेसिंग सिद्धान्त—यह सिद्धांत विभिन्न मनोविदों के अध्ययनों तथा कम्प्यूटर-विज्ञान के आधार पर विकसित किया गया है। इस सिद्धान्त के समर्थकों का कहना है कि जिस प्रकार से अति सूक्ष्म इलेक्ट्रॉनिक कम्प्यूटर कार्य करता है ठीक उसी प्रकार के सिद्धान्तों पर मनुष्य का तन्त्रिका तन्त्र (NS) कार्य करता है। मनुष्य का तन्त्रिका तन्त्र तथा अति सूक्ष्म कम्प्यूटर दोनों ही बाहर से सांवेदनिक संकेत (सूचनाएँ) ग्रहण करते हैं। संवेदनिक संकेत ग्रहण हो जाने के बाद (NS) में इनकी प्रोसेसिंग की प्रक्रिया जारी रहती है। यह उसी प्रकार होती है जैसे कि सूचनाओं की प्रोससिंग कम्प्यूटर में होती है। इसी प्रोसेसिंग के आधार पर व्यक्ति अनुक्रिया करता है। मनुष्य विभिन्न संवेदनिक संकेतों में विभेदन कर भिन्न-भिन्न अनुक्रियाएँ करता है। इस प्रकार यह कहा जा सकता है कि मनुष्य की अनुक्रियाएँ सूचना प्रतिपूर्ति के आधार पर होती हैं, इसी प्रकार संप्रत्यय अधिगम भी सूचना भी प्रतिपूर्ति पर आधारित होती है।

(3) साहचर्य सिद्धान्त—इस सिद्धान्त का तात्पर्य उस पद्धति से है जिसके अन्तर्गत धनात्मक तथा ऋणात्मक प्रक्रिया को अपनाया जाता है। संप्रत्यय अधिगम में प्रयोज्य की एक अनुक्रिया अनेक उद्दीपक संकेतों के साथ अनुबन्धित होती है। अतः संप्रत्यय अधिगम विभेदन अधिगम का ही एक परिवर्तित या जटिल रूप है। स्पष्ट है कि अनुबन्धन के नियम संप्रत्यय अधिगम में भी लागू होते हैं।

(4) उपकल्पना सिद्धान्त—यह एक प्रकार का संज्ञानपरक सिद्धान्त है। इस सिद्धान्त के समर्थकों का कहना है कि संप्रत्यय अधिगम में उद्दीपकों का प्रत्यक्षीकरण

करते समय प्रयोज्य उद्दीपक विमाओं में से कुछ विमाओं को प्रासंगिक मानता है तथा संप्रत्यय प्रकृति के सम्बन्ध में प्रयोज्य कुछ उपकल्पनाएँ बना लेता है और वह इन्हीं उपकल्पनाओं के आधार पर उद्दीपक के प्रति प्रतिक्रिया करता है। वास्तव में अपनी इन उपकल्पनाओं के परीक्षण हेतु ही अनुक्रिया करता है। उपकल्पना के अनुसार जब एक अनुक्रिया सही हो जाती है तब अन्य प्रयासों में वह अपनी इस उपकल्पना के अनुसार ही अनुक्रिया करता है। परन्तु जब उपकल्पना के अनुसार कोई अनुक्रिया गलत हो जाती है तब वह अपनी उपकल्पना में परिवर्तन कर नई उपकल्पना बनाकर उद्दीपक के प्रति अनुक्रिया करता है। प्रयोज्य उपकल्पना बनाने में तथा उद्दीपक का प्रत्यक्षीकरण करने में किस प्रत्युत्तर नीति को अपनाता है, इस पर मनोवैज्ञानिकों में मतैक्य नहीं है। ब्रूनर तथा उनके साथियों ने प्रयोज्य की प्रत्युत्तर नीति के चार प्रकार बतलाये हैं। रसैल का मत इससे भिन्न है, इनके अनुसार प्रत्येक प्रयास में प्रयोज्य केवल एक ही उपकल्पना के आधार पर अनुक्रिया करता है। प्रयोज्य नई उपकल्पना तभी चुनता है जबकि उपकल्पना के अनुसार उसकी अनुक्रिया गलत हो जाती है। बावर तथा ट्रेबासो, ने अपने अध्ययनों के आधार पर रसैल के सिद्धान्त में संशोधन कर एक नया सिद्धान्त प्रस्तुत किया है। इन मनोवैज्ञानिकों के अनुसार प्रयोज्य के उपकल्पना निर्माण में दो प्रक्रम कार्य करते हैं—उद्दीपक चयन प्रक्रम, अनुबन्धन प्रक्रम।

रचनात्मक चिन्तन

सर्जनात्मक चिन्तन, चिन्तन का एक प्रमुख रूप है। इसे विभिन्न अर्थों में प्रयोग किया गया है। हरलॉक ने सर्जनात्मक चिन्तन के क्षेत्र में किये गये शोधों एवं अध्ययनों की समीक्षा करके बतलाया कि सर्जनात्मक चिन्तन का मनोवैज्ञानिकों ने आठ अर्थों में प्रयोग किया है। सर्जनात्मक चिन्तन का सबसे लोकप्रिय अर्थ गिलफोर्ड द्वारा बतलाया गया है। इन्होंने चिन्तन को दो भागों में बाँटा है—अभिसारी चिन्तन एवं अपसरण चिन्तन। वास्तविक लक्ष्य पर पहुँचने के लिए पूर्व निर्धारित तथ्यों के आधार बनाने की प्रक्रिया अभिसारी चिंतन के अंतर्गत आती है। इस तरह के चिन्तन में व्यक्ति एक रूढ़िवादी तरीका अपना कर अर्थात् समस्या-संबंधी दी गयी सूचनाओं के आधार पर उसका समाधान करता है। अपसरण चिन्तन में व्यक्ति भिन्न-भिन्न दशाओं में चिंतन कर समस्या का समाधान करने की कोशिश करता है। जब वह भिन्न-भिन्न दिशाओं में चिन्तन करता है तो स्वभावतः वह समस्या के कई संभावित

उत्तरों पर सोचता है और अपनी ओर से कुछ नये एवं मूल चीजों को जोड़ने की कोशिश करता है। इस तरह के चिन्तन की एक और विशेषता यह है (जो इसे अभिसारी चिन्तन से अलग करता है) कि इसमें व्यक्ति आसानी से एक पूर्व सुनिश्चित कदमों के अनुसार चिन्तन नहीं कर पाता है (क्योंकि उसे कुछ नया एवं मूल चिन्तन करना होता है)। परन्तु अभिसारी चिन्तन में व्यक्ति बहुत आसानी से एक पूर्व निश्चित क्रम में चिन्तन कर लेता है। मनोवैज्ञानिकों ने अपसरण चिन्तन को सर्जनात्मक चिन्तन के तुल्य माना है। ऐसे तो सर्जनात्मक चिन्तन को कई मनोवैज्ञानिकों ने परिभाषित किया है परन्तु अधिकतर परिभाषाएँ संक्षिप्त होने के कारण सर्जनात्मक चिन्तन की व्याख्या ठीक ढंग से नहीं कर पायी है। सर्जनात्मक चिन्तन की सबसे उचित एवं विस्तृत परिभाषा ड्रेवडाल ने दी है जो इस प्रकार है–

रचनात्मक अथवा सर्जनात्मक चिन्तन व्यक्ति की उस कुशलता को कहा जाता है जिससे व्यक्ति कतिपय ऐसी नवीन वस्तुओं, रचनाओं व भावनाओं को उत्पन्न करता है जो एक प्रकार से नवीन होता है, एवं जो पहले उसे अज्ञात होता है। यह एक काल्पनिक क्रिया हो सकती है।...इसमें गत अनुभूतियों से उत्पन्न सूचनाओं का एक नया पैटर्न और सम्मिश्रण सम्मिलित हो सकता है...यह निश्चित रूप से उद्देश्यपूर्ण या लक्ष्य-निर्देशित होता है न कि एक निराधार स्वप्न चित्र होता है... यह वैज्ञानिक, कलात्मक या साहित्यिक रचना के रूप में हो सकता है।''

विशेषताएँ

सर्जनात्मक चिन्तन की कुछ प्रमुख विशेषताओं को निम्न प्रकार स्पष्ट किया गया है–

(i) सर्जनात्मक चिन्तन में व्यक्ति कुछ नया एवं भिन्न चीजों की रचना करता है इसलिए यह उस व्यक्ति के लिए भी अनूठा होता है। इस तरह की अनूठी रचना शाब्दिक, अशाब्दिक, मूर्त्त या अमूर्त्त कुछ भी हो सकती है तथा यह व्यक्ति के लिये लाभदायक भी होती है।

(ii) सर्जनात्मक चिन्तन लक्ष्य-निर्देशित प्रक्रिया है। इसके तहत व्यक्ति को लक्ष्य निश्चित रूप से पता होता है और उसका प्रत्येक व्यवहार इसी लक्ष्य से संबंधित होता है। व्यक्ति इस ढंग का व्यवहार अपने व्यक्तिगत या सामूहिक लाभ के लिये भी करता है।

(iii) सर्जनात्मक चिन्तन में एक सीमा तक अभिसारी चिन्तन भी सम्मिलित

होता है। अभिसारी चिन्तन करके व्यक्ति कुछ इस तरह की सूचनाएँ एवं सामग्रियों को इकट्ठा करता है जिनसे उसे रचनात्मक या सर्जनात्मक समाधान में मदद मिलती है।

(iv) सर्जनात्मक चिन्तन में व्यक्ति समस्या के अलावा-अलग स्तरों पर अलग-अलग परिस्थितियों में चिन्तन अथवा मनन करता है। इस प्रकार से पृथक्-पृथक् परिस्थितियों में चिन्तन करने की कुशलता को अपसरण चिन्तन के नाम से भी सम्बोधित किया जाता है, क्योंकि सर्जनात्मक चिन्तन में अपसरण चिन्तन भी सम्मिलित हुआ माना जाता है।

(v) सर्जनात्मक चिन्तन, चिन्तन का एक विशिष्ट तरीका है। यह बुद्धि का एक अलग संप्रत्यय है क्योंकि बुद्धि में सर्जनात्मक चिन्तन के अलावा भी अन्य मानसिक क्षमताएँ सम्मिलित होती हैं।

(vi) सर्जनात्मक चिन्तन करने की क्षमता व्यक्ति द्वारा पहले से प्राप्त सार्थक ज्ञान पर निर्भर करती है। यह सार्थक ज्ञान जितना ही अधिक होगा, सर्जनात्मक चिन्तन की क्षमता उतनी ही अधिक होगी।

(vii) सर्जनात्मक चिन्तन में स्वली चिन्तन नियंत्रित ढंग से सम्मिलित होती है। दूसरे शब्दों में, सर्जनात्मक रूप से सोचते समय व्यक्ति कुछ अर्थपूर्ण कल्पनाएँ करता है। इसी अर्थपूर्ण कल्पना का ही परिणाम होता है कि व्यक्ति कुछ वैज्ञानिक, कलात्मक तथा साहित्यिक रचना क़र पाता है।

उपरोक्त विशेषताओं का अध्ययन करने से यह पता चलता है कि रचनात्मक अथवा सर्जनात्मक चिन्तन एक कठिन प्रक्रिया है। इस प्रकार के चिन्तन करने की क्षमता सभी व्यक्तियों में अधिक हो ही, यह आवश्यक नहीं है।

अवस्थाएँ—सर्जनात्मक चिंतन की प्रमुख रूप से चार अवस्थाएँ बतलाई गई हैं जिन पर निम्न प्रकाश डाला गया है—

(1) आयोजन—सर्जनात्मक चिन्तन में या किसी समस्या के समाधान में आयोजित यह सबसे पहली अवस्था होती है। इस अवस्था के तहत समस्या से जुड़े अनिवार्य तथ्यों को जुटाने की योजना बनायी जाती है। समस्या को समुचित रूप से परिभाषित करके उसके पक्ष-विपक्ष में प्रमाण एकत्रित किया जाता है। ऐसा करने में व्यक्ति प्रयत्न तथा त्रुटि का भी सहारा लेता है। आइन्सटीन को यदि भौतिकी तथा गणित का विस्तृत ज्ञान नहीं होता तो वे सापेक्षता का सिद्धान्त का प्रतिपादन नहीं कर पाते। अपने इस विस्तृत ज्ञान के आधार पर समस्या से संबंधित तथ्यों

तथा प्रमाणों को उन्होंने पहले जमा करने की तैयारी की। उसी तरह से राइट बंधुओं ने जब हवा में उड़ने की बात सोची तो उन्होंने पहले भौतिक विज्ञान के ज्ञान के आधार पर इस समस्या से संबंधित तथ्यों एवं प्रमाणों को एकत्रित करने का आयोजन किया होगा। इस तरह से प्रत्येक रचनात्मक चिन्तन विभिन्न प्रकार के तथ्यों एवं प्रमाणों को एकत्रित करने का आयोजन करता है। इस अवस्था का समय काफी हद तक समस्या के स्वरूप तथा व्यक्ति के ज्ञान पर निर्भर करती है क्योंकि इसी के अनुसार यह अवस्था लम्बे या कम समय तक के लिये होती है। यदि समस्या जटिल है तथा व्यक्ति का ज्ञान सीमित है तो वह इस अवस्था को लम्बे समय तक जारी रख सकता है परन्तु यदि समस्या में जटिलता कम है तथा व्यक्ति का ज्ञान भंडार अधिक परिपक्व है, तो यह अवस्था कम समय तक ही जारी रहता है। जिम्बार्डो तथा रूक ने इस अवस्था पर व्यक्ति की आयु तथा बुद्धि का प्रभाव बतलाया है।

(2) उद्भवन—इस अवस्था की आवश्यकता उस समय होती है जब विभिन्न प्रकार के प्रयासों के बाद भी समस्या का समाधान असंभव होता है। इसके अन्तर्गत व्यक्ति में निष्क्रियता विकसण कर जाती है और थोड़े समय के लिए समस्या के बारे में वह चिन्तन करना छोड़ देता है। इस अवस्था में व्यक्ति समस्या के समाधान के बारे में चिन्तन करना छोड़कर या तो सो जाता है या विश्राम करने लगता है। पैट्रिक ने कवियों तथा कलाकारों पर अध्ययन करके इस बात की पुष्टि की है कि सर्जनात्मक चिन्तन में उद्भवन की अवस्था होती है। मनोवैज्ञानिकों का कहना है कि इस अवस्था में यद्यपि व्यक्ति अपना ध्यान समस्या की ओर से पूर्णतः हटा लेता है, फिर भी अचेतन रूप से उसके बारे में सोचते रहता है। इस तरह से यह अवस्था में चेतन रूप से व्यक्ति समस्या के बारे में चिन्तन करना छोड़ देता है परंतु अचेतन रूप से उसके समाधान के बारे में चिन्तन करता रहता है।

(3) प्रबोधन—यह अवस्था कई मायने में विशेष महत्व रखती है। इसमें अकस्मात् व्यक्ति को समस्या का निराकरण अथवा हल परिलक्षित होता है। सिल्वरमैन के अनुसार, "समाधान के अकस्मात् अनुभव को प्रबोधन कहा जाता है। उद्भवन अवस्था में जब व्यक्ति अचेतन रूप से समस्या के भिन्न-भिन्न पहलुओं को पुनर्संगठित करता रहता है, तो अचानक उसे उस समस्या का समाधान नजर आ जाता है। प्रबोधन की यह घटना सूझ के समान है। मनोवैज्ञानिकों के अनुसार व्यक्ति में उद्भवन की अवस्था के बाद प्रबोधन की अवस्था कभी भी उत्पन्न हो सकती है।

यहाँ तक कि कभी-कभी व्यक्ति को स्वप्न में भी प्रबोधन का अनुभव होते पाया गया है।

(4) प्रमाणीकरण या संशोधन—इस अवस्था के अन्तर्गत प्रबोधन की अवस्था से प्राप्त समाधान या निष्कर्ष की जाँच या मूल्यांकन किया जाता है। इस अवस्था में व्यक्ति यह देखने की कोशिश करता है कि उसे जो समाधान प्राप्त हुआ है वह ठीक है या नहीं। जाँच करने के बाद जब व्यक्ति इस निष्कर्ष पर पहुँचता है कि समाधान या निष्कर्ष सही नहीं था तो वह सम्पूर्ण कार्यविधि का संशोधन करता है और पुनः एक दूसरे समाधान की खोज करता है।

इस प्रकार स्पष्ट है कि इस चिन्तन की प्रमुख चार अवस्थाएँ हैं, जो एक निर्धारित क्रम में हैं। कुछ मनोवैज्ञानिकों ने इन अवस्थाओं की आलोचना की है और कहा है कि सभी सर्जनात्मक चिन्तन में ये अभी अवस्थाएँ नहीं होती हैं। दूसरे शब्दों में, कुछ अवस्थाओं के नहीं होने पर भी व्यक्ति में सर्जनात्मक चिन्तन होता है। मन, फर्नेल्ड तथा फर्नेल्ड के अनुसार सर्जनात्मक चिन्तन की इन अवस्थाओं की दो प्रमुख आलोचनाएँ हैं, जिसे निम्न पंक्तियों के द्वारा समझा जा सकता है—

(i) सभी सर्जनात्मक चिन्तन में चारों अवस्थाएँ मौजूद रहें, यह आवश्यक नहीं है। जैसे, सर एलेक्जेण्डर फ्लेमिंग जिन्होंने पेन्सिलिन की खोज की, के इस खोज के सर्जनात्मक चिन्तन में न तो उद्भवन और न ही प्रबोधन की ही कोई अवस्था पायी गयी थी।

(ii) इन चारों अवस्थाओं द्वारा सर्जनात्मक प्रक्रिया का विस्तृत ज्ञान हमें नहीं हो पाता है। इन अवस्थाओं से सिर्फ यह पता चलता है कि सर्जनात्मक चिन्तन किस क्रम में होता है। परन्तु सर्जनात्मक प्रक्रिया के अन्य पहलुओं के बारे में हमें इससे कुछ ज्ञान प्राप्त नहीं होता है।

यद्यपि सर्जनात्मक चिन्तन की इन अवस्थाओं की आलोचना की गयी है, फिर भी हमारे दिन-प्रतिदिन का अनुभव तथा अधिकतर वैज्ञानिकों, कलाकारों एवं कवियों के सर्जनात्मक चिन्तन का विश्लेषण इस बात का सबूत है कि इस प्रकार का चिन्तन उपर्युक्त अवस्थाओं के अनुसार ही होता है।

तर्कणा के प्रकार—तर्कणा के प्रमुखतः चार प्रकार बतलाए गए हैं— निगमनात्मक तर्कणा, आगमनात्मक तर्कणा, सादृश्यवाची तर्कणा और आलोचनात्मक तर्कणा। इन चारों प्रकार की तर्कणा के बारे में संक्षिप्त जानकारी निम्न प्रकार दी गई है—

(1) आगमनात्मक तर्कणा—इस प्रकार की तर्कणा में व्यक्ति दिए तथ्यों में

अपनी ओर से नये तथ्य जोड़कर एक निश्चित निष्कर्ष पर पहुँचता है। जब तक व्यक्ति इन नए तथ्यों को अपनी ओर से उसमें नहीं जोड़ता, अर्थात् इन तथ्यों का सर्जन नहीं करता, समस्या का समाधान नहीं हो पाता है। रूक आगमनात्मक चिन्तन को परिभाषित करते हुए कहा है, "आगमनात्मक चिन्तन में चिन्तक अपनी कल्पना के आधार पर कुछ ऐसी नयी चीजों को जोड़ता है जो प्रस्तुत आँकड़ों से सीधे ज्ञात नहीं कर लिए जा सकते थे।" इस तरह की तर्कणा सर्जनात्मक चिन्तक द्वारा अधिक प्रयोग में लाई जाती है।

(2) निगमनात्मक तर्कणा—इस प्रकार की तर्कणा में व्यक्ति पहले से ज्ञात नियमों एवं तथ्यों के आधार पर एक निश्चित निष्कर्ष पर पहुँचने की कोशिश करता है। इस ढंग की तर्कणा मानव एवं पशु दोनों के ही द्वारा की जाती है। निगमनात्मक तर्कणा इस तरह के न्यायवाक्यों के आधार पर निकाले गए परिणाम में स्पष्ट रूप से सम्मिलित होती हैं, जो निम्न हैं—

जहाँ जहाँ धुआँ होता है, आग होती है।
पहाड़ पर धुआँ है।
पहाड़ पर आग है।
सभी मनुष्य मरणशील हैं।
मोहन एक मनुष्य है।
मोहन मरणशील है।

(3) आलोचनात्मक तर्कणा—इस प्रकार की तर्कणा में व्यक्ति किसी उद्दीपक अथवा सामग्री, घटना के सम्बन्ध में चिन्तन करते वक्त हर विधि के गुण व अवगुण की पहचान कर लेता है। वह प्रत्येक विचार की प्रभावशीलता को ठीक ढंग से जाँच करके ही एक अन्तिम निर्णय लेता है। दूसरों द्वारा किसी तथ्य या विचार को दिए जाने पर भी उसे हू-ब-हू स्वीकार नहीं करता। उसके गुण-दोष की परख के बाद ही वह किसी निश्चित निष्कर्ष पर पहुँचता है।

(4) सादृश्यवाची तर्कणा—जब कोई चिंतक उपमा के आधार पर तर्क-वितर्क कर किसी निष्कर्ष पर पहुँचता है तो वह सादृश्यवाची तर्कणा कहलाती है। जैसे, मान लिया जाय कि शिक्षक छात्र से यह प्रश्न पूछते हैं कि रानी लक्ष्मीबाई राणा प्रताप के समान एक वीरांगना कैसे थी? इस समस्या के समाधान के लिए छात्र यह सोच सकता है कि रानी लक्ष्मीबाई ने अँगरेजों से हार नहीं मानी थी और ठीक उसी तरह राणा प्रताप ने भी सम्राट अकबर से हार स्वीकार करना अपने मान के खिलाफ समझा

था। सचमुच राणा प्रताप, जैसे वीर पुरुष के समान ही रानी लक्ष्मीबाई भी एक मशहूर वीरांगना थी। इस तरह के चिंतन सादृश्यवाची तर्कणा कहा जाता है।

उपरोक्त विवरणों से स्पष्ट है तर्कणा के विभिन्न स्वरूप हैं। अध्यापकों को चाहिए कि वे बालकों में इस ढंग से शिक्षा दें कि उनमें उपयुक्त तरह की तर्कणा का स्वस्थ विकास बाल्यावस्था में ही हो जाए।

तर्कणा में महत्त्वपूर्ण कदम या सोपान—क्रमबद्धता, तर्कणा की एक प्रमुख विशेषता बतायी गयी है। चिन्तक कुछ खास-खास सोपानों या चरणों से होते हुए क्रमबद्ध ढंग से किसी समस्या के समाधान के लिए चिन्तन करता है। विभिन्न विश्लेषणों से यह स्पष्ट हुआ है कि तर्कणा की कुछ प्रमुख अवस्थाएँ भी होती हैं जिसे निम्न बिन्दुओं के द्वारा समझा जा सकता है—

(1) आँकड़ों का संचयन—आँकाड़ों का संचयन अथवा संग्रहण तर्कणा की दूसरे अवस्था कही जाती है। इस अवस्था में समस्या के समाधान से जुड़े तथ्यों का संचयन या संग्रहण करता है। तथ्यों को एकत्र करने में वह अपनी गत अनुभूतियों का सहारा लेता है, जैसे उपर्युक्त उदाहरण में इस दूसरे सोपान पर व्यक्ति यह देखने की कोशिश करेगा कि वह पुस्तक कहाँ-कहाँ रखा करता था। उसके भाई-बहन भी प्रायः उस पुस्तक को काम में लाते थे। अतः उसके मन में यह बात आएगी कि उनसे भी पूछ लेना चाहिए कि उन्होंने तो पुस्तक को कहीं नहीं रख दी है।

(2) समस्या की परख—प्रत्येक तर्कणा की शुरुआत तभी होती है जब व्यक्ति के सामने कोई समस्या उत्पन्न होती है। समस्या के नहीं रहने पर व्यक्ति में चिन्तन या तर्कणा का कोई प्रश्न ही नहीं उठता। अतः पहला सोपान व्यक्ति द्वारा समस्या की पहचान का है। उदाहरणस्वरूप, मान लिया जाए कि छात्र अपने कमरे में 'उच्चतर मनोवैज्ञानिक प्रयोग एवं परीक्षण' नामक पुस्तक की खोज कर रहा है, क्योंकि आज उसे कक्षा में मनोवैज्ञानिक प्रयोग से संबंधित महत्त्वपूर्ण तथ्यों को पढ़ाया जानेवाला है। अतः समस्या यहाँ यह है कि उसने अमुक किताब कहाँ रख दी है।

(3) आँकड़ों के पर आधारित प्रयोग—तर्कणा को यह चौथी अवस्था या सोपान है। इस अवस्था के अन्तर्गत व्यक्ति द्वारा लगाए गए अनुमान के अनुसार कार्य किये जाते हैं। जैसे—उपर्युक्त उदाहरण में छात्र का यह अनुमान था कि उसने पुस्तक को अपने दोस्त सोहन को 10 दिन पहले ही दे दिया था। अतः वह सोहन के घर पर आकर सोहन से उक्त किताब के बारे में पूछताछ करेगा।

(4) निर्णय लेना—फैसला अथवा निर्णयन तर्कणा भी पाँचवीं और अन्तिम अवस्था या चरण है जहाँ चिन्तक एक निश्चित निष्कर्ष पर पहुँच जाता है। उसके

द्वारा लिए गए निर्णय से समस्या का समाधान हो भी सकता है या नहीं भी। यदि समस्या का समाधान नहीं होता है, तो वह पुनः दूसरे तरह का अनुमान लगाकर उस पर कार्य करना प्रारंभ कर देता है। उक्त उदाहरण में सोहन के घर जाने से यदि अमुक किताब मिल जाती है, तब तो समस्या का समाधान हो जाता है। परन्तु, यदि सोहन यह कहता है कि उसने तो पाँच दिन पहले ही किताब उसे लौटा दी थी, तो अब ऐसी परिस्थिति में छात्र अपने संग्रह किए गए आँकड़ों के आधार पर कोई नया अनुमान लगायेगा और उसी के अनुकूल कार्य करेगा।

(5) आँकड़ों पर जाना—तर्कणा की यह तीसरी अवस्था है। इस अवस्था में जब हर प्रकार के संभावित आँकड़ों का संग्रह कर लेता है तब किसी-न-किसी अनुमान पर पहुँचने की कोशिश करता है। जैसे उपर्युक्त उदाहरण में छात्र इस अनुमान पर पहुँच सकता है कि लगता है कि "हम इस पुस्तक को अपने दोस्त सोहन को 10 दिन पहले दिये थे।"

उपरोक्त वर्णन से पता चलता है कि यह एक ऐसी बौद्धिक एवं मानसिक प्रक्रिया है जिसके अन्तर्गत क्रमबद्धता अत्यधिक होती है तथा जिसमें तर्क-वितर्क के सहारे व्यक्ति किसी अनुमान के आधार पर अन्तिम निष्कर्ष पर पहुँचता है।

6

संवेदना एवं प्रत्यक्षीकरण

प्रत्यक्षीकरण और संवेदना में अन्योन्याश्रय संबंध है। एक जीवधारी द्वारा की जाने वाली क्रियाओं में संवेदना के पश्चात् प्रत्यक्षीकरण का ही स्थान आता है। प्रकृति की प्रमुख रचनाओं में से एक मानव मुख्यतया तीन प्रकार की मानसिक क्रियाएँ करता है। इन क्रियाओं के मध्य अन्तर्संबंध भी होता है। इन तीन क्रियाओं को क्रमशः ज्ञानात्मक, भावात्मक और क्रियात्मक के नाम से जाना जाता है। सबसे पहले 1911 में बैसन तथा 1882 में मेजेन्डी ने क्रियावाही तथा ज्ञानवाही नाड़ियों में भेद किया। वुण्ट (1874) ने संवेदना और प्रत्यक्षीकरण में अन्तर स्पष्ट किया। मनोविज्ञान में प्रयोगशालीय अन्वेषण से पहले ही संवेदना का प्रयोगात्मक अध्ययन प्रारम्भ हुआ। उन्नीसवीं शताब्दी में मनोविज्ञान के क्षेत्र में पचास प्रतिशत से अधिक कार्य संवेदना मनोविज्ञान से सम्बन्धित था। अरस्तू ने सर्वप्रथम मनुष्य में पाँच ज्ञानेन्द्रियों और सम्बन्धित संवेदनाओं की चर्चा की है।

संवेदना : आशय एवं परिभाषाएँ

संवेदना का आशय किसी वस्तु द्वारा प्रदान की जाने वाली उत्तेजना के प्रति जीव द्वारा की जाने वाली अनुक्रिया से है। संवेदना को ग्रहण करने का कार्य इंद्रियाँ करती हैं। अतः स्पष्ट है कि संवेदना के दो पक्ष होते हैं जैसे जब बाह्य वस्तु द्वारा

भेजी गई उत्तेजना को बाह्य वस्तु तथा इंद्रियों द्वारा अवशोषित करने की क्षमता हमारा शरीर ग्रहण कर लेता है और यही उत्तेजना कहलाता है। संवेदना किसी उत्तेजना के प्रति जीव की प्रथम अनुक्रिया है।

आइज़नेक (1972) ने अपने साथियों के साथ मिलकर संवेदना की एक उत्कृष्ट परिभाषा दी है जो इस प्रकार है—"संवेदना वह मानसिक प्रक्रम है, जो आगे विभाजन योग्य नहीं होता। यह ज्ञानेन्द्रियों को प्रभावित करने वाली उत्तेजना द्वारा उत्पादित होता है तथा इसकी तीव्रता, उत्तेजना पर निर्भर करती है और इसके गुण ज्ञानेन्द्रिय की प्रकृति पर निर्भर करते हैं।"

उपरोक्त परिभाषा से पता चलता है कि संवेदनाएँ विभिन्न उत्तेजनाओं के फलस्वरूप उत्पन्न होती हैं।

वार्ड ने संवेदना के विषय में बतलाया है कि शुद्ध संवेदना एक मनोवैज्ञानिक किंवदंती है। सही माना जाए तो संवेदना इंद्रियों द्वारा उत्पन्न होती है। आँख, नाक, कान, जिह्वा तथा त्वचा संवेदना ग्रहण करते हैं।

विशेषताएँ

संवेदना में विभिन्न प्रकार की विशेषताएँ पाई जाती हैं। इसकी कुछ प्रमुख विशेषताओं को निम्न प्रकार स्पष्ट किया गया है—

1. किसी संवेदना को अगर अच्छी तरह समझना है, तो यह जरूरी है कि उस पर ध्यान लगाया जाये इस प्रक्रिया में वह पहले से अधिक स्पष्टता के साथ प्रकट होती है।
2. जो उद्दीपक ज्ञानेन्द्रिय के जितने अधिक भाग को उद्दीप्त करता है, उसकी व्यापकता उतनी अधिक होती है।
3. यह अनुभवजन्य है कि अलग-अलग ज्ञानेन्द्रियों में अलग-अलग किस्म की संवेदनाओं का स्थान तय रहता है। यह अन्तर स्थानीय चिह्न के कारण होता है।
4. संवेदनाओं की तीव्रता भिन्न-भिन्न होती है। कुछ संवेदनाएँ अधिक तीव्र और कुछ संवेदनाएँ कम तीव्र होती हैं।
5. जब कोई संवेदना मानस-पटल पर उपस्थित होती है, तो वह कितनी देर तक हो सकती है। सत्ताकाल या अवधि की विशेषताएँ लगभग सभी संवेदनाओं में देखी गई हैं।

स्वरूप

वैसे तो संवेदनाएँ कई प्रकार की होती हैं परंतु मनोविज्ञान में प्रमुखतः चार तरह की संवेदनाओं का जिक्र किया गया है—दृष्टि संवेदना, श्रवण संवेदना, स्पर्श संवेदना और रासायनिक संवेदना। इनके बारे में वृहद् जानकारी निम्न प्रकार दी गई है—

दृष्टि संवेदना

आँखों द्वारा महसूस की जाने वाली संवेदना दृष्टि संवेदना कहलाती है। नेत्र के माध्यम से ही जीव को प्रकाश, रंग, वस्तुओं का रूप, आकार, गति आदि के अनुभव प्राप्त होते हैं। बाह्य जगत की वस्तुएँ उद्दीपक का कार्य करती हैं। उन उद्दीपकों से निकली प्रकाश तरंगों द्वारा दृष्टि संवेदना की उत्पत्ति होती है। प्रकाश एक विकीर्ण ऊर्जा है, इससे उत्पन्न तरंगों का अध्ययन चुम्बकीय अथवा विद्युतीय धारा के रूप में किया जाता है।

प्रकाश की कमी में व्यक्ति भली-भाँति देख नहीं सकता है। प्रकाशमान वस्तुएँ; जैसे—शीशा तथा रेडियम आदि पर जब प्रकाश पड़ता है तब यह स्वयं ही नजर आने लगती हैं तथा इससे परावर्तित प्रकाश में अन्य वस्तुएँ भी नजर आती हैं, इस तरह या तो प्रकाश मूल स्रोत से निकल कर सीधा हमारी आँखों पर आता है अथवा किसी अन्य वस्तु पर गिरता है तथा यहाँ से परावर्तित होकर हमारी आँखों पर पड़ता है।

आँख की बनावट की जानकारी होना आवश्यक होता है, चूँकि इसी के द्वारा ही दृष्टि संवेदना को आसानी से समझा जा सकता है। आँख के गोलक में तीन परतें होती हैं—यह श्वेत पटल, मध्य पटल और अन्तःपटल की परत कड़ी तथा अपारदर्शी होती है, परन्तु लेन्स के सामने वाला भाग, जिसे कोर्निया कहा जाता है, पतला तथा पारदर्शी होता है। श्वेत पटल से बाद की संरचना है। मध्य पटल के बीच के हिस्से को आइरिस कहा जाता है। आँख की सर्वाधिक महत्त्वपूर्ण रचना होती है। रेटिना की संरचना अनेक सपोर्टिंग सेल्स तथा न्यूरॉन्स से होती है। इन न्यूरॉन्स का संपूर्ण जानकारी प्राप्त करना हमारे लिए आवश्यक है।

दृष्टि तीक्ष्णता—इसका संबंध किसी उद्दीपक को स्पष्ट देखने से है। मनुष्य के अतिरिक्त कुछ पशुओं और पक्षियों की भी काफी तेज दृष्टि होती है। चील की दृष्टि तीक्ष्णता काफी अधिक होती है। यह एक प्रकार की क्षमता है जिसकी सहायता से सूक्ष्म से सूक्ष्म वस्तुओं को स्पष्ट रूप से देखा जा सकता है तथा दो उद्दीपकों के

सूक्ष्म अन्तर को भी स्पष्ट किया जा सकता है। दृष्टि-तीक्ष्णता व उद्दीपक तीव्रता से एक दूसरे से काफी जुडाव होता है। यह देखा गया है कि मन्द प्रकाश में कोई भी वस्तु आसानी से नजर नहीं आती है जबकि अधिक प्रकाश वस्तु आसानी से नजर आती है। इसकी प्रमुख वजह यह है कि जहाँ प्रकाश की प्रचुरता होती है, वहाँ शंकुओं की क्रियाशीलता ज्यादा पायी जाती है। यदि धरातल अन्धकारमय है तो कोई भी वस्तु भली-भाँति नजर आती है, अगर धरातल प्रकाशमय है तो वस्तुएँ आसानी से नजर आती हैं। उद्दीपक की नेत्र से दूरी भी दृष्टि तीक्ष्णता को प्रभावित करती है। रेटिना पर फोबिया से प्रतिबिम्ब की दूरी जितनी अधिक होगी वह स्पष्ट रूप से नजर नहीं आने के कारण है कि फोबिया से जितना ही दूर जाते जायें, शंकुओं की संख्या कम और कम होती जाती है।

दृष्टि अनुकूलन—सामान्य रूप से आँख अलग-अलग प्रकाश मात्रा के साथ सामंजस्य स्थापित करने का प्रयास करती है। परंतु इस अनुकूलन की एक सीमा निर्धारित की जाती है। प्रकाश तीव्रता के प्रति आँख का प्यूपिल तथा फोटोरिसेप्टर्स समय-समय पर मुख्यतः दो प्रकार से अनुकूलन करते हैं। वाल्ड तथा क्लार्क (1937) ने अनुकूलन के क्षेत्र में अपने प्रयोगों के आधार पर यह जानकारी प्रदान की है कि प्रकाश-अनुकूलन में शंकु प्रकाश के प्रति संवेदनशील हो उठते हैं तथा दण्डों की संवेदनशीलता का अंत हो जाता है। प्रकाश अनुकूलन अँधकार अनुकूलन की अपेक्षा जल्दी समाप्त हो जाता है।

पश्चात् प्रतिबिम्ब—वस्तु के हट जाने के थोड़ी देर बाद तक भी शंकु सक्रिय रहते हैं। इसी सक्रियता के परिणामस्वरूप ही उद्दीपक के हट जाने के बाद भी उद्दीपक की अनुभूति होती रहती है, जिसे पश्चात् प्रतिबिम्ब कहते हैं। यह पश्चात् प्रतिबिम्ब दो प्रकार के होते हैं—धनात्मक और निषेधात्मक। अगर तीव्र प्रकाश पर ध्यान केन्द्रित किया जाये और फिर ध्यान हटाकर साधारण पृष्ठभूमि पर केन्द्रित किया जाए तो कुछ देर के लिए ही इस पृष्ठभूमि पर तीव्र प्रकाश से सम्बन्धित प्रतिमा नजर आने लगेगी। तत्पश्चात् प्रतिबिम्ब को धनात्मक पश्चात् प्रतिबिम्ब की संज्ञा दी जाती है। जब वस्तुएँ आँखों से ओझल हो जाने के बाद उसका पूरक आँखों में दिखाई पड़ता है, तब उसे निषेधात्मक पश्चात् प्रतिबिम्ब पुकारा जाता है।

रंग संवेदना—रंग संवेदना दृष्टि संवेदना का ही एक प्रकार है। उदाहरण के लिए, विभिन्न रंगों; जैसे—लाल, हरा, नीला, पीले रंग की संवेदनायें आती हैं। रंगविहीन संवेदनाएँ एक प्रकार की दृष्टि संवेदना ही होती हैं जिसमें—काले, सफेद तथा भूरे रंग

की संवेदना होती है। हरा, पीला, बैंगनी, लाल, नीला और नारंगी रंगों को शुद्ध कहा जाता है। परन्तु इन रंगों की संवेदना कम होती है जबकि मिश्रित रंगों की संवेदना ज्यादा होती है। विभिन्न रंगों की तरंग की लम्बाई भिन्न-भिन्न होती है; उदाहरण के लिए—लाल, नांरगी और पीले का तरंग दैर्ध्य क्रमशः 660 mμ, 610mμ, 585mμ होती है। बैंगनी, नीले और हरे की तरंगों की लम्बाई क्रमशः 430 mμ, 485mμ तथा 590 mμ होती है। इस प्रकार स्पष्ट है कि लाल रंग का सर्वाधिक तंरग दैर्ध्य होता है और बैंगनी रंग का कम।

रंग मिश्रण—मनोविज्ञान की प्रयोगशाला में रंग मिश्रण के लिए एक उपकरण होता है। इस उपकरण में एक बिजली की मोटर होती है, जिसमें एक रंगीन चक्र होता है। इस चक्र को मोटर द्वारा तेज घुमाए जाने पर भूरे रंग की संवेदना होती है। लेकिन जब चक्र पर केवल दो रंग होते हैं और चक्र को तेजी से घुमाया जाता है तो इन दो रंगों के बीच का कोई एक रंग दिखाई देता है अथवा कोई तीसरा रंग दिखाई देता है। इन के प्रयोगात्मक अध्ययनों के आधार पर मनोवैज्ञानिकों ने कुछ नियम बनाए हैं। रंग मिश्रण के प्रयोगों में इन्हीं प्रतिपादित नियमों का ही सत्यापन किया जाता है। रंग चक्र को जब कम गति से घुमाया जाता है तब रंग की संवेदना कुछ भिन्न प्रकार की होती है, गति अधिक तीव्र करने पर रंगों में कुछ झिलमिलाहट तथा गति बहुत अधिक तीव्र करने पर कुछ भिन्न रंगों की संवेदना होती है। मनोवैज्ञानिकों ने प्रयोगात्मक रूप से तीन तरह के नियम बनाए हैं—अपूरक रंगों का नियम, पूरक रंगों का नियम, मिश्रित रंगों के मिश्रण का नियम।

रंग विरोध—जब पूरक रंग हमें किसी रंग उद्दीपक को कुछ समय लगातार देखने बाद इस रंग के रहने या न रहने में पृष्ठभूमि पर दिखाई दे तो यह रंग विरोध कहलाता है। इसे दृष्टि विरोध भी कहा जा सकता है। दैनिक जीवन में भी देखा जाता है कि जब एक गोरा व्यक्ति अधिक गोरे लोगों के बीच में होता है तब वह काला दिखाई देने लगता है। गोरी महिलाएँ काले कपड़े पहनने पर और अधिक गोरी दिखाई देती हैं। रंग के गुणों आदि का अध्ययन करने के लिए भूरे रंग की पृष्ठभूमि का उपयोग किया जाता है। यह इसलिए किया जाता है कि भूरे रंग की पृष्ठभूमि पर अध्ययन किये जा रहे रंग की तीव्रता तथा चमक आदि पर किसी प्रकार का प्रभाव नहीं पड़ता है। व्यापक अर्थों में रंग विरोध वह है जिसमें किसी उद्दीपक रंग की छाया, चमक या तीव्रता, पृष्ठभूमि के कारण बदल जाती है।

रंग विरोध के प्रमुखतः दो प्रकार बतलाए गए हैं—समकालीन, उत्तरोत्तर। यहाँ

यह जानना आवश्यक है कि समकालीन रंग विरोध में उद्दीपक रंग की उपस्थिति में रंग विरोध होता है, उत्तरोत्तर रंग विरोध में रंग की अनुपस्थिति में रंग विरोध होता है। इनमें से प्रत्येक रंग विरोध दो प्रकार का हो सकता है—(1) रंगीन (2) रंगविहीन। जब दो विपरीत रंगों को एक-दूसरे के समानांतर रखा जाता है तो जितने परिवर्तन प्रकट होते हैं वे सभी समकालीन रंगीन रंग विरोध के अंतर्गत आते हैं। जब सफेद, काले और भूरे रंग को एक-दूसरे के समकक्ष रखा जाता है तो जो परिवर्तन उत्पन्न होते हैं उसे समकालीन रंगहीन रंग विरोध कहा जाता है।

रंग संवेदना के सिद्धांत—रंग संवेदना के सम्बन्ध में कुछ प्रमुख सिद्धांतों का प्रतिपादन किया गया है। कुछ प्रमुख सिद्धांतों को निम्न प्रकार स्पष्ट किया गया है—

लैंड-फ्रैकलिन सिद्धांत—लैंड-फ्रैकलिन नामक एक महिला ने यंग-हेल्महोज सिद्धांत तथा हेरिंग सिद्धांत का अध्ययन कर सन् 1893 में एक नया सिद्धांत प्रस्तुत किया जो इन दोनों सिद्धांतों का व्यापक प्रभाव है। इसे अणुविच्छेदन सिद्धांत तथा विकासात्मक सिद्धांत भी कहा जाता है। इस सिद्धांत के अनुसार संवेदना के विकास की निम्नांकित तीन अवस्थाएँ हैं—

1. विकास की तीसरी अवस्था में पीले रंग से सम्बन्धित प्रक्रियायें दो भागों में बँट जाती हैं जिससे लाल और हरे रंग की संवेदना होती है।
2. दूसरी अवस्था में रेटिना पर पाये जाने वाले दो भागों में बँट जाते हैं जिससे नीले तथा पीले रंग की संवेदना होती है।
3. पहली अवस्था में रंगविहीन संवेदना की उत्पत्ति होती है।

लैंड-फ्रैकलिन का मानना है कि इन तीन विकास की अवस्थाओं से सम्बन्धित रेटिना में तीन क्षेत्र होते हैं। पहली विकास अवस्था का सम्बन्ध रेटिना के बाहरी क्षेत्र से होता है, दूसरी विकास अवस्था का सम्बन्ध रेटिना के मध्य क्षेत्र से तथा तीसरी विकास अवस्था का सम्बन्ध केन्द्रीय क्षेत्र से होता है। रंग संवेदना की व्याख्या प्रतिक्रियाओं के आधार पर की गयी है। रंग अन्धापन का कारण रंगों के सम्बन्धित फोटो-रसायन का रेटिना में विकसित न हो पाना है। रेटिना में लाल तथा हरे रंग से सम्बन्धित रसायन का विकास सबसे बाद में होता है।

हेरिंग सिद्धांत—इस सिद्धांत का प्रतिपादन सन् 1878 में हेरिंग महोदय ने किया है इसलिए यह सिद्धांत उनके नाम से संबोधित किया जाता है। इस सिद्धांत

ने यंग हेल्महोज के सिद्धांतों में वर्तमान दोषों को दूर किया तथा इस सिद्धांत को विपरीत प्रक्रिया सिद्धांत भी कहा जाता है। हेरिंग ने अपने दूसरे समकालीन या पूर्वजों से असहमति रखते हुए छह रंगों का सिद्धांत प्रस्तुत किया। हेरिंग ने आगे कहा कि इन रंगों के प्रत्येक जोड़े के लिए रेटिना में भिन्न-भिन्न तीन तरह के रासायनिक द्रव पाये जाते हैं तथा प्रत्येक रसायन में दो प्रकार की रासायनिक प्रक्रियाएँ होती हैं। पहली तरह की रासायनिक प्रक्रिया निर्माणकारी तथा दूसरी तरह की रासायनिक प्रक्रिया विनाशकारी है।

हेरिंग-सिद्धांत तथा यंग-हेल्महोज सिद्धांत के मध्य कुछ अंतर विद्यमान हैं। रंग-संवेदना की भिन्न-भिन्न घटनाओं की व्याख्या करने में यंग-हेल्महोज की तुलना में हेरिंग सिद्धांत की अपेक्षा रंग अन्धेपन की व्याख्या अधिक सफलतापूर्वक करता है। यह प्रतिबिम्ब की व्याख्या भी अधिक सफलतापूर्वक करता है। रंग विरोध की व्याख्या में भी यह यंग-हेल्महोज सिद्धांत की अपेक्षा ज्यादा सही है।

यंग-हेल्महोज सिद्धांत—सन् 1801 में थॉमस यंग ने इस सिद्धांत को सर्वप्रथम प्रस्तुत किया। इन्होंने बतलाया कि अक्षिपटल में तीन प्रकार की सूचियाँ हैं जो तीन प्रकार के प्राथमिक रंगों को उत्पन्न करती हैं। हेल्महोज ने यंग के सिद्धांत में 1852 में कुछ संशोधन कर नए रूप में प्रस्तुत किया। इस सिद्धांत को Tri-stimulus Theory के नाम से पुकारा जाता है। इस सिद्धांत के अनुसार रंगों की प्राथमिकता तय करते हुए इन्हें संबंधित रूप में रखा गया है। ये तीन लाल, हरा और नीला हैं। रेटिना में इन तीन रंगों से सम्बन्धित तीन प्रकार के शंकु पाये जाते हैं। लाल, हरे तथा नीले रंग से संबंधित यह शंकु कहलाते हैं। यह शंकु अलग-अलग प्रकाश तरंगों द्वारा उद्दीप्त होते हैं। इन वैज्ञानिकों के अनुसार सभी प्रकार की रंगीन तथा रंगविहीन संवेदनाएं इन्हीं तीन प्रकार के शंकुओं के द्वारा होती हैं। यह तीनों प्रकार के शंकु जब समान अनुपात में उद्दीप्त होते हैं तब सफेद अथवा भूरे रंग की संवेदना होती है। इस सिद्धांत बतलाया है कि धनात्मक पश्चात् प्रतिमा उस समय दिखाई देती है, जब किसी उद्दीपक की उपस्थिति के कारण शंकु उत्तेजित हो जाएँ और फिर उद्दीपक को हटा लिया जाए तो कुछ समय तक शंकु उत्तेजित रहते हैं और उनकी प्रतिमा दिखाई देती है यह प्रतिमा धनात्मक पश्चात् प्रतिमा कहलाती है।

श्रवण संवेदना

कोई भी व्यक्ति अपने कानों में ही श्रवण संवेदना का अनुभव करता है। इसके

द्वारा वातावरण से संबंधित ज्ञान प्राप्त किया जाता है, जिसे श्रवण-संवेदना कहा जाता है। ध्वनि तरंग द्वारा उत्तेजना की प्राप्ति होती है। परंतु श्रवण संवेदना की उत्पत्ति हर ध्वनि तरंग से नहीं होती है। वैज्ञानिकों के अनुसार मानव 20Hz से 2000Hz तक की ध्वनि को ही सुन पाता है। इसे मानव की सभ्यता सीमा कहा जाता है। संरचना पर भी ध्वनि तरंगों की अनुभूति कान पर निर्भर करती है। मनुष्य के पास यदि कान न होता तो वह वातावरण के तमाम उद्दीपकों को न सुन पाता, न आनन्द ले पाता और उसे इन उद्दीपकों को समझने में भी ज्यादा कठिनाई रही होती।

संरचना के आधार पर कानों को तीन भागों में विभाजित किया जा सकता है—आन्तरिक कान, मध्य कान और बाहरी कान। बनावट में जहाँ बाह्य संरचना सहज और सरल बोधगम्य होती है वहीं आंतरिक संरचना सरल नहीं होती है। मध्य कान की शुरुआत कर्ण-ढोल के बाद होती है। कान के पर्दे के पीछे विद्यमान छोटे स्थान को मध्य कान कहा जाता है। बाह्य दृश्यमान भाग, कान की नली तथा कान का पर्दा बाहरी कान के तीन मुख्य भाग हैं।

त्वचीय संवेदनाएँ

स्पर्श, पीड़ा तथा ताप की संवेदनाओं का अनुभव त्वचा अथवा चर्म द्वारा होता है। त्वचा द्वारा ग्राह्य संवेदना मुख्यतः तीन प्रकार की होती हैं—ताप, दबाव और पीड़ा। स्पर्श तथा भार संवेदनाएँ दबाव संवेदना का ही हिस्सा हैं। इन संवेदनाओं के अलावा त्वचा के द्वारा व्यक्ति को अनेक प्रकार की संवेदनाओं का अनुभव होता है; जैसे—जलन, सूखापन, गीलापन, चिकनापन, खुजली, खुरदरापन आदि। परन्तु इन संवेदनाओं की उत्पत्ति उपरोक्त तीन प्रकार की संवेदनाओं के परिणामस्वरूप ही होती है। स्टीवेनस काट्ज, नाफे, ब्लिक्स गोल्डाशील्ड, डोनाल्डजन, बाइफ्रे, काइसो आदि मनोवैज्ञानिकों ने इस क्षेत्र में महत्त्वपूर्ण भूमिका निभायी है।

त्वचीय संवेदना तीन प्रकार की होती है—ताप संवेदना, स्पर्श संवेदना और पीड़ा संवेदना। ताप संवेदना के तहत शीत तथा ऊष्ण दोनों प्रकार की संवेदनाओं को शामिल किया जा सकता है। जो तापक्रम के अनुरूप प्रभावित होती हैं। ढके भाग में 30^0 से अधिक तापक्रम की आवश्यकता होती है। वानफ्रे का मानना है कि 40^0 से 50^0 से. ग्रेड से शीत बिन्दुओं को उत्तेजित करने पर शीत की ही संवेदना होती है। दबाव की संवेदना का उद्दीपक त्वचा का विकृतीकरण होती है। बानफ्रे (1919) ने एक लकड़ी के हैण्डिल में बारीक और मोटे बाल को बाँधकर (यह बाल

भिन्न आकार और भार के या मोटाई के थे) त्वचा से इनका स्पर्श कराकर स्पर्श संवेदनाओं के रफ सीमान्तों का निर्धारण किया जाता है। त्वचा के ज्यादा बिखराब की स्थिति में दर्द का अनुभव होता है न कि दबाव में। इस पीड़ा संवेदना को विद्युत या रासायनिक उद्दीपकों के माध्य से भी उत्पन्न किया जा सकता है।

रासायनिक संवेदनाएँ

रासायनिक संवेदनाओं के अंतर्गत निम्नलिखित संवेदनाओं को शामिल किया जाता है–

(1) घ्राण संवेदना–स्वाद की संवेदना जीभ नामक ज्ञानेन्द्रिय द्वारा की जाती है। यह संवेदना जीभ की ऊपरी सतह पर फैले हुए स्वाद ग्राहकों की सहायता से होती है, जिसे स्वाद का लिका भी कहा जाता है। जब किसी रासायनिक पदार्थ से स्वाद कालिकाएँ उत्तेजित होती हैं तो हमें स्वाद संवेदना होती है।

(2) गन्ध संवेदना–गन्ध की संवेदना की अनुभूति नाक नामक ज्ञानेन्द्रिय से होती है। नाक में गन्ध गोलक पाया जाता है। नाक के भीतर सबसे ऊपर एक छोटा-सा क्षेत्र विद्यमान होता है, जिसे गंधग्राहक कहा जाता है, इसमें ही गन्ध ग्राहक होते हैं। गन्ध के ग्राहक तथा जिनके सिरों पर बारीक रेशे या रोएँ पाये जाते हैं, जो आलफैक्ट्री ऐपिथेलियम क्षेत्र में पाये जाते हैं। मस्तिष्क के गन्ध केन्द्र में स्थित गन्ध गोलक बल्ब का सम्बन्ध इन्हीं रेशे रूपी गन्ध ग्राहक एक दूसरे से काफी जुड़े होते हैं। इस दिशा में मनोवैज्ञानिक अध्ययनों के अभाव का एकमात्र कारण गन्ध ग्राहकों का नाक के अधिक भीतर स्थिति होना तथा इन ग्राहकों का म्यूकस झिल्ली से ढका होना है।

प्रत्यक्षीकरण का आशय एवं परिभाषा

किसी भी वस्तु की जानकारी ज्ञानात्मक पद्धति से प्राप्त होती है। ज्ञान का दायरा काफी विस्तृत है। यह अर्थहीन और अर्थपूर्ण दोनों में से किसी तरह का हो सकता है। अर्थहीन ज्ञान की अनुभूति संवदेना के माध्यम से होती है वहीं प्रत्यक्षीकरण के द्वारा अर्थपूर्ण ज्ञान का पता चलता है। सभी अर्थपूर्ण ज्ञान का संबंध प्रत्यक्षीकरण से नहीं होता है। कसौटी पर सही उतरने वाले अर्थपूर्ण ज्ञान को ही प्रत्यक्षीकरण कहा जाता है। जब अर्थपूर्ण ज्ञान गलत होता है तो उसे भ्रम कहा जाता है। जब वस्तु के अनुपस्थित रहने पर भी उसका ज्ञान हो तो इसे विभ्रम कहा

जाता है। इस प्रकार, ज्ञानात्मक प्रक्रिया का सम्बन्ध चार तरह के ज्ञान अर्थात् संवेदना, प्रत्यक्षीकरण, भ्रम तथा विभ्रम से है। इससे प्रत्यक्षीकरण के सम्बन्ध में ऐसे ज्ञान की अनुभूति होती है जिसमें वस्तु उपस्थित होती है और तब उसका अर्थपूर्ण एवं सही ज्ञान होता है। यहाँ इस तथ्य पर ध्यान दिया जाना चाहिए कि प्रत्यक्षीकरण का संबंध वस्तु की वास्तविक स्थिति तथा सही ज्ञान देने वाली मानसिक प्रक्रिया को कहा जाता है, उस ज्ञान को नहीं। उदाहरण के लिए, पुस्तक का ज्ञान अपने आप में प्रत्यक्षीकरण है। अतः प्रत्यक्षीकरण वह ज्ञानात्मक मानसिक प्रक्रिया है जिसकी सहायता से वस्तु की वास्तविक स्थिति का पता चलता है। प्रत्यक्षीकरण के वक्त किसी भी मनुष्य या प्राणी की एक से अधिक ज्ञानेन्द्रियों में उत्तेजना होना अत्यन्त जरूरी है।

कोलिन्स तथा ड्रेवर ने प्रत्यक्षीकरण के बारे में जानकारी प्राप्त करते हुए कहा है, "प्रत्यक्षीकरण वह मानसिक प्रक्रिया है जिसमें किसी वस्तु या परिस्थिति का तात्कालिक ज्ञान होता है और जिसमें एक या सभी ज्ञानेन्द्रियाँ प्रभावित होती हैं"। वुडवर्थ के विचार में, "बाह्य उद्दीपक के प्रति मस्तिष्क की प्रथम क्रिया संवेदना होती है। संवेदना के पश्चात् ही प्रत्यक्षीकरण का स्थान आता है।

बोरिंग का मानना है कि—संवेदना तथा प्रत्यक्षीकरण में भेद मुख्य रूप से कल्पना के आधार पर किया जाता है कि संवेदना का अभिप्राय ग्राहक के उस कार्य से है जब वह उद्दीप्त होता है तथा प्रत्यक्षीकरण का संबंध प्रत्यक्षीकरण को पारिभाषित करने से है।

डेम्बर के अनुसार—प्रत्यक्षीकरण को व्यवस्था तथा इसके मध्य आने वाले सभी प्रक्रमों का संग्रह कहा जा सकता है जिससे उद्दीपन तथा अनुक्रिया के सम्बन्धों का स्पष्टीकरण होता है।

आइजनेक का मानना है कि प्रत्यक्षीकरण को प्राणी का एक मनोवैज्ञानिक रूप कहा जा सकता है कि जिसका सम्बन्ध वातावरण की स्थिति या परिवर्तनों की सूचना ग्रहण करने तथा प्रणाली से है।

प्रत्यक्षीकरण में निहित प्रक्रियाएँ

प्रत्यक्षीकरण की सरल नहीं है। प्रत्यक्षीकरण में छोटी-छोटी प्रक्रियाओं का समावेश होता है। किसी वस्तु के प्रत्यक्षीकरण में जिन प्रक्रियाओं को शामिल किया

है वे हैं—ग्राहक प्रक्रिया, एकीकरण की प्रक्रिया, भावनात्मक प्रक्रिया तथा प्रतीक रूपी प्रक्रिया।

प्रत्यक्षीकरण के प्रमुख सिद्धांत

किसी भी वस्तु की प्रत्यक्षीकरण की प्रक्रिया क्या होती है इसकी जानकारी अब तक प्राप्त नहीं की जा सकी है। लेकिन कुछ ऐसे सिद्धांत हैं जिन्हें अधिकांश रूप में स्वीकार किया गया है। यहाँ इन सिद्धांतों पर संक्षेप में प्रकाश डाला जा रहा है—

(1) गेस्टाल्टवादी सिद्धांत—सर्वप्रथम इस सिद्धांत का प्रयोग गेस्टाल्ट सम्प्रदाय के मनोवैज्ञानिकों द्वारा किया गया। गेस्टाल्टवादी सिद्धांत का प्रतिपादन 1912 ई. में जर्मनी में किया गया। वरदाइमर को इस सिद्धांत का जनक कहा जाता है। वरदाइमर जो गेस्टाल्टवादी मनोवैज्ञानिक थे, उन्हें संरचनावादी सिद्धांत मान्य नहीं था तथा प्रत्यक्षीकरण में सम्पूर्ण की विशेषता को स्पष्ट करने के लिए उन्होंने अंग्रेजी शब्द 'गेस्टाल्ट' का व्यवहार किया। गेस्टाल्ट जर्मन शब्द गेस्टाल्टन के समान है, जिसका आशय रूप तथा पूर्ण है।

विशेषताएँ—इस सिद्धांत विशेषताओं का वर्णन निम्नलिखित बिंदुओं में किया जाना चाहिए।

1. इसमें कई संरचनों का व्यवहार किया गया है जो काफी उपयोगी उदाहरण हैं।
2. गेस्टाल्ट सिद्धांत के विचारकों के मतानुसार प्रत्यक्षीकरण का संगठन व्यवस्था के अनुरूप हुआ है। अतएव इस पद्धति को सुव्यवस्थित माना जा सकता है। मनोवैज्ञानिकों की नई पीढ़ी भी इस विचार का पूर्णतया समर्थन करती है।
3. इस सिद्धांत के अनुसार भौतिक उत्तेजना तथा इसके प्रत्यक्षीकरण में 1:1 की अनुकूलता नहीं होती है। भौतिक उत्तेजना क्षेत्र तथा मस्तिष्कीय क्षेत्र के बीच 1:1 की अनुकूलता रहती है।
4. संवेदी आकार प्रत्यक्षीकरण की व्याख्या करने में यह सिद्धांत अधिक सफल है।
5. अस्पष्ट तथा असंरचित उत्तेजना की अपेक्षा स्पष्ट तथा संरचित उत्तेजना के प्रत्यक्षीकरण की व्याख्या करने में गेस्टाल्ट सिद्धांत अधिक सफल है।

दोष—इस सिद्धांत में कुछ दोष भी पाये जाते हैं जिनका उल्लेख निम्न बिंदुओं में किया जा रहा है—

1. इसमें किसी भी व्यक्ति की पूर्व अनुभूति को मान्यता नहीं दी जाती है जो कि सत्यता से वंचित रखने का कार्य करता है। प्रत्यक्षीकरण में पूर्व-अनुभूति का भी महत्त्वपूर्ण स्थान है।
2. इसमें व्यक्ति की आवश्यकता, अर्थ, प्रेरक, मनोवृत्ति, मूल्य आदि के महत्त्व को स्वीकार नहीं किया गया है।
3. यह सिद्धांत अस्पष्ट परिस्थितयों में होने वाले प्रत्यक्षीकरण की व्याख्या करने में उतना सफल नहीं है जितना की स्पष्ट परिस्थिति में होने वाले प्रत्यक्षीकरण की व्याख्या करने में।
4. इस सिद्धांत का अध्ययन क्षेत्र काफी सीमित है। गेस्टाल्टवादी मनोवैज्ञानिकों ने दृष्टि प्रत्यक्षीकरण पर ही प्रयोग करके अपने सिद्धांत को स्थापित किया है।

(2) संरचनावादी सिद्धांत—इस सिद्धांत की शुरुआत सर्वप्रथम उण्ट तथा टिचनेर द्वारा की गई थी। यह प्रत्यक्षीकरण का शुरुआती सिद्धांत था। उण्ट ने प्रत्यक्षीकरण की व्याख्या के लिए विश्लेषणात्मक विचार प्रस्तुत किया। इनका कहना है कि प्रत्येक चेतन अनुभूति का निर्माण तीन तत्त्वों अर्थात् संवेदना, भाव तथा प्रतिमा से मिलकर होता है। उन्होंने संवेदना को प्रारंभिक ज्ञानात्मक प्रक्रिया की संज्ञा दी है। इनके अनुसार पहले वस्तु की संवेदना होती है और जब उसमें कोई आशय जुट जाता है तो उस वस्तु का प्रत्यक्षीकरण होता है। इसलिए, इनका कहना है कि प्रत्यक्षीकरण संवेदना तथा आशय का योगफल है। उनका मानना है कि जब ज्ञानेन्द्रियों पर उत्तेजना का प्रभाव पड़ता है तो वह उत्तेजित हो जाती है, तत्पश्चात् स्नायु-प्रवाह उत्पन्न होकर कॉर्टेक्स के संवेदी या ज्ञानवाही क्षेत्र में जाता है, जिसमें हमें उत्तेजना का सरल एवं अर्थहीन ज्ञान होता है, जिसे संवेदना कहते हैं। इसके अंतर्गत जो भी क्षेत्र आते हैं वे सभी उत्तेजित हो जाते हैं जिसमें सभी पूर्व अनुभव जमा रहते हैं। इसके फलस्वरूप पूर्व अनुभव के आधार पर उत्तेजना की संवेदना में एक आशय जुड़ जाता है और इस प्रकार अर्थपूर्ण ज्ञान संभव होता है, जिसे प्रत्यक्षीकरण कहा जाता है। टिचेनर ने भी उण्ट के इस विचार को सही मानते हुए कहा है कि प्रत्यक्षीकरण वास्तव में संवेदना तथा आशय का योगफल है।

प्रत्यक्षीकरण के अंतर्गत आने वाले सभी संरचनावादी सिद्धांत का दूसरे मनोवैज्ञानिकों ने काफी विरोध किया है। गेस्टाल्टवादियों ने तो इस सिद्धांत को स्वीकार तक नहीं किया है। उण्ट द्वारा प्रस्तुत इस मत का साहचर्यवाद तथा

परमाणुवाद का द्योतक कहा गया है तथा इसके आधार पर प्रत्यक्षीकरण के वास्तविक स्वरूप की व्याख्या नहीं हो पाती है।

(3) व्यवहारवादी सिद्धांत—वाटसन ने सन् 1913 में संरचनावाद के आत्मनिष्ठ दृष्टिकोण के स्थान पर व्यवहारवादी की स्थापना की है। यह सिद्धांत मनोवैज्ञानिक प्रक्रियाओं की व्याख्या में वस्तुनिष्ठ दृष्टिकोण पर बल देता है। प्रत्यक्षीकरण के गेस्टाल्टवादी सिद्धांत से व्यवहारवादी सिद्धांत आधारभूत रूप से भिन्न है। मौलिकता के आधार पर इसका दृष्टिकोण सबसे अलग है। व्यवहारवादी ''वाटसन'' ने उत्तेजना तथा प्रतिक्रिया के रूप में प्रत्यक्षीकरण की व्याख्या का प्रयास किया। उनका दृष्टिकोण वस्तुनिष्ठ होते हुए भी विश्लेषणात्मक ही रहा। सीखने के समान ही उन्होंने प्रत्यक्षीकरण को अर्जित करने की संज्ञा दी है।

प्रत्यक्षीकरण के अंतर्गत इस सिद्धांत को मध्यवर्ती चर की संज्ञा दी है। एक कल्पित आंतरिक घटना मानते हैं, जो सीधे संवेदी ग्राहकों के उत्तेजन से उत्पन्न होता है और प्रणोदन स्तर तथा आदत से प्रभावित होता है। वाटसन की तुलना में "हल" द्वारा इस सिद्धांत को अच्छी प्रकार से परिभाषित किया है। इनका कहना है कि प्रत्यक्षीकरण की उत्पत्ति में आदत रचना, सामान्यीकरण, अवरोध आदि का हाथ होता है। इन्होंने आदत रचना तथा सामान्यीकरण के नियमों को प्रत्यक्षीकरण के संगठन का मौलिक आधार माना है।

''हल'' के अनुसार कभी कभी ऐसा भी समय आता है जब स्नायुमंडल में वर्तमान सभी ज्ञानवाही स्नायु-प्रवाहों के बीच क्रिया-प्रतिक्रिया होने से उनमें कुछ परिवर्तन घटित होते हैं जिसके कारण वस्तु के प्रत्यक्षीकरण में कुछ नई विशेषताएँ उत्पन्न हो जाती हैं। हल ने दो प्रकार की क्रिया-प्रतिक्रिया का उल्लेख किया है—स्थानीय क्रिया-प्रतिक्रिया तथा कालिक क्रिया-प्रतिक्रिया। स्नायु प्रवाहों की उत्पत्ति उत्तेजनाओं से होती है जिसके अंतर्गत क्रिया-प्रतिक्रिया को स्थानिक क्रिया-प्रतिक्रिया कहते हैं। उत्तेजनाओं के हट जाने के बाद भी कुछ समय तक उनके प्रभाव उत्तेजना चिह्न के रूप में स्नायुमंडल में बने रहते हैं, और उनके बीच क्रिया-प्रतिक्रिया जारी रहती है। अतएव उत्तेजना चिह्नों तथा उपस्थित स्नायु-प्रवाह के बीच क्रिया-प्रतिक्रिया को कालिक क्रिया-प्रतिक्रिया कहते हैं। इन दोनों विपरीत क्रियाओं के परिणामस्वरूप ही मौलिक उत्तेजना के प्रत्यक्षीकरण में कुछ ऐसी विशेषता उत्पन्न हो जाती है जो उस उत्तेजना में नहीं होती है।

गुण—इस सिद्धांत के प्रमुख गुण अग्रलिखित हैं—

1. इस सिद्धांत में आदत-निर्माण तथा उत्तेजना-प्रतिरूप के रूप में पूर्व-अनुभव तथा शिक्षण के महत्त्व को स्वीकार किया गया है।
2. यह सिद्धांत असंवेदी आकार प्रत्यक्षीकरण की व्याख्या करने में सफल रहा है।
3. इस सिद्धांत का दृष्टिकोण वस्तुनिष्ठ है।
4. इसमें प्रत्यक्षीकरण के निर्धारक के रूप में प्रणोदन तथा आदत के महत्त्व पर बल दिया गया है। यह एक वास्तविकता है कि प्रत्यक्षीकरण में प्रणोदन तथा आदत का महत्त्वपूर्ण स्थान है। प्रणोदन के स्तर तथा आदत में भिन्नता होने पर भिन्न-भिन्न व्यक्तियों के संज्ञान एक ही उत्तेजना के प्रति भिन्न-भिन्न हुआ करते हैं।

दोष—इस सिद्धांत कुछ दोष भी पाये जाते हैं जिनका उल्लेख नीचे किया जा रहा है—

1. इस सिद्धांत में स्वाभाविकता की कमी पाई जाती है।
2. यह सिद्धांत संवेदी आकार प्रत्यक्षीकरण की व्याख्या करने में सफल नहीं हैं।
3. यह सिद्धांत प्रयोग में उतना सफल नहीं हो सकता जितना दूसरे सिद्धांतों में सफल हो सकता है।

उपरोक्त विवेचनाओं से यह साफ हो जाता है कि व्यवहारवादी सिद्धांत प्रत्यक्षीकरण को सही से परिभाषित नहीं कर सकते हैं। व्यवहारवादियों को जितनी सफलता सीखने, चिन्तन आदि की व्याख्या में मिली, उतनी सफलता प्रत्यक्षीकरण की व्याख्या में नहीं मिल सकी।

भ्रम

प्रत्यक्षीकरण और भौतिक उद्दीपक एक जैसे होने के बावजूद एक दूसरे से काफी भिन्न हैं। ऐसी स्थिति भ्रम के कारण उत्पन्न होती है। भ्रम की स्थिति में प्रत्यक्षीकरण गलत होता है। आम जीवन में कई ऐसे उदाहरण मिलते हैं जब कोई मनुष्य तुच्छ वस्तुओं के चक्कर में गलत प्रत्यक्षीकरण का शिकार बन जाता है। वे प्रतिदिन पायी जाने वाली वस्तुओं को भली-भाँति पहचान नहीं पाते हैं। जैसे—रात के अन्धेरे में रास्ते पर पड़ी रस्सी को साँप समझ बैठते हैं, अपने मित्र के चाल-ढाल से मिलते-जुलते किसी अपरिचित व्यक्ति को मित्र समझकर पुकार बैठते हैं, रात के समय किसी श्मशान के नजदीक टूटे पेड़ को भूत समझकर डर जाते हैं आदि। जब इस प्रकार की घटनाएँ प्रतिदिन घटती हैं उसे भ्रम की संज्ञा दी जाती है। इस

तरह त्रुटिपूर्ण प्रत्यक्षीकरण ही भ्रम है। आइजनेक (1972) ने इस सम्बन्ध में अपना विचार व्यक्त करते हुए कहा है कि विषयगत प्रत्यक्षीकरण के अंतर्गत उन चीजों को गलत समझ लिया जाता है जो वे वास्तविक रूप में नहीं होते हैं, उसे ही भ्रम कहा जाता है। किसी वस्तु का गलत प्रत्यक्षीकरण ही भ्रम है।

मनोविज्ञान का कार्य-क्षेत्र सीमित नहीं है। मनोविज्ञान की दृष्टि में भ्रम ज्ञान अर्जित करने की एक दिमागी प्रक्रिया है जिसका स्वरूप कठिन होता है। इस प्रक्रिया के अंतर्गत किसी भी वस्तु की वास्तविक जानकारी प्राप्त नहीं होती है। इस परिभाषा से भ्रम के सम्बन्ध में निम्नलिखित बातें स्पष्ट होती हैं–

1. भ्रम के माध्यम से जिस ज्ञान की प्राप्ति होती है, वह सामान्य ज्ञान से भिन्न होता है। दूसरे शब्दों में वह ज्ञान गलत होता है।
2. भ्रम में उत्तेजना अनिवार्य रूप से मौजूद रहती है। जिस प्रकार संवेदना या प्रत्यक्षीकरण के लिए उत्तेजना का उपस्थित होना आवश्यक है, उसी तरह भ्रम के लिए भी उत्तेजना का मौजूद होना आवश्यक है।
3. संवेदना, प्रत्यक्षीकरण आदि की तरह भ्रम भी एक मानसिक प्रक्रिया है।
4. भ्रम ज्ञानात्मक मानसिक प्रक्रिया है। जिस तरह संवेदना या प्रत्यक्षीकरण को ज्ञान देने वाली प्रक्रिया मानते हैं, उसी तरह भ्रम को भी ज्ञान देने वाली प्रक्रिया कहते हैं। चूँकि इससे भी एक तरह का ज्ञान प्राप्त होता है।

भ्रम के प्रकार

भ्रम को दो भागों में विभाजित किया गया है वे हैं–वैयक्तिक भ्रम या अस्थाई भ्रम तथा सार्वभौमिक भ्रम या स्थाई भ्रम।

(क) वैयक्तिक भ्रम–इस प्रकार का भ्रम लंबे समय का नहीं होता है। इसीलिए इसे अस्थायी भ्रम कहते हैं। जैसे–अँधेरे में कोई रस्सी साँप नजर आये और प्रकाश में तुरन्त भ्रम छंट जाए। इस विशेषता के कारण यह भ्रम स्थाई भ्रम से भिन्न है, क्योंकि स्थाई भ्रम कभी खत्म नहीं होता है। अस्थाई भ्रम सभी व्यक्तियों पर समान प्रभाव नहीं डालते हैं। यह भ्रम किसी को हो सकता है और किसी को नहीं भी हो सकता है। इसी प्रकार एक ही उत्तेजना से चार लोगों में चार तरह के भ्रम हो सकते हैं। उदाहरण के लिए, अँधेरे में ठूठ पेड़ को देखकर एक व्यक्ति में भूत का भ्रम हो सकता है, दूसरे में चोर का, तीसरे में साधु का भ्रम और चौथे में जानवर का भ्रम उत्पन्न हो सकता है। इन्हीं गुणों के कारण यह भ्रम स्थाई भ्रम से अलग है, क्योंकि

स्थाई भ्रम सभी व्यक्तियों को एक ही तरह से होता है। इस कारण से ही अस्थाई भ्रम को असार्वजनीन तथा स्थाई भ्रम को सार्वजनीन भ्रम कहा जाता है।

(ख) सार्वभौमिक भ्रम या स्थाई भ्रम—ज्यादा से ज्यादा लोगों में इस प्रकार के भ्रम पाए जाते हैं। इस भ्रम की समय अवधि लम्बी होती है इसीलिए इसे सामान्य भ्रम भी कहा जाता है। उदाहरण के लिए रेल की दोनों पटरियों को हम देखें तो ये दोनों समानान्तर होने पर भी आगे चलकर मिलती हुई दिखाई पड़ती हैं। इसका अनुभव भिन्न स्थानों तथा भिन्न रूपों में होता है। इसी कारण इसे स्थाई भ्रम कहा जाता है। दैनिक जीवन में स्थाई भ्रम या सामान्य भ्रम के अनेक उदाहरण देखने को मिलते हैं। जैसे आकाश से पृथ्वी का मिलते हुए दिखाई पड़ना, चलती हुई गाड़ी से देखने पर पेड़-पौधों का दौड़ते हुए दिखाई पड़ना, चलते हुए बादल के पीछे चाँद का चलता हुआ दिखाई पड़ना आदि।

स्थाई भ्रम की प्रस्तुति रेखाओं की सहायता से की जाती है। सिद्धांत के दृष्टिकोण से इस प्रकार के भ्रम अधिक महत्त्वपूर्ण माने जाते हैं। भ्रम पर इस प्रकार से कई अनुसंधान भी किए गए हैं। मूलर-लायर ने इसके अध्ययन में महत्वपूर्ण भूमिका निभाई है। उन्होंने तीर-रेखा तथा पंखरेखा पर प्रयोग किया। दोनों रेखाएँ लम्बाई में बराबर होते हुए भी तीर-रेखा से पंखरेखा हमेशा बड़ी दिखाई पड़ती हैं।

सभी व्यक्ति इस प्रकार के भ्रम का अनुभव करते हैं तथा किसी भी वक्त हो सकता है। अन्तर केवल भ्रम की मात्रा में होता है। किसी को अधिक भ्रम होता है, किसी को कम। इसे ही मूलर-लायर भ्रम कहते हैं। इस भ्रम को निर्धारित करने के लिए मनोभौतिकी-विधियों का व्यवहार किया जाता है। इसके लिए सीमा-विधि तथा औसत अशुद्धि विधि का अधिक प्रयोग किया जाता है।

भ्रम के कारण

भ्रम कई कारणों से होता है। भ्रम के कुछ मुख्य कारण निम्नलिखित हैं—

1. प्रसंग द्वारा भी भ्रम की उत्पत्ति होती है लेकिन, यह कारण प्रायः स्थाई भ्रम के साथ लागू होता है। चलती हुई रेलगाड़ी से देखने पर पेड़-पौधे चलते हुए दिखाई पड़ते हैं।
2. सुझाव के कारण भी भ्रम होना स्वाभाविक है।
3. नवीनता भी भ्रम का एक महत्त्वपूर्ण कारक है।
4. संदर्भ भी कई बार भ्रम को जन्म देती है। गणित के एक मुख्य भाग ज्यामिती में भ्रम का कारण संदर्भवश ही उत्पन्न होता है।

5. भय तथा भ्रम एक दूसरे से काफी जुड़े हुए हैं। अपने कक्ष में सोया हुआ कोई व्यक्ति यदि चोर या चोरी के डर से भयभीत है तो निशाकाल में अंधकारवश किसी कीड़े-मकौड़े या चूहे की आहट को भी चोर का आगमन ही समझ लेता है।
6. व्यक्ति भ्रम का एक कारण उत्तेजनाओं की समानता है।
7. परिचय के द्वारा भी किसी को भ्रम हो सकता है।
8. कभी-कभी ज्ञानेन्द्रिय दोष के कारण भी भ्रम होता है।
9. भ्रम का एक कारण उत्तेजनाओं का विरोध है।
10. बेनुसी (1912) ने मुलर-लायर भ्रम की मात्रा पर प्रत्यक्षीकरण की अभिवृत्ति तथा अंश पृथक्करण की अभिवृत्ति के प्रभाव के अध्ययन में देखा कि प्रथम कारक की उपस्थिति में भ्रम की मात्रा अधिक थी।
11. कभी-कभी व्यक्ति आवश्यकता के कारण भ्रम का शिकार बन जाता है।
12. अपने मस्तिष्क में किसी व्यक्ति या उसके पेशे के संबंध में गलत धारणा बना लेने के कारण यदा-कदा व्यक्ति मानसिक वृत्ति का शिकार बन जाता है।
13. चिन्ता भी भ्रम को जन्म देती है।

7

व्यक्तित्व

किसी भी व्यक्तित्व की संपूर्ण जानकारी प्राप्त करना आसान बात नहीं है। विभिन्न विद्वानों द्वारा व्यक्तित्व को परिभाषित किया गया है। व्यक्ति जो है वह उसी रूप में खुद को प्रस्तुत करता है उसे ही व्यक्तित्व कहा जाता है। कहने का आशय यह है कि अपने प्रति तथा दूसरों के प्रति किये जाने वाले व्यवहारों का एक समग्र चित्र व्यक्तित्व है। इसमें व्यक्ति के पास शारीरिक, मानसिक, संवेगात्मक, सामाजिक और आध्यात्मिक रूप से जो कुछ भी होता है वह सभी सम्मिलित होता है। अर्थात् कम शब्दों में कहा जा सकता है व्यक्ति में जो भी गुण विद्यमान है, उसे ही व्यक्तित्व कहा जाता है।

कई विद्वानों का मानना है कि व्यक्तित्व की उत्पत्ति चरित्र से हुई है। कुछ व्यक्तित्व का आशय बाह्य शारीरिक गठन आदि को मानते हैं। व्यक्ति के व्यक्तित्व का संबंध मानसिक विकास से होता है। इन सबसे यह प्रकट होता है कि निश्चित रूप से व्यक्तित्व शब्द बाह्य रूप, आकृति और व्यवहार से अधिक गूढ आशय संजोए हुए है। वास्तव में व्यक्तित्व तो समग्रता है जिसमें व्यक्ति के संपूर्ण आंतरिक एवं बाह्य गुणों व अवगुणों का समावेशित दिग्दर्शन होता है।

व्यक्तित्त्व की परिभाषा

अलग-अलग विद्वानों ने व्यक्तित्व को अपने-अपने ढंग से परिभाषित किया है। इनमें से कुछ प्रमुख विचारों को यहाँ व्यक्त किया जा रहा है।

रैक्स रॉक के शब्दों में–व्यक्तित्व समाज द्वारा मान्य तथा अमान्य गुणों का संतुलन है।

देशाइल के अनुसार–व्यक्तित्व व्यक्ति के व्यवहारों का एक समायोजित संकलन है जो कि व्यक्ति अपने सामाजिक व्यवस्थापन के लिए करता है।

बोरिंग के शब्दों में–वातावरण के साथ सामान्य एवं स्थायी समायोजन ही व्यक्तित्व है।

ट्रैक्लर के विचार में–व्यक्तित्व से मतलब मनुष्य के संपूर्ण व्यवहार से है, जो कि सामाजिक स्थितियों में दृष्टिगोचर होता है। व्यवहार में केवल बहिर्मुखी कार्य ही नहीं आते अपितु आन्तरिक भाव भी, जो कि किसी स्थिति द्वारा पैदा होते हैं।

बारेना के मतानुसार–व्यक्तित्व व्यक्ति का संपूर्ण मानसिक संगठन है, जो उसके विकास की किसी भी व्यवस्था में होता है।

आर. बी. कैटल के विचार में–व्यक्तित्व वह है, जिसके द्वारा हम यह भविष्यवाणी कर सकते हैं कि कोई व्यक्ति किन्ही परिस्थितियों में क्या करेगा।

गेट्स के अनुसार–व्यक्तित्व से हमारा मतलब है गुणों का प्रारूप न कि कुछ विशेषताओं की सूची।

व्यक्तित्व के संदर्भ में **केम्प** के अनुसार–व्यक्तित्व आदतों की उन व्यवस्थाओं का समन्वय है जो वातावरण के साथ व्यक्ति के विशिष्ट अभियोजन का प्रतिनिधित्व करता है।

आईजैन्क के अनुसार–व्यक्तित्व व्यक्ति के चरित्र, स्वभाव, बुद्धि और शारीरिक बनावट का थोड़ा बहुत ऐसा स्थायी और स्थिर संगठन है जो वातावरण के साथ उसके अपूर्व समायोजन का निर्धारण करता है।

मार्टन प्रिंस का मानना है कि–व्यक्तित्व व्यक्ति की सभी प्रकार की जन्मजात प्रकृति आवेगों, प्रवृत्तियों, इच्छाओं एवं मूल प्रवृत्तियों और अनुभवों के द्वारा अर्जित बातों का योग है।

विलियम हीली का कहना है कि–व्यक्तित्व वातावरण के साथ विशेषतया सामाजिक वातावरण के साथ संबंधी आदतों के समयोजन की समन्वित व्यवस्था है।

वाटसन का सोचना था–विश्वसनीय सूचना प्राप्त करने के दृष्टिकोण से काफी लम्बे समय तक वास्तविक निरीक्षण अथवा अवलोकन करने के पश्चात् व्यक्ति में जो भी क्रियाओं अथवा व्यवहार का जो भी रूप पाया जाता है, उसे उसका व्यक्तित्व कहा जाता है।

ऑलपोर्ट का मानना था–व्यक्तित्व व्यक्ति में उन मनोवैज्ञानिक व्यवस्थाओं

का गतिशील संगठन है जो कि वातावरण के साथ उसके अपूर्व समायोजन का निर्धारण करता है।

इन सभी परिभाषाओं का जब हम तुलनात्मक अध्ययन करेंगे तो पायेंगे उन सब में आईजैन्क द्वारा दी गई भाषा सबसे सटीक है। ऐसे ऑलपोर्ट ने व्यक्तित्व की 49 विभिन्न परिभाषाओं की समीक्षा करने के बाद अपने विचार व्यक्त किये। उसका मानना था उसके द्वारा दी गई परिभाषा पूर्ण है, लेकिन उसने भी संगठन गतिशील, मनोदैहिक व्यवस्था, अपूर्व समायोजन और वातावरण आदि शब्दों का प्रयोग दूसरे विद्वानों की तरह केवल व्यक्तित्व का वर्णन ही किया। आइजैन्क ने अपनी परिभाषा में शामिल कुछ शब्दों का आशय भी स्पष्ट करने का प्रयास किया है जो अग्रलिखित है–

1. शारीरिक बनावट का अभिप्राय व्यक्ति के जन्मजात शारीरिक ढाँचे और उसके साथ एवं नलिका विहीन ग्रन्थियों के थोड़े बहुत स्थायी और स्थिर संगठन से है।
2. व्यक्ति के भावनात्मक व्यवहार के थोड़े बहुत स्थिर और स्थायी संगठन को अभिव्यक्त करता है।
3. व्यक्ति के क्रियात्मक व्यवहार के थोड़े बहुत स्थिर और स्थायी संगठन को प्रकट करता है।

आईजैन्क की परिभाषा के प्रमुख गुण

इनकी परिभाषाओं की कुछ प्रमुख विशेषताएँ नीचे दी गई हैं–

1. इसके माध्यम से आईजैन्क ने व्यक्तित्व के लिए व्यवहार सम्बन्धी विशेषताओं को गिनाने के बजाय उसके संगठन और संरचना को अधिक महत्त्व दिलाने का प्रयत्न किया है। व्यवहार सम्बन्धी विशेषताओं को गिनाने की तुलना वह एक भवन में लगी ईंटों को गिनाने से करता है।
2. यह परिभाषा व्यक्तित्व को मापन एवं मूल्यांकन की वस्तु बना कर यह उसे वैज्ञानिक आधार भी प्रदान करने की चेष्टा करती है।
3. यह परिभाषा व्यक्तित्व के निर्माण में वंशानुक्रम और वातावरण के संतुलित महत्त्व को सामने लाती है।
4. यह परिभाषा क्रियात्मक, ज्ञानात्मक, भावनात्मक और रचनात्मक पक्षों को लेकर यह व्यक्ति के व्यवहार का सम्पूर्ण चित्र प्रस्तुत करने का प्रयत्न करती है।
5. यह परिभाषा व्यक्तित्व को शरीर विज्ञान सम्बन्धी आधार प्रदान करती है।

व्यक्तित्व के संबंध में आईजैन्क द्वारा दी गई परिभाषा मान्य तो है परंतु ऐसा नहीं है कि वे अपने आप में पूर्ण हैं। तमाम आलोचनाओं के बावजूद यह निर्विवाद रूप से कहा जा सकता है कि आईजैंक की परिभाषा अन्य परिभाषाओं की तुलना में यथार्थ के अधिक करीब है।

व्यक्तित्व के सिद्धांत

व्यक्तित्व को ढेर सारे मनोवैज्ञानिकों ने अपने-अपने स्तर से व्यक्तित्व को परिभाषित करने का प्रयास किया है। अतएव यह आवश्यक हो जाता है कि मनोविज्ञान के दायरे में रहकर व्यक्तित्व विषयक सिद्धांत को जानने का प्रयास किया जाये। व्यक्तित्व के कतिपय प्रमुख सिद्धांत निम्नवत् हैं–

फ्रायड का मनोविश्लेषणात्मक सिद्धांत

मनोविज्ञान के जनक कहे जाने वाले फ्रायड ने व्यक्तित्व को सही रूप से परिभाषित किया है। उन्होंने ही मनोविश्लेषणात्मक सिद्धांत संबंधी अवधारणा से सबका परिचय कराया। अपने इस सिद्धांत में उन्होंने व्यक्तित्व गतिकी, व्यक्तित्व संरचना व व्यक्तित्व विकास को स्पष्ट किया। इस सिद्धांत की मुख्य बातें निम्नलिखित हैं:–

(1) व्यक्तित्व-संरचना–व्यक्तित्व रचना के संबंध में जानकारी प्रदान करते हुए फ्रायड ने दो पक्षों का उल्लेख किया है, जिन्हें आकारात्मक पक्ष तथा गत्यात्मक पक्ष कहा है। आकारात्मक पक्ष के अन्तर्गत मन के तीन स्तरों पर प्रकाश डाला गया है, वे हैं–चेतन मन, अर्ध-चेतन मन तथा अचेतन मन। चेतन मन में ऐसे विचार या इच्छाएँ रहती हैं, जिनका तात्कालिक ज्ञान व्यक्ति को होता है।

अर्धचेतन मन के अंतर्गत ऐसी इच्छाएँ जागृत होती हैं जिनका तात्कालिक ज्ञान तो व्यक्ति को नहीं रहता है परन्तु साधारण प्रयास से उनका ज्ञान हो जाता है। अचेतन मन में ऐसे विचार या इच्छाएँ होती हैं जिनका न तो तात्कालिक ज्ञान होता है और न मामूली कोशिश से उनका ज्ञान हो पाता है, बल्कि इसके लिए सम्मोहन आदि मनोवैज्ञानिक प्रविधियों की आवश्यकता होती है।

फ्रायड का मानना है कि सभी व्यक्तियों का अचेतन मन एक समान नहीं होता है। जब बाल्यावस्था से यौवनावस्था तक की ऐसी इच्छाएँ दमित होती हैं, जिनकी संतुष्टि चेतन स्तर पर नहीं हो सकी है। लिंग के आधार पर ही अचेतन इच्छाएँ तथा प्रेरणाओं का निर्धारण किया जा सकता है। व्यक्ति के व्यवहारों के

निर्धारण में अचेतन प्रेरणाओं का बहुत बड़ा योगदान होता है। उनके द्वारा प्रस्तुत इस विचार को मानसिक निर्धारण की संज्ञा दी जाती है। इसी अभिधारणा के आलोक में फ्रायड ने दैनिक जीवन की मूल स्वप्न आदि की व्याख्या प्रस्तुत की।

फ्रायड ने तीन गत्यात्मक शक्तियों का उल्लेख किया है वे हैं—ईड, ईगो तथा सुपर ईगो। व्यक्तित्व के उस गत्यात्मक भाग को ईड कहा गया जो जन्मजात, अचेतन, अतार्किक तथा अनैतिक होता है और सुख के नियम पर कार्यरत होता है। ईगो का संबंध उस गत्यात्मक भाग से है जो अर्जित, तार्किक, विवेकशील तथा अवसरवादी होता है और यथार्थता के नियम पर कार्यरत होता है। सुपर ईगो व्यक्तित्व के उस भाग को कहा जाता है जो अर्जित, नैतिक तथा अलैंगिक होता है और नैतिक नियम पर कार्यरत होता है। ईड तथा सुपर ईगो एक-दूसरे से अलग होने के कारण चेतन तथा अचेतन दोनों स्तरों पर मानसिक संघर्षों को जन्म देते हैं तथा ईगो के कारण उनका समाधान होता है। दमन, उदात्तीकरण, रूपान्तर, युक्तयाभास, प्रतिक्रिया-निर्माण, प्रक्षेपण आदि मनोरचनाएँ मानसिक संघर्षों के समाधान में सहायक होती हैं।

(2) व्यक्तित्व-गतिकी—फ्रायड द्वारा व्यक्ति के व्यक्तित्व पर प्रकाश डाला गया है। उन्होंने जीवन इच्छा या कामवृत्ति की संज्ञा देकर व्यक्ति के सामान्य तथा असामान्य व्यवहारों की एक मानसिक शक्ति की कल्पना की, इस शक्ति या इच्छा को फल लैंगिक माना गया। लैंगिकता से उनका तात्पर्य शरीर के दो अंगों के संपर्क से उत्पन्न आनन्द से था। उनके अनुसार लैंगिकता बच्चों में बाल्यावस्था से विद्यमान रहती है। आरम्भ में यह बच्चों के होंठ तथा दाँत में रहती है और आयु-वृद्धि के साथ इसका स्थान बदलता रहता है।

फ्रायड ने काम-वृत्ति के आधार पर व्यक्तित्व का निर्धारण किया है। लेकिन, बाद में उन्होंने आक्रमणशील मूलप्रवृत्ति को स्वीकार किया और कामवृत्ति के अन्तर्गत जीवन-मूल-प्रवृत्ति तथा मृत्यु-मूल-प्रवृत्ति की कल्पना की। उनके अनुसार व्यक्ति में पाये जाने वाले रचनात्मक व्यवहार जीवन-मूल-प्रवृत्ति पर आधारित होते हैं तथा सभी प्रकार के ध्वंसात्मक व्यवहार मृत्यु मूल प्रवृत्ति पर आधारित होते हैं।

उन्होंने इस बात की भी जानकारी प्रदान की है। इस तरह की मूल प्रवृत्तियों का संबंध आंतरिक तथा बाह्य दोनों दिशाओं में होता है। जब जीवन प्रवृत्ति का बहाव अन्दर की ओर होता है तो व्यक्ति अपने लिए रचनात्मक कार्य करता है और अपने आप प्रेम करता है। अतः आत्म से प्रेम का आधार जीवन-प्रवृत्ति का अन्तर्मुखी बहाव है। बाह्य दिशा में इस प्रवृत्ति का बहाव होने के कारण व्यक्ति दूसरों के लिए

रचनात्मक एवं लाभकारी कार्य करता है। जब मृत्यु-प्रवृत्ति अन्तर्मुखी होती है तब व्यक्ति अपने आपसे घृणा करने लगता है तथा अपने आपको पीड़ा पहुँचाने लगता है और जब यह प्रवृत्ति बहिर्मुखी होती है तो व्यक्ति दूसरों के घृणा करने लगता है तथा दूसरों को नुकसान पहुँचता है। जब दोनों मूल प्रवृत्तियाँ अन्तर्मुखी तथा बहिर्मुखी बहाव में जब असंतुलन पैदा हो जाता है तब व्यक्ति का व्यक्तित्व उसी सीमा तक संगठित एवं संतुलित होता है।

(3) व्यक्तित्व विकास—फ्रायड ने व्यक्तित्व-विकास में कामवृत्ति के विकास पर बल दिया और इसकी पाँच अवस्थाओं का वर्णन किया, जो निम्नलिखित हैं—

(i) प्रथम अवस्था—फ्रायड का मानना है बाल्यावस्था से बच्चे में कामवासना विद्यमान होती है। एक से लेकर 18 माह तक का शिशु माँ का स्तनपान करते समय अपने ओष्ठ और दाँतों के द्वारा अपनी कामवृत्ति का परिचय देता है। दूध पीने के क्रम में स्तन को दाँतों से काटकर बच्चा लैंगिक आनन्द की अनुभूति करता है।

(ii) द्वितीय-अवस्था—1 से 2 वर्ष तक किसी भी व्यक्ति के व्यक्तित्व का विकास होता है। फ्रायड के अनुसार इस अवस्था में कामवृत्ति ओष्ठ से और दाँतों से हटकर गुदा मार्ग में चली जाती है। बच्चे जब मल-मूत्र अधिक करने लगते हैं या मल-मूत्र को रोक कर रखने लगते हैं तो इससे कामवृत्ति में स्पर्श होने पर उन्हें लैंगिक आनन्द मिलता है। इस अवस्था में बच्चों को साफ-सुथरा रहने तथा समय पर मल-मूत्र करने के लिए बाध्य किया जाता है, जिससे वे निराशा का अनुभव करते हैं और इसी के साथ ईगो तथा चेतन मन का विकास होने लगता है। अगर इस अवस्था में कामवृत्ति भिन्न होती है तो सामान्य व्यक्तित्व के विकास की संभावना बन जाती है। इस अवस्था में कामवृत्ति के स्थिरीकरण होने पर लैंगिक विकृतियों के साथ-साथ स्थिर व्यामोह आदि मानसिक विकृतियों के विकसित होने की सम्भावना बन जाती है।

(iii) यौन-प्रधान अवस्था—दो से चार वर्षों तक यह अवस्था अधिक सक्रिय रहती है। इस अवस्था में कामवृत्ति शिशन तथा लड़की के गुप्तांगों के ऊपर के भाग में रहती है। इसके अंतर्गत इन अंगों को रगड़ने मात्र से ही कामान्द की अनुभूति होती है। लड़के तथा लड़कियों में हस्तमैथुन लैंगिक प्रदर्शन की चेतना होने लगती है। इस अवस्था में मातृप्रेमग्रंथी तथा पितृप्रेमग्रंथी अर्थात् लड़के की लैंगिक प्रवृत्ति माता की ओर तथा लड़की की लैंगिक प्रवृत्ति पिता की ओर देखी जाती है। जब सामान्य व्यक्तित्व में इस प्रकार की प्रवृत्ति का अभाव होता है तो वह असामान्य व्यक्तित्व को जन्म देती है। इस अवस्था में कामवृत्ति के स्थिरीकरण के कारण आगे

चल कर लैंगिक विकृतियों के साथ-साथ उन्माद आदि मानसिक रोग के विकास की सम्भावना बन जाती है।

(iv) चतुर्थ अवस्था—इस प्रकार की अवस्था ज्यादातर 4 से 5 वर्षों तक ही होती है। इसी अवस्था से बच्चों की शिक्षा आरम्भ होती है। इस अवस्था के आते-आते उनकी रुचि लैंगिक क्रियाओं से हटकर शैक्षिक क्रियाओं में आ जाती है। नैतिक नियमों का ज्ञान अर्जित करने के पश्चात् इसी अवस्था में सुपर ईगो का विकास होता है। जिस सीमा तक उन्हें नैतिक शिक्षा दी जाती है, उसी सीमा तक उनके व्यक्तित्व का नैतिक पक्ष सबल हो जाता है।

(v) पाँचवीं अवस्था—इस प्रकार की अवस्था मुख्य रूप से 12 से 15 वर्ष के लोगों में पाई जाती है। इस अवस्था में कामवृत्ति पुनः सक्रिय हो जाती है और शिशन तथा गुप्तांगों के अन्तःभाग में अवस्थित हो जाती है। इसी कारण इस अवस्था में पुरुष तथा स्त्री को विषमजाति लैंगिकता द्वारा कामानन्द की प्राप्ति होती है। इस प्रकार की अवस्था व्यक्तित्व पर प्रभाव नहीं डालती है क्योंकि इस अवस्था के आते-आते सामान्य या असामान्य व्यक्तित्व का निर्माण हो चुका होता है।

मनोविश्लेषणात्मक सिद्धांत का विश्लेषण

मनोविश्लेषणात्मक सिद्धांत के अन्तर्गत व्यक्तित्व के भिन्न-भिन्न पक्षों की व्याख्या की गई है, जिससे इस सिद्धांत के गुणों एवं अवगुणों के बारे में जानकारी मिलती है—

इस सिद्धांत के प्रमुख गुणों का उल्लेख नीचे की पंक्तियों में किया गया है—

1. यह सिद्धांत समग्रता मापदण्ड के दृष्टिकोण से काफी सक्षम है।
2. यह अचेतन प्रेरणाओं का मानव व्यवहारों पर पड़ने वाला प्रभाव है। फ्रायड ने बताया कि मानव व्यवहारों की उत्पत्ति पर चेतन प्रेरणाओं एवं संघर्षों के साथ-साथ अचेतन प्रेरणाओं एवं संघर्षों का भी गहरा प्रभाव पड़ता है। उनकी यह उपलब्धि वस्तुतः एक बहुत बड़ी उपलब्धि है, जिसके बिना मानव व्यवहार का सही एवं पूर्ण मूल्यांकन सम्भव नहीं है।
3. फ्रायड का मनोविश्लेषण सिद्धांत मनोवैज्ञानिक होने के साथ-साथ यथार्थ पर भी आधारित है। फ्रायड के इस सिद्धांत ने मानव को अब तक काफी लाभ पहुँचाया है।
4. बचपन के अनुभव का प्रभाव व्यक्तित्व-विकास पर पड़ता है इसे आज सभी मनोवैज्ञानिक स्वीकार करते हैं। फ्रायड का यह विचार आज मान्य है कि

व्यक्तित्व के निर्माण की आधारशिला प्राक्जननेन्द्रिय अवस्थाएँ हैं।

दोष–तमाम विशेषताओं के बावजूद फ्रायड द्वारा प्रस्तुत सिद्धांत को पूर्ण नहीं कहा जा सकता है। आलोचकों ने फ्रायड के मनोविश्लेषणात्मक सिद्धांत के निम्नलिखित पहलुओं की आलोचना की है।

1. इस सिद्धांत का अध्ययन केवल एक संस्कृति तक सीमित है। व्यक्तित्व के निर्माण में संस्कृति की महत्त्वपूर्ण भूमिका (Role) होती है।
2. यह सिद्धांत मानसिक रोगियों के निरीक्षण पर आधारित है। अतः इसके सभी प्रत्ययों का उपयोग उसी रूप में सामान्य व्यक्ति पर नहीं किया जा सकता है।
3. इस सिद्धांत में व्यक्तित्व विकास में केवल जैविक आवश्यकताओं तथा मूल प्रवृत्तियों (Instincts) के महत्त्व पर बल दिया गया है। वातावरण तथा सांस्कृतिक कारकों (Factors) के महत्त्व को गौण कर दिया गया है।
4. इसमें वैज्ञानिकता का अभाव पाया जाता है।

   इस सिद्धांत में आन्तरिक संगति तथा मितव्ययिता का अभाव है।

उत्तेजना-प्रतिक्रिया सिद्धांत

इस सिद्धांत की शुरुआत व्यवहारवादियों द्वारा की गई है। जे. बी. वाटसन ने उण्ट तथा टिनेचर के संरचनावाद के विरोध में इस सिद्धांत की परिकल्पना की। उत्तेजना-प्रतिक्रिया सिद्धांत का मौलिक अध्ययन क्षेत्र शिक्षण था। व्यवहारवादी मनोवैज्ञनिकों ने शिक्षण को उत्तेजा-प्रतिक्रिया से संबंधित माना और शिक्षण से संबंधित समस्याओं को सुलझाने का प्रयास किया। अध्ययन के आधार पर व्यक्तित्व को परिभाषित करने का प्रयास किया गया है। अब यह व्यक्तित्व का एक सबल सिद्धांत बन गया है।

अवधारणाएँ–यह सिद्धांत निम्नलिखित अविधारणाओं पर आधारित है जिनका उल्लेख निम्न पंक्तियों में किया जा रहा है–

1. उत्तेजना-प्रतिक्रिया इकाई को ही आदत की संज्ञा दी जाती है। आदतों की संख्या उत्तेजना-प्रतिक्रिया इकाइयों की संख्या पर निर्भर करती है। आदत-निर्माण के स्वरूप के आधार पर मानव स्वभाव का निर्धारण होता है। आदत-निर्माण पर कई कारकों का प्रभाव पड़ता है।
2. किसी उत्तेजना के साथ कोई प्रतिक्रिया संबंधित हो जाती है, तो दोनों के बीच इस सम्बन्ध को उत्तेजना-प्रतिक्रिया इकाई कहते हैं। भिन्न-भिन्न परिस्थितियों

में इस प्रकार की अनेक उत्तेजना-प्रतिक्रिया इकाइयों का निर्माण हो जाता है।

3. इस सिद्धांत की दूसरी अवधारणा के अनुसार, अगर विभिन्न परिस्थितियों में वही उत्तेजनाओं से उत्पन्न होने लगती है, तो उसे सामान्यीकृत आदत कहा जाता है। इस प्रकार की आदतों के निर्माण में शिक्षण या अनुकूलन का बहुत बड़ा हाथ होता है।
4. अगर अलग-अलग परिस्थितियों में उत्तेजना प्रतिक्रिया एक समान होगी। इकाई हमेशा घटित होती है, तो इसे व्यक्तित्व की इकाई माना जाता है। दूसरे शब्दों में भिन्न-भिन्न परिस्थितियों में उस उत्तेजना पर वही प्रतिक्रिया घटित हो, तो इसे व्यक्तित्व की एक संरचनात्मक इकाई कहेंगे। इस प्रकार की अनेक संरचनात्मक इकाइयों से ही व्यक्तित्व रूपी भवन का निर्माण होता है।
5. सरल प्रकृति तथा सामान्य प्रकृति बाद में जटिल हो जाती है तथा उनका एक विशेष प्रतिरूप बन जाता है। विभिन्न व्यक्तियों में आदतों के प्रतिरूप विभिन्न हुआ करते हैं और यही व्यक्तित्व की अपूर्वता का आधार बनता है।

विशेषताएँ—उत्तेजना-प्रतिक्रिया सिद्धांत के प्रमुख गुणों का उल्लेख निम्न पंक्तियों में किया जा रहा है—

1. यह सिद्धांत वस्तुनिष्ठ है।
2. इस सिद्धांत में प्रमाणनीयता का गुण पाया जाता।
3. सिद्धांत व्यवहार की सामान्यता तथा स्थिरता की व्याख्या करने में सफल है। सामान्यीकृत आदत के कारण व्यक्ति के व्यवहार में सामान्यता तथा स्थिरता उत्पन्न होती है।
4. यह सिद्धांत मितव्ययिता के मापदण्ड पर भी सही प्रमाणित होता है।
5. यह सिद्धांत व्यक्ति के व्यवहार की समानताओं तथा असमानताओं की व्याख्या करने में बहुत हद तक सफल है।
6. यह सिद्धांत व्यक्तित्व की अपूर्वता की व्याख्या जैविक योग्यताओं तथा वातावरण के भेद के आधार पर करता है, जो बहुत अंशों में युक्तिसंगत प्रतीत होता है।
7. यह सिद्धांत आदत-निर्माण में शिक्षण पर बल देता है। इसके अनुसार आदतों के निर्माण में अनुभवों का हाथ होता है।

दोष—व्यक्तित्व के उत्तेजना-प्रक्रिया सिद्धांत में कई विशेषताओं के होने के बावजूद भी इस सिद्धांत को त्रुटिरहित नहीं कहा जा सकता है। इस सिद्धांत के प्रमुख दोष भी निम्नवत् हैं—

1. यह सिद्धांत व्यक्तित्व के विकास में वातावरण के महत्त्व पर अनावश्यक बल देता है।
2. यह सिद्धांत व्यक्तित्व गतिकी की समुचित व्याख्या करने में असफल है। यह सिद्धांत कारण-कार्य सिद्धांत के आधार पर व्यक्तित्व गतिकी की असफल व्याख्या करने का प्रयास करता है।
3. इस सिद्धांत में अस्वाभाविकता पाई जाती है। मानव व्यक्तित्व भिन्न-भिन्न आदतों का योगफल नहीं, बल्कि विभिन्न शीलगुणों का सुंदर संगठन है। इस आशय की व्याख्या इस सिद्धांत से संभव नहीं है।

प्रकार सिद्धांत

इस सिद्धांत के आधार पर कई भागों में किया जा सकता है तत्पश्चात् इसके असली स्वरूप को समझने की कोशिश की गई है। यह सिद्धांत इस विश्वास पर आधारित है। कुछ व्यक्तियों में लगभग एक ही तरह के शीलगुण पाए जाते हैं। दूसरे लोगों में वे उसी समान प्रतिरूप या मात्रा में नहीं पाए जाते हैं। अतः कुछ विशिष्ट शीलगुणों के विद्यमान होने के पश्चात् ही झुण्ड को प्रकार की संज्ञा दी जाती है। शीलगुण वास्तव में व्यक्तित्व के अन्तःपक्ष हैं और 'प्रकार' इसके बाह्य पक्ष हैं। व्यक्तित्व का आधार शीलगुण है और बाह्य रूप-रेखा प्रकार है। हिपोक्रेट्स, शेल्डन, क्रेश्मर तथा युंग द्वारा इस सिद्धांत में नवीन आयामों को भी शामिल किया गया है। यहाँ संक्षेप में इस प्रकाश डाला जा रहा है–

(1) क्रेश्मर का वर्गीकरण–क्रेश्मर ने शारीरिक रचना के आधार पर व्यक्तित्व को तीन हिस्सों में बाँटा–स्थूलकाय, वृशकाय व पुष्टकाय।

(i) पुष्टकाय–पुष्टकाय श्रेणी के अंतर्गत व्यक्ति की शारीरिक संरचना काफी सुदृढ़ होती है। ऐसे व्यक्ति न तो अधिक लंबे होते हैं न ही अधिक नाटे, न अधिक मोटे होते हैं न ही अधिक पतले। अर्थात् इनकी काया औसत होते हुए भी सुगठित होती है। इनकी मांसपेशियाँ विकसित होती हैं। इस श्रेणी के व्यक्तियों में एक आदर्श व्यक्ति में पाये जाने वाले शीलगुण पाये जाते हैं।

(ii) स्थूलकाय–संरचना वाले व्यक्ति ज्यादातर मोटे तथा छोटे कद वाले होते हैं। इस प्रकार के लोगों की मांसपेशियाँ विकसित होती हैं। इस प्रकार के लोग शान्तिप्रिय तथा खुशमिजाज होते हैं।

(iii) कृशकाय–इस संरचना वाले व्यक्ति का कद लम्बा होता है तथा वे

अधिक मोटे नहीं होते हैं। इस प्रकार के व्यक्ति की मांसपेशियाँ अविकसित होती हैं। मांसपेशियों की अपूर्णता शरीर के सभी अंग जैसे—चेहरा, गर्दन, धड़ आदि में देखी जाती है। ऐसे लोग चिड़चिड़े मिजाज के होते हैं। अधिक सक्रिय रहते हैं, नींद कम आती है और दिवास्वप्न अधिक करते हैं।

(2) हिपोक्रेट्स का वर्गीकरण—हिपोक्रेट्स ने शरीर द्रव्यों के आधार पर व्यक्तित्व को चार भागों में विभाजित किया है। उनका मानना है कि शरीर की रचना चार प्रकार के द्रवों से हुई है, जिन्हें रक्त, काला पित्त, पीला पित्त तथा कफ कहा है। यद्यपि प्रत्येक शरीर में ये चारों द्रव पाए जाते हैं, तथापि इसमें से कोई एक ही द्रव प्रधान होता है, जो व्यक्ति के स्वभाव को निर्धारित करता है। उनका कहना है कि जिस व्यक्ति में रक्तद्रव प्रधान होता है, वह आशावादी होता है। वह प्रसन्न तथा खुशमिजाज होता है। जिस व्यक्ति के शरीर पर काले पित्त पाये जाते हैं वह व्यक्ति निराशावादी प्रकृति का होता है। वह प्रायः उदास तथा खिन्न रहा करता है। जिस व्यक्ति में पीला पित्त प्रधान होता है, वह चिड़चिड़ा होता है। जिस व्यक्ति में कफ की प्रधानता होती है, वह विरक्त होता है।

वर्तमान मनोवैज्ञानिकों ने हिपोक्रेट्स विचारों का काफी विरोध किया है कि शरीर द्रवों से सम्बान्धित विचार आधुनिक शारीरिक अनुसंधानों के आलोक में गलत हैं। व्यवहार शीलगुणों से सम्बन्धित अध्ययनों के आलोक में व्यवहार शीलगुणों तथा शरीर द्रवों के बीच सम्बन्ध स्थापित करने का प्रयास भी निराधार है।

(3) युंग का विभाजन—मानसिक शीलगुण के आधार पर ही युंग के व्यक्तित्व का विभाजन किया जाता है। इस आधार पर इन्होंने व्यक्तित्व को दो हिस्सों में बाँट रखा है, अन्तर्मुखी व बहिर्मुखी।

अन्तर्मुखी—अन्तर्मुखी व्यक्ति को बाहरी दुनिया से कोई मतलब नहीं होता है। वह अपने आप में ही सिमटा रहता है तथा वह एकांतप्रिय होता है। मानवीय मूल्यों, सामाजिक सरोकारों के पालन करने की इसमें तीव्र भावना होती है। अन्तर्मुखी व्यक्ति नये मूल्यों, नई विचारधारा को सहज ही स्वीकार नहीं कर पाता है।

बहिर्मुखी—इस प्रकार के व्यक्ति को सामाजिक व्यक्ति कहा जा सकता है जिन्हें लोगों से मिलना-जुलना काफी पसंद होता है। उसके विचार एवं व्यवहार में लचीलापन पाया जाता है। वह नये मूल्यों को अधिक मानता है। उसमें यथार्थता अधिक देखी जाती है। उसके व्यवहारों का निर्धारण ज्यादातर परिस्थितियों द्वारा होता है।

(4) शेल्डन का वर्गीकरण—उनके द्वारा शारीरिक रचना के आधार पर व्यक्तित्व का विभाजन किया गया है। इन्होंने व्यक्तित्व को दो भागों—आयताकृतिक तथा गोलाकृतिक में वर्गीकृत किया है।

आयताकृतिक--व्यक्तियों का कद लम्बा होता है तथा वे दुबले-पतले शरीर वाले होते हैं। इनका शरीर कोमल होता है तथा छाती पतली होती है। ऐसे व्यक्ति के स्वाभाव को सेरेब्रोटोनिया कहा जाता है। ऐसे लोग लज्जालु, संकोचशील तथा चिड़चिड़ेपन वाले मिजाज के होते हैं।

गोलाकृतिक—इस शरीर रचना वाले व्यक्तियों का कद अधिक नहीं होता है तथा वे मोटे व गोल शरीर वाले होते हैं। इस प्रकार के व्यक्ति के स्वभाव को विसेरोटोनिया कहा गया है। ऐसे लोगों को इन्होंने खुशमिजाज, सामाजिक तथा आरामतलब बताया।

विशेषताएँ—इस सिद्धांत के निम्नलिखित प्रमुख गुण हैं—

1. इस सिद्धांत के आधार पर व्यावहारिक समस्याओं के समाधान में मदद मिलती है।
2. इस सिद्धांत में व्यक्तित्व को संगठित एवं समग्र रूप में देखने का प्रयास किया गया है।
3. इस सिद्धांत से व्यक्तित्व के विभिन्न पक्षों से सम्बन्धित अनुसंधानों में मदद मिलती है।
4. इस सिद्धांत के प्रत्यय से विशेषक सिद्धांत की सार्थकता सिद्ध हो जाती है। शीलगुण, एक आंतरिक चीज है, जो व्यक्ति में रहती है और 'प्रकार' एक बाह्य चीज है जिसमें व्यक्ति रहता है। अतः शीलगुण का निरीक्षण प्रत्यक्ष रूप से संभव नहीं, परन्तु 'प्रकार' का निरीक्षण संभव है।

आलोचना—इस सिद्धांत में कुछ कमियाँ पायी गयी हैं जिनकी चर्चा नीचे की जा रही है—

1. सैनफोर्ड के विचार में किसी व्यक्ति को एक विशेष 'प्रकार' में रखते समय हम उसके कुछ ही शीलगुणों को ध्यान में रखते हैं और अधिकांश शीलगुणों की उपेक्षा करते हैं।
2. इस सिद्धांत में व्यक्तित्व को पूर्ण समग्रता में नहीं, बल्कि कई खंडों में विभाजित करके समझने का प्रयास किया गया है, जो अस्वाभाविक एवं अवैज्ञानिक है।
3. सैनफोर्ड के विचार में जब दो व्यक्तियों को किसी एक 'प्रकार' में रख दिया

जाता है, तो विश्वास कर लिया जाता है कि वे दोनों एक विशेष प्रधान शीलगुण के साथ-साथ अन्य शीलगुणों या विशेषताओं में भी अभिन्न हैं, परन्तु यह विश्वास गलत है।

4. यह सिद्धांत केवल व्यक्तित्व-रचना की व्याख्या करता है, इस बात की व्याख्या नहीं कर पाता है कि व्यक्तित्व का विकास किस प्रकार होता है और विकास की कौन-कौन-सी अवस्थाएँ हैं।

आल्पोर्ट का व्यक्तित्त्व सिद्धांत

प्रसिद्ध मनोवैज्ञानिक आल्पोर्ट ने व्यक्तित्व की परिभाषा काफी सरल तरीके से देने का प्रयास किया है। व्यक्तित्व विषयक सिद्धांत के आलोक में आल्पोर्ट का यह सिद्धांत काफी अहम् माना जाता है। उनके विचारों का संक्षिप्त रूप निम्नवत् है–

(1) व्यक्तित्व का स्वरूप–आल्पोर्ट ने व्यक्तित्व के संबंध में जानकारी प्रदान करते हुए कहा है कि व्यक्तित्व का सम्बन्ध मनोदैहिक शीलगुणों से है। व्यक्तित्व मनोदैहिक शीलगुणों का योगफल नहीं है, बल्कि एक विशेष संगठन है। इसी संगठन के कारण एक ही तरह के मनोदैहिक शीलगुणों से संरचित होने पर भी भिन्न-भिन्न व्यक्तियों के व्यक्तित्व भिन्न-भिन्न नहीं होता है, बल्कि गत्यात्मक होते हैं। मनोदैहिक शीलगुणों के संगठन पत्थर की तरह अटल एवं स्थिर नहीं होते हैं, बल्कि गत्यात्मक होते हैं। इस संगठन में परिस्थिति के अनुसार परिवर्तन किया जाता है। व्यक्तित्व में गत्यात्मकता के साथ-साथ स्थिरता भी पाई जाती है। अधिकांश परिस्थितियों में किसी व्यक्ति का व्यक्तित्व स्थिर रहता है, केवल कुछ ही परिस्थितियों में परिवर्तन देखा जा सकता है। व्यक्तित्व के विशेष संगठन के कारण ही एक ही परिस्थिति में भिन्न-भिन्न व्यक्तियों का अभियोजन अपूर्ण बन जाता है।

(2) अभिप्राय–आल्पोर्ट ने व्यक्तित्व के अपने सिद्धांत में आशाएँ, इच्छाएँ, भविष्य योजनाएँ आदि की गणना अभिप्राय के प्रत्यय के अन्तर्गत की है। आल्पोर्ट के अनुसार, प्रत्येक व्यक्ति का अपना विशेष अभिप्राय होता है, जिसका निश्चित प्रभाव उसके व्यवहार पर पड़ता है। इससे स्पष्ट है कि अभिप्राय व्यक्ति के व्यवहार का एक महत्त्वपूर्ण निर्धारक है।

(3) व्यक्तित्व की परिभाषा–आल्पोर्ट के पहले तक व्यक्तित्व की एक भी संतोषजनक परिभाषा नहीं दी जा सकी। कुछ मनोवैज्ञानिकों ने शारीरिक शीलगुणों के समूह को ही व्यक्तित्व माना। कुछ विद्वानों ने मानसिक शीलगुणों के समूह को व्यक्तित्व माना, लेकिन आल्पोर्ट ने शारीरिक शीलगुणों तथा मानसिक शीलगुणों दोनों

के गत्यात्मक संगठन को व्यक्तित्व माना। उन्होंने सन् 1937 में व्यक्तित्व को परिभाषित करते हुए लिखा, "व्यक्तित्व व्यक्ति के भीतर उन मनोदैहिक शीलगुणों का गत्यात्मक संगठन है, जो वातावरण के प्रति उसके अपूर्व व्यवहार को निर्धारित करते हैं।" आधुनिक मनोवैज्ञानिकों के विचार में व्यक्तित्व की यह परिभाषा बहुत हद तक व्यक्तित्व की व्याख्या करने में सफल है।

(4) परिपक्व व्यक्तित्व–आल्पोर्ट के विचार में परिपक्व व्यक्तित्व की कई विशेषताएँ हैं। जैसे–स्वप्रसारण जिसकी पहचान है–सूझ तथा हास्य। ऐसा व्यक्ति दूसरों के साथ-साथ अपने-आप को भी पहचानता है और हास्य एवं विनोद की क्षमता रखता है। परिपक्व व्यक्तित्व की एक प्रमुख विशेषता उसका एक निश्चित जीवन दर्शन है।

(5) कार्यात्मक स्वतंत्रता–आल्पोर्ट के विचार में आरम्भ में व्यक्ति किसी प्रेरक, उद्देश्य या लक्ष्य को पाने के लिए कोई व्यवहार करता है लेकिन, बाद में उस लक्ष्य के प्राप्त हो जाने पर भी व्यक्ति उस व्यवहार को जारी रखता है। उसका यह व्यवहार स्वयं साध्य या लक्ष्य बन जाता है। इसे कार्यात्मक स्वतन्त्रता कहते हैं।

(6) व्यक्तित्व की संरचना–आल्पोर्ट के विचार में शीलगुण व्यक्तित्व की संरचनात्मक इकाई है। उन्होंने आरम्भ में लगभग 2000 शीलगुणों का उल्लेख किया, जिनसे व्यक्ति संरचित है। आल्पोर्ट ने शीलगुणों को तीन भागों में विभाजित किया, जिन्हें मूलभूत शीलगुण, केन्द्रीय शीलगुण तथा द्वितीयक शीलगुण कहते हैं इसी तरह उन्होंने शीलगुणों को वैयक्तिक शीलगुण में विभाजित किया। तथा विचार व्यक्त किया कि व्यक्तित्व का वास्तविक स्वरूप वैयक्तिक शीलगुणों द्वारा निर्धारित होता है।

(7) प्रोप्रियम–आल्पोर्ट ने अपने सिद्धांत में प्रोप्रियम का व्यवहार स्वाभिमान के आशय में किया है, जो स्वयं तथा अहत दोनों के गुणों को समाहित करता है। इसकी अभिव्यक्ति व्यक्तित्व के आठ कार्यों के रूप में होती है, जिन्हें शारीरिक बोध, स्वतादात्म्य, आत्मसम्मान, स्वविस्तार, विवेकशील चिन्तन, स्वप्रतिभा, प्रतिस्पर्धा तथा ज्ञान कार्य कहते हैं। इन सभी कार्यों में 'महत्त्व का बोध' सामान्य रूप से पाया जाता है जो व्यक्तित्व की स्थिरता का मूलाधार है।

गुण–मनोविज्ञान के प्रमुख विचारक आल्पोर्ट के व्यक्तित्व सिद्धांत में पाये जाने वाले प्रमुख गुण इस प्रकार हैं–

1. आल्पोर्ट का यह सिद्धांत अतिशय मितव्ययिता है।

2. इस सिद्धांत में अन्तःस्थिरता का गुण पाया जाता है। इस सिद्धांत में व्यवहार किए गए प्रत्ययों के बीच किसी तरह का विरोध नहीं है, बल्कि सहमति है।
3. यह सिद्धांत व्यक्तित्व के स्वरूप की व्याख्या करने में काफी सफल है। **रेबर** ने इस सिद्धांत की समीक्षा करते हुए कहा कि यह सिद्धांत व्यक्तित्व संगठन की गत्यात्मकता तथा स्थिरता दोनों की व्याख्या एक ही साथ करने में समर्थ है।
4. इस सिद्धांत के अनुसार, स्व तथा ईगो के प्रत्ययों के सम्बन्ध में अन्य मनोवैज्ञानिकों की अपेक्षा आल्पोर्ट ने अधिक योगदान दिया है।
5. यह सिद्धांत व्यक्तित्व की संरचना की व्याख्या सफलतापूर्वक करता है। इस सिद्धांत के अनुसार, व्यक्तित्व रूपी भवन का निर्माण मनोदैहिक शीलगुणों से हुआ है। अतः यह सिद्धांत शीलगुण को व्यक्तित्व की संरचनात्मक इकाई मानता है। इस दृष्टिकोण से यह सिद्धांत **फ्रायड, ऐडलर** आदि के सिद्धांतों से बेहतर है।

दोष—मनोवैज्ञानिक आल्पोर्ट का यह व्यक्तित्त्व सिद्धांत कई गुणों के होने के बावजूद आलोचनाओं से परे नहीं है। आलोचकों ने इस सिद्धांत की निम्नलिखित प्रमुख आलोचनाएँ बताई हैं जो निम्नवत् हैं—

1. इस सिद्धांत में प्रमाणनीकर्ता की कमी है।
2. यह सिद्धांत कार्यात्मक स्वतन्त्रता के प्रत्यय की कड़ी आलोचना करता है।
3. इस सिद्धांत में सामान्य तथा असामान्य के बीच शिशु तथा वयस्क के बीच आंशिक अंतराल बतलाया गया है। आधुनिक मनोवैज्ञानिक इस मत से सहमत नहीं है। इनके अनुसार, व्यक्तित्व के निर्माण में जैविक कारकों के साथ-साथ सामाजिक तथा सांस्कृतिक कारकों का भी महत्त्वपूर्ण स्थान है।
4. इस सिद्धांत में आल्पोर्ट ने व्यक्तित्व के विकास में जैविक कारकों पर अनावश्यक बल दिया है और सामाजिक तथा सांस्कृतिक कारकों की उपेक्षा की है।

उपरोक्त विवेचनाओं के आधार पर यह साफ हो जाता है कि सिद्धांत व्यक्तित्व को सफलतापूर्वक परिभाषित नहीं किया जा सका है। अतः इस सिद्धांत को व्यक्तित्व के अन्य सिद्धांतों का मात्र एक सहायक सिद्धांत माना जा सकता है।

युंग का विश्लेषणात्मक सिद्धांत

युंग को पहले मनोविश्लेषणात्मक मनोविज्ञान में अधिक रुचि थी लेकिन,

फ्रायड के हठ से ऊबकर विश्लेषणात्मक मनोवैज्ञानिक बन गये। उन्होंने व्यक्तित्व के सन्दर्भ में विश्लेषणात्मक सिद्धांत प्रस्तुत किया जिसकी मुख्य बातें निम्न हैं–

(1) व्यक्तित्व गतिकी–मनोवैज्ञानिक युंग ने व्यक्तित्व गतिकी को परिभाषित करते हुए लिबिडो की परिकल्पना को प्रस्तुत करने का प्रयास किया है। उन्होंने सभी लैंगिक और अलैंगिक इच्छाओं का स्त्रोत इसी लिबिडो को बताया। उन्होंने इस मानसिक शक्ति को परिकल्पित प्रत्यय माना, मूर्त पदार्थ नहीं। उनके विचार में इस शक्ति की अभिव्यक्ति इच्छा, भाव, ध्यान, प्रेरणा आदि व्यक्तित्व पक्षों के रूपों में होती है।

(2) व्यक्तित्व संरचना–युंग का मानना है कि व्यक्तित्व का निर्माण तीन स्वतन्त्र तन्त्रों–ईगो, व्यक्तिगत अचेतन तथा सामूहिक अचेतन से हुआ है। एकात्मा के भाव का आधार होने के नाते ईगो ही व्यक्तित्व का केन्द्र है। फ्रायड द्वारा प्रस्तुत अचेतन दोनों ही एक समान हैं जिसमें व्यक्ति की व्यक्तिगत असंतुष्ट इच्छाएँ दमित होती हैं। सामूहिक या जातीय अचेतन में वंशागत संस्कार घटकों को स्थान दिया गया है।

(3) व्यक्तित्व प्रकार–अन्तर्मुखता तथा बहिर्मुखता मनोवृत्तियाँ भी व्यक्तित्व के निर्माण में लाभदायक नहीं होती हैं। युंग के विचार में अन्तर्मुखी व्यक्ति का सम्बन्ध अन्तः एवं व्यक्तिगत जगत् से होता है, जबकि बहिर्मुखी व्यक्ति का सम्बन्ध बाह्य एवं वस्तुनिष्ठ जगत् से होता है। इन दोनों प्रकार की मनोवृत्तियों की प्रवृत्ति भिन्न-भिन्न प्रकार की होती है। इनका अपना प्रभाव चिन्तन, भाव, बोध तथा अन्तर्ज्ञान जैसे मूल मनोवैज्ञानिक कार्यों पर पड़ता है।

(4) व्यक्तित्व विकास–शुरुआत में युंग के विचार लिबिडो जीवन रक्षा के लिए आवश्यक क्रियाओं में निवेशित किये जाते हैं। किशोर अवस्था में लैंगिक मूल्य काफी सबल होते हैं। युवा अवस्था के दौरान सभी जीवन प्रवृत्तियाँ एवं अनिवार्य प्रक्रियाएँ काफी सक्रिय होती हैं। तीस से चालीस वर्ष की अवस्था में जैविक आवश्यकताओं की तुलना में सांस्कृतिक आवश्यकताएँ अधिक सबल एवं प्रभावशाली बन जाती हैं। अन्तिम अवस्था में व्यक्ति धर्म तथा अध्यात्मवाद का सहारा लेता है। युंग ने व्यक्तित्व विकास का चरम उद्देश्य आत्म कार्यान्वयन को बतलाया।

एरिक्सन का सिद्धांत

एरिक्सन ने व्यक्तित्व के सम्बन्ध में मनोसामाजिक सिद्धांत का प्रतिपादन पर अधिक बल दिया गया है। फ्रायड के कैम्प में रहते हुए भी एरिक्सन ने मनोलैंगिक-

विकास की प्रत्येक अवस्था में बच्चों के व्यक्तित्व निर्माण पर जैविक कारकों के साथ-साथ सामाजिक कारकों के प्रभाव पर बल दिया। उन्होंने व्यक्तित्व के विकास में ईड से अधिक ईगो को अधिक महत्वपूर्ण माना है। व्यक्तित्व की आठ अवस्थाओं का वर्णन किया और कहा कि आठवीं अवस्था में व्यक्तित्व का विकास पूरा हो जाता है। ये अवस्थाएँ निम्नलिखित हैं—

विश्वास-अविश्वास को पहली अवस्था की संज्ञा दी है। इस अवस्था में माता के अनुकूल या प्रतिकूल व्यवहार के कारण बच्चे में क्रमशः विश्वास या अविश्वास विकसित होता है।

स्वतन्त्रता-लज्जा एवं संदेह को दूसरी अवस्था में शामिल किया गया है। यह व्यक्तित्व विकास की दूसरी अवस्था है। यह अवस्था फ्रायड के गुदा अवस्था के समान है। इस अवस्था में धारण करने अथवा बहिष्कार करने की प्रवृत्ति का नियंत्रण माता-पिता द्वारा उचित ढंग से होता है, तो बच्चे में स्वतन्त्रता तथा आत्म-विश्वास का विकास होता है। ऐसा होने से बच्चों में लज्जा तथा संदेह विकसित होता है।

तीसरी अवस्था के अंतर्गत माता-पिता बच्चों द्वारा बहिष्कार करने की प्रवृत्ति पर पूर्ण रूप से नियंत्रण रखते हैं जिससे बच्चे में स्वतन्त्रता की चेतना का विकास होता है, जिससे उसमें आत्म-नियंत्रण तथा आत्म-विश्वास का विकास होता है। ऐसा नहीं होने से उनमें लज्जा तथा संदेह विकसित होता है। इस अवस्था में बच्चे मातृप्रेम संघर्ष का समाधान करते हैं। पिता की तुलना में माताएँ उनके ज्यादा करीब होती हैं। अपने इस लक्ष्य को प्राप्त करने के लिए वह पिता की आज्ञा मानने लगता है, जिससे सुपर ईगो का विकास होता है। इसमें पहल करने की चेतना पाई जाती है। यदि वह भय के कारण अपने इस लक्ष्य को छोड़ देता है तो दोषभाव विकसित हो जाता है। उस दौरान क्रूर तथा कठोर सुपर ईगो काफी सक्रिय हो जाते हैं जिसका पूरा प्रभाव उसके समस्त जीवन पर पड़ता है।

चौथी अवस्था के अंतर्गत बच्चा स्कूल जाने के लिए ही घर से निकलता है। खेल की विभिन्न गतिविधियों में शामिल होकर अपनी रुचियों को अमलीजामा पहनाता है। अब वह किसी निश्चित उद्देश्य से विशेष क्रियाओं को करके अपने व्यक्तित्व के समरूपण का प्रयास करता है। जब वह ऐसा नहीं कर पाता है तो हीनता का अनुभव करता है तथा उसमें असमर्थ होने का स्थाई विश्वास विकसित हो जाता है।

तादात्म्य भूमिका प्रसारण अवस्था को चौथी अवस्था कही जा सकती है। इस अवस्था में व्यक्ति यह महसूस करता है कि उसका अपना अलग व्यक्तित्व है और

उसे सामाजिक स्वीकृति प्राप्त है अथवा यह महसूस करता है कि उसे समाज में कोई स्थान प्राप्त नहीं है। जब वह यह महसूस करता है कि समाज में उसका स्थान है तो उसमें आत्म-विश्वास विकसित होता है और दूसरी स्थिति होने पर भय, अतिआत्मीकरण आदि विकसित होते हैं। किशोरावस्था को इसका पहला चरण कहा जा सकता है जिसके अंतर्गत भूमिका प्रसारण का आधार व्यवसायिक तथा लैंगिक तादात्म्य है।

आत्मीयता पृथक्कीकरण को छठी अवस्था कहा जाता है जो फ्रायड की विलंबित जननेन्द्रिय अवस्था के समान है। इस अवस्था में आत्मीयता की इच्छा प्रबल होती है। प्रेम-सम्बन्ध की आवश्यकता सबल होती है। विपरीत लिंग के प्रति आकर्षण होता है। इस आत्मीयता की प्राप्ति होने पर पृथक्कीकरण देखा जाता है।

प्रौढ़ा अवस्था को सातवीं अवस्था कहा जा सकता है जिसमें एरिक्सन का मानना है कि व्यक्ति अपने भावी जीवन के कई विकल्पों में से किसी विशेष विकल्प को चुनता है और निर्णय लेता है कि केवल बच्चा पैदा करना है अथवा कोई रचनात्मक कार्य करना है।

आठवीं अवस्था की शुरुआत होते ही मनुष्य के अंदर नकारात्मक तथा सकारात्मक प्रवृत्ति की जानकारी प्राप्त होने तथा उसके परिणाम प्राप्त होना शुरू हो जाता है। सकारात्मक मनोवृत्ति के कारण व्यक्ति अपने अच्छे-बुरे सभी कार्यों को खुले दिल से स्वीकार करता है और सम्मानपूर्वक चिरनिद्रा में लीन हो जाता है। परंतु जिस व्यक्ति में नकारात्मक प्रवृत्ति सबसे अधिक पायी जाती है वह सदैव वैराग्य भावना से ग्रस्त रहता है।

लेविन का क्षेत्र-सिद्धांत

लेविन के द्वारा अपने व्यक्तित्व के सिद्धांत के अंतर्गत व्यक्तित्व गतिकी, व्यक्तित्व विकास, व्यक्तित्व संरचना व मानसिक संघर्ष को परिभाषित करने का प्रयास किया गया है। यहाँ संक्षेप में इस पर प्रकाश डाला जा रहा है। इस सिद्धांत के प्रमुख तथ्य निम्नलिखित हैं–

(1) व्यक्तित्व-संरचना–लेविन के अनुसार व्यक्तित्व का निर्माण दो तरह के शीलगुणों-जीवनकृतिक व दृश्याकृतिक हुआ है। एक प्रकार के शीलगुणों को जीवनाकृतिक शीलगुण कहा गया। जीवनाकृतिक शीलगुण का तात्पर्य ऐसे शीलगुणों से है, जिनका सम्बन्ध व्यक्तित्व की आंतरिक रूप-रेखा से है। दृश्याकृतिक शीलगुणों

का संबंध बाहरी व्यक्तित्व से होता है। लेविन के जीवनाकृतिक शीलगुण कैटेल के तात्विक शीलगुण से तथा दृश्याकृतिक शीलगुण कैटेल के सतही शीलगुण से साम्य रखते हैं।

(2) व्यक्तित्व-विकास—लेविन का मानना है कि जीवन-क्षेत्र के आधार पर ही व्यक्तित्व का विकास होता है। व्यक्ति के जीवन-क्षेत्र में कई प्रकार के बल, कर्षण तथा बाधाएँ होती हैं, जिनमें व्यक्ति के व्यवहार निर्धारित होते हैं। उन्होंने व्यक्ति के व्यवहार की उत्पत्ति को एक सूत्र में प्रस्तुत किया—B = F (P.E.) जहाँ B का अर्थ व्यवहार, F का अर्थ कार्य, P का अर्थ व्यक्ति तथा E का अर्थ परिवेश है। अतः सूत्र से यह स्पष्ट हो जाता है लेविन ने व्यक्तित्व तथा वातावरण के मध्य होने वाली पारस्परिक क्रिया को व्यवहार की संज्ञा दी है।

(3) मानसिक-संघर्ष—लेविन का मानना है कि निराशा की उत्पत्ति प्रेरकों द्वारा किये जाने वाले संघर्ष से होता है। इन्होंने मानसिक-संघर्ष के तीन प्रकारों का उल्लेख किया—आगमन संघर्ष, आगमन-परिहार संघर्ष तथा परिहार-परिहार संघर्ष। आगमन-आगमन संघर्ष की उत्पत्ति तब होती है, जबकि व्यक्ति एक ही साथ दो धनात्मक संघर्षों के बीच फँस जाता है और तय नहीं कर पाता है कि किस धनात्मक लक्ष्य को पहले प्राप्त करे। आगमन-परिहार संघर्ष की उत्पत्ति तब होती है जब व्यक्ति एक ही साथ धनात्मक तथा नकारात्मक संघर्षों के बीच फँस जाता है और तय नहीं कर पाता है कि पहले धनात्मक लक्ष्य को प्राप्त करे या नकारात्मक लक्ष्य से बचे। मनोवैज्ञानिक लेविन का मानना है कि परिहार-परिहार संघर्ष की उत्पत्ति दो व्यक्तियों के गलत धारणाओं में फँसने के पश्चात् होती है जिसमें वह यह समझ पाने में असमर्थ रहता है कि सर्वप्रथम वह किस गलत अवधारणा या नकारात्मक लक्ष्य से बचने का प्रयास करे।

(4) व्यक्तित्व-गतिकी—लेविन का मानना है कि मनुष्य द्वारा वे प्रेरणात्मक निर्धारक जो व्यक्त नहीं किये जा सके हैं, उन्हें मनोवैज्ञानिक वातावरण को स्वीकार किया है। उनका मानना है कि व्यक्ति के व्यवहार पर मनोवैज्ञानिक तथा भौतिक वातावरण का प्रभाव पड़ता है। मनोवैज्ञानिक वातावरण का तात्पर्य आवश्यकता, प्रवृत्ति, योग्यता, संवेग आदि के समुच्चय से है। इसी समुच्चय को लेविन ने जीवन क्षेत्र कहा। भौतिक वातावरण का तात्पर्य भौतिक वस्तुओं से है। मनोवैज्ञानिक वातावरण के अंतर्गत व्यक्ति के व्यवहार की जानकारी प्राप्त होती है। भौतिक वातावरण समान रहने पर भी मनोवैज्ञानिक वातावरण में भिन्नता होने के कारण भिन्न-भिन्न व्यक्तियों के व्यवहार भिन्न-भिन्न होते हैं।

विशेषताएँ—लेविन के सिद्धांत के प्रमुख गुणों का उल्लेख नीचे की पंक्तियों में किया गया है—

1. इस सिद्धांत में मनोवैज्ञानिक प्रत्ययों को गणित की भाषा में व्यक्त करने का प्रयास किया गया है, जिसके सहयोग से उसके अर्थ को अच्छी तरह से स्पष्ट किया जा सके।
2. इस सिद्धांत का दूसरा गुण यह है कि इस सिद्धांत में व्यक्तित्व संरचना की सरल व्याख्या की गई है और जीवनाकृतिक तथा दृश्याकृतिक शीलगुणों को संरचनात्मक इकाइयाँ माना गया है।
3. इस सिद्धांत में जिन प्रत्ययों का व्यवहार किया गया है वे आज व्यक्तित्व मनोविज्ञान के आवश्यक अंग बन गए हैं। जैसे—वेक्टर कर्षण, तनाव तंत्र, बाधा, जीवन क्षेत्र आदि।
4. यह सिद्धांत मानव-व्यवहार के निर्धारण में भौतिक वातावरण की अपेक्षा मनोवैज्ञानिक वातावरण को अधिक बढ़ावा देता है।
5. लेविन के क्षेत्र-सिद्धांत का प्रभाव मनोविज्ञान की सभी शाखाओं पर पड़ा, जिससे नये-नये आविष्कार या अनुसंधान पूर्ण किये जा सके हैं।

आलोचना—कई गुणों के बावजूद लेविन का व्यक्तित्ववादी सिद्धांत आलोचनाओं की परिधि से मुक्त नहीं रह पाया है। लेविन के सिद्धांत के आलोचकों ने काफी विरोध किया है तथा उसे चार भागों में बाँट दिया गया है—

1. लेविन ने इस सिद्धांतों का काफी विरोध किया गया है जिसके बावजूद भी यह काफी महत्वपूर्ण है। कारण यह है कि इसमें कुछ आलोचनाएँ सतही हैं, जिनका समाधान स्वयं लेविन ने किया है। दूसरी बात यह है कि लेविन ने आत्मनिष्ठ दृष्टिकोण को वैज्ञानिक दृष्टिकोण बनाने का प्रयास उस समय किया जब मनोविज्ञान में वस्तुनिष्ठता का बोलबाला था। लेविन के विचारों से व्यक्तित्व के अतिरिक्त मनोविज्ञान के अन्य क्षेत्रों में शोधकार्य की प्रेरणा मिली।
2. मानव-व्यवहार की व्याख्या के सम्बन्ध में लेविन ने किसी नई बात की जानकारी प्रदान नहीं की है। ब्रोलायर, लण्डन लिंजे, स्पेन्स आदि ने इसकी आलोचना की है।
3. लेविन ने व्यवहार की उत्पत्ति के संबंध में वर्तमान को अधिक महत्वपूर्ण माना गया है तथा अतीत की विशेष चर्चा नहीं की है। अलोचकों का मानना है कि

बिना अतीत के व्यक्ति के व्यवहार की समुचित व्याख्या केवल वर्तमान के लिए वर्तमान के साथ-साथ अतीत का अध्ययन भी आवश्यक है।

4. लेविन भौतिक वातावरण के पक्षधर नहीं थे जो उनकी भूल है। लीपर, ब्रन्सविक तथा टौलमैन ने इसी आधार पर क्षेत्र सिद्धांत की आलोचना की है।
5. लेविन द्वारा भौतिक तथा गणितीय प्रत्ययों का भली-भाँति प्रयोग नहीं किया गया है। लण्डन का मानना है कि शक्ति कर्षण क्षेत्र आदि प्रत्ययों को लेविन ने भौतिकी रसायन विज्ञान तथा गणित से लेकर मनोवैज्ञानिक प्रत्ययों के रूप में गलत रूप से व्यवहार किया है।

उपरोक्त सिद्धांतों साथ-साथ व्यक्तित्व से संबंध रखने वाले कुछ और सिद्धांतों की चर्चा की है। जैसे—सामाजिक शिक्षण सिद्धांत, दृश्य प्रपंचवादी सिद्धांत, आत्मन सिद्धांत, समग्रता सिद्धांत, अस्तित्ववादी सिद्धांत आदि। इन सिद्धांतों का भी अपना महत्त्व है।

अन्तर्मुखी तथा बहिर्मुखी व्यक्तित्त्व में अंतर

बहिर्मुखी और अन्तर्मुखी व्यक्तित्व के संबंध में निम्न अंतर बताये गए हैं जिनका उल्लेख नीचे की पंक्तियों में किया गया है—

1. बहिर्मुखी व्यक्तित्व शीघ्रता से घबराने वाला नहीं होता है, जबकि अन्तर्मुखी व्यक्तित्व शीघ्रता से घबराने वाला होता है।
2. बहिर्मुखी व्यक्तित्व के स्वामी खेलकूद अधिक पसंद करते हैं, लेकिन अन्तर्मुखी व्यक्तित्व पुस्तक, पत्र-पत्रिका आदि में लेने वाले होते हैं।
3. बहिर्मुखी व्यक्तित्व चिन्ताओं से मुक्त होता है, लेकिन अन्तर्मुखी व्यक्तित्व चिन्ताओं से मुक्त नहीं होता है।
4. बहिर्मुखी व्यक्तित्व व्यवहार कुशल होता है, जबकि अन्तर्मुखी व्यक्तित्व चुप रहने वाला होता है।
5. बहिर्मुखी व्यक्तित्व का व्यवहार कुशल होते हैं तो दूसरी तरफ अन्तर्मुखी व्यक्तित्व के व्यवहार में लोच का अभाव रहता है।
6. अन्तर्मुखी लोगों से मिलना-जुलना अधिक पसंद नहीं करते हैं इसलिए इस मनोवृत्ति वाले व्यक्ति लेखनी के माध्यम से अपनी भावनाएँ व्यक्त करते हैं वहीं बहिर्मुखी व्यक्तित्त्व वाले व्यक्ति मिलनसार और बोलने वाले होते हैं इसलिए ऐसे व्यक्ति कुशल वक्ता बन सकते हैं।

7. बहिर्मुखी व्यक्तित्व पर वस्तुनिष्ठ तथ्यों से जल्दी प्रभावित होते हैं परंतु अन्तर्मुखी व्यक्तित्व पर व्यक्तिगत भावनाओं का ज्यादा प्रभाव पड़ता है।
8. बहिर्मुखी व्यक्तित्व के स्वामी सामाजिक जीवन व्यतीत करते हैं तो अन्तर्मुखी व्यक्तित्व अकेला रहना ज्यादा पसन्द करता है।

व्यक्तित्व को प्रभावित करने वाले तत्त्व

जो कारक व्यक्तित्व पर अधिक प्रभाव डालते हैं उन्हें दो वर्गों में बाँटा जा सकता है—वैयक्तिक कारक एवं सामाजिक कारक।

(1) वैयक्तिक तत्त्व—वैयक्तिक कारक का संबंध ज्यादातर व्यक्तियों से ही होता है। व्यक्ति की शारीरिक बनावट, स्नायु संस्थान और ग्रन्थियाँ, उसका रंग-रूप और डील-डौल, उसकी बुद्धि, संवेगात्मक स्वभाव और प्रेरणा एवं अभिवृत्ति, स्वभाव और स्थायीभाव आदि सभी प्रकार के आन्तरिक तत्त्व इस श्रेणी के अन्तर्गत आते हैं।

(2) सामाजिक तत्त्व—समूह, विद्यालय, समाज, जलवायु, शैक्षिक परिवेश, परिवार, पड़ोस एवं मित्र, आर्थिक स्थिति ये सभी कारक व्यक्तित्व पर ज्यादा प्रभाव डालते हैं। यहाँ संक्षेप में इन पर प्रकाश डाला जा रहा है—

समूह—व्यक्तित्व के विकास को प्रभावित करने वाला एक प्रमुख कारक समूह की संज्ञा दी जा सकती है। जैसे—परिवार, राजनीतिक संगठन, शैक्षिक संस्थान, धार्मिक संगठन, हरिजन समुदाय, मुस्लिम समुदाय आदि।

परिवार—किसी भी बच्चे के व्यक्तित्व के निर्माण करने में परिवार महत्वपूर्ण भूमिका निभाता है। पारिवारिक मूल्यों और सांस्कृतिक सरोकारों से बच्चे का परिचय परिवार के माध्यम से ही होता है।

पड़ोस—पास-पड़ोस का माहौल भी बच्चे के व्यक्तित्व पर असर छोड़ते हैं। शौ के अनुसार, शहर तथा देहात के मध्य वाले क्षेत्रों में अच्छे पड़ोसियों के अभाव के कारण वहाँ के बच्चों के अपराधी होने की संभावना अधिक होती है।

खेल—खेलों द्वारा भी बच्चों का जीवन काफी प्रभावित होता है। खेल के मैदान में विभिन्न सामाजिक-आर्थिक स्थितियों के बच्चे जमा होते हैं। उनके बीच होने वाली परस्पर क्रिया का प्रभाव उनके व्यक्तित्व-निर्माण पर पड़ता है। सामाजिक विकास, भाषा विकास, संवेगात्मक विकास तथा नैतिक विकास में अच्छे खेलों से काफी मदद मिलती है। खेलों में भाग लेने से बालक के जीवन में अनुशासन का प्रसार होता है तथा शरीर भी स्वस्थ होता है।

विद्यालय—प्रतिदिन विद्यालय जाने से भी बालकों के व्यक्तित्व में परिवर्तन

होता है। परिवार के बाद बच्चे का सबसे अधिक समय शिक्षालय में ही गुजरता है। शिक्षालय के भौतिक वातावरण, अनुशासन, शिक्षक के चरित्र, शिक्षार्थी के चरित्र आदि का प्रभाव व्यक्तित्व निर्माण पर पड़ता है।

सामाजिक-आर्थिक कारक—कभी-कभी सामाजिक परिस्थितियाँ भी बालक के व्यक्तित्व में परिवर्तन लाती हैं। प्रसिद्ध मनोवैज्ञानिक **हॉफिडिज** के अनुसार, निम्न सामाजिक-आर्थिक स्थिति के बच्चों में आधिपत्य तथा आत्मनिर्भरता एवं अभिमान आदि शीलगुण अधिक पाए हैं। इसी प्रकार **शुक्ला एवं मिश्रा** ने निम्न सामाजिक-आर्थिक स्थिति की तुलना में उच्च सामाजिक-आर्थिक स्थिति के बच्चों में बेहतर अभियोजन पाया। सक्सेना ने अलाभान्वित बच्चों की अपेक्षा लाभान्वित बच्चों में अमूर्त बुद्धि अधिक पाई। इस प्रकार सामाजिक-आर्थिक कारक भी व्यक्तित्व प्रभावित करने में महत्वपूर्ण भूमिका निभाते हैं।

सांस्कृतिक कारक—व्यक्तित्व निर्माण में संस्कृति की भूमिका के अध्ययनों एवं निरीक्षणों से यह जानकारी प्राप्त होती है कि व्यक्तित्व के विकास तथा शीलगुणों के निर्माण पर संस्कृति का गहरा प्रभाव पड़ता है। सांस्कृतिक-मानदण्ड, संस्कृति-प्रतिरूप संस्कृति-समष्टि आदि परिवेशों में व्यक्तित्व की रूपरेखा का निर्माण होता है।

व्यक्तित्व के जैविक निर्धारक

व्यक्तित्व का जैविक रूप से निर्धारण आनुवंशिकी द्वारा किया जाता है। इनका निर्धारण वातावरण से नहीं होता है। ये जैविक निर्धारक परोक्ष रूप से व्यक्तित्व पर असर डालते हैं। यहाँ कुछ प्रमुख जैविक निर्धारकों की हम चर्चा कर रहे हैं।

(1) स्नायु-तन्त्र—कभी-कभी स्नायु मंडल की सहायता से भी व्यक्तित्व का जैविक रूप से निर्धारण किया जाता है। इस कारक की गणना जैविक कारकों के अन्तर्गत इसलिए की जाती है, क्योंकि यह वंशानुगत होता है। स्नायु-मंडल जितना ज्यादा उलझा और पेचीदा होता है, मनुष्य के अंदर उतनी ही बौद्धिक क्षमता होती है।

स्वचालित स्नायु-मंडल की क्रिया में जब कुछ कमियाँ नजर आती हैं तो संवेगात्मक विकृति का प्रसार होता है। आइजिंक, मिनैनगो आदि मनोवैज्ञानिक ने स्वचालित स्नायु-मण्डल के व्यक्तित्व पर पड़ने वाले प्रभाव की विवेचना की है। **आइजिंक** के विचार में, वैसे लोग जिनका स्वचालित स्नायु-मंडल विकसित नहीं होता है, उनमें अनुकूलन की योग्यता कम पाई जाती है। जिसके परिणामस्वरूप उसमें असामाजिक व्यक्तित्व के लक्षण का विकास होता है। **मिनैनगो** के विचार में, जिन

व्यक्तियों में सहानुभूतिक मंडल प्रधान होता है, वे अधिक क्षेत्र आश्रित होते हैं। वैसे व्यक्ति जिनमें उपसहानुभूतिक मंडल अधिक प्रधान होता है, वे क्षेत्र स्वतंत्र होते हैं।

(2) शारीरिक बनावट–शारीरिक गठन, लम्बाई, ढाँचा, रूप-रंग आदि शारीरिक संरचना आदि की संज्ञा दी जाती है। इस प्रकार के सभी शील गुणों को वंशानुगत कहा जा सकता है। इस पर वातावरण का प्रभाव नहीं पड़ता है तभी किसी भी वातावरण में मनुष्य का बच्चा मनुष्य, पशु का बच्चा पशु, तथा पक्षी के बच्चे पक्षी होते हैं। गोरे माता-पिता के बच्चे अकसर गोरे तथा काले माता-पिता के बच्चे अकसर काले होते हैं। इसी तरह लम्बे माता-पिता के बच्चे लम्बे तथा नाटे माता-पिता के बच्चे नाटे होते हैं। कई बार ऐसा भी होता है कि बच्चा अपने माता-पिता से भिन्न होता है। इस स्थिति में कहा जाता है कि उन पर उनके माता-पिता के पूर्वजों के शीलगुणों का प्रभाव पड़ता है। बच्चों पर माता-पिता के शारीरिक संरचना का अधिक प्रभाव पड़ता है। ग्रेगर जॉन मेंडल ने अपने परीक्षण में इस मत का समर्थन किया है।

मानसिक शीलगुण के आधार पर व्यक्तित्व का विकास शारीरिक संरचना की सहायता में होता है। इसकी जानकारी प्राप्त नहीं होती है। सुसंगठित एवं आकर्षक शरीर वाले बच्चों के साथ माता-पिता तथा परिवार के अन्य लोग अनुकूल व्यवहार करते हैं। पड़ोसियों, खेल के साथियों, वर्ग के साथियों तथा शिक्षकों का व्यवहार भी अनुकूल हुआ करता है। सभी अवस्थाओं में उनका प्रोत्साहन किया जाता है। इसके परिणामस्वरूप उनमें आत्म-विश्वास, बहिर्मुखता, सामाजिकता, श्रेष्ठता-भाव आदि विकसित हो जाते हैं। ठीक इसके विपरीत वैसे बच्चे जो कुरूप, अधिक लम्बे, अधिक नाटे तथा विकर्षक शरीर वाले होते हैं, सभी स्तरों पर प्रतिकूल व्यवहार पाते हैं जिससे इनमें हीन भावना, शर्म, अंतर्मुखता का प्रसार हो जाता है। कभी-कभी ऐसे बच्चों का स्वभाव प्रतिक्रियात्मक होता है और वे बाल अपराध के शिकार बन जाते हैं। इसी प्रकार, कभी-कभी वे क्षतिपूर्ति के रूप में जीवन के किसी क्षेत्र में अपूर्व उपलब्धि हासिल करते हैं।

(3) बुद्धि–मनुष्य के व्यक्तित्व पर बुद्धि भी गहरा असर छोड़ते हैं। जेन्सन न्यूमैन आदि ने इस तथ्य की पुष्टि की है। बुद्धिमान माता-पिता के बच्चे प्रायः बुद्धिमान होते हैं और मन्द बुद्धि के माता-पिता के बच्चे मन्द बुद्धि के। बच्चों में बौद्धिक योग्यता की प्राप्ति कभी-कभी उसके माता-पिता अथवा उनके पूर्वजों से होती है, जिस कारण उनकी बुद्धि उनके माता-पिता की बुद्धि से भिन्न हो जाती है।

व्यक्तित्व के शीलगुण पर बुद्धि क्या प्रभाव डालती है इसकी जानकारी प्राप्त

होती है। तीव्र बुद्धि के बच्चों के साथ परिवार, पड़ोस तथा समाज के लोग अनुकूल व्यवहार करते हैं। साथ ही उनको प्रशंसा के नजर से देखते हैं। इन कारणों से उनमें श्रेष्ठता का भाव, बहिर्मुखता, आधिपत्य, आत्मविश्वास आदि शीलगुणों का विकास होता है। ठीक इसके विपरीत मन्द बुद्धि के बच्चों को उन सभी परिस्थितियों में उपेक्षा तथा निन्दा का सामना करना पड़ता है। इन कारणों से उनमें हीन-भाव, दोष-भाव अन्तर्मुखता आदि शीलगुणों का विकास होता है। जो बच्चे प्रखर बुद्धि के होते हैं उनमें शारीरिक दोष कम ही पाये जाते हैं। उदाहरण के तौर पर सुकरात, नेपोलियन, लाल बहादुर शास्त्री आदि की शारीरिक संरचना विकर्षक होते हुए भी तीव्र बुद्धि के कारण उनका व्यक्तित्व इतना प्रभावशाली बन सका। इसी तरह जिन बच्चों की बुद्धि थोड़ी मंद होती है उनमें शारीरिक सुंदरता अपना असर खो बैठती है।

अन्तःस्रावी ग्रन्थियाँ—अंतःस्रावी ग्रन्थियाँ भी व्यक्तित्व को प्रभावित करने में महत्वपूर्ण भूमिका निभाती हैं। मानव शरीर में दो प्रकार की ग्रन्थियाँ होती हैं—नलिका ग्रन्थि एवं नलिकाहीन। नलिका ग्रन्थि का तात्पर्य उस ग्रन्थि से है जिससे स्राव एक मार्ग से होकर शरीर के कोटन या इसके ऊपरी तल में होता है। इसके उदाहरण के अंतर्गत आँसू की ग्रंथि तथा पसीने की ग्रंथि को शामिल किया जा सकता है। नलिका ग्रन्थि को एक्सोक्रोइन ग्रन्थि के नाम से भी जाना जाता है। नलिकाहीन ग्रन्थियों को इन्डोक्राइन-ग्रन्थि के नाम से भी जाना जाता है। इन ग्रन्थियों से स्राव का कोई मार्ग या वाहिका अथवा नलिका नहीं होती है। जो हार्मोन अन्तःस्राव ग्रंथियों से निकलते हैं वे रक्त में सीधे मिल जाते हैं।

शारीरिक विकास तथा कार्य नलिकाहीन ग्रंथियों का विकास एवं प्रयोग रसायन यौगिक के निर्माण के लिए किया जाता है। यह शरीर के आन्तरिक वातावरण की स्थिरता एवं समरूपता को कायम रखती है, इस तरह प्राणी अत्यधिक ताप, शीत, अम्लक्षार आदि से बचे रहते हैं। इन ग्रन्थियों का प्रभाव शारीरिक कार्यों के साथ-साथ संवेग तथा चिन्तन पर भी पड़ता है। बुद्धि तथा व्यक्तित्व के विकास के दौरान ये अधिक सक्रिय हो जाती हैं। सभी ग्रन्थियों का विकास एक साथ नहीं होता है। गेनाडस का विकास परिपक्व अवस्था में होता है। इसका आशय यह हुआ कि बचपन में जो अन्तःस्रावी संतुलन होता है, वह वयस्क अवस्था तथा वृद्धा अवस्था से भिन्न होता है। यहाँ कुछ प्रमुख अन्तःस्रावी ग्रन्थियों का विवरण दिया जा रहा है।

पाराथाइरॉइड—पाराथाइरॉइड ग्रंथियाँ मटर के दाने के समान होती हैं जो छोटी-छोटी ग्रन्थियाँ थाइराइड ग्रंथि के क्षेत्र में स्थित हैं। इन ग्रन्थियाँ के हॉर्मोन के

अभाव में आधारिक उपापचय बढ़ जाता है जबकि इसकी उपस्थिति से उपापचयी गति घट जाती है। जब इनकी मात्रा अधिक हो जाती है इनमें तीव्रता का अभाव हो सकता है। इन ग्रन्थियों को नष्ट कर देने पर पेशी तनाव नामक विकृति उत्पन्न होती है, जिससें पेशीय कम्पन, एंठन, मरोड़, संवेगात्मक अस्थिरता आदि लक्षण प्रकट होते हैं।

एड्रीनल ग्रन्थि—इस प्रकार की ग्रंथियाँ गुर्दे के ऊपरी हिस्सों पर स्थित होती हैं तथा ये अंतःस्रावी होती हैं। एड्रीनल ग्रंथि से स्रावित होने वाले हॉर्मोन को एड्रीनीन आपातिक हॉर्मोन कहा जाता है। भय, क्रोध आदि संवेगों की अवस्था में यह हॉर्मोन अधिक सक्रिय बन जाता है तथा इसकी मात्रा बढ़ जाती है, जिससे शारीरिक शक्ति गतिशील हो जाती है और व्यक्ति आपातिक व्यवहार करने में सक्षम हो पाता है।

स्टीरॉइड्स जीवन के लिए इसकी आवश्यकता पड़ती है। कॉर्टीन की कमी के कारण थकान बढ़ जाती है, भूख की कमी, चिड़चिड़ापन, अनिद्रा, बेचैनी आदि लक्षण विकसित हो जाते हैं। जिन औरतों में स्टीरॉइड्स ज्यादा मात्रा में पाये जाते हैं उनमें मूँछ-दाढ़ी विकसित होने की संभावना अधिक होती है तथा मर्दानेपन के अन्य लक्षणों का विकास होता है। प्रारम्भिक आयु में इसकी अधिकता के कारण नर बच्चों में यौनारंभ जल्दी होता है और शारीरिक विकास तीव्र गति से होता है लेकिन इस अनुपात में मानसिक विकास नहीं होता है। ऐसे बच्चे मानसिक रूप से भी काफी कमजोर होते हैं। उनकी बुद्धि-लब्धि 85 के लगभग होती है। वयस्क पुरुषों में स्टीरॉइड्स से बाल अधिक उगते हैं।

थाइरॉयड ग्रन्थि—यह ग्रंथि मुख्य रूप से कण्ठ के नजदीक पाई जाती है। एक सामान्य व्यक्ति में इस ग्रन्थि का वजन 20 से 40 ग्राम तक होता है। वे हार्मोन जो इस ग्रंथि से निकलते हैं, उन्हें थाइरॉक्सिन कहा जाता है। इसका मुख्य संघटक आयोडीन है। आयोडीन की कमी के कारण घेंघा रोग हो जाता है जिससे गर्दन फूली हुई-सा दीखती है। जो लोग हिमालय के तराई क्षेत्रों में निवास करते हैं वे ज्यादातर इस रोग से ग्रसित होते हैं। ऑक्सीजन के समुचित उपयोग के लिए थाइरॉक्सिन बहुत आवश्यक होता है। यह उपापचय का महत्त्वपूर्ण निर्धारक भी है।

थाइरॉक्सिन की मात्रा जब अधिक हो जाती है तो उपापचयी प्रतिक्रिया काफी सक्रिय हो जाती है, ऑक्सीकरण तेज हो जाता है, वजन घट जाता है, व्यक्ति अधिक सक्रिय तथा आशंकित बन जाता है। थाइरॉक्सिन के अत्यधिक स्त्रावित होने से शरीर का संतुलित विकास नहीं होता है। बाल्यकाल में इस ग्रंथि के सक्रिय होने से व्यक्ति सरकंडे-सा लंबा और बौद्धिक क्षमता में एक बच्चे सरीखा बन कर रह जाता है। इस

रोग की उत्पत्ति इस ग्रंथि के अधिक सक्रिय होने से होती है जिसे गंभीर रोग कहा जाता है। इस ग्रन्थि का प्रभाव संवेगात्मक प्रतिक्रिया पर भी पड़ता है। जब व्यक्ति अधिक तनावपूर्ण एवं संकटपूर्ण स्थिति में होता है तो इस ग्रन्थि की सक्रियता बढ़ जाती है जिससे अभियोजित होने के लिए अपेक्षित शक्ति संचालित होने लगती है।

थाइरॉइड ग्रंथियाँ जन्म से पहले या पश्चात् कम सक्रिय हो जाती हैं तो बालक मानसिक एवं शारीरिक रूप से दुर्बल बन जाता है। आरंभ में थाइरॉक्सिन की सूई देने पर शारीरिक लक्षण दूर हो सकते हैं तथा बुद्धि में भी कुछ सुधार हो सकता है। लेकिन विलम्ब से लक्षणों के विकसित होने या देर से सूई देने पर कोई लाभ नहीं होता है।

अग्नाशय--इस प्रकार की ग्रंथि से दो तरह स्त्राव की उत्पत्ति होती है। एक स्राव एक नलिका से होकर पेट में जाता है, जो वास्तव में हॉर्मोन नहीं होता है। इन्सुलिन को इसका दूसरा स्त्राव कहा जाता है जिसकी कमी होने पर मधुमेह की उत्पत्ति होती है। इस हॉर्मोन की अधिकता से व्यक्ति चिन्तित रहा करता है और थकान का अनुभव करता है।

पीयूष ग्रन्थि--यह ग्रंथि मुख्य रूप से मस्तिष्क में स्थित होती है जिसकी संरचना काफी जटिल होती है तथा वे अन्तःस्रावी ग्रंथियाँ होती हैं। यह मटर के दाने के आकार की होती है। इसके दो भाग हैं--अग्र खण्ड तथा पिछला खण्ड। इससे कई हॉर्मोन स्रावित होते हैं जैसे--सोमेटोइपीन जिससे इसे विकास हॉर्मोन भी कहा जाता है। इसकी सहायता से शरीर का विकास काफी तेज गति से होता है तथा शरीर की लम्बाई 7 से 9 फीट तक हो जाती है। इसे अधिकायता या भीमकायता कहते हैं। इसके विपरीत सोमेटोट्रोपीन की कमी बचपन में होने पर शारीरिक विकास की गति मंद हो जाती है और बच्चे नाटे बनकर रह जाते हैं। इस अवस्था को बौनेपन की संज्ञा दी जाती है।

यौन-ग्रन्थि--जो यौन-ग्रन्थि पुरुषों में पाई जाती है उसे अण्ड ग्रन्थि कहा जाता है तथा स्त्रियों की यौन-ग्रन्थि को अण्डाशय की संज्ञा दी जाती है। पुरुष के फोता में अण्ड-ग्रथियों का एक जोड़ा पाया जाता है जिसके दो मुख्य कार्य होते हैं--पुरुष जनन कोशिका अर्थात् शुक्राणु का निर्माण करना तथा मर्दाना शारीरिक एवं मानसिक शीलगुणों को विकसित करने वाले हॉर्मोन का निर्माण करना।

ज्यादातर अण्ड-ग्रंथियों में कई प्रकार के हार्मोन पाये जाते हैं जिनमें टेस्टोस्टेरोन तथा एण्ड्रोस्टेरोन नामक दो हॉर्मोन मुख्य हैं। यौनारंभ के समय इन दोनों हॉर्मोन का स्राव अधिक होता है। इनके कारण यौन अभिलक्षणों का विकास होता है।

स्त्री यौन-ग्रन्थियों (अण्डाशय) भी दो प्राथमिक कार्यों को सम्पादित करती हैं– अण्डाणु को जन्म देना, रजोस्त्राव तथा गर्भ को नियंत्रित करती हैं। इन ग्रंथियों के मुख्य हॉर्मोन एस्ट्रोजेन तथा प्रोजेस्टीन हैं। वे लैंगिक परिपक्वता को बढ़ाते हैं तथा स्त्री अनुषंगी अभिलक्षणों के विकास में सहायक होते हैं।

ऊपर दी गई सभी ग्रंथियों के विश्लेषण करने से इस बात की जानकारी प्राप्त होती है कि समग्र व्यक्तित्व तभी बन पाता है जब इन सभी ग्रंथियों का विकास सामान्य रूप से हो। मनुष्य के व्यक्तित्व विकास में इन ग्रंथियों के योगदान को नकारा नहीं जा सकता। इसके बावजूद भी व्यक्तित्व, बुद्धि, संवेग आदि में वैयक्तिक भिन्नताओं की व्याख्या केवल ग्रन्थियों के आधार पर सम्भव नहीं है। क्योंकि ज्यादातर व्यक्तियों में अन्तःस्रावी संतुलन सामान्य होता है, केवल बहुत थोड़े व्यक्तियों में अन्तःस्रावी कुसंतुलन देखने को मिलता है।

व्यक्तित्व मापन की विधियाँ

व्यक्तित्व मापन की सहायता से व्यक्ति के वातावरण के साथ सामंजस्य स्थापित करने में सहायक होती है। यही कारण है कि मनोवैज्ञानिक पद्धति में किसी व्यक्ति को एक खास प्रकार के कार्य में लगाने से पहले उसके व्यक्तित्व की जाँच कर ली जाती है। व्यक्ति कौन-सा कार्य सही प्रकार सकता है, उसकी जानकारी प्रदान करती है।

कभी-कभी ऐसा होता है एक पद के लिए कई व्यक्तियों का चयन किया जाता है। साक्षात्कार की प्रक्रिया में हम व्यक्तित्व की माप करके ही तीन में से एक का चयन करते हैं।

व्यक्तित्व के संबंध में जानकारी प्राप्त करने के लिए मनोवैज्ञानिकों द्वारा अनेक मापन बताये गये हैं जो उनके विभिन्न दृष्टिकोणों के अनुरूप हैं। मूल रूप से मनोवैज्ञानिकों ने इसके लिए तीन दृष्टिकोणों को अपनाया है–

समग्र मूल्यांकन का दृष्टिकोण, शीलगुण दृष्टिकोण एवं प्रक्षेपण जाँच का दृष्टिकोण।

इसी दृष्टिकोणों के आधार पर व्यक्तित्व-परख की निम्नलिखित प्रमुख विधियों का उल्लेख मनोवैज्ञानिकों द्वारा किया गया है–

(1) मनोमितिक

नैदानिक विधियों की कमियों को समाप्त करने हेतु आधुनिक मनोवैज्ञानिकों

ने परिमाणात्मक एवं वस्तुनिष्ठ विधियों को विकसित किया, जिसे मनोमितिक विधियाँ कहा जाता है। मनोमितिक विधियों के उपयोग के सम्बन्ध में मनोवैज्ञानिकों का यह मानना है कि व्यक्तित्व की जानकारी भिन्न-भिन्न प्रकार के शील गुण तथा उनके उनके अंतःसम्बन्धों का वस्तुगत अध्ययन करके किसी व्यक्ति के सम्पूर्ण व्यक्तित्व को ज्यादा अच्छी तरह समझा जा सकता है।

व्यक्तित्व को किस प्रकार मापा जा सकता है उसे विकसित करने हेतु कुछ विशेष बातों पर ध्यान दिया जाना उचित है। इस सम्बन्ध में सबसे पहली और महत्त्वपूर्ण बात यह है कि माप ऐसी हो जो मापी जाने वाली विशेषता को मापने में समर्थ हो, अर्थात् वह एक सार्थक माप हो ।

इसके अंतर्गत मापक यंत्र उन यंत्रों को कहा जाता है जो एक जैसी व्यवस्था उत्पन्न होने पर एक समान परिणाम प्राप्त करने का प्रयास करते हैं। समान अवस्था में बार-बार एक जैसा परिणाम मिलने पर मापक को विश्वसनीय माना जाता है। मनोमितिक मापकों में इस तरह विश्वसनीयता हैं।

किसी भी प्रकार की जाँच अथवा माप तभी सफल हो सकते हैं जब उनका स्वरूप वस्तुगत होगा। मनोमितिक मापकों में इस तरह वस्तुनिष्ठता का गुण भी है। इस तरह स्पष्ट है कि मनोमितिक विधियाँ व्यक्तित्व मापक की उपयुक्त विधियों में से एक है।

(2) व्यवहार अध्ययन विधियाँ

व्यक्ति का व्यवहार आदत प्रतिरूप द्वारा प्रकट किए जाते हैं। आचार, व्यवहार निर्माण की प्रक्रिया में उसके स्वभाव या आदतों की अहम् भूमिका रहती है। ये आदत प्रतिरूप अपूर्व रूप से सामान्यीकृत हो जाते हैं और इन्हीं सामान्यीकृत आदत प्रतिरूपों के संगठन से व्यक्तित्व का निर्माण होता है। आदत प्रतिरूप व्यक्ति के व्यवहार में प्रकट होते हैं। इसलिए इस दृष्टिकोण के अनुसार व्यक्तित्व उत्तेजना प्रतिक्रिया व्यापार है।

वे सभी इकाइयाँ जो उत्तेजना प्रतिक्रिया के अंतर्गत आती हैं एक आदत का निर्माण करती हैं। इस तरह की अनेक आदतें एक साथ संगठित होकर आदत-तंत्र की रचना करती हैं। इन्हीं आदत-तंत्रों के योग को व्यक्तित्व कहते हैं। अर्थात् व्यक्तित्व की इकाइयों अथवा आदत एवं आदत-तंत्र का योग होता है। इन आदत या आदत-तंत्रों की अभिव्यक्ति मनुष्य के आदतों द्वारा प्रदर्शित की जाती है। अतः किसी व्यक्ति के

व्यवहार का बाह्य निरीक्षण या अवलोकन कर उसके व्यक्तित्व के बारे में आसानी से जाना जा सकता है।

इस पद्धति के अंतर्गत भिन्न-भिन्न हालातों में मनुष्य की प्रकृति का अध्ययन किया जाता है। अध्ययन की परिस्थितियाँ मूल रूप से दो तरह की होती हैं—

1. स्वाभाविक परिस्थितियाँ और
2. जाँच परिस्थितियाँ।

वे निष्कर्ष जो अवलोकन से प्राप्त होते हैं उनके द्वारा साम्यता के द्वारा व्यक्तित्व का निर्धारण किया जाता है।

(3) नैदानिक

इस विधि का विकास नैदानिक मनोवैज्ञानिकों द्वारा किया जा रहा है। इसमें मुख्यतः साक्षात्कार विधि, व्यक्ति इतिहास विधि एवं प्रक्षेपण प्रविधियों का प्रचलन है। ये ऐसी विधियाँ हैं जिनमें हर तरह की विशेषताएँ पाई जाती हैं।

लेकिन आधुनिक मनोवैज्ञानिकों ने नैदानिक विधियों का काफी विरोध किया है उनका मानना है कि—

1. प्रारंभिक नैदानिक मनोवैज्ञानिक व्यक्तित्व की परिगणनात्मक माप में अभिरुचि नहीं रखते थे इसलिए भी विधियाँ उपयुक्त नहीं हैं।
2. व्यक्तित्व का नैदानिक दृष्टिकोण मूल रूप से मानसिक रोगियों से प्राप्त प्रदत्तों पर आधारित है। अतः इस दृष्टिकोण से सामान्य व्यंक्ति के व्यक्तित्व की व्याख्या उपयुक्त नहीं है।

8

अधिगम

सीखने की प्रक्रिया को अधिगम का अधिगम कहा जाता है जो जीवनपर्यन्त गतिशील रहती है। इस प्रकार जब तक व्यक्ति जिंदा रहता है कुछ न कुछ सीखता रहता है। इस अवस्था में व्यक्ति प्रतिदिन नयी-नयी जानकारियाँ एकत्र करता है। अधिगम की प्रक्रिया किसी भी वक्त की जा सकती है। यह पूर्व निर्धारित नहीं होती है। यह एक ऐसी प्रक्रिया है जो हर समय ग्रह्‌य है। व्यक्ति न केवल विद्यालय में, बल्कि परिवार, समाज, संस्कृति, मित्रों, पास-पड़ोस, चलचित्र, अखबार यहाँ तक कि अपरिचित व्यक्तियों, वस्तुओं, स्थानों सभी से कुछ न कुछ निरंतर सीखता रहता है। मनुष्य अपने अनुभवों के आधार पर व्यवहार में परिवर्तन लाता है। इस प्रकार अनुभव करने व इन्हें अपने व्यावहारिक जीवन में लाने को ही अधिगम कहते हैं।

अधिगम का अर्थ

अधिगम की प्रक्रिया को व्यवहारगत परिवर्तन की संज्ञा दी जाती है। नीचे दिये गये उदाहरण की सहायता से आसानी से समझा जा सकता है। बच्चा जन्म लेने के बाद रोता है। निश्चित रूप से इसलिए कि उसे भूख लगी है। माँ उसे दूध पिलाती है और उसे पालने में छोड़ देती है। इस प्रक्रिया की व्याख्या इस प्रकार से भी की जा सकती है। बालक भूख लगने पर तड़पने लगा तथा चीखने लगा तत्पश्चात् रोने लगा। माँ की ममता जाग उठी और उसने बच्चे को दूध पिला दिया। बच्चा शान्त हो गया। जब भी उसे भूख लगी, उसने रोना प्रारम्भ कर दिया और दूध मिल गया। बाद में यह क्रिया उसकी आदत बन जाती है, उसे यह महसूस हो जाता है कि भूख

लगने पर रोना चाहिए, क्योंकि रोए बिना दूध नहीं मिलता। छोटा शिशु कुछ बोल नहीं सकता है अतः वह रोकर ही अपनी इच्छा व्यक्त करता है। अब इन दोनों परिस्थितियों पर विचार कीजिए। रोने की क्रिया दोनों ही परिस्थितियों में है; परन्तु, पहली परिस्थिति में रोने की क्रिया सीखना नहीं है, वह सहज है। दूसरी अवस्था में रोने की प्रक्रिया को सीखना कहा जा सकता है जिसे हम इस प्रकार भी कह सकते हैं कि सीखना व्यवहारगत बदलाव है।

ऊपर दिये गये वाक्य को भली-भाँति समझने के लिए इस उदाहरण का प्रयोग किया जा सकता है जैसे—न्यूटन उद्यान में बैठा पढ़ रहा था। एक फल वृक्ष से टूट कर जमीन पर आ गिरा। इससे उसका ध्यान भंग हुआ। वह इस घटना के बारे में सोचने लगा। ऐसे यह घटना स्वाभाविक थी। न्यूटन ने यह जानकारी प्राप्त करने का प्रयास किया कि फल टूटने के पश्चात् जमीन पर ही क्यों गिरा। आसमान में क्यों नहीं गया। अपने इस प्रश्न के उत्तर में उसने पृथ्वी के गुरुत्वाकर्षण बल की खोज की। इस प्रकार हम कह सकते हैं कि किसी नई बात को जानना भी सीखना है।

किसी प्रक्रिया की विपरीत प्रतिक्रिया को अधिगम कहा जा सकता है जैसे—हम अपने हाथ में आम लिए चले जा रहे हैं, एक भूखे बन्दर की नजर उस पर पड़ती है, वह आम को हमारे हाथ से छीनकर ले जाता है, बन्दर की यह प्रतिक्रिया सीखी हुई नहीं, अपितु स्वाभाविक है। इसके विपरीत एक बालक जो आम खाना चाहता है साथ ही भूखा भी है। वह आम खाने की इच्छा हाथ फैलाकर व्यक्त करता है छीनता नहीं है। आम के प्रति बालक की यह प्रतिक्रिया स्वाभाविक होकर सीखी गयी है। निम्न रूपों में प्रस्तुत विभिन्न विद्वानों के विचारों से भी 'अधिगम' या 'सीखना' का आशय स्पष्ट हो जाता है।

गेटस एवं अन्य का मानना है कि—"सीखना अनुभव और प्रशिक्षण द्वारा व्यवहार बदलाव है।"

स्किनर के मतानुसार, "सीखना, व्यवहार में उत्तरोत्तर सामंजस्य की प्रक्रिया है। वुडवर्थ के अनुसार, "नवीन ज्ञान और नवीन प्रतिक्रियाओं को प्राप्त करने की प्रक्रिया सीखने की प्रक्रिया है।"

क्रो एवं क्रो ने अधिगम के संबंधों में विचार व्यक्त करते हुए कहा है कि—"सीखना, आदत, ज्ञान और अभिवृत्तियों का अर्जन है।"

क्रानबेक कहना है कि—"सीखना अनुभव के परिणामस्वरूप व्यवहार में बदलाव द्वारा व्यक्त होता है।"

इस प्रकार इन परिभाषाओं द्वारा यह साफ हो जाता है कि सीखने की क्रिया द्वारा व्यवहार में आसानी से परिवर्तन किया जा सकता है। यह परिवर्तन व्यक्ति के पूर्ण अनुभवों पर आधारित होता है।

इस प्रकार यह स्पष्ट हो जाता है कि अधिगम की प्रक्रिया के अंतर्गत व्यक्ति लगातार अपने ज्ञान में वृद्धि करता है। पुस्तक पढ़ना अथवा प्रवचन सुनना आधुनिक मनोविज्ञान की दृष्टि से 'सीखना' नहीं माना जाता है। वर्तमान में सीखने के लिए जिन जिन प्रणालियों से गुजरना पड़ता है, वे सभी आधुनिक मनोविज्ञान की देन है। इन विधियों में—क्रियात्मक कार्यक्रम, कार्य करके सीखना, वस्तु से प्रत्यक्ष-परिचय, योजना पद्धति, आत्मक्रियाशीलता और विद्यालय में वास्तविक परिस्थितियों से साक्षात्कार करके सीखना आदि उल्लेखनीय है।

अधिगम—एक मनोवैज्ञानिक प्रक्रिया

मनोवैज्ञानिकों का मानना है कि अधिगम की प्रक्रिया आजीवन चलती रहती है जिसे मानसिक प्रक्रिया कहा जा सकता है। इस प्रकार सीखने की प्रक्रिया की दो मुख्य विशेषताएँ मानी गई हैं—(अ) निरन्तरता और (ब) सार्वभौमिकता। सीखना बहुत कुछ परिस्थितियों पर भी निर्भर करता है। अतः जिस विधि व जिस परिस्थिति में सिखाया जाए वह अनुकूल हों। इसके साथ-साथ सीखने वाला और सिखाने वाला भी सही परिस्थितियों के लिए सहायक हो। इसके अंतर्गत शिक्षा को दो धूरियों में बाँटा गया है।

जॉन डी वी ने शिक्षा की प्रक्रिया को द्विमुखी प्रक्रिया कहा है। उनके अनुसार शिक्षक और शिक्षार्थी से सम्बन्धित ऐसी अनेक बातें होती हैं, जो सीखने और सिखाने में बाधक एवं सहायक सिद्ध हो सकती हैं; जैसे—यदि शिक्षक उसी बात को सिखाना चाहता है जिसका सिखाना शिक्षार्थी के लिए लाभप्रद सिद्ध होगा। विद्यार्थी उन्हीं चीजों को सीखना चाहता है जो उनके लिए लाभदायक हो तो विद्यार्थी उस बात को जल्दी सीख लेते हैं, अर्थात् सीखने की प्रक्रिया में प्रथम अवयव है निम्न बिन्दुओं के वर्णन से स्पष्ट है कि अधिगम एक मनोवैज्ञानिक प्रक्रिया है।

(1) आवश्यकता और अधिगम—अधिगम की प्रक्रिया एक सीमा तक आवश्यकता पर आधारित होती है। अक्सर हम उन्हीं बातों पर ध्यान देते हैं जो हमारे लिए लाभदायक होते हैं। दूसरे शब्दों में हम यह भी कह सकते हैं कि जिस बात की हमें आवश्यकता है, उसे सीखना हमारे लिए महत्त्वपूर्ण है। पूरी तरह से निश्चय कर लेते हैं कि हमें यह बात सीखना अथवा सीखाना है तो हम उसे सीखने अथवा

सिखाने के लिए तैयार हो जाएँगे, और उस स्थिति में सीखने की प्रक्रिया का दूसरा तत्त्व होगा लक्ष्य निर्धारण।

(2) अधिगम का लक्ष्य निर्धारण—हमें इस बात की जानकारी अवश्य होनी चाहिए कि लक्ष्य निर्धारण, दूसरा तत्त्व भी हो सकता है और तीसरा भी। शिक्षक जब किसी बात की आवश्यकता अनुभव करता है, तब उसे सिखाने का लक्ष्य निर्धारित करता है; जब विद्यार्थी को यह लगता है कि उक्त बात को सीखना उसके लिए लाभदायक हो सकता है तो वह सीखने के लिए तैयार हो जाता है, तब वह उसे सीखने का अपना लक्ष्य निर्धारित करता है। अतः लक्ष्य, निर्धारण जहाँ शिक्षक की दृष्टि से दूसरा तत्त्व है, वहीं शिक्षार्थी की दृष्टि से तीसरा तत्त्व होगा।

लक्ष्य के चयन तथा अर्जन की प्रक्रिया को एक जैसा नहीं कहा जा सकता है। दोनों अलग-अलग प्रक्रिया है। केवल लक्ष्य निर्धारित करने से कोई काम नहीं चलता, अगर उसे प्राप्त नहीं किया जाए। अतः लक्ष्य को प्राप्त करने हेतु हमें दोनों ही ओर से उचित परिस्थितियों का निर्माण करना पड़ता है। इस दृष्टि से सीखने की प्रक्रिया का तीसरा तत्त्व हुआ तत्परता।

(3) परिस्थिति निर्माण—परिस्थिति निर्माण अधिगम के लिए काफी उपयोगी होती है। परिस्थिति निर्माण किया तो शिक्षक के द्वारा जाता है; लेकिन उसका प्रभाव छात्रों पर पड़ता है। उसे विचार करना पड़ता है कि मैं कौन-सी बात किस ढंग से कहूँ कि बालक सिखाई जाने वाली बात को अधिक से अधिक एवं सरलता से और सफलतापूर्वक सीख जाएँ। सीखने के जो भी सिद्धांत हैं, उनका अनुसरण भी उसे उसी समय करना पड़ता है। परिस्थिति निर्माण को ही हम वातावरण का निर्माण भी कह सकते हैं। जब बालक को पाठशाला जाना अच्छा लगता है कि तो वह अधिक ज्ञान अर्जित करता है।

अधिगम के मनोवैज्ञानिक तत्त्व

अधिगम को प्रभावी बनाना मनोवैज्ञानिक प्रक्रिया के अंतर्गत सरल नहीं होता क्योंकि जैसा व्यक्ति को लगता है कि सीखने का सम्बन्ध जहाँ एक ओर कई बाह्य तत्त्वों से है, वहीं दूसरी ओर सीखना एक आन्तरिक प्रक्रिया भी है, जो बच्चे के मस्तिष्क में चलती है, जो कुछ भी हम उसे बताने का प्रयास करते हैं, उसके प्रति उसके मस्तिष्क में एक प्रक्रिया चलती है। जब व्यक्ति उस प्रक्रिया के संबंध में सोचता है कि यह घटना क्यों घटित हुई? और अगर यह हुआ तो कैसे हुआ आदि? जब वह इन क्यों, क्या, कैसे आदि सभी प्रश्नों के उत्तर से सन्तुष्ट हो जाता है, तब

किसी बात के प्रति उसकी पूर्ण तुष्टि उसे उस बात को सिखाती है, अर्थात् जब तक बालक के मस्तिष्क में सीखी जाने वाली बात को लेकर प्रतिक्रिया नहीं होगी, तब तक वह कुछ नहीं सीख पाएगा। इस प्रक्रिया के अंतर्गत बालक को जो बातें सही लगती हैं वह उन्हें ग्रहण कर लेता है तथा शेष बातें उसके मस्तिष्क द्वारा नहीं सीखी जातीं। अतः, सीखने की प्रक्रिया का पाँचवाँ और अन्तिम तत्त्व हुआ—मानसिक प्रतिक्रिया।

इस प्रकार सीखने की सम्पूर्ण प्रक्रिया को कई वर्गों में विभाजित किया जा सकता है उनमें से प्रमुख हैं—आवश्यकता, लक्ष्य निर्धारण, तत्परता, परिस्थिति निर्माण तथा मानसिक प्रतिक्रिया।

विद्यार्थियों द्वारा अधिगम

अगर हम इन सभी बातों पर विचार करेंगे तो पायेंगे कि सीखने की प्रक्रिया में दो प्रकार के अवयव पाये जाते हैं। प्रथम, बाह्य तत्त्व जिसमें आवश्यकता, लक्ष्य निर्धारण, परिस्थिति निर्माण आदि शामिल हैं और दूसरा आन्तरिक तत्त्व जिसमें छात्र के मस्तिष्क में बाह्य तत्त्वों के प्रति आन्तरिक प्रतिक्रिया आदि आते हैं।

इस तरह अधिगम की प्रक्रिया को आसानी से समझा जा सकता है। जब तक बाह्य तत्त्वों को लेकर हमारे मस्तिष्क में कोई प्रतिक्रिया नहीं होगी, तब तक हम कुछ नहीं सीखेंगे और न सिखा पाएँगे। इसलिए सच्चे शिक्षक के नाते अगर आप बच्चों को वास्तव में कोई बात सिखाना चाहते हो तो वातावरण में ऐसी परिस्थितियों का सृजन करो जो बालक के मस्तिष्क में विचार उत्पन्न कर दे। अगर उसके मस्तिष्क में वातावरण के प्रति कोई प्रतिक्रिया नहीं होगी तो वह बिल्कुल नहीं सीख पाएगा। अब हम किसी भी घटना को लेकर इसी का विश्लेषण करते हैं ऐसे ही कुछ उदाहरण निम्न प्रकार दिये गये हैं—

1. जब कोई बालक आग को देखता है तो वह उसकी तरफ बढ़ जाता है तथा उसे छूने के लिए हाथ बढ़ा देता है परंतु जब उसे जलन का अनुभव होता है तो उसके मस्तिष्क में प्रतिक्रिया होती है कि आग जलाती है। वह सीख लेता है कि आग से दूर रहना चाहिए। इसमें आग बाह्य तत्त्व है और उससे जलकर यह परिणाम निकालना कि आग जलाती है, आन्तरिक तत्त्व हुआ।
2. बच्चों ने मंगल पांडे की कहानी का अध्ययन करने पर यह अनुभव किया कि हर देशभक्त को इसी प्रकार कठिनाइयों का सामना करना पड़ता है। हमें भी अपने देश की रक्षा के लिए यही करना चाहिए, और वे देश-भक्त बन

गए। यहाँ मंगल पाण्डे की कहानी का सम्बन्ध बाह्य जगत से है, लेकिन उस पर विचार करके किसी निर्णय पर पहुँचना आन्तरिक प्रतिक्रिया।

इस प्रकार यह साफ हो जाता है कि बाहरी दुनिया की प्रतिक्रिया तथा मस्तिष्क में होने वाली प्रतिक्रिया की अभिव्यक्ति ही सीखनी है। कभी-कभी ऐसा भी होता है कि बालक दूसरों द्वारा सिखाई गई बातों को ग्रहण नहीं कर पाता है, जितना स्वयं प्रयत्न करके सीखता है। दूसरों द्वारा सिखाई गई बात में अस्थायित्व होता है और स्वयं सीखी हुई बात में स्थायित्व। वह किसी बात को तभी अच्छी तरह सीखेगा जब उस बात को समझाने के लिए जो प्रक्रिया आपके मस्तिष्क में चल रही है ठीक वही प्रक्रिया बच्चे के भी मस्तिष्क में चलने लगे।

अधिगम का वर्गीकरण

अधिगम को व्यवहार परिवर्तन की भी संज्ञा दी जाती है। वह परिवर्तन भावना के परिवर्तन के पश्चात् ही होता है। भावना बदलाव का सम्बन्ध अर्जित ज्ञान से होता है। इस दृष्टि से अधिगम तीन प्रकार का होता है जो निम्नलिखित होता है—

1. इसमें बच्चों को उन नई धारणाओं, बातों की जानकारी प्रदान की जाती है जिसका ज्ञान उन्हें पहले से प्राप्त नहीं होता है। तथ्यों एवं घटनाओं को समझना, छात्रों द्वारा उनका आत्मीकरण तथा पुनर्स्मरण सभी कुछ इसी के अन्तर्गत आता है। इस दृष्टि से इस प्रकार के ज्ञान का महत्त्व यों तो सभी आयुयों और सभी शैक्षिक स्तरों पर है; फिर भी इस ज्ञान का जो महत्त्व छोटी आयु और छोटी कक्षाओं में है बड़ी कक्षाओं में उतना नहीं क्योंकि उस समय उसका दिमाग बिलकुल साफ होता है। वहाँ चिन्तन और मनन बढ़ता जाता है। ज्ञानेन्द्रियों तथा प्रत्यक्ष दर्शन के आधार पर ही इस प्रकार की जानकारी प्राप्त की जा सकती है। इसीलिए इसके लिए ऐसे पाठ्यक्रम की आवश्यकता है, जो जानकारी पर आधारित अधिक हो; सूझ और चिन्तन पर अपेक्षाकृत कम। किन्तु, ज्यों-ज्यों उच्च स्तर की ओर बढ़ते जाएँ, त्यों-त्यों यही ज्ञान, तर्क, कल्पना आदि की ओर बढ़ना चाहिए।
2. संज्ञानी अधिगम होने के बाद यह स्पष्ट हो जाता है कि बालकों की भावनाओं में सकारात्मक परिवर्तन करने की आवश्यकता है। उदाहरण के तौर पर जैसे—सत्य हरिश्चन्द्र पाठ को पढ़ने के पश्चात् सत्य बोलने की भावना का विकास, महाराणा प्रताप और महारानी लक्ष्मीबाई के पाठ को पढ़कर देशभक्ति की तथा भगवान राम की कथा को पढ़कर कर्त्तव्य पालन की भावना का

पनपना स्वाभाविक ही है। इसे ही मनोवृत्यात्मक अधिगम की संज्ञा दी जाती है। इस दृष्टि से इस किस्म के अधिगम के लिए बच्चों को जिस प्रकार पढ़ाना चाहते हैं उसी प्रकार उनको पढ़ायें।

3. अगर अधिगम पर गहराई से सोचा जाए तो ऊपर के दोनों प्रकार के ज्ञान का उस समय तक कोई महत्त्व नहीं, जब तक कि उसे क्रिया रूप में परिणित न किया जाए। अतः अर्जित ज्ञान को व्यवहार में बदलना, तथा व्यवहार के माध्यम से ज्ञानार्जन—इस प्रकार के ज्ञान के अन्तर्गत आता है।

किसी भी कार्य में प्रवीण होने के लिए उस कार्य को करने के दौरान उसमें नवीनता और आकर्षण लाना भी इसी प्रकार के अधिगम के अन्तर्गत आता है। इसके लिए सूझ का होना आवश्यक है। सूझ के बिना कुशलताओं का विकास सम्भव नहीं। संज्ञानात्मक अधिगम के लिए—अनुकरण, अनुबद्धता एवं प्रयत्न तथा भूल का सिद्धांत। भावनात्मक अधिगम के लिए—अनुकरण एवं स्वयं की भावना का सिद्धांत कौशलात्मक अधिगम के लिए—प्रयत्न तथा भूल एवं सूझ द्वारा सीखना सिद्धांत अधिक होते हैं। अध्ययन के दौरान इन्हीं बातों को ध्यान में रखा जाना चाहिए।

थॉर्नडाइक का अधिगम नियम

थॉर्नडाइक महोदय ने अधिगम के संबंध में कुछ नियम भी तैयार किये गये हैं। 'नियम प्रकृति के अटल विधान हैं। पशु, पक्षी, पौधे, मनुष्य सभी प्रकृति के नियमों के अनुसार जीवन व्यतीत करते हैं।' इसी प्रकार सीखने के भी कुछ नियम हैं, सीखने की प्रक्रिया इन्हीं नियमों के अनुसार चलती है। थॉर्नडाइक द्वारा प्रतिपादित मुख्य नियम तीन हैं प्रभाव का नियम, अभ्यास का नियम और तत्परता का नियम। इन तीन प्रकार के नियमों का उल्लेख निम्न बिंदुओं में किया गया है—

प्रभाव का नियम

1. जो बातें छात्रों के लिए अधिक लाभदायक हैं अर्थात् उनकी दृष्टि से जिस बात की जीवनोपयोगिता जितनी अधिक होती है, विद्यार्थी उस बात को उतनी ही जल्दी और अच्छी तरह सीखना पसन्द करते हैं।

2. किसी भी छात्र को इस प्रकार से शिक्षित किया जाना चाहिए जिसे वह पूर्व से जानता हो तो उसे वह सरलता से समझ लेगा।

इस दृष्टि से विद्यार्थियों के लिए जो बातें जितनी अधिक जीवनोपयोगी हैं,

उनके द्वारा उसे जल्दी सीखने का प्रयास करना ही प्रभाव का नियम (Law of Effect) है।

(1) शिक्षा के क्षेत्र में शैक्षिक उपयोगिता—इस प्रकार के नियम शिक्षा के क्षेत्र में काफी लाभदायक सिद्ध होते हैं। इसके प्रयोग हेतु अध्यापक को निम्न बातें ध्यान में रखनी चाहिएँ—

1. जीवनोपयोगिता की दृष्टि से सर्वाधिक उपयोगी बात को सबसे पहले बताना चाहिए।
2. उत्प्रेरणा सिद्धांत के अंतर्गत छात्र जिन बातों को जल्दी सीख जाता है तथा प्रश्नों के उत्तर शीघ्र देने पर उत्साहवर्धन किया जाना चाहिए परंतु प्रोत्साहन की अति न हो पावे। ध्यान रहे कि 'शाबाश', 'बहुत अच्छा' आदि प्रशंसात्मक शब्दों का अधिक प्रयोग, विद्यार्थियों पर उल्टा असर डालता है।
3. शिक्षकों को उन्हीं बातों की जानकारी प्रदान की जानी चाहिए जिसकी जानकारी छात्रों को पहले से है क्योंकि, विद्यार्थियों पर शिक्षक का प्रभाव सबसे अधिक होता है।
4. शिक्षक प्रशिक्षण अथवा शिक्षण के समय जिस प्रकार तत्परता का नियम पाठ की प्रस्तावना के लिए उपयोगी है, उसी प्रकार प्रभाव का नियम पाठ के प्रस्तुतीकरण हेतु उपयोगी मानी गयी है।
5. प्रत्येक बताई जाने वाली बात की जीवन में उपयोगिता अवश्य बताई जाए, जिससे विद्यार्थियों पर उसका ज्यादा प्रभाव पड़े।
6. विद्यार्थियों को कोई भी बात बताते समय उसे उनके जीवन से सम्बन्धित तथ्यों और घटनाओं के माध्यम से बताया जाए, जिससे उनके अधिगम में शीघ्रता हो और उसको हमेशा याद रख सकें। इस दृष्टि से जिन बातों को विद्यार्थियों ने अपने घर पर सीखा है, उन बातों के माध्यम से किसी बात को बताना सबसे अधिक प्रभावी सिद्ध होता है। तो विदेशों की बातों के माध्यम से बताना कम प्रभावी।

(2) तत्परता का नियम—व्यक्ति को किसी भी चीज को ज्ञान प्रदान करने के लिए उसके साथ जबर्दस्ती नहीं की जा सकती है। अर्थात् किसी पर दबाव डालकर उसे कुछ सिखाना सम्भव नहीं है। जब तक किसी काम के लिए किसी की इच्छा नहीं होती, तब तक उसे उस काम को करने के लिए बाध्य नहीं किया जा सकता। यही हाल बच्चों का है। जब तक उन्हें पढ़ने के लिए तैयार न किया जाए, तब तक उन्हें कोई भी बात सिखाई नहीं जा सकती। अतः तत्परता के नियम के अंतर्गत कोई

भी छात्र किसी भी बात को मन से नहीं सीखना चाहेगा। तब तक उन्हें कोई बात पढ़ाई या सिखाई नहीं जा सकती।

उक्त बातें तत्परता के नियम हेतु भी लागू होती हैं इन्हें सीखने का उपनियम (Sub-laws) भी कह सकते हैं। इसी से सम्बन्धित कुछ प्रमुख नियम निम्न प्रकार दिये गये हैं।

(1) जिज्ञासा का सिद्धांत—इसके अनुसार विद्यार्थियों को जो कुछ बताया जाना है, उसे जानने के प्रति विद्यार्थियों की जिज्ञासा उत्पन्न की जाए। यह जिज्ञासा विद्यार्थियों को बताई जाने वाली बात के सम्बन्ध में उसकी महत्ता बताकर और जताकर की जा सकती है।

(2) नवीनता का सिद्धांत—यह सिद्धांत यह बतलाता है कि सिखाने वाली चीज नई तो हो ही इसके साथ-साथ बताने व पढ़ाने का ढंग भी बिल्कुल नया हो तो और भी लाभदायक होगा।

(3) अभिप्रेरणा का सिद्धांत–विद्यार्थी द्वारा किसी बात को जल्दी सीख ले या अच्छे उत्तर देने पर, तो उन्हें उनके अच्छे उत्तरों के लिए प्रोत्साहित किया जाना चाहिए।

(4) रुचि का सिद्धांत—इसके अनुसार विद्यार्थियों को जो कुछ बताया जाना है, उसे जानने के प्रति छात्रों में रुचि उत्पन्न की जाए। रुचि उत्पन्न करने के लिए अलग-अलग बातों को अलग-अलग प्रकार से बताने का प्रयत्न किया जाए।

शिक्षा के क्षेत्र में शैक्षिक उपयोगिता–शिक्षा के क्षेत्र में तत्परता का नियम काफी उपयोगी है जिसे निम्न प्रकार समझा जा सकता है–

1. विद्यार्थियों का ध्यान मस्तिष्क में चल रहे विचारों से विकेन्द्रित करने तथा नई बात की ओर ध्यान आकृष्ट करने की दृष्टि से छोटे बच्चों के लिए कोई वस्तु तथा बड़े बच्चों के लिए कोई बात अधिक अहम साबित होती है।
2. विद्यार्थियों से जटिल व व्यंगात्मक बातें नहीं बोलनी चाहिएँ।
3. प्रस्तावना ऐसी हो कि वह विद्यार्थियों के मन में चलने वाली भावनाओं तथा मस्तिष्क में चलने वाली बातों को निकालकर, नई बात को जानने के प्रति उन्हें आकर्षित करे।
4. पाठ की प्रस्तावना नवीन और रुचिकर होनी चाहिए। इससे बालकों की विषय के प्रति रुचि बढ़ जाती है।
5. वास्तविक शिक्षण से पूर्व, पाठ की प्रस्तावना का उद्देश्य यही है।
6. शिक्षक का व्यक्तित्व भी बच्चों की शिक्षा पर गहरा असर छोड़ता है। यथा

सम्भव शिक्षक को—विषय के प्रति ज्ञान, ज्ञान की गहराई, सफल अभिव्यक्ति, किसी बात पर तुरन्त सोचना और उत्तर देना, सद्व्यवहार आदि।

7. जिस वस्तु अथवा बात को बच्चे पहले से ही जानते हैं, उसे न तो दिखाया ही जाए और न सुनाया ही जाए, क्योंकि उसे देखने अथवा सुनने में बालक रुचि नहीं लेते हैं।
8. इसी तरह छोटे बच्चों के लिए सामान्यतया लघुकथाएँ तथा बड़े बच्चों के लिए दृष्टान्त और संस्मरण आदि की उपादेयता ज्यादा होती है।

अभ्यास का नियम—यह सिद्धांत मुख्य रूप से उपयोगिता तथा अनुपयोगिता पर आधारित होती है। इसे उप-नियम भी कह सकते हैं, उसका उपयोग बार-बार करने से उसका अभ्यास उतना ही अधिक होता रहता है, और वह बात उतनी ही अधिक दृढ़ होती रहेगी। जो बात उनके लिए लाभदायक नहीं है वे उन्हें लंबे याद नहीं रहेंगी।

शिक्षा के क्षेत्र में अभ्यास का शैक्षिक उपयोगिता—शिक्षा के क्षेत्र में अभ्यास के नियम काफी लाभदायक माना गया है इसकी उपयोगिता को निम्न प्रकार स्पष्ट किया गया है—

1. अभ्यास का नियम सीखी हुई बातों को एक लम्बी अवधि तक स्मरण रखने की दृष्टि से अधिक महत्त्वपूर्ण है; अतः बताई गई बातों को यथास्थिति दुहराते रहना चाहिए।
2. किसी भी सिद्धांत अथवा कोई भी चीज बताने के साथ-साथ उसकी उपयोगिता अवश्य बताई जाएँ ताकि जल्दी समझ में आ जाए।
3. शिक्षण के बाद पाठ की पुनरावृत्ति इसी नियम पर आधारित है।
4. मूल्यांकन के समय सैद्धान्तिक ज्ञान की अपेक्षा ज्ञानोपयोग से सम्बन्धित प्रश्न अधिक पूछने चाहिएँ।
5. सैद्धान्तिक ज्ञान का अभ्यास करते समय अगर परिस्थिति को बदलकर उसी बात का उपयोग पूछा जाए तो विद्यार्थियों में कुशलताओं (Skills) का भी विकास किया जा सकता है।

अधिगम : वक्र, गति एवं पठार

गति—विभिन्न तत्त्वों जैसे—आयु, योनि, रूप-रंग, स्वास्थ्य, थकान, परिस्थितियाँ, बुद्धि आदि किसी न किसी रूप में विद्यार्थियों द्वारा किसी बात सीखने में लाभदायक सिद्ध होते हैं अथवा हानिकारक हो सकते हैं। इन्हीं तत्त्वों को ध्यान में रखते हुए

विचार कीजिए कि प्रत्येक विद्यार्थी की सीखने की गति अलग-अलग होगी। यह प्रवृत्ति विद्यार्थी द्वारा सीखने की प्रक्रिया को दो प्रकार से प्रभावित करेगी—प्रथम अलग-अलग विद्यार्थियों की सीखने की गति अलग-अलग होगी और दूसरी एक ही विद्यार्थी की सीखने की गति भी परिस्थिति के प्रभाव से अलग-अलग समयों में अलग-अलग अन्दाज से होगी।

वक्र—इस प्रकार यदि प्रति मिनट सीखने की रेखा का निर्माण किया जाए। एक टेढ़ी-मेढ़ी रेखा प्राप्त होती है, यही रेखा सीखने का वक्र कहलाती है। यह वक्र इसलिए है कि इसमें सीखने की गति कभी कम है, तो कभी अधिक है। सीखने की गति अनेकों कारणों से समान हो ही नहीं सकती। यह हमेशा वक्र रेखा में ही आती है।

पठार—'पठार' शब्द का संबंध भूगोल से है। जिसकी परिभाषा है—आस-पास की अपेक्षाकृत समतल भू-भाग से एकदम ऊपर उठा चौरस भू-भाग। कभी-कभी आपने देखा होगा कि रेगिस्तान में धूल उड़ते-उड़ते कोई स्थान काफी ऊँचा हो जाता है। यह स्थान जो सिर्फ देखने में ऊँचा है, अगर कभी यह भूमि की तरह समतल हो जायेंगे तो इसे पठार कहा जायेगा।

सीखने की गति में भी कई बार पठार आते हैं, इसके मुख्य कारण निम्नलिखित हैं—

1. कभी-कभी सीखते या सिखाते समय मानसिक अस्थिरता के कारण दिन, सप्ताह, महीना भर पढ़ने में अथवा सीखने में दिल नहीं लगता। सीखने की गति अवरुद्ध हो जाती है। यह बात घटना की तीव्रता अथवा गहराई पर निर्भर करेगी कि घटना कितने समय तक पठार का रूप लेती है।
2. पठन-पाठन के दौरान अक्सर विद्यार्थी निरन्तर समझते चले जाते हैं; लेकिन समझते-समझते कोई ऐसा अंश आ जाता है कि उसे समझने में कठिनाई होती है और वहाँ भी कुछ समय तक अधिगम अवरुद्ध हो जाता है।
3. पठन-पाठन के दौरान अक्सर विद्यार्थियों में सहमति की कमी देखी जाती है। वहाँ पर भी सीखना कुछ समय के लिए अवरुद्ध हो जाता है और जितने समय तक अधिगम रुका रहता है, उसे हम सीखने का पठार कहते हैं।

अधिगम के गुण

अधिगम में अनेक गुण पाये जाते हैं, कुछ सामान्य गुणों को निम्न रूपों में प्रस्तुत किया गया है—

1. सीखना नवीन कार्य करना है
2. यह जीवन-पर्यन्त चलता है
3. अधिगम से कुशलता में वृद्धि होती है
4. अधिगम एक उद्देश्यपूर्ण प्रक्रिया है
5. अधिगम में अनुकूलन पाया जाता है
6. यह विकास की एक प्रक्रिया है
7. सीखना सार्वभौमिक है
8. यह परिवर्तनशील होता है
9. अधिगम से नवीन जानकारी प्राप्त होती है
10. सीखना अनुभवों का संगठन है
11. सीखना वातावरण की उपज है
12. यह एक सक्रिय व गतिशील प्रक्रिया है।

अधिगम की प्रक्रिया पर विभिन्न तत्त्वों का प्रभाव

अधिगम को प्रभावित करने वाले प्रमुख तत्त्वों का विवरण निम्न प्रकार है–

1. सीखने की इच्छा एवं जिज्ञासा,
2. सीखने की अभिप्रेरणा,
3. बालकों की मानसिक योग्यता एवं मानसिक स्वास्थ्य,
4. बालकों का शारीरिक स्वास्थ्य,
5. सीखते समय की सम्पूर्ण परिस्थितियाँ,
6. सीखी जाने वाली विषय सामग्री का स्वरूप,
7. सीखने का उचित माहौल,
8. सीखने की प्रक्रिया,
9. सीखने की उचित पद्धतियाँ,
10. सीखने का समय एवं थकान।

इस प्रकार यह स्पष्ट हो जाता है कि सीखना तभी प्रभावशाली हो सकता है जबकि ये दशाएँ अनुकूल हों। प्रतिकूल दशाओं का प्रभाव नकारात्मक रूप से सीखने पर पड़ेगा। जबकि अनुकूल होने की परिस्थितियों में सीखने की क्रिया प्रभावशाली व प्रामाणिक होती है।

अधिगम के सिद्धांत

कुछ मनोवैज्ञानिकों का मानना ने 'Principles' तथा 'Theories' दोनों को सिद्धांत की संज्ञा दी है जो एक-दूसरे से काफी भिन्न हैं–Principles का सम्बन्ध–अपनी सूझ-बूझ, चिन्तन, तर्कसंगत मान्यताओं तथा आधारयुक्त निर्णयों से होता है। जबकि Theories का मूल आधार प्रयोगगत निष्कर्ष होता है।

प्रयोग के आधार पर विभिन्न मनोवैज्ञानिकों द्वारा प्रतिपादित अधिगम इस प्रकार हैं–साहचर्यवादी, व्यवहारवादी तथा गैस्टाल्टवादी।

उक्त सिद्धांतों को मनोविज्ञान में अधिगम के सम्प्रदाय कहा जाता है। इनमें से प्रत्येक सम्प्रदाय के अन्तर्गत कुछ सिद्धांत आते हैं, जो निम्न रेखाचित्र द्वारा दर्शाये गये हैं–

साहचर्य अथवा सम्बन्धवादी सिद्धांत

(i) अनुकरण सिद्धांत

(ii) प्रयत्न एवं भूल का सिद्धांत

व्यवहारवादी सिद्धांत

(i) पॉवलव का प्रतिबद्ध अनुक्रिया सिद्धांत

(ii) स्किनर का सक्रिय अनुबन्धन सिद्धांत

गेस्टाल्टवादी सिद्धांत

(i) सूझ द्वारा सीखना

(1) अनुकरण का सिद्धांत–इस सिद्धांत के अंतर्गत सीखना अधिक आवश्यक होता है। इसके समर्थकों का मानना है, कि सीखने वाले पर सुनी हुई बात की अपेक्षा स्वयं देखी हुई बात का प्रभाव अधिक पड़ता है और इस प्रभाव के परिणामस्वरूप वह स्वयं भी वैसा ही करने लगता है जैसा वह देखता है। बालकों में आदतों का आविष्कार विशेष रूप से इसी सिद्धांत पर निर्भर करता है। वे किसी क्रिया की उपयोगिता और अनुपयोगिता पर विचार किए बिना वैसा ही करने लगते हैं, जैसा वह दूसरों को करते हुए देखते हैं। उदाहरण के तौर पर बीड़ी पीना, झूठ बोलना, समय पर न आना आदि बातें तो अक्सर दूसरों को देखकर ही करते हैं।

मनुष्य के साथ-साथ पशु-पक्षी इस प्रकार प्रक्रिया करते हैं। इसका आशय यह हुआ कि जिन व्यक्तियों अथवा बालकों की बुद्धि अविकसित होती है, वे स्वयं किसी बात पर विचार नहीं कर सकते और वे जो कुछ भी सीखते हैं, अनुकरण द्वारा अधिक ही सीखते हैं। बौद्धिक विकास के साथ-साथ ज्यों-ज्यों उनमें स्व-निर्णय की शक्ति का विकास होता जाता है, त्यों-त्यों उनमें अनुकरण की प्रवृत्ति कम होती जाती है।

(i) थॉर्नडाइक का प्रयोग—मनुष्यों की तुलना में बंदरों में सीखने की प्रवृत्ति अधिक होती है। यह प्रयोगों के आधार पर सत्य भी है, परन्तु, थॉर्नडाइक ने अपने प्रयोगों द्वारा इसे असत्य सिद्ध करने का प्रयत्न किया। उन्होंने एक बॉक्स में खाना रखकर बन्दर को बॉक्स खोलने और बन्द करने की क्रिया को 15 बार दिखाया; लेकिन फिर भी वह अनुकरण द्वारा बॉक्स को खोलने में समर्थ नहीं हुआ।

इस प्रकार यह स्पष्ट हो जाता है कि कोई भी चीज जबर्दस्ती नहीं दिखाई जा सकती है। अपितु सीखने वाले के मस्तिष्क में किसी बात को सीखने के प्रति जो प्रतिक्रिया होती है, उसका परिणाम है। बहुत कुछ सम्भव है कि बन्दर ने बॉक्स खोलने और बन्द करने की क्रिया को देखा ही न हो। अगर देखा भी हो, तो उस पर ध्यान ही न दिया हो और जब तक किसी बात पर ध्यान नहीं दिया जाएगा, तब तक उसे सीखना सम्भव नहीं है अगर बन्दर को पिंजड़े में बन्द कर दिया जाता और जब वह उसमें परेशान हो जाता, तब उसे पिंजड़ा खोलने की क्रिया बताई जाती तो बहुत कुछ सम्भव है कि वह एक अथवा दो बार में ही बॉक्स को खोलना सीख लेता। जब आस पास कोई उपस्थित हो तो कौवा तथा बंदर चोरी नहीं करते हैं। यह उनकी चालाकी का प्रमाण है। बॉक्स से रोटी निकालने का कार्य बन्दर की दृष्टि में चोरी ही था और बन्दर इतना बुद्धिमान नहीं होता कि वह थॉर्नडाइक के मन की बात पहचान सकता। सम्भव है थॉर्नडाइक की उपस्थिति में उसने रोटी और उसे प्राप्त करने की ओर ध्यान ही न दिया हो और उसका ध्यान इसी बात पर केन्द्रित रहा हो कि कब थॉर्नडाइक वहाँ से हटे और कब वह रोटी को निकाले। अतः थॉर्नडाइक ने जो प्रयोग किया, वह बन्दरों के मनोविज्ञान के अनुरूप नहीं था और इसीलिए उसके परिणाम प्रतिकूल रहे। जो बंदर सर्कस में करतब दिखाते हैं उन्हें अनुकरण द्वारा ही यह सब सिखाया जाता है।

जब कोई व्यक्ति दूसरों को कोई भी कार्य करता देखता है वह उसके द्वारा किये गये कार्यों की नकल उतारता है। यह प्रवृत्ति जानवरों अथवा बच्चों में पायी जाती है जो उसे अनुसरण द्वारा सीखता है। इसे ही अनुकरण द्वारा सीखने का सिद्धांत कहते है।

(ii) शैक्षिक महत्त्व—प्रमुखतः छोटे लोग बड़ों की बातों व उनके क्रियाकलापों का अनुकरण करते हैं। बड़े-छोटे भी अलग-अलग क्षेत्रों में अलग-अलग होते हैं। निर्धन, सम्पन्नों का अनुकरण करते हैं, तो रूपहीन, रूपवानों का और ज्ञानहीन, ज्ञानवानों का। इस दृष्टि से विद्यार्थी सामान्य रूप से शिक्षकों का अनुकरण करते हैं। इसलिए निम्न बातों पर ध्यान देना प्रत्येक शिक्षक के लिए आवश्यक है—

1. छोटे बच्चों के लिए बालोद्यान (Kindergarten) और माण्टेसरी विधियाँ अधिक उपयोगी हैं क्योंकि दोनों ही शिक्षण पद्धतियाँ अनुकरण द्वारा सिखाने अथवा सीखने पर बल देती हैं।
2. बच्चों पर वातावरण का भी प्रभाव पड़ता है इसलिये उन्हें ऐसे वातावरण में रखा जाए, जिससे उनमें किसी प्रकार की गलत आदतें न पनप सकें।
3. बच्चों को किसी भी आदतों को सिखाने से पहले स्वयं ग्रहण किया जाना चाहिए।
4. आयु के अनुसार बुद्धि जितनी अधिक अविकसित होगी, अनुकरण उतना ही अधिक होगा। अर्थात् छोटे बच्चों में अनुकरण की प्रवृत्ति अधिक पाई जाएगी तो बड़ों में कम। छोटे बच्चों को जो कुछ सिखाना है, उसे अगर करके सिखाएँ तो अधिक प्रभावकारी सिद्ध होता है।
5. शिक्षक प्रशिक्षण में भी प्रदर्शन पाठों का महत्त्व पर्यवेक्षक द्वारा दिए गए निर्देशों से ज्यादा है। छात्रों की कमियों को स्वयं दूर करके बताया जाना अधिक प्रभावशाली सिद्ध होता है, न कि केवल टिप्पणियाँ लिखकर शिक्षण में सुधार लाना।
6. किसी भी भाषा की समुचित जानकारी अनुकरण द्वारा ही प्राप्त होती है। अतः पद्य, नाटक आदि के शिक्षण में मौखिक वाचन उतना अच्छा नहीं रहता जितना अभिनय। कविता शिक्षण में भी आंगिक क्रियाओं का बड़ा महत्त्व है। परन्तु, इसमें ध्यान यही रखना चाहिए कि आंगिक क्रियाएँ भावानुरूप हों तथा समर्थ अध्यापक को ही क्रियाएँ करनी चाहिएँ।
7. कभी-कभी अनुकरण द्वारा ही ज्ञान की प्राप्ति होती है। अतः छोटे-बड़े सभी बच्चों में जिन सद्वृत्तियों का विकास करना हो, उनके लिए उपदेश न देकर स्वयं अनुसरण करके बताया जाए।

प्रयत्न एवं भूल का सिद्धांत—इस सिद्धांत के समर्थक मनोवैज्ञानिकों का कहना है कि सीखना बाह्य उत्प्रेरक उत्तेजक और उसके परिणामों के बीच का सम्बन्ध है। उत्तेजक और उसके परिणामों के बीच पारस्परिक सम्बन्धों के आधार पर ही इसे सम्बद्ध सिद्धांत के अन्तर्गत माना गया है। सम्बन्ध सिद्धांत के अनुसार प्रत्येक कार्य को करने के पीछे कोई आवश्यकता अथवा उद्देश्य अवश्य ही निहित होता है। उद्देश्य और आवश्यकता के आधार पर ही हम उस वस्तु को प्राप्त करने का प्रयत्न करते हैं! हमारे प्रयत्न और उसके परिणामों के पारस्परिक सम्बन्धों से प्राप्त प्रतिफल ने

ही इस सिद्धांत को जन्म दिया है। इस सिद्धांत का प्रतिपादन थॉर्नडाइक ने किया था। थॉर्नडाइक ने अधिगम को परिस्थिति और उसके बीच के परिणामों का पारस्परिक सम्बन्ध बतलाया है।

इस सिद्धांत का प्रतिपादन करने से पूर्व इस दिशा में कई प्रयोग किए गए इसके प्रतिपादन हेतु थॉर्नडाइक ने बिल्लियों पर तथा उनके समर्थक लॉयड मॉर्गन ने कुत्तों पर एवं मैक्डूगल ने चूहों पर प्रयोग किए और अन्त में यह निष्कर्ष निकाला कि मनुष्य ही नहीं; अपितु पशु-पक्षी भी अनेक भूलें करते हैं।

थॉर्नडाइक का प्रयोग—थॉर्नडाइक अपने प्रयोग में एक भूखी बिल्ली को पिंजड़े में बन्द करके पिंजड़े के बाहर मछली रख दी। पिंजड़े में एक दरवाजा था, जिसे खोलकर निकला जा सकता था। बिल्ली ने पिंजरे से बाहर निकलने की कई बार बहुत कोशिश की परन्तु, आखिर में उसे दरवाजा खोलने में सफलता मिलती है। लेकिन पुनः जब उसे उसी पिंजड़े में बन्द किया गया तो, दरवाजा खोलने हेतु उसे अधिक प्रयास नहीं करने पड़े। धीरे-धीरे कई प्रयत्नों के पश्चात् वह बन्द करने के बाद शीघ्र ही दरवाजा खोलकर बाहर निकलने लगी। थॉर्नडाइक के इस प्रयोग से यह परिणाम निकलता है कि बाह्य उत्तेजक जितना तीव्र और कार्य जितना अधिक महत्त्वपूर्ण होगा, हम उसे पूरा करने का उतना ही अधिक प्रयत्न करेंगे, चाहे कितनी ही भूलें क्यों न हों? जो कार्य अधिक महत्त्वपूर्ण नहीं होगा, उसके लिए हम अधिक प्रयत्न नहीं करेंगे।

शैक्षिक उपयोगिता—शैक्षिक दृष्टि से प्रयत्न एवं भूल सिद्धांत काफी उपयोगी है। इसकी उपयोगिता पर निम्न प्रकार प्रकाश डाला गया है—

1. किसी भी कार्य में भूल हो जाने के बाद उसके अन्दर सुधार करना मस्तिष्क का कार्य है। अतः प्रयत्न और भूल द्वारा सीखना छोटे बच्चों से इतना सम्बन्धित नहीं, जितना बड़े बच्चों से है। जिसका मस्तिष्क जितना अधिक विकसित होगा, वह उतनी ही कम भूलें करेगा और किसी कार्य को उतनी ही जल्दी सीख जाएगा। अतः नए प्रयोग, नई खोज, किसी समस्या का हल करना आदि में यह सिद्धांत उपादेय है।
2. इस सिद्धांत के तहत बाह्य उत्प्रेरक जितना अधिक तेज होगा, प्रयत्न उतने गम्भीर और अधिक होंगे। इस दृष्टि से गणित आदि विषयों की समस्या देकर बच्चों को पुरस्कार, प्रशंसा, प्रमाण-पत्र आदि का बाह्य प्रलोभन देने पर वे ज्यादा प्रयास करेंगे।

3. बुद्धि के विकास एवं सीखने के स्थायित्व हेतु बच्चों को जो कार्य स्वयं करने दिया जाएगा, उसे वे अधिक सीखेंगे। अतः शिक्षक उनकी भूलों पर क्रोधित न होकर उनके प्रयत्नों की सराहना करें तो सीखने के परिणाम भी अच्छे होंगे।
4. किसी एक कार्य में बार-बार भूल करने पर बालक को स्वयं सुधारने का अवसर देना चाहिए। अगर किसी कठिन समस्या का समाधान बच्चे अनेकों भूलों के पश्चात् भी नहीं खोज सकें तो उन्हें समस्या का सही समाधान बता दिया जाए, जिससे वे हीनता के शिकार न हों।
5. प्रयत्न एवं भूल के विकास सिद्धांत की मान्यता है कि कोई बात सिखाने के लिए समस्या का वितरण छात्रों की शारीरिक एवं मानसिक क्षमता को ध्यान में रखते हुए किया जाए।
6. आदतों के लिए अनुकरण और किसी नई बात को सिखाने के लिए भूल और प्रयत्न द्वारा सीखने के सिद्धांतों का प्रयोग किया जाना चाहिए इसमें यह उपयोगी है।

क्रिया प्रसूत अनुकूलन सिद्धांत—स्किनर महोदय द्वारा प्रतिपादित इस सिद्धांत को प्रस्तुत उदाहरण से समझा जा सकता है, आप अपने उन दिनों को याद कीजिए, जब आप बहुत छोटे थे। माँ-बाप ने पाठशाला में भर्ती करा दिया। परन्तु, पाठशाला में बिल्कुल मन नहीं लगता था। माँ-बाप, भाई-बहन की याद आती तो रोते थे। अध्यापक खाने को कुछ दे देता था अथवा पुचकारता तो चुप हो जाते थे। फिर रोते, फिर चुप हो जाते और यही क्रम दिन भर चलता। छुट्टी की घण्टी बजती; आप प्रसन्न हो जाते और दौड़कर कक्षा से निकलकर घर आने के लिए तैयार हो जाते। स्वयं या किसी के साथ घर आ जाते। दूसरा दिन आता, आप पाठशाला जाने से मना कर देते। पिता आपको टॉफी के लिए पैसे दे देते। आप पैसों के लालच से पाठशाला चले जाते। धीरे-धीरे आप पैसे लेकर विद्यालय जाने के आदत बन जाते है जिस दिन आपको पैसे नहीं मिलते, उस दिन आप पाठशाला जाने से मना कर देते।

इस प्रकार मानव धीरे-धीरे बड़े हो जाते हैं। पढ़ने में दिल लगने लगता व मजा आने लगता है तो आप देखेंगे कि खुद आप के पैर पाठशाला की तरफ बिना किसी झिझक व लालच के बढ़ने लगते हैं। आप मन लगाकर पढ़ने लगे। कक्षा में प्रथम आए। उत्साह बढ़ गया और लालच समाप्त हो गया।

उपरोक्त दोनों परिस्थितियों पर यदि गौर किया जाए तो पता चलता है कि आप पाठशाला दोनों ही स्थितियों में गए। परन्तु, पहली स्थिति में पाठशाला जाने के

लिए लालच उत्तरदायी रहा और दूसरी स्थिति में पढ़ने की रुचि उत्तरदायी रही। पहली स्थिति शास्त्रीय अथवा क्लासीकल अनुकूलन है और दूसरी स्थिति क्रियाप्रसूत है। अतः स्पष्ट है कि *क्रियाप्रसूत अनुकूलन वातावरणीय परिस्थितियों के अनुरूप स्वतः ही उद्भूत होने वाला मानवीय प्रयत्न है।*

बी. एफ. स्किनर का विचार है कि मानव का समग्र व्यवहार क्रियाप्रसूत पुनर्बलन का एक उत्पाद बदलते रहते हैं और क्रियाप्रसूत पुनर्बलन के द्वारा व्यवहार को वांछित दिशा में परिवर्तित किया जा सकता है। प्रबलन के द्वारा हम अनुक्रियाओं को बदलने हेतु पुनर्बलनों को परिवर्तित करते रहते हैं और इसी तरह मानव खेलने, पढ़ने, मनोरंजन करने आदि सभी क्रियाओं में समायोजन स्थापित करते हैं।

इंसान के व्यवहार में सम्पूर्ण बदलाव लाने हेतु अधिक से अधिक मनोवैज्ञानिक प्रयोग की आवश्यकता को स्किनर महोदय ने नकार दिया है। अपितु पुनर्बलनों को बदल कर व्यवहार में परिवर्तन सम्भव है—स्किनर ने इच्छा-शक्ति (Will-power), संवेदनशीलता (Sensation), प्रतिमा अथवा बिम्ब (Image), मूलप्रवृत्ति (Instinct), अन्तर्नोद (Drive) आदि शब्दों का बहिष्कार किया है। स्किनर की दृष्टि से ये सभी शब्द अभौतिक-से प्रतीत होते हैं; क्योंकि—"व्यवहार, व्यक्ति स्वयं अथवा विभिन्न बाह्य पदार्थों अथवा दबाव के अन्य क्षेत्रों द्वारा संदर्भों में व्यक्ति स्वयं अथवा उसके किसी अंग की क्रिया है।"

प्रमुख आधार—स्किनर महोदय द्वारा प्रतिपादित क्रिया प्रसूत अनुकूलन सिद्धांत पुनर्बलन पर आधारित है। जब कोई बात व्यवहार के किसी रूप को पुनर्बलित करती है तो उस व्यवहार की आवृत्ति के अवसर अधिक होते हैं। अतः मनोवैज्ञानिक का दायित्व तो केवल उन स्थितियों का पता लगाना है जिनमें किसी व्यवहार-विशेष को अधिकतम बल मिलता है। स्किनर का मानना है कि व्यवहार की आवृत्ति प्रबलन की शक्ति पर निर्भर है। अर्थात् प्रबलन जितना शक्तिशाली होगा, व्यवहार की आवृत्ति उतनी ही अधिक। इस दृष्टि से प्राकृतिक प्रबलन सर्वाधिक शक्तिशाली होते हैं। अगर किसी प्राकृतिक प्रबलन के साथ कृत्रिम प्रबलन मिल जाता है, तो क्रिया की तीव्रता अथवा व्यवहार की आवृत्ति अथवा प्रबलता उतनी ही अधिक बढ़ जाती है। अभिवृत्तियाँ (Attitudes), जीवन मूल्य (Life Values) आदि सभी कृत्रिम किन्तु, स्थाई प्रबलनों के अन्तर्गत आते हैं। इस दृष्टि से स्किनर के अनुसार व्यवहार को उद्दीप्त करने अथवा व्यवहार के अनुकूलन के लिए किसी बाह्य उद्दीपक की इतनी अधिक आवश्यकता नहीं है जितनी जीवन मूल्यों को पनपाने की, क्योंकि इन्हें ही स्थाई प्रबलन माना गया है।

मनोविज्ञान के क्षेत्र पुनर्बलन का प्रयोग—मनोविज्ञान के क्षेत्र में किये गये अधिकांश प्रयोगों में कृत्रिम व्यवहार के उद्दीपन का प्रयत्न किया गया। इस दृष्टि से स्किनर के प्रयोगों के क्षेत्र, अन्य मनोवैज्ञानिकों से भिन्न ही नहीं, उनसे कहीं आगे हैं। स्किनर ने प्राणी व्यवहार को किसी बाह्य उत्तेजक द्वारा परिवर्तित करने का प्रयास नहीं किया; अपितु उस परिस्थिति को बदलकर उसके व्यवहार को परिवर्तित करने का प्रयास किया, जिस परिस्थिति-विशेष में मानव अथवा प्राणी का कोई अंग-विशेष स्वतः ही उद्दीप्त होता है। इसी वजह से इसका प्रयोग अलग ही महत्त्व रखता है।

इस सम्बन्ध में स्किनर की मूल धारणा यही रही—चूँकि, प्राणी भविष्य में भी वही करना पसन्द करता है, जो वह प्रबलन के समय कर रहा था। इस दृष्टि से कोई भी प्रयोगकर्ता उस प्रबलन को उद्दीप्त करके प्राणी के व्यवहार में बदलाव ला सकता है। इस बात को निम्न उदाहरण से समझा जा सकता है—मान लीजिए, आप चाहते हैं कि कबूतर गेंद से खेलना सीख जाए तो आप किसी पिंजड़े अथवा बन्द स्थान में उसे और उस छोटी गेंद को जिसे वह अपनी चोंच से हिला-डुला सके, रख दीजिए। साथ ही यह देखिए कि वह गेंद के साथ अपनी चोंच से जो हरकत करता है, वह किस स्थिति में अधिक करता है—भरे पेट, भूखे पेट, अँधेरे में, उजाले में, अगर उजाले में तो कैसे उजाले में आदि। पुनः अब आप उस स्थिति का पता लगा लें जिसमें कबूतर गेंद के साथ खेलता है। शनैः-शनै उसमें गेंद खेलने की कुशलता आ पायेगी। जब वह गेंद के साथ खेलने में मस्त हो जाएगा तो आप पूर्ण रूप से देखेंगे कि जब भी कबूतर को उस जैसा गेंद नजर आएगा वह उसके साथ खेलने लगेगा।

स्किनर का बॉक्स एवं मानवीय व्यवहार—एक बॉक्स बनाया जिससे उनके नाम (स्किनर बॉक्स) से ही जाना जाता है। इस बॉक्स का निर्माण उन्होंने प्राणी के स्वाभाविक व्यवहार को उद्भूत करने के उद्देश्य से किया था। इस बॉक्स में जिस प्राणी के व्यवहार में जो बदलाव लाना होता है, उस प्राणी को बन्द करके उस स्थिति को बार-बार किया जाता था; जिसमें उसका वह व्यवहार बार-बार उद्भूत हो। बॉक्स के बाहर हरकतों की आवृत्ति को नोट करने हेतु एक रिकॉर्डर लगा हुआ होता है, जिससे प्रयोगकर्ता की अनुपस्थिति में भी वे हरकतें रिकार्ड होती रहती हैं।

स्किनर ने यह स्पष्ट किया है कि किसी भी प्राणी पर उसकी आयु व स्वरूप के आधार पर प्रयोग करना आसान होता है। आयु की दृष्टि से उनके शरीर के विभिन्न अंग कोमल होने के कारण उनके व्यवहार को सही दिशा दिखलाना आसान हो जाता है। इसी दृष्टि से स्किनर ने अपने प्रयोग चूहों, कबूतरों आदि पर अधिक

किए। सर्कस में जो पशु-पक्षियों को सिखाया जाता है तो उसमें भी स्किनर द्वारा किया गया बॉक्स प्रयोग उपयोगी है।

उद्दीपन अनुक्रिया एवं सम्बन्धवाद—क्रिया प्रसूत अनुकूलन सिद्धांत प्रमुख रूप से 'उद्दीपन-अनुक्रिया' एवं 'सम्बन्धवाद' पर ही आधारित है। स्किनर से पहले 'उद्दीपन-अनुक्रिया' (Stimulus-response) सिद्धांत को लेकर वाट्सन (Watson) एवं थॉर्नडाइक (Thorndike) ने भी अपने प्रयोग किए। थॉर्नडाइक ने इसे 'सम्बन्धवाद' और वाट्सन ने व्यवहारवाद का नाम दिया था। थॉर्नडाइक ने शारीरिक और मानसिक दोनों ही तत्त्वों का सहारा लेकर अपने प्रयोग किए, किन्तु उसके अध्ययन यान्त्रिक अधिक थे। वाट्सन ने अपने प्रयोग जैवीय आधार पर किए; लेकिन उनका प्रयोग भी यान्त्रिक आधार पर था।

स्किनर की मान्यताएँ वाट्सन एवं थार्नडाइक की मान्यताओं पर आधारित हैं। स्किनर का मानना है कि मनुष्य तटस्थ और निष्क्रिय अधिक है और उसके समस्त व्यवहारों को यान्त्रिक रूप दिया जा सकता है। इस दृष्टि से स्किनर के प्रयोगों का अगर विश्लेषण किया जाए तो उसमें यान्त्रिकता, तात्विकता एवं सम्बन्धबद्धता—तीनों का ही समावेश मिलेगा। स्किनर महोदय ने मनोविज्ञान को मानव व्यवहार का विज्ञान बतलाया है। उनका मानना है कि उसके व्यवहार पर इन तीनों तत्त्वों का प्रभाव पड़ता है।

क्लासिकी, नैमित्तिक तथा क्रियाप्रसूत अनुकूलन में अन्तर—क्लासिकी, नैमित्तिक और क्रियाप्रसूत ये तीनों उद्दीपन के प्रकार हैं जिन्हें समझने की दृष्टि से व्यक्ति-व्यवहार की भिन्न-भिन्न स्थितियों पर विचार कीजिए, एक विद्यार्थी पाठशाला आता है और पढ़ता है, उसके पाठशाला में आने की कई स्थितियाँ हो सकती हैं—वह उपस्थिति के भय या डर से विद्यालय जाता है। उसे परीक्षा में बैठने के लिए न्यूनतम उपस्थिति दिखानी ही है। वह सोच सकता है कि पाठशाला में अध्ययन के कई तरीके है। और पुस्तकालय, साथी, शिक्षक आदि। वहाँ पहुँचकर किसी विशिष्ट विषय के अध्ययन हेतु उसे जो स्थिति अच्छी लगेगी, उसी को वह चुन लेगा। वह कहीं भी आने जाने के लिए स्वतंत्र है। परन्तु, वह पुस्तकालय में ही आता है; क्योंकि वह सोचता है कि वहीं उसे अधिकतम अधिगम सामग्री मिलेगी।

उक्त तीनों दशाओं में पहली स्थिति का सम्बन्ध क्लासिकी अनुकूलन से है, दूसरी का नैमित्तिक अनुकूलन से और तीसरी का क्रिया प्रसूत अनुकूलन से।

इस प्रकार स्पष्ट है कि क्लासिकी अनुकूलन में—बालक को उद्दीपन के अनुसार ही क्रिया करनी पड़ती है, नैमित्तिक अनुकूलन में—उद्दीपनों में से किसी

भी उद्दीपन का चुनाव करने की छूट है, जबकि क्रियाप्रसूत में–बालक को क्रिया करने हेतु पूर्ण स्वतंत्रता होती है।

1. स्किनर के अनुसार प्रबलन दो प्रकार के होते हैं–धनात्मक (Positive) एवं ऋणात्मक (Negative)। उनका मानना है कि किसी भी उद्दीपन की प्रस्तुति अथवा उद्दीपन को हटाना अगर क्रिया को प्रबलित करते हैं तो वह दोनों को ही प्रबलन मानते हैं। स्किनर का मानना है कि जिस बात को जोड़ने अथवा मिलाने से व्यवहार उद्दीप्त हो, वह धनात्मक प्रबलन है। साथ ही, जिस बात को कम करने अथवा हटाने से भी व्यवहार उद्दीप्त हो, वह भी धनात्मक प्रबलन है।
2. स्किनर के अनुसार प्रबलन (Reinforcement) को जितना अधिक दृढ़ बनाया जाएगा उद्भूत क्रिया की तीव्रता भी उतनी ही अधिक होगी। अगर प्रबलन समाप्त हो जाएगा तो क्रिया भी समाप्त हो जाएगी। उद्दीपन-अनुक्रिया सिद्धांत में ऐसी कोई मान्यता नहीं है।
3. पावलव के क्लासीकल अनुकूलन में प्राणी अथवा उसके अंग-विशेष तब क्रिया करते हैं, जब उनके समक्ष किसी प्रकार का कोई उद्दीपन होता है। परन्तु, क्रियाप्रसूत अनुकूलन ठीक इसके विपरीत है। अर्थात् उसमें क्रिया पहले है और उद्दीपन बाद में। इस प्रकार क्लासीकल अनुकूलन अगर उद्दीपन→अनुक्रिया है तो क्रियाप्रसूत अनुकूलन, क्रिया→उद्दीपन।
4. यद्यपि नैमित्तिक और क्रियाप्रसूत अनुकूलन में इसके अलावा कोई विशेष अन्तर नहीं है कि क्रियाप्रसूत अनुकूलन में नैमित्तिक की अपेक्षा क्रिया करने की गुंजाइश अपेक्षाकृत अधिक है।
5. पावलव के अनुसार उद्दीपन अधिक महत्त्वपूर्ण है। जबकि स्किनर के अनुसार क्रिया एवं वह वातावरण, जिसमें वह क्रिया स्वतः ही उद्भूत होती है, अधिक महत्त्वपूर्ण है।
6. क्लासीकल अनुकूलन में उद्दीपन कुछ भी हो सकता है; जबकि क्रियाप्रसूत अनुकूलन में वातावरण में बदलाव ही सबसे बड़ा उद्दीपन है।

क्रियाप्रसूत अनुकूलन सिद्धांत की शैक्षिक उपयोगिता–स्किनर महोदय ने शिक्षा के क्षेत्र में कुछ प्रमुख कमियों का जिक्र किया जो निम्नलिखित हैं–

1. कुशलताओं के अर्जन हेतु जो कार्यक्रम कई सारिणियों से होकर गुजरता है, शिक्षण के सामान्य कार्यक्रम में वे कम ही होते हैं।

2. विद्यार्थियों के व्यवहार में जिस प्रकार का और जो बदलाव हम लाना चाहते हैं, उसके लिए वांछित प्रबलनों का अभाव प्रायः बना ही रहता है।
3. शिक्षण में सामान्यतया पलायनवादी उत्तेजकों से काम अधिक लिया जाता है।
4. प्रबल व व्यवहार के बीच एक बहुत ही बड़ा फर्क होता है।

शिक्षा के क्षेत्र में व्याप्त उपरोक्त दोष को दूर करने हेतु क्रिया प्रसूत अनुकूलन का सिद्धांत प्रयोग में लाया जा सकता है। उदाहरणों द्वारा इन्हीं बातों को निम्न प्रकार से समझा जा सकता है—

(1) बालक अथवा विद्यार्थियों के बीच जब कोई बात स्पष्ट नहीं हो पाती है तो वह गृहकार्य करके नहीं लाते हैं। शिक्षक उसको उसके लिये सजा देता है। परिणामतः पाठशाला जाने के प्रति विद्यार्थियों का आकर्षण कम होता है और विकर्षण बढ़ता है।

क्रियाप्रसूत अनुकूलन द्वारा इस समस्या को ऐसे सुलझाया जा सकता है कि हम पाठशाला में अथवा कक्षा में ऐसी परिस्थितियों का सृजन करें कि विद्यार्थी उसकी ओर आन्तरिक रूप से स्वतः ही आकर्षित हो। उदाहरणस्वरूप, आज विद्यार्थी को शिक्षक का उतना भय नहीं रहा, जितना कि उसे इस बात का भय है कि अगर उसने शिक्षण सम्बन्धी कोई कार्य नहीं किया तो उसके विषय में उसके साथी क्या सोचेंगे? कहीं उसकी हँसी तो नहीं उड़ायेंगे आदि-आदि? विद्यार्थी में उत्पन्न होने वाली ये भावनाएँ ही उसे पढ़ने हेतु प्रेरित करेंगी।

(2) स्किनर का मानना है कि प्रबलन और व्यवहार में काफी अंतर है जिसे दूर किया जाना आवश्यक है। शिक्षण तथा शिक्षा के सम्बन्ध में अगर स्किनर के इस विचार पर विचार किया जाए तो हम देखेंगे कि स्किनर के इस विचार का सम्बन्ध मूल्यांकन से अधिक है। आज की मूल्यांकन प्रणाली में परीक्षा छःमाही या वार्षिक होती है तब तक पढ़ने के प्रति जो प्रबलन प्रयोग में लाए गए थे, उनके परिणामों का पता ही नहीं लगता है। साथ ही इस मूल्यांकन के परिणामों को हम विद्यार्थी की स्थिति के रूप में बताते हैं, न कि उसकी कमियों के रूप में, उदाहारणार्थ—मान लीजिए, कोई विद्यार्थी परीक्षा में द्वितीय अथवा तृतीय श्रेणी में उत्तीर्ण हुआ और अन्य कुछ प्रथम श्रेणी में उत्तीर्ण हुए। स्किनर के अनुसार विद्यार्थियों को श्रेणी बताने के साथ-साथ यह बताना भी आवश्यक है कि अगर किसी ने प्रथम श्रेणी में अंक प्राप्त किए तो उसमें क्या अच्छाइयाँ थीं और जिन्होंने द्वितीय अथवा तृतीय श्रेणी प्राप्त की, उनमें क्या कमियाँ थीं, तथा उन कमियों को किस प्रकार दूर किया जाना चाहिए? साथ ही शिक्षण एवं मूल्यांकन में इतना अन्तराल न होकर प्रतिदिन नहीं तो सप्ताह में एक बार और अगर वह भी

सम्भव न हो तो महीने में कम से कम एक बार विद्यार्थियों की व्यक्तिगत कमियों तथा उन कमियों को दूर करने के उपायों से परिचित कराना जरूरी होता है।

(3) विद्यार्थी में वांछित व्यवहारगत बदलाव लाने हेतु कई सारणियों से गुजरना पड़ता है। किन्तु, शिक्षक के पास इतना समय ही नहीं होता कि प्रत्येक विद्यार्थी में वांछित बदलाव हेतु इन सारणियों से गुजर सके। इस दृष्टि से शिक्षक पढ़ाने से पूर्व उन सभी उद्दीपकों पर विचार कर सकता है जो उसे अपने कक्षागत अथवा पाठशालायी वातावरण में उपलब्ध हैं।

(4) विद्यार्थी का व्यवहार काफी सख्त होता है उसे एक बार में नहीं बदला जा सकता है। स्किनर के अनुसार, उसे टुकड़ों-टुकड़ों में बदलकर ही व्यवहार को समग्र रूप में बदला जा सकता है। स्किनर की इस मान्यता पर अगर विचार किया जाए तो शिक्षण में यह मान्यता बड़ी उपयोगी है। इसे उदाहरण के रूप में इस प्रकार समझिए—मान लीजिए, आपको उन्हें पढ़ाना-सिखाना है, जिन्हें पढ़ना नहीं आता। पढ़ाने की पूरी प्रक्रिया में कहीं प्रस्तावना आती है तो कहीं प्रश्न। भाषाओं के शिक्षण में कहीं उच्चारण संशोधन आता है तो कहीं कठिन शब्दों के आशय बताए जाते हैं। ये सभी क्रियाएँ एक दूसरे से भिन्न हैं और इसमें परिवर्तन भी अलग अलग करना होता है। प्रस्तावना द्वारा शिक्षार्थियों को विषयोन्मुख करना होता है तो वाचन द्वारा उनके उच्चारण को शुद्ध करना। उच्चारण शुद्ध करने में उनकी जिह्वा (जीभ) काम आती है तो दुर्बोध शब्दों के आशय जानने में मस्तिष्क से काम लेना पड़ता है। इस प्रकार ये सभी अलग-अलग क्रियाएँ हैं। स्किनर के क्रियाप्रसूत अनुकूलन के अनुसार इन सब क्रियाओं को अलग-अलग बताया जाना चाहिए; अर्थात् प्रस्तावना को अलग बताया जाए तो वाचन संशोधन को अलग और कठिन शब्दों के आशय अलग। छात्र को इस समस्त कुशलताओं से परिपूर्ण हो जाने के बाद सभी को मिलाकर पढ़ाना सिखाया जाए। यही सिद्धांत सूक्ष्म अथवा गहन शिक्षण के पीछे भी लागू होता है।

सभी अध्यापकों को शिक्षण कार्य के दौरान प्रमुखतः चार प्रश्नों के उत्तर तलाशने चाहिएँ—अपेक्षित व्यवहारगत बदलाव क्या है? वांछित बदलाव के लिए कौन-कौन से उद्दीपन उपलब्ध हैं? क्या-क्या अनुक्रियाएँ उपलब्ध हैं? प्रबलनों को अधिकतम प्रभावी ढंग से किस प्रकार नियोजित किया जा सकता है? इन सभी सवालों के उत्तरस्वरूप अध्यापक को चाहिए कि वह कुछ प्रमुख बातों पर ध्यान दे जो निम्नलिखित हैं—

1. पहला प्रश्न था कि अपेक्षित व्यवहारगत बदलाव क्या है? इस प्रश्न के संदर्भ

में सर्वप्रथम विद्यार्थी में वांछित परिवर्तनों के अनुरूप पाठ के उद्देश्यों को निश्चित करना चाहिए।

2. लक्ष्य निर्धारित करने के बाद उसे यह निश्चय करना चाहिए कि ऐसे कौन-कौन से प्रबलन उपलब्ध हैं, जो बच्चों के व्यवहार को उद्दीप्त कर सकें। कुछ सहज उद्दीपनों के साथ ऐसे उद्दीपन भी उपलब्ध हो सकते हैं जो परिस्थिति के अनुरूप समय-समय पर स्वाभाविक प्रबलनों के साथ मिलकर बच्चों के वांछित व्यवहार को उद्दीप्त कर सकें। ये प्रबलन हैं—अच्छे अन्तरों हेतु छात्रों की प्रशंसा करना।
3. तीसरे प्रश्न के उतरस्वरूप अध्यापक को सभी सम्भावित अनुक्रियाओं की एक सूची तैयार करनी होगी कि किस प्रकार की अनुक्रिया के लिए किस प्रकार का प्रबलन आवश्यक होगा।
4. अध्यापक को चाहिए कि बड़े विचारपूर्वक एवं विवेकपूर्ण ढंग से उपलब्ध प्रबलनों एवं अनुक्रियाओं के साथ समायोजन स्थापित करें। इस सम्बन्ध में भी शिक्षक को दो प्रकार से विचार करना होगा—**प्रथम**, जो व्यवहार अति जटिल है, उनकी सूक्ष्मतम व्याख्या और दूसरा शिक्षण के प्रत्येक चरण में व्यवहार की शक्ति को बनाए रखना।

इस प्रकार, प्रत्येक व्यवहार को विभिन्न वर्गों में बाँटकर यथासम्भव छोटा बना दिया जाए और उचित प्रबलनों के द्वारा उसमें बदलाव लाया जाए।

अभिक्रमित अध्ययन (Programmed Learning) आदि भी स्किनर के इसी सिद्धांत पर आधारित हैं।

अनुकूलित-अनुक्रिया सिद्धांत—इस सिद्धांत का प्रतिपादन प्रसिद्ध मनोवैज्ञानिक पावलव ने किया है जिसे Classical Conditioning के नाम से भी जाना जाता है। इस सिद्धांतवाद को समझने के लिए उन व्यक्तियों को स्मरण कीजिए जो किसी बात-विशेष अथवा शब्द-विशेष को सुनते ही कुछ हो जाते हैं।

उदाहरण के तौर पर कोई 'फूलवती' कहने से चिढ़ता है तो कोई 'गिरधारी लाल' कहने से और कोई किसी अन्य बात से। ऐसा होने का कारण यह है कि चिढ़ने वाले व्यक्ति के जीवन में कोई ऐसी घटना घटित हो जाती है, जिसकी याद आते ही उसे दुःख का अनुभव होता है और वह चिढ़ने लगता है। यह अचानक ही नहीं होता; इस तरह की भावनाएँ धीरे-धीरे मन में घर करती हैं। अतः पहले जीवन में कोई अप्रिय घटना घटित होती है। अप्रिय घटना का कोई विशेष कारण होता है। कारण किसी शब्द से जुड़ जाता है और उस शब्द को सुनते ही वह घटना याद आती है। घटना

से दुःख की अनुभूति होती है और अनुभूति से व्यक्ति दुःख का आभास करता है फलस्वरूप वह चिढ़ने लगता है।

उक्त उदाहरण के आधार पर प्रतिपादित सिद्धांत का मूल आधार मानव का परिस्थित्यानुकूल व्यवहार है। इसीलिए इसे व्यवहारवादी सिद्धांत भी कहते हैं। व्यवहारवादी सिद्धांत को मानने वालों में पावलव, स्किनर और वाट्सन का नाम विशेष रूप से उल्लेखनीय है। इनमें पावलो ने कुत्तों पर, स्किनर ने चूहों पर और वाट्सन ने खरगोश के बच्चों पर अनेक प्रयोग किए।

पावलव का प्रयोग—पावलव रूस के मनोवैज्ञानिक हैं। उन्होंने इस सिद्धांत की प्रामाणिकता हेतु एक कुत्ते पर प्रयोग किया जिसके तहत एक भूखे कुत्ते को एक कमरे में बन्द कर दिया। इस कमरे में इधर-उधर से कोई आवाज नहीं जाती थी। परन्तु, कमरे में एक खिड़की थी, जिससे सब कुछ देखा जा सकता था। पावलव ने कुत्ते की लार, नली को काटकर इस प्रकार नियोजित किया कि कुत्ते के मुँह में आने वाली लार स्वतः ही ट्यूब में एकत्रित हो जाती थी। पावलव ने सर्वप्रथम कुत्ते को कमरे में बंद कर दिया और बाहर गोश्त रख दिया लेकिन गोश्त रखते समय उसने घंटी बजाई। गोश्त को देखते ही कुत्ते के मुँह में लार आ जाती थी और वह ट्यूब में एकत्रित हो जाती थी। पुनः उसने भोजन रखने के साथ ही घण्टी भी बजाई और कुत्ते के मुँह में लार आ गई। ऐसा कई बार किया गया। हर बार खाना रखते ही घण्टी भी बजाई जाती थी। कई बार ऐसा करने के पश्चात् एक बार खाना न रखकर सिर्फ घण्टी ही बजाई गई निष्कर्ष स्वरूप देखा गया कि घण्टी बजाते ही कुत्ते के मुँह में लार आ गई। यह लार जब ट्यूब में एकत्रित हो गई तो उसे माप लिया गया। इस प्रकार अन्त में केवल घण्टी बजाने से ही कुत्ते के मुँह में उतनी ही लार आने लगी जितनी खाना देखकर आता था। इसका मतलब यह हुआ कि कुत्ता व घण्टी की आवाज सुनकर खाना महसूस करने लगता था। पावलव ने अपने इस उद्दीपक द्वारा यह निष्कर्ष निकाला कि यहाँ कुत्ते के सामने गोश्त रखना स्वाभाविक अथवा सहज उद्दीपक है। घण्टी का बजना अनुकूलित अथवा कृत्रिम उत्तेजक तथा लार का आना अनुक्रिया है।

पावलव द्वारा प्रस्तुत अनुकूलित अनुक्रिया सिद्धांत के बारे में दिये गये उक्त विवरण का विशलेषणात्मक अध्ययन करने पर यही परिणाम निकलेगा कि छोटे बच्चों में आदतों का निर्माण इसी सिद्धांत के आधार पर होता है। उनको लोरी सुनाना, प्रशंसा करना आदि कोई भी उद्दीपन दिया जाता है। वे उसी के अनुरूप क्रिया करते हैं और बाद में वह क्रिया आदत के रूप में परिवर्तित जाती है।

पावलव के सिद्धांत की शैक्षिक उपयोगिता—अनुकूलित-अनुक्रिया सिद्धांत के शैक्षिक महत्त्व को निम्न प्रकार स्पष्ट किया गया है—

1. अवांछनीय आदतें भी ऐसे ही उत्पन्न होती हैं इसलिए इस बात का पूरा ध्यान रहे कि उन्हें किसी भी गलत काम के व गलत बात के लिये तो उद्दीप्त नहीं क्यों जा रहा है। संगी-साथियों से भी कोई अवांछित उद्दीपन तो उन्हें नहीं मिल रहा है।
2. बच्चों को अच्छी आदत सिखाने के लिए किसी भी बाह्य अथवा आन्तरिक उत्तेजक द्वारा उन्हें उस समय तक उत्प्रेरित किया जाए, जब तक कि वह आदत में न बदल जाए।
3. बच्चों को कभी भी ऐसे शब्द न कहे जाएँ, जो कुण्ठाओं में बदल जाएँ; यथा—"तू बड़ा होशियार बनता है"; "तुझे देख लूँगा आदि इससे उन पर बुरा प्रभाव पड़ता है।
4. प्रशंसा और पुरस्कार अच्छे उद्दीपन हैं; लेकिन इनकी अति हानिकारक और प्रतिकूल प्रभाव डालने वाली होती है। अतः, प्रशंसा और पुरस्कार भी सीमित व आवश्यकतानुसार होने चाहिए।
5. अच्छे कार्य हेतु विद्यार्थियों की आलेख पुस्तिकाओं में 'सुन्दर', 'अच्छा', 'बहुत अच्छा' आदि प्रशंसायुक्त शब्द लिखने में वे प्रोत्साहित होते हैं।
6. छोटे बच्चों के लिए प्यार और प्रशंसा तथा बड़ों के लिए अनुबन्ध अच्छे अनुबन्धन हैं।
7. कभी-कभी अच्छे शिक्षक के कक्षा में प्रवेश करते ही विद्यार्थी पढ़ने के लिए उद्यत हो जाते हैं। इसलिए अध्यापक में ऐसा गुण होना चाहिए, जिनसे विद्यार्थी अप्रत्यक्ष रूप से प्रभावित हों।

गैस्टाल्टवादी मनोवैज्ञानिकों का विचार—स्किनर (Skinner), पावलव (Pavlol), स्पैंस (Spence) आदि गैस्टाल्टवादी मनोवैज्ञानिकों का विचार है कि पशु-पक्षी भी मनुष्यों की तरह की सीखते और व्यवहार करते हैं और मनुष्य भी अन्य प्राणियों की भाँति सीखते हैं। यही कारण है कि व्यवहारवादियों ने अपने प्रयोग अधिकतर पशु-पक्षियों और विशेषकर छोटे प्राणियों पर किये और उन प्रयोगों के परिणामों को मनुष्य के व्यवहार बदलाव के साथ जोड़ने की कोशिश की है।

अमेरिका के रेमण्ड ह्वीलर और फ्रांसिस दी फ्रांसिस आदि ने अधिगम के क्षेत्र में सन् 1920 से 1930 के बीच बहुत-से प्रयोग किये। इनके अलावा कोहलर ने

भी लगभग चार वर्ष तक अनेक प्रयोग किये। इन सभी ने अपने अपने प्रयोगों से काफी व्यापक निष्कर्ष निकले हैं।

व्यवहारवादी मनोवैज्ञानिकों के जो विचार हैं उनसे गैस्टाल्टवादी मनोवैज्ञानिकों के विचार बिल्कुल भी मेल नहीं खाते हैं। गैस्टाल्टवादी मनोवैज्ञानिक यह तो मानते हैं कि मनुष्यों और अन्य प्राणियों के व्यवहार में कुछ साम्य होता है; लेकिन उनकी मान्यता व्यवहारवादियों के कुछ विपरीत प्रकार की है। व्यवहारवादी मानते हैं कि मनुष्य का सीखना पशु-पक्षियों की तरह होता है; जबकि गैस्टाल्टवादियों का सोचना है कि क्या पशु-पक्षी भी मनुष्यों की तरह सीखते हैं? इन पशु-पक्षियों की तरह सीखें अथवा पशु-पक्षी, मनुष्यों की तरह। किन्तु, गैस्टाल्टवादियों के वास्तविकता में इससे कुछ भिन्न विचार है। वे मनुष्यों और पशु-पक्षियों के व्यवहार में कुछ पर किये गये प्रयोगों में परिणामों की मानव-व्यवहार से जोड़ने पर है। उनके अनुसार प्रयोग के समय उन्हें जो वातावरण दिया गया, वह उनके वास्तविक व्यवहार से बिलकुल भिन्न और पूरी तरह कृत्रिम व्यवहार के परिणामों को मनुष्य के वास्तविक अधिगम अथवा व्यहवहार के साथ जोड़ना किसी भी प्रकार उचित नहीं। गैस्टाल्टवादियों के समय वांछित व्यवहार की अपेक्षा पहले से ही करके चलते हैं, जबकि गैस्टाल्टवादी यह देखने का प्रयास करते हैं कि किसी परिस्थिति विशेष में व्यवहार का कौन-सा रूप उद्भूत होता है? इसे इन्होंने 'सूझ द्वारा सीखना–Learning by insight"–कहा है।

वैसे तो कई गैस्टाल्टवादी मनोवैज्ञानिकों ने सूझ द्वारा सीखने के सिद्धांत के संदर्भ में विभिन्न तरह से प्रयोग किए हैं लेकिन कोहलर द्वारा किया गया प्रयोग ज्यादा प्रचलित रहा है। आगे कोहलर द्वारा किए गए कुछ प्रयोगों पर प्रकाश डाला गया है–

प्रयोग 1–कोहलर ने अपना प्रयोग बनमानुष को लेकर किया, कोहलर ने सलाखों के बने एक कमरे में नीचे दो-तीन हल्के वजन के किन्तु मजबूत बॉक्स डाल दिये और ऊपर कुछ केले लटका दिये गये। तत्पश्चात, वनमानुष को उस कमरे में बन्द कर दिया गया। वनमानुष केलों को खाना चाहता था। लेकिन 'वह उस तक पहुँच नहीं पा रहा था। उसने काफी उछल-कूद की। किन्तु जब वह केलों को प्राप्त करने में सभी प्रकार से असफल रहा तो उसने काठ के डिब्बों को एक के ऊपर दूसरा रखा और उन पर चढ़कर केलों को खाना सीख गया।

प्रयोग 2–कोहलर ने अपने दूसरे प्रयोग में एक जोड़कर बड़ी की जाने वाली छड़ियों को लेकर एक कमरे के अन्दर डाल दिया और कमरे से बाहर-केले डाल दिये। केलों की दूरी, कमरे से केवल इतनी थी कि छड़ियों को जोड़कर उन्हें अन्दर की ओर

खींचा जा सकता थ। वनमानुष ने जब बाहर पड़े हुए केलों को देखा तो उसने एक छड़ी द्वारा उन्हें अन्दर खींचने का प्रयत्न किया। परन्तु, वह उन्हें अन्दर खींचने में असफल रहा; क्योंकि छड़ी छोटी थी। पुनः वह छड़ी को एक दूसरे के अन्दर डालकर जोड़ने का प्रयत्न करने लगा और अन्त में इसमें सफल हो गया। छड़ी बड़ी हो गयी और वह केलों को अन्दर खींचकर खाना सीख लिया।

गैस्टाल्टवादी प्रयोगों की व्याख्या—कोहलर द्वारा किये गये उपरोक्त प्रयोगों के आधार पर कहा जा सकता है कि वनमानुष ने जो कुछ भी सीखा, उसे प्रयत्न और भूल द्वारा सीखना भी कहा जा सकता है; क्योंकि केलों को प्राप्त करने के लिए वनमानुष ने जो भी प्रयत्न किये; उसमें उसे असफलता मिली और उस असफलता ने उसे कुछ सोचने के लिए बाध्य किया। सोचने का जो परिणाम निकला, उससे उसे सफलता मिली। अतः स्पष्ट है कि वनमानुष द्वारा केलों का प्राप्त किया जाना—प्रयत्न और भूल का परिणाम उतना नहीं था, जितना सूझ का।

भूल एवं प्रयत्न तथा सूझ द्वारा अधिगम का तुलनात्मक अध्ययन

1. प्रयत्न शारीरिक क्रिया है एवं सूझ मानसिक क्रिया।
2. सीखने की दृष्टि से मानसिक क्रिया होने के बाद शारीरिक क्रिया होती है।
3. जिस क्रिया में केवल शरीर के अंग कार्य करते हैं, वह प्रयत्न है; जिसमें केवल मस्तिष्क कार्य करता है, वह सूझ है और जिसमें शरीर और मस्तिष्क दोनों ही कार्य करते हैं, वह इन दोनों का मिश्रित रूप। उसे भूल एवं प्रयत्न भी कहा जा सकता है।
4. 'सूझ' द्वारा सीखी हुई बातों की अपेक्षा प्रयत्न व भूल द्वारा सीखी गई बातें कम स्थाई होती हैं।
5. छोटी आयु में 'प्रयत्न और भूल' द्वारा सीखने का सिद्धांत कार्य करता है तथा मानसिक विकास के साथ-साथ बड़ी आयु में 'सूझ' द्वारा सीखने का सिद्धांत।
6. प्रयत्न और भूल द्वारा तो सभी सीखते हैं; लेकिन सूझ द्वारा केवल बुद्धिमान व्यक्ति और बालक ही सीखते हैं प्रयत्न और भूल द्वारा पशु-पक्षी भी सीख सकते हैं; लेकिन सूझ द्वारा पशु-पक्षी अथवा सभी व्यक्ति नहीं।

गेस्टाल्टवादी सिद्धांत की शैक्षिक उपयोगिता—गैस्टाल्टावादी सिद्धांत को शिक्षा में प्रयोग करने हेतु निम्न बातों पर अवश्य ध्यान देना चाहिए—

1. यह सिद्धांत ज्ञान के उद्देश्य की पूर्ति पर इतना बल नहीं देता, जितना कौशल के विकास पर।

2. बालकों की सूझ को जागृत करने के लिए उन्हें कोई समस्या देकर उसका निवारण स्वयं करवाना चाहिए। जो बालक समाधान नहीं खोज सकें, उन्हें उत्प्रेरित कीजिये, साहस बँधाइये और अगर आवश्यक हो तो थोड़ा सुझाव और संकेत भी दे दीजिये।
3. छोटे बच्चों का मानसिक विकास कम होता है, इसलिए उनके साथ सूझ के सिद्धांत का असफल प्रयास मत कीजिए, उन्हें तो प्रयत्न और भूल के द्वारा ही सीखने दीजिये।
4. मानसिक रूप से विकसित बालकों के लिए यह सिद्धांत काफी उपयुक्त है।
5. सूझ द्वारा सीखी हुई बातों में स्थायित्व होता है। अतः शिक्षक को सदैव छात्रों की सूझ को जागृत करने का प्रयत्न करना चाहिए।
6. बालकों से कुछ ऐसे सवाल भी पूछने चाहिएँ जिनका उत्तर विचार किये बिना दिया ही नहीं जा सके। इससे उनमें सूझ उत्पन्न होती है, विचारोत्तेजक प्रश्नों के पूछने का यही उद्देश्य होता है।
7. समग्र से अंश की ओर तथा सामान्य से जटिल की ओर इन दोनों शिक्षण सूत्रों के पीछे भी यही सिद्धांत क्रियाशील होता है।

मूल्यांकन

ऊपर बतलाये गये सभी अधिगम के सिद्धांतों का उन पर गहराई से अगर विचार किया जाए तो प्रत्येक सिद्धांत की उपयोगिता बच्चों की आयु, शारीरिक और बौद्धिक क्षमता तथा परिस्थिति आदि के अनुसार परिवर्तित होती रहती है। हम यह भी नहीं कह सकते कि सीखना किसी एक ही सिद्धांत का प्रतिफल है। स्थायी रूप से किसी बात को सीखने के लिए केवल शारीरिक क्रिया ही आवश्यक नहीं; अपितु मानसिक क्रिया का होना भी आवश्यक है। वास्तविकता यह है कि अधिगम क्रिया न होकर मानसिक क्रिया है। जिस क्रिया में मस्तिष्क से काम नहीं लिया जाता, उसे या तो हम सीख ही नहीं पाते और अगर सीख भी जाएँ तो शीघ्र ही भूल जाते हैं।

अधिगम के तहत एक तरह से ही कार्य करने का अवसर कम होता है। सामान्यतया एक से अधिक सिद्धांत मिलकर कार्य करते हैं; उदाहरणार्थ–आपने बच्चों को गणित का एक प्रश्न हल करने को दिया और कह दिया कि जो पहले करके लाएगा, उसे अमुक इनाम दिया जाएगा। बच्चे बार-बार प्रयत्न करने लगे और अन्त में उनमें से एक करने में सफल भी हो गया। इसमें रखना, अनुकूलित अनुक्रिया (Conditioned Response) के अन्तर्गत आएगा। प्रश्न का हल न आते हुए भी

प्रयत्न करना, भूल और प्रयत्न (Trial and Error) के अन्तर्गत तथा बार-बार सोचकर आगे बढ़ना, सूझ द्वारा सीखना सिद्धांत में शामिल है।

अधिगम के आधुनिक सिद्धान्त

आधुनिक मनोवैज्ञानिकों ने भी कुछ अधिगम के सिद्धांत प्रतिपादित किये हैं इन मनोवैज्ञानिकों में टालमैन, हल गथरी, स्किनर, ह्वीलर और लेवीन आदि के नाम अधिक प्रसिद्ध हैं। इनके सिद्धान्तों का संक्षिप्त विवेचन निम्न प्रकार किया गया है–

चिह्न-संरूप सिद्धान्त–यह सिद्धांत टालमैन द्वारा प्रस्तुत किया गया है–जो निम्न विशेषताओं से परिपूर्ण है–

1. टालमैल व्यवहारवादी है और अन्तर्निरीक्षण विधि के विरुद्ध है। यहाँ पर वह वाट्सन के विचारों का समर्थक है।
2. टालमैन की विचारधारा सामूहिक है। उसके अनुसार यद्यपि आंशिक व्यवहारों से सामूहिक व्यवहार बनते हैं, परन्तु सामूहिक व्यवहार की व्याख्या करने में आंशिकता को न देखकर सामूहिकता को देखा जाना चाहिए।
3. टालमैन सामूहिक व्यवहार के लक्ष्योन्मुख माना है। उसके अनुसार प्रत्येक व्यवहार का कोई न कोई लक्ष्य रहता है और उस लक्ष्य प्राप्ति के साधन, बाधाएँ आदि उसके व्यवहार का स्वरूप निर्धारित करते हैं।
4. जीव का सामूहिक व्यवहार स्थिर और निश्चित नहीं होता बल्कि परिवर्तनशील होता है, क्योंकि वह व्यवहार करने में कम से कम शक्ति लगाना चाहता है।
5. टालमैन द्वारा की गयी व्यवहार की व्याख्या मध्यवर्ती चलराशियों पर आधारित किये गये है, ये चलराशियाँ दो प्रकार की होती हैं–वातावरणजनित और व्यक्तिगत। मध्यवर्ती चलराशियों से तात्पर्य उन घटनाओं या परिस्थितियों से है जो उत्तेजना और अनुक्रिया में उपस्थित होती हैं। उत्तेजना-अनुक्रिया के परस्पर सम्बन्ध के आधार पर मध्यवर्ती चलराशियों का अनुमान लगाया जा सकता है। टालमैन के अनुसार उत्तेजना स्वतन्त्र और अनुक्रिया आश्रित चलराशि अधिगम प्रेरणा के बिना भी किया जा सकता है क्योंकि अनुक्रिया उत्तेजना पर निर्भर होती है। यद्यपि उत्तेजना अनुक्रिया का सम्बन्ध आत्मगत होता है फिर भी उसका मापन वस्तुगत रूप में किया जा सकता है। चलराशियाँ केवल दैहिक और भौतिक ही नहीं होती हैं बल्कि मनोवैज्ञानिक भी होती हैं। उनमें ज्ञानात्मक और प्रयोजनात्मक प्रक्रियाओं का भी स्थान होता है। माँग और प्रत्याशा दो मुख्य मध्यवर्ती चलराशियाँ हैं। इनके आधार पर

टालमैन गैस्टाल्ट मनोवैज्ञानिकों के समान केन्द्रवादी कहलाता है। यहाँ पर उसके विचार व्यवहारवादी वाट्सन से बिल्कुल भिन्न हैं। जहाँ वाट्सन का दृष्टिकोण शारीरिक है वहीं टालमैन का दृष्टिकोण मनोवैज्ञानिक हैं। टालमैन ने व्यवहार को लक्ष्योन्मुख बतलाया है।

प्रमुख आधार—टालमैन द्वारा प्रतिपादित इस सिद्धांत को ऑलगुड ने चार वर्गों में विभाजित किया है जो निम्न प्रकार हैं—

(1) सहचारी सिद्धान्त—जहाँ टालमैन ने बतलाया है कि जीव किसी विशेष लक्ष्य को प्राप्त करने के लिए चिन्ह सीखता है। वहीं वाट्सन का विचार है कि जीव विशिष्ट उत्तेजना की अनुक्रिया करना सीखता है। उसके व्यवहार को केवल अनुक्रिया श्रृंखला मान कर नहीं समझाया जा सकता। जब चूहे को किसी ऐसे पहेली बॉक्स में रखा जाता है जिसके मध्य में भोजन होता है तो वह उस भोजन तक पहुँचने के लिए मार्ग के विभिन्न चिन्हों को सीखता है। ऐसे में अधिगम से उसके मस्तिष्क में परिस्थिति का एक ज्ञानात्मक चित्र बन जाता है। चिन्ह् शिक्षण सिद्धान्त को सिद्ध करने के लिए टालमैन ने स्थान, शिक्षण का पुरस्कार, प्रत्याशा आदि कई प्रयोगों का संकेत किया है। टालमैन और उसके साथियों ने स्थान शिक्षण पर जो प्रयोग किये उनसे यह प्रमाणित हुआ कि किसी लक्ष्य पर पहुँचने के लिए मार्ग के विभिन्न चिन्हों को चूहा पहचान लेता है। एक प्रयोग में भोजन तक पहुँचने के लिए तीन मार्ग थे जिनकी पहुँच पूरी भिन्न-भिन्न थी। अब जब चूहे हो छोड़ा गया तो उसने छोटे रास्ते से भोजन तक पहुँचना सीखा। इस रास्ते को बन्द कर देने पर उसने बड़े रास्ते से भोजन तक पहुँचना सीखा। उक्त प्रयोग इस बात को उजागर करता है कि सीखने में चूहा भी न्यूनतम प्रयत्न के सिद्धान्त पर अमल करता है। उसका उद्देश्य लक्ष्य तक पहुँचने के लिए छोटे से छोटे मार्ग को तलाशना है।

विदिह है कि टालमैन अपने सिद्धान्त को पुष्ट करने के लिए पुरस्कार प्रत्याशा प्रयोग का उल्लेख करता है। टिक्लेपफ नामक मनोवैज्ञानिक ने अपने एक प्रसिद्ध प्रयोग में बन्दरों को यह दिखलाया कि दो बर्तनों में से एक में केला है और दूसरे में कुछ नहीं है। अब इन दोनों को ढक लिया गया। बन्दर को अवसर दिये जाने पर उसने केले वाले बर्तन को पहचान कर सदैव उसी को खोला। अब बर्तन में केला हटाकर उसकी जगह चुकन्दर के कुछ पत्ते रख दिये जो बन्दर को पसन्द नहीं है जब बन्दर ने केले वाला बर्तन खोला और उसमें पत्ते निकले उसने पत्तों को नहीं उठाया। इस प्रयोग में टालमैन का यह कहना है कि जीव कोई विशेष अनुक्रिया नहीं करता बल्कि विशेष चिन्ह सीखता है।

(2) प्रेरणात्मक सिद्धान्त—टालमैन के सिद्धान्त के उपस्थित होने के पूर्व अधिकतर मनोवैज्ञानिक यह मानते हैं कि जीव उन्हीं कार्यों को दोहराता है जिनसे उसकी प्रेरणाएँ सन्तुष्ट होती हैं। थॉर्नडाइक के अनुसार जीव वे ही परिणाम दोहराता है जो सन्तोषजनक होते हैं। हल के अनुसार कोई आवश्यकता उपस्थित होने पर जो तनाव उत्पन्न होता है उसे दूर करने के लिए जीव कोई क्रिया करता है। इससे उसका तनाव घट जाता है। इस प्रकार इन मनोवैज्ञानिकों द्वारा अधिगम के तहत सबलीकरण पर बल दिया गया है। दूसरी ओर टालमैन के अनुसार जबकि सबलीकरण कर्तृत्व के लिए आवश्यक है, सीखने के लिए उसकी कोई आवश्यकता नहीं। यह विचार सिद्ध करने के लिए टालमैन ने एक अव्यक्त शिक्षण का प्रयोग किया। इस प्रयोग में चूहों की पहेली को सीखना था। जिनमें चूहों के तीन वर्ग बनाकर प्रयोग किया गया। पहले वर्ग में चूहों को बाहर निकलने पर भोजन नहीं दिया गया। तीसरे वर्ग के चूहों ने सबसे कम समय में पहेली बॉक्स से बाहर निकलना सीख लिया। दूसरे वर्ग के चूहे बहुत प्रयास करने के बाद ही पहेली बॉक्स से बाहर निकल सके। तीसरे वर्ग के चूहे भोजन मिलना आरम्भ होने से ही सीखने में प्रगति दिखलाने लगे और पहेली बॉक्स से शीघ्र बाहर निकलने लगे। इससे यह स्पष्ट होता है कि यद्यपि पुरस्कार न मिलने पर भी चूहों ने पहेली बॉक्स से बाहर आना सीख लिया परन्तु पुरस्कार मिलने में उसमें सहायता मिली। यहाँ पर टालमैन ने दूसरे वर्ग के चूहों को सीखने पर विशेष जोर देते हुए यह बतलाया कि प्रेरणा अथवा पुरस्कार के अभाव में भी चूहे ने पहेली बॉक्स से बाहर निकलने का रास्ता सीख लिया था। इस प्रकार स्पष्ट है कि अधिगम प्रेरणा के बिना भी किया जा सकता है। दूसरी ओर टालमैन शिक्षण को अभिव्यक्त करने में प्रेरणा का प्रभाव मानता है। प्रेरणा के उपस्थित होने पर शिक्षण शीघ्र अभिव्यक्त होता है। तीसरे वर्ग के चूहों के सम्बन्ध में यह देखा जा सकता है कि यद्यपि उन्होंने पहेली बॉक्स से निकलना सीख लिया है लेकिन पर्याप्त प्रेरणा न मिल पाने के कारण उसकी अभिव्यक्ति नहीं कर रहे थे।

कुछ दूसरे मनोवैज्ञानिकों जैसे—रेनोल्ड, स्पेन्स तथा लिपिट के प्रयोगों से टालमैन के उपर्युक्त प्रयोग परिणामों की सच्चाई पर प्रश्न चिन्ह हैं। स्पेन्स और लिपिट ने एक विशेष प्रकार की पहेली के माध्यम से चूहों पर प्रयोग किये, इस पहेली में चूहों को भोजन या पानी की ओर जाने की बराबर सुविधा थी। अनेक प्रयासें के द्वारा चूहों को यह सिखलाया गया कि पहेली में बायीं ओर भोजन है और दायीं ओर पानी। यह सिखाने के पश्चात् चूहों को प्यासा रखा गया और पहेली में छोड़ा गया। छोड़ते ही वे पानी वाले रास्ते की ओर दौड़ पड़े। दूसरी बार उन्हें भूखा रखा गया और

फिर पहेली में छोड़ा गया तो इस बार भी वे पानी की ही ओर दौड़े। इस व्यवहार की व्याख्या करने में स्पेन्स और लिपिट ने इस तथ्य पर जोर दिया कि पहले चूहे पानी वाले रास्ते पर जा चुके थे और इसलिए दोबारा भूखे रहने पर भी पानी की ओर दौड़ गये क्योंकि उन्हें भोजन के मार्ग का उपयुक्त ज्ञान नहीं था। इससे इस बार का खण्डन किया गया कि जीव माँग और प्रत्याशा के सहारे सीखता है।

इस प्रकार उक्त प्रयोगों के आधार पर यही निष्कर्ष निकलता है कि टालमैन के अव्यक्त शिक्षण का सिद्धान्त संदेहात्मक है। इस सम्बन्ध में निश्चित निष्कर्ष स्थापित करने के लिए अभी पर्याप्त प्रयोग का अभाव है।

(3) क्रिया सिद्धान्त—इस सिद्धांत के अनुसार किसी क्रिया को सीखने के लिए जीव में उचित माँग होनी चाहिए। इस माँग के साथ-साथ जीव का अनुभव भी उचित अनुक्रिया खोजने में सहायक होता है। अनुभव के कारण जीव विशिष्ट अनुक्रिया से कुछ प्रत्याशा रखता है। यदि इस अनुक्रिया से यह प्रत्याशा सम्पुष्ट हो जाती है तो जीव इन अनुक्रिया को सीख लेता है। इस प्रकार टालमैन ने अधिगम को माँग और प्रत्याशा पर निर्भर बतलाया है।

(4) सम्पोषक सिद्धान्त—थॉर्नडाइक और पावलव का विचार है कि अधिगम में सुदृढ़ता बहुत ही जरूरी है। टालमैन के अनुसार चिन्ह् के महत्त्व वाली प्रत्याशा के शक्तिशाली होने पर शिक्षण उच्च्व होता है। यदि किसी विशेष चिन्ह् के द्वारा जीव की प्रत्याशा सम्पुष्ट होती है, तो वह चिन्ह् उसके दिमाग में स्थापित हो जाता है। दूसरी और यदि किसी चिन्ह् से प्रत्याशा असन्तुष्ट होती है, तो वह चिन्ह् कमजोर पड़ जाता है। इस प्रकार सम्पुष्टता और असम्पुष्टता के जीव विशिष्ट चिन्ह् का महत्त्व पहचानता है। इस तथ्य की व्याख्या करते हुए टालमैन ने यह बतलाया है कि क्षेत्र प्रत्याशा की शक्ति अनेक चलराशियों पर निर्भर होती है, जिनमें तात्कालिकता, प्रेरणा, आवृत्ति आदि उल्लेखनीय हैं।

टालमैन के इस सम्पोषण सिद्धान्त के विरुद्ध ऑसगुड ने दो सवाल उठाये हैं—प्रथम, प्रत्याशाओं के बीच ज्ञानात्मक सम्बन्ध कैसे स्थापित हो सकता है? और दूसरा, जीव को प्रत्याशा क्रिया के बाद होती है, तब वह अपनी पूर्व प्राप्ति से ही निर्बल या बलिष्ट कैसे हो सकती है? ऑसगुड की इन रावालों के जवाब में टालमेल ने कोई तर्क नहीं दिया है।

मूल्यांकन

अधिगम हेतु प्रतिपादित विभिन्न सिद्धांतों का गहन अध्ययन करने के बाद

टालमैन में महसूस किया कि प्रत्येक सिद्धान्त एक समस्या विशेष के अध्ययन पर ही आधारित है और अन्य समस्याओं की ओर कोई ध्यान नहीं देता। अस्तु, अपने सिद्धान्त को एकांगी होने से बचाने के लिए टालमैन सीखने के विभिन्न स्तर मानता है। इनमें सम्बद्ध अनुक्रिया द्वारा सीखना निम्नतर स्तर का है क्योंकि उसमें केवल किसी उत्तेजना और अनुक्रिया का सम्बन्ध मात्र स्थापित होता है। प्रयत्न और भूल का सिद्धान्त इससे दूसरे स्तर का है, क्योंकि उसमें कई उपस्थित विकल्पों में से एक को चुनना होता है, जो अधिगम अन्तर्दृष्टि के द्वारा होता है वही सबसे अच्छा माना गया है। टालमैन के अनुसार चिन्ह् शिक्षण सिद्धान्त के द्वारा शिक्षण के इन सभी स्तरों की व्याख्या की जा सकती है। इस सम्बन्ध में शिक्षण की व्याख्या करने के हेतु टालमैन ने कुछ और सिद्धांत प्रतिपादित किये, जैसे–

(1) क्षमता नियम,

(2) उपकरण के स्वरूप का नियम,

(3) प्रस्तुतीकरण की पद्धति विषयक नियम।

टालमैन ने उक्त नियमों के भी कई उपनियम बतलाये हैं। उसके अनुसार सीखना, जीव की क्षमता और शिक्षण की जटिलता पर निर्भर है। विभिन्न जीवों में यह शिक्षण क्षमता भिन्न-भिन्न होने के कारण सीखने के प्रकार में व्यक्तिगत भिन्नताएँ पायी जाती हैं। दूसरे शब्दों में, विभिन्न प्रकार की शिक्षण क्षमता वाले जीव द्वारा किये जाने वाले अधिगम में भी भिन्नता होती है।

सबलीकरण सिद्धान्त

क्लार्क एल. हल द्वारा प्रतिपादित इस सिद्धांत को हल सिद्धांत के नाम से भी जाना जाता है। हल ने अधिगम के तहत चेतना को नजरअंदाज कर हल ने सीखने में चेतना का कोई अधिगम में प्रेरणा को महत्त्वपूर्ण बतलाया है। सीखने की व्यवहारवादी और यान्त्रिक व्याख्या उपस्थित की है। यान्त्रिक सीखने में अभ्यास का विशेष महत्त्व होता है। हल ने सरल शिक्षण के आधार पर जटिल शिक्षण की व्याख्या की है जैसा कि अन्य व्यवहारवादी करते आये हैं, परन्तु दूसरी ओर हल अनेक बातों में व्यवहारवादियों से भिन्न मत रखता है। जैसे कि वाट्सन थॉर्नडाइक के परिणाम के नियम में, सीखने में प्रयोजन, अन्तर्दृष्टि आदि को नहीं मानता, जबकि हल सीखने में इनका महत्त्व स्वीकार करता है। हल ने टालमैन के सिद्धांत को भी अर्थहीन बतलाया है। उसके अनुसार सीखने में जीव उत्तेजना के प्रति अनुक्रिया करना सीखता

है। क्रमशः अभ्यास बल से जीव सीखने को अर्जित करता है। हल के अनुसार जीव की संग्राहक प्रभावक प्रक्रिया उसके अभ्यास पर निर्भर है। इस अभ्यास पर सबलीकरण दश का महत्त्वपूर्ण प्रभाव पड़ता है। इस प्रकार उसका सिद्धान्त क्रमारोह या सबलीकरण क्रमारोह सिद्धान्त कहलाता है। इसे थॉर्नडाइक के परिणाम नियम का एक परिमार्जित रूप कहते हैं

अधिगम के तहत हल ने भी व्यवहार की आणविक व्याख्या की है। यहाँ पर उसका मत टालमैन के विरुद्ध है परन्तु हल ने सामूहिक और आणविक दृष्टिकोणों को निरपेक्ष न मानकर सापेक्ष माना है। हल के अनुसार सीखने की प्रक्रिया में प्रेरणा का बड़ा महत्त्व है। प्रेरणा जीव में चालक का काम करती है। प्रेरणा की अनुपस्थिति में जीव कुछ नहीं सीख सकता। प्रेरणा के कारण ही वह विशिष्ट कार्य करता है। यह प्रेरणा एक ओर तो अभ्यास के कारण आदत बनाती है और दूसरी ओर इससे कर्तृत्व में अभ्यास होता है। प्रेरणा के अभाव में ही मनुष्य कभी-कभी निष्क्रिय हो जाता है। इस प्रकार मनुष्य को सक्रिय रहने हेतु प्रेरणा अतिआवश्यक है। यह प्रेरणा भोजन या किसी दुखद परिस्थिति से छुटकारा आदि किसी भी प्रकार की हो सकती है। प्रेरणा उत्पन्न होते ही जीव में क्रिया आरम्भ हो जाती है। प्रेरणा के उपस्थित होने से जीव की क्रियाएँ प्रयोजनमय होती हैं। जब उसे एक तरह से काम करने से कोई पुरस्कार मिलता है तो वह उसी क्रिया को दोहराता है और इस तरह प्रेरणा के रूप में मिले पुरस्कार से विशिष्ट अनुक्रिया पुष्ट हो जाती है। दूसरी ओर जिन अनुक्रियाओं के बदले में कोई पुरस्कार नहीं दिया जाता उनको दोहराने की प्रवृत्ति निर्बल पड़ जाती है। इस प्रकार पुरस्कार जीव में उत्तेजना अनुक्रिया के सम्बन्ध को पुष्ट करता है। इस पुरस्कार को सबलीकरण कहते हैं। हल ने सबलीकरण दो प्रकार के माने हैं—प्रधान या प्राथमिक सबलीकरण से तात्पर्य उन उत्तेजनाओं से है जो कि किसी प्रेरणा को प्रत्यक्ष रूप से प्रभावित करती हैं। उदाहरण के लिए भूख की प्रेरणा भोजन सबलीकरण का काम करता है और जिस क्रिया से जीव को भोजन मिलता है वह उसी क्रिया की पुनरावृत्ति करना दूसरे प्रकार का सबलीकरण गौण है जिसका उदाहरण भोजन को देखकर लार का गिरना है।

चूँकि हल का सिद्धांत सबलीकरण क्रमारोह के इर्द-गिर्द घूमता है, इसीलिए उसका सिद्धान्त सबलीकरण सिद्धान्त कहलाता है। लक्ष्य प्राप्ति से उत्तेजना और अनुक्रिया के बीच सम्बन्ध दृढ़ होता है। इससे जीव के तनाव में कमी आती है, जिससे उसे विशिष्ट अनुक्रिया सीखने में सहायता मिलती है। उदाहरण के लिए किसी भी पहेली बॉक्स में जब भूखे चूहे को छोड़ा जाता है तो वह भोजन की ओर

ले जाने वाले छोटे से छोटे रास्ते को ग्रहण करना सीख जाता है क्योंकि उसी से उसको शीघ्र पुरस्कार प्राप्त मिलता है।

किसी जीव द्वारा उत्तेजना से संबंध स्थापित करने में पुनरावृत्ति का विशेष महत्त्व है। जब कोई जीव किसी उत्तेजना के प्रति विशिष्ट अनुक्रिया को बार-बार दोहराता है तो उनमें घनिष्ठ सम्बन्ध स्थापित हो जाता है। हल के अनुसर यहाँ पर अभ्यास के साथ-साथ सबलीकरण भी आवश्यक है। सबलीकरण के अभाव में केवल यन्त्रवत् अभ्यास मात्र से कोई लाभ नहीं होता। कहना न होगा कि यहाँ पर हल का मत थॉर्नडाइक के सीखने के यन्त्रवत् सिद्धान्त से भिन्न है। अन्य व्यवहारवादियों के समान हल भी यह मानता है कि सम्बद्ध अनुक्रिया के आधार पर सभी तरह से सीखने की व्याख्या की जा सकती है। सीखने के विभिन्न पहलुओं की व्याख्या करने के लिए हल ने 16 नियम या मान्यताएँ उपस्थित की हैं जिनमें प्रेरणा और सबलीकरण मुख्य हैं और इन्हीं से अधिकतर नियम परिचालित होते हैं। हल ने अपने सिद्धान्त को एक सूत्र द्वारा व्यक्त किया है जो निम्न प्रकार है–

$$SER = (H \text{ and } D)$$

उक्त सूत्र का विस्तृत आशय इस प्रकार है S अर्थात् अनुक्रिया की क्षमता, H अर्थात् अभ्यास और D का आशय प्रेरणा से है। सीखने की प्रक्रिया में मध्यवर्ती चलराशियों का विशेष महत्त्व होता है। हल ने सीखने में दैहिक और भौतिक चलराशियों को ही माना है अन्य प्रकार को अनुचित बतलाया है, हल के अनुसार शिक्षण के संक्रमण के दो मुख्य पहलू हैं, जिनमें से एक उत्तेजना से बँधा होता है और दूसरा अनुक्रिया से बँधा होता है। उत्तेजना में बँधे संक्रमण की व्याख्या सामान्यीकरण और अनुक्रियागत संक्रमण की व्याख्या, अभ्यास परिवार संस्तरण से की गयी है। जब जीव किसी एक परिस्थिति में किसी विशेष अनुक्रिया के कारण असफल होता है तो वह किसी सफलता मिल चुकी अनुक्रिया का प्रयोग करता है।

टालमैन और हल के सिद्धान्तों का तुलनात्मक अध्ययन

समानता–हल के सिद्धांत में सबलीकरण को ही विशेष महत्त्व दिया गया है। जहाँ तक सबलीकरण के महत्त्व का प्रश्न है मनोवैज्ञानिक उससे इन्कार नहीं करते। परन्तु हल अपने सिद्धान्त को प्रयोग के द्वारा सिद्ध नहीं कर सका। फाइनन नामक मनोवैज्ञानिक ने अपने प्रयोगों से सीखने में सबलीकरण को आवश्यक नहीं बतलाया है। सबलीकरण के सिद्धान्त में एक मुख्य आपत्ति यह उठायी गयी कि यदि जीव

की सीखने की अनुक्रिया सबलीकरण से ही पुष्ट होती है तो कष्ट की परिस्थिति में वह कैसे सीखता है। दूसरे हल का सिद्धान्त चूहों के सीखने के बारे में चाहे कितना भी सही मालूम पड़ता हो उसको उसी तरह से मनुष्य से सीखने के बारे में सही नहीं माना जा सकता। इन प्रत्यारोपों का उचित उत्तर देने में हल असमर्थ रहे हैं। उसके सिद्धान्त का महत्त्व इस बात में है कि उसने सीखने के विषय में अनेक नये प्रयोगों को किये जाने के लिए प्रोत्साहित किया।

हल और टालमैन दोनों ने ही चूहों पर प्रयोग किया है इसलिए इन्होंने चूहों के सम्बन्ध में यह बतलाने की चेष्टा करते हैं कि वे पहेली बॉक्स में रास्ता ढूँढ़ते समय विकल्प उपस्थित होने पर चयन 'क्यों' करते हैं और ऐसा करने में क्या सीखते हैं। इस तरह उनके सिद्धान्त सीखने के 'क्यों' और 'क्या' की व्याख्या करने के प्रयास हैं। सीखने की प्रक्रिया में किसी उत्तेजना के प्रति अनुक्रिया होती है। उत्तेजना और अनुक्रिया के मध्य सम्बन्ध स्थापित होने में अनेक मध्यवर्ती चलराशियाँ काम करती हैं। हल और टालमैन दोनों ने ही इन मध्यवर्ती चलराशियों के महत्त्व को स्वीकारा है और उनकी व्याख्या करने का प्रयास किया है। ये दोनों ही मनोवैज्ञानिक सीखने को कर्तृत्व से भिन्न मानते हैं।

असमानता—यद्यपि उक्त वर्णन में इन दोनों के सिद्धांतों में काफी समानता दर्शायी गयी है लेकिन इसके बाद भी कुछ असमानताएँ भी दृष्टिगोचर हुईं हैं जो निम्न प्रकार वर्णित हैं—

(1) हल का मानना है कि सीखने की व्याख्या थॉर्नडाइक के परिणाम के नियम को परिमार्जित करके की जा सकती है। दूसरी ओर टालमैन का परिणम-नियम कर्तृत्व का नियम है, उससे सीखने की व्याख्या नहीं कही जा सकती।

(2) हल ने अधिगम हेतु सबलीकरण को महत्त्वपूर्ण बतलाया है। उसके अनुसार सबलीकरण के कारण जीव को एक विशेष तरह की क्रिया दोहराने का अभ्यास हो जाता है। जीव सबलीकरण के लक्ष्य पर पहुँचने की उचित अनुक्रिया सीखता है। दूसरी ओर टालमैन ने अधिगम में उत्तेजना के चिन्ह पर बल दिया है। दूसरे शब्दों में, वह यह सीखता है कि अमुक प्रकार के चिन्ह या अर्थ सीखता है। दूसरे शब्दों में, वह अमुक प्रकार के चिन्ह उपस्थित होने पर अमुक प्रकार की अनुक्रिया की जानी चाहिए। इस प्रकार वह एक ज्ञानात्मक प्रतिमान सीखता है। यह ज्ञानात्मक प्रतिमान ही उसकी भावी अनुक्रियाओं को निर्देशित करता हैं।

(3) हल के अनुसार सभी मध्यवर्ती चलराशियाँ एक ही प्रकार की होती हैं क्योंकि सीखना भी एक ही प्रकार का होता है। दूसरी ओर क्योंकि टालमैन सीखने के अनेक प्रकार मानता है इसलिए वह चलराशियाँ भी अनेक प्रकार की मानता है। जहाँ हल ने केवल दैहिक और भौतिक चलराशियों को माना है वहाँ टालमैन ने विभिन्न सिद्धान्तों के संघर्ष को कम किया है।

(4) हल ने दूसरी ओर टालमैन सीखने में प्रेरणा का महत्त्व मानते हुए भी उसे सीखने के लिए आवश्यक नहीं मानता।

(5) हल के अनुसार सभी तरह के सीखने के मूल में सबलीकरण का सिद्धान्त काम करता है। टालमैन ने अधिगम के कई प्रकार बतलाये हैं। और किसी भी एक सिद्धान्त से सब प्रकार के शिक्षण की व्याख्या नहीं की जा सकती।

9

प्रेरणा

मानव जीवन में अभिप्रेरणा का विशेष महत्व है। यह मनुष्य को किसी कार्य को करने हेतु प्रेरित करती है। प्रेरणा का इतना ज्यादा प्रभाव होता है कि यदि कोई व्यक्ति सामान्य स्तर पर कार्य कर रहा है तो वह प्रेरणा पाने पर उससे ज्यादा कार्य कर सकता है। यह प्रेरणा शक्ति व्यक्ति के हरेक पहलू में चाहे वह व्यक्तिगत हो, सामूहिक हो, सामाजिक हो, जातीय हो अथवा राष्ट्रीय हो, पाई जाती है। जिस व्यवहार अथवा कार्य में व्यक्ति की रुचि, व्यक्ति का उद्देश्य अथवा लक्ष्य निहित होता है, वह किसी भी प्रकार का क्यों न हो, उसमें प्रेरणा शक्ति निश्चित रूप से विद्यमान होती है।

प्रेरणा अथवा अभिप्रेरणा शब्द का प्रचलन, अंग्रेजी भाषा के मोटीवेशन (Motivation) शब्द से होता है। अंग्रेजी के 'मोटीवेशन' (Motivation) शब्द की उत्पत्ति लैटिन भाषा के 'मोटम' (Motum) धातु से हुई है, जिसका आशय है–'मोवेयर' (Movere), 'मूव मोटर' (Move-motor) और 'मोशन' (Motion) अर्थात् गति करना। यह वह प्रक्रिया है जो कर्म पैदा करने, उन्नति को कायम रखने तथा दिशा-निर्धारण का कार्य करती है। इसके लिए यह शरीर के तन्तुओं में शक्ति पैदा करती है तथा कार्यों के प्रति उत्साह पैदा करती है। इस प्रकार प्रेरणा के शब्द के आशय में हमको किसी भी काम को करने की जानकारी होती है, जिसे हम उत्तेजना भी कह सकते हैं, क्योंकि उत्तेजना के अभाव में किसी प्रकार की प्रतिक्रिया सम्भव नहीं है। हमारी प्रत्येक प्रतिक्रिया अथवा व्यवहार का कारण कोई न कोई उत्तेजना

अवश्य होती है। मनोवैज्ञानिक आशय में 'प्रेरणा' से अभिप्राय केवल आन्तरिक उत्तेजनाओं से होता है, जिन पर हमारा व्यवहार आधारित होता है। मनोवैज्ञानिक आशय में बाह्य उत्तेजनाओं को कोई महत्त्व नहीं दिया जाता है। अतः प्रेरणा एक आन्तरिक शक्ति है, जो व्यक्ति को कार्य करने के लिए प्रेरित करती है। यह एक अदृश्य शक्ति है, जिसको देखा नहीं जा सकता है।

ऐवरिल के शब्दों में, "प्रेरणा का आशय है, सजीव प्रयास। यह कल्पना को क्रियाशील बनाती है, यह मानसिक शक्ति गुप्त और अज्ञात स्रोतों को जागृत और प्रयुक्त करती है, यह हृदय को स्पन्दित करती है, यह निश्चय, अभिलाषा और अभिप्राय को पूर्णतया मुक्त करती है, यह बालक में कार्य करने, सफल होने और विजय पाने की इच्छा को प्रोत्साहित करती है।"

लावेल के मतानुसार, "अभिप्रेरणा एक मनोवैज्ञानिक अथवा आन्तरिक प्रेरणा है जो किसी आवश्यकता की उपस्थिति में उत्पन्न होती है, यह ऐसी क्रिया की ओर गतिशील होती है, जो उस आवश्यकता को सन्तुष्ट करेगी।"

ब्लेयर, जोन्स एवं सिम्पसन, अभिप्रेरणा को परिभाषित करते हुए लिखते हैं कि—"प्रेरणा एक प्रक्रिया का शब्द है, जिसमें सीखने वाले की आन्तरिक शक्तियाँ अथवा आवश्यकताएँ उसके वातावरण में विभिन्न लक्ष्यों की ओर निर्देशित होती हैं।"

गुड के शब्दों में—"प्रेरणा कार्य को आरम्भ करने, जारी रखने और नियमित करने की प्रक्रिया है।"

कैले के शब्दों में—"अधिगम की कुशल कला में अभिप्रेरणा केन्द्रीय कारक है।"

स्किनर के शब्दों में—"अभिप्रेरणा, अधिगम का सर्वोच्च राज्य मार्ग है।"

क्रैच एवं **क्रैचफील्ड** के मतानुसार, "प्रेरणा का प्रश्न क्यों का प्रश्न है? हम खाना क्यों खाते हैं? प्रेम क्यों करते हैं? काम क्यों करते हैं? इस प्रकार के सभी प्रश्नों का सम्बन्ध 'प्रेरणा' से माना है।

बर्नार्ड शॉ ने अभिप्रेरणा को इस प्रकार परिभाषित किया गया है—"अभिप्रेरणा, शिक्षा में मनोविज्ञान की मूलभूत समस्या है।"

विभिन्न विद्वानों द्वारा दी गयी उपर्युक्त परिभाषाएँ अभिप्रेरणा के आशय को पूर्णतः स्पष्ट करती हैं।

प्रमुख तत्त्व

अभिप्रेरणा के प्रमुख तत्वों को निम्न प्रकार स्पष्ट किया गया है—

(1) चालक–चालक, शरीर की एक आन्तरिक दशा अथवा क्रिया है, जो एक विशेष प्रकार के व्यवहार के लिए प्रेरणा प्रदान करती है।

(2) आवश्यकताएँ–आवश्यकता, शरीर की कोई जरूरत अथवा अभाव है जिसके कारण शारीरिक असन्तुलन अथवा तनाव उत्पन्न हो जाता है, जिसके फलस्वरूप उसका क्रियाशील होना अनिवार्य हो जाता है।

(3) प्रेरक–प्रेरक हमारी आधारभूत आवश्यकताओं से उत्पन्न होने वाली वे शक्तियाँ हैं जो व्यवहार को उद्देश्य और दिशा प्रदान करती हैं। अतः 'प्रेरक' व्यक्ति को विशेष प्रकार की क्रियाएँ अथवा व्यवहार करने के लिए उत्तेजित करते हैं।

(4) उद्दीपन–किसी वस्तु की आवश्यकता उत्पन्न होने पर उसको पूर्ण करने के लिए 'चालक' उत्पन्न होता है, जिस वस्तु से यह आवश्यकता पूर्ण होती है उसे उद्दीपन कहते हैं।

इनके अतिरिक्त, रुचि, अभिवृत्ति, आदतें, प्रतियोगिता तथा पुरस्कार एवं दण्ड आदि को भी अभिप्रेरणा का स्रोत माना गया है।

विविध स्वरूप

प्रेरणा के विभिन्न प्रकारों को निम्न रूपों में स्पष्ट किया गया है–

(1) पुरस्कार प्रेरणा (Rewardial Motinvation)–पुरस्कार प्रेरणा को इसलिए श्रेष्ठ माना जाता है, क्योंकि बालकों को इससे संतोष और आनंद प्राप्त होता है। प्रेरणा देने की दृष्टि से पुरस्कार प्रेरणा निम्नलिखित हो सकते हैं–

(i) भौतिक पुरस्कार (Physical Reward)–इस प्रकार के पुरस्कार में भेंट, पुस्तकें, लेखन-पठन, सामग्री और दैनिक उपयोग की मूल्यवान वस्तुएँ आती हैं।

(ii) अध्यात्मिक पुरस्कार (Spiritual Reward) : आत्म-संतोष तथा आनंद देने वाले परिणाम, आत्म-सम्मान की बढ़ोतरी करने वाले व्यवहार और आत्म-प्रकाशन के सफल सुअवसर।

(iii) सामाजिक पुरस्कार (Social Reward) : पद विशेष के लिए चुनाव, सामाजिक प्रतिष्ठा, पदोन्नति, प्रशंसा, प्रशंसा-पत्र, सम्मान सूचक उपाधि अथवा प्रमाण-पत्र इत्यादि।

पारितोषिक अथवा पुरस्कार-प्रेरणा मनोवैज्ञानिक और स्वाभाविक युक्ति है, जिसके द्वारा बालक-बालिकाओं को अध्ययन कार्य में प्रवृत्त किया जा सकता है। इस प्रेरणा से बालकों में रचनात्मक योग्यता, शक्ति, आत्म-प्रदर्शन की प्रवृत्ति, प्रतियोगितात्मक, प्रवृत्ति, मर्यादा, निर्भीकता, प्रतिष्ठा और सुरक्षा की भावना उत्पन्न हुआ करती है।

इस प्रेरणा के प्रयोग में अत्यन्त सावधानी की आवश्यकता होती है क्योंकि इस कार्य में की गयी थोड़ी सी लापरवाही काफी घातक हो सकती है। बालक कोई कार्य इसलिए करना पसंद करने लगता है कि उसे पुरस्कार मिलेगा, वह लक्ष्य प्राप्ति अथवा कर्तव्य की कामना से कार्य को नहीं करता। वह लक्ष्य से भटकने लगता है। बालक तत्त्व-प्राप्ति की अपेक्षा उसकी छाया-प्राप्ति में लग जाता है। शिक्षा-क्षेत्र में यह लोभ बहुत से दुर्गुण उत्पन्न कर देता है। उच्च स्तर के छात्र भी ऐसे दुर्गुणों से नहीं बच पाते। कुछ छात्र तो अवांछित उपायों द्वारा किसी भी युक्ति से पुरस्कार पाने में प्रयत्नशील रहते हैं। उनका अध्ययनशीलता का लक्ष्य न रहकर अनैतिक साधनों से उच्चतम अंक प्राप्त करना ही लक्ष्य बन जाता है। कभी-कभी पुरस्कार अथवा पारितोषिक की लालसा में वे ऐसे अनुपयुक्त विषय भी चुन लेते हैं, जिनमें श्रम किए बिना ही अच्छे प्राप्तांक मिल जाते हैं। यह दोष बहुत बड़ा दोष है।

(2) आन्तरिक प्रेरणा—शिक्षक विभिन्न प्रकार के कार्यक्रमों का आयोजन और स्थितियों का निर्माण करके बालक को सकारात्मक प्रेरणा प्रदान करता है। इस प्रेरणा को आन्तरिक प्रेरणा भी कहते हैं।

(3) दंड प्रेरणा—बालक को सुधारने हेतु दंडात्मक प्रेरणा दी जाती है। अगर दंड की व्यवस्था न हो तो समाज में अराजकता आ जाएगी और अपराधियों का बोलबाला हो जाएगा। प्राचीन काल से ही असामाजिक और अमानवीय कृत्यों को रोकने के लिए दंड की व्यवस्था प्रचलित है। शिक्षा-क्षेत्र में भी किसी अनुपयुक्त कार्य को करने से रोकने के लिए दंड की व्यवस्था द्वारा बालक को दुःखानुभूति कराई जाती है और शुद्ध मार्गदर्शन करने की व्यवस्था की जाती है। दंड प्रेरणा प्रमुख रूप से तीन प्रकार की होती है, जिसका वर्णन निम्नलिखित है—

(i) भौतिक दंड अभिप्रेरणा : किसी पुस्तक, वस्तु, लेखन-पठन की सुविधा-सामग्री से वंचित करना, आर्थिक दंड देना, क्षतिपूर्ति कराना, पीटना, कक्षा में शारीरिक दंड देना इत्यादि आते हैं।

(ii) आध्यात्मिक दंड अभिप्रेरणा : आत्म-सम्मान को धक्का पहुँचाना, आत्म-प्रकाशन के अवसर से वंचित करना, अथवा दुःखानुभूति का मौका देना इत्यादि आते हैं।

(iii) सामाजिक दंड अभिप्रेरणा : निंदा करना, कक्षा से निकाल देना, कक्षा में प्रवेश न देना, पदोन्नति करना, सुविधाओं से वंचित करना आदि प्रेरणाएँ आती हैं।

इस प्रकार की प्रेरणा के अन्तर्गत बालक स्वयं ही कार्य करने के लिए अभिप्रेरित होता है। वयस्क दंड-प्रेरणा उपयोग अपनी सामाजिक प्रतिष्ठा, मर्यादा, वैभव, प्रभुत्व और

शक्ति की बढ़ोतरी करने के लिए किया करते हैं। अब शारीरिक दंड की निंदा की जाती है। मनोवैज्ञानिक दृष्टिकोण से दंड सदैव अहितकर है फिर भी सामाजिक और आध्यात्मिक दंड-प्रेरणाओं को किसी खास सीमा तक मान लिया गया है। प्रत्येक विद्यार्थी दंड, भय से उत्तेजित होता है और समुचित व्यवहार की दिशा अपनाने का प्रयास करने लगता है, परंतु दंड के प्रयोग से विद्यार्थी के आत्महीन बनने का भय बना रहता है। समाज अथवा वर्ग से विद्यार्थी बहिष्कृत करने वाला दंड विद्यार्थी को बहुत व्याकुल करता है जिससे उसका व्यक्तित्त्व और चरित्र दूषित होने की संभावना रहा करती है। अतः दंड का न्यायपूर्ण, न्यूनतम, लाभकारी और समुचित होना आवश्यक है।

(4) कृत्रिम प्रेरणा—शैक्षिक क्षेत्र में कृत्रिम अभिप्रेरणा भी अधिक देखने को मिलती है क्योंकि इस क्षेत्र में इस अभिप्रेरणा से ज्यादा अच्छे परिणाम प्रदर्शित हुए हैं। स्वाभाविक प्रेरणा को कृत्रिम प्रेरणा का साधन स्वरूप ही माना जा सकता है। अभिप्रेरणा का उपयोग तभी अच्छा माना जाता है जब वह स्वाभाविक प्रेरणा में अधिक बल और आकर्षण लाने के लिए कृत्रिम प्रेरणा तथा उत्प्रेरणा की शक्ति को सम्मिलित किया जाता है। तभी स्वाभाविक प्रेरणा शिक्षा-क्षेत्र में उपयोगी सिद्ध हो सकती है। इसलिए यह आवश्यक है कि कृत्रिम प्रेरणा के प्रमुख रूपों को समझते और स्वाभाविक प्रेरणा को उसकी सहायता से उपयोगी बनाना सीखें।

(i) लक्ष्य, आदर्श एवं प्रेरणा—किसी कार्य का लक्ष्य जितना आकर्षक, स्पष्ट, विस्तृत और सजीव होगा उस कार्य को करने की प्रेरणा भी उतनी ही प्रबल होगी। अगर कार्य के लक्ष्य में स्थिरता और दृढ़ता रहती है तो कार्यकर्त्ता को उतनी ही अधिक स्थिर और दृढ़ प्रेरणा प्राप्त होती है। अगर बालक के समक्ष किसी अध्ययन के कार्य का लक्ष्य सजीव, स्पष्ट, दृढ़ और आकर्षक हो और वह कार्य की समाप्ति तक वैसा ही बना रहे तो कार्य करने की प्रेरणा निरन्तर प्रभावकारी बनी रहेगी। अतः शिक्षा-क्षेत्र में प्रत्येक क्रिया का लक्ष्य अधिक आकर्षक, सजीव, दृढ़ और स्पष्ट रखना चाहिए, जिससे बालकों को प्रबलतर प्रेरणा मिल सके। शिक्षकों को चाहिए कि वे बालकों के समक्ष अध्ययन-कार्य का लक्ष्य आकर्षक और सजीव ढंग से प्रस्तुत करें। अगर बालकों को रुचिकर लक्ष्यों की ओर ध्यान दिलाकर पाठ्यक्रम की शिक्षा दी जाए तो शिक्षण-कार्य में और भी अधिक सफलता मिल सकेगी। रुचिकर लक्ष्यों को साधन बनाकर कार्य की प्रेरणा देने में खेल-कूद, मनोरंजन, क्रीड़ा, रुचिकर और साहसिक कार्य अधिक उपयोगी सिद्ध हुए हैं। इन क्रियाओं के माध्यम से शिक्षा प्राप्त करने की स्वाभाविक लक्ष्य-प्रेरणा शीघ्र ही ग्रहण कर ली जाती है। इस प्रेरणा के माध्यम से

शैक्षिक कार्यों को अधिक सफल तथा रुचिपूर्ण बनाया जा सकता है। इस प्रकार कृत्रिम प्रेरणा को विभिन्न नियमों के द्वारा प्रभावशाली बनाया जा सकता है।

(ii) परिपक्वता एवं प्रेरणा—मानसिक, सामाजिक और प्रयोगात्मक अवस्थाओं की परिपक्वता पर प्रेरणा शक्ति की उपयोगिता अधिक निर्भर करती है। अगर बालक की उपरोक्त अवस्थाएँ इतनी परिपक्व नहीं हैं कि वे प्रेरणा ग्रहण कर सके तो प्रेरणा का कोई भी उपयोग नहीं होगा। अगर अवस्थाओं की परिपक्वता पर ध्यान नहीं दिया गया और अनावश्यक एवं असावधानीपूर्वक प्रेरणा का उपयोग किया गया तो लाभ की तुलना में हानि अधिक होगी। ऐसी परिस्थितियों में बालक का सही मार्गदर्शन न होने की दशा में उसका उचित तरीका अपनाने की संभावना बनी रहती है।

किसी तथ्य और प्रेरणा को ग्रहण करने की शक्ति प्रत्येक आयु और अवस्था में समान नहीं रहा करती। आयु विशेष का प्रेरणा ग्रहण करने की क्षमता पर वैसा ही प्रभाव पड़ा करता है जैसे किसी सड़क के मोड़ पर एक चार पहियों वाली गाड़ी के पहियों द्वारा तय की हुई दूरी में समानता न रहने की बात का प्रभाव पड़ा करता है। इसलिए मनोवैज्ञानिक दृष्टिकोण से बालक में किसी कार्य के प्रति प्रेरणा तभी उत्पन्न की जानी चाहिए, जब वह उसे ग्रहण करने की दृष्टि से प्रत्येक अवस्था में परिपक्व हो।

(iii) प्रभाव का नियम और प्रेरणा—यह मानव-स्वभाव है कि वह उस कार्य की ओर स्वभावतः प्रवृत्त होता है जिसके करने से उसे अधिक आनंद और संतोष प्राप्त होने की आशा रहती है। अतः हमें किसी कार्य की प्रगति की सूचना देने पर यह देखना होगा कि उस प्रगति-सूचना का बालकों पर क्या प्रभाव पड़ा; क्या उन्हें उस प्रगति से संतोष अथवा आनंद मिला अथवा उदासीनता मिली? यही प्रेरणा के प्रमुख तत्त्व के रूप में 'प्रभाव का नियम' है। बालक कक्षा में ज्ञानार्जन और उसका अभ्यास तभी कर सकते हैं, जब उन्हें वैसा क़रने में आनंद और संतोष की उपलब्धि होती रहे, तभी उनमें कार्य करने की प्रेरणा भी बनी रहती है। इसलिये एक निर्धारित आचरण के जरिए बच्चों में प्रेरणा पैदा करना जरूरी है।

(iv) सतत् मूल्यांकन एवं प्रेरणा—गौर करने के काम की प्रेरणा को ज्यादा ताकतवर बनाने के लिऐ बालकों को यह अवश्य बताते रहना चाहिए कि उन्होंने अपने लक्ष्य की प्राप्ति में कितनी प्रगति कर ली है। ऐसा करने से बालकों में कार्य करने की उत्सुकता, सफलता की आशा और प्रेरणा के अनुकूल मनोवृत्ति उत्पन्न होगी। शिक्षा-मनोवैज्ञानिक प्रगति के ज्ञान अथवा निष्कर्ष ज्ञान को एक प्रकार से प्रत्यक्ष-प्रेरणा ही मानते हैं। इसलिए आवश्यक है कि छात्रों को उनके द्वारा की गई

प्रगति की सूचना समय-समय पर दी जानी चाहिए। ऐसा करने से उनमें कार्य के प्रति रुचि, उत्साह और क्रियावेग बने रहेंगे।

(5) नैसर्गिक प्रेरणा—इस प्रकार की प्रेरणा से मानव अपना विकास काफी व्यापक रूप से करता है। सभी में नैसर्गिक प्रेरणा पर्याप्त मात्रा में नहीं पाई जाती। इसीलिए शिक्षा-क्षेत्र में कृत्रिम प्रेरणा का सहारा लेना पड़ता है। क्योंकि शैक्षिक क्षेत्र में कृत्रिम प्रेरणा के ज्यादा अच्छे परिणाम देखने में आये हैं। प्रेरणा-मनोविज्ञान की युक्तियों की समीक्षा और विवेचना करते हुए हमें यह विचार करना होगा कि कृत्रिम-प्रेरणा नैसर्गिक प्रेरणा में कैसे बदली जा सकती है। प्रेरणा-मनोविज्ञान के द्वारा कृत्रिम प्रेरणा में नैसर्गिक प्रेरणा के गुण लाने के लिए निम्नलिखित नियम प्रयोग में लाये जाते हैं–

(i) मूल प्रवृत्ति का नियम—शारीरिक तथा मानसिक इच्छाओं की संतुष्टि के लिए मनुष्य मूल प्रवृत्ति के अनुसार कार्य करता है। इस प्रकार वह जन्मजात प्रवृत्ति जो वातावरण और परिस्थिति के अनुसार नैसर्गिक रूप से एक विशिष्ट दिशा में कार्य करने की प्रेरणा उत्पन्न करती है, मूलप्रवृत्ति कहलाई जाती है। शिक्षा-क्षेत्र में इसी कारण इन मूलप्रवृत्तियों को महत्त्वपूर्ण स्थान दिया गया है। शिक्षा देने की दृष्टि से मूलप्रवृत्तियों को नैसर्गिक प्रेरणा देने का आधार बनाया जा सकता है। इस जन्मजात प्रवृत्ति के द्वारा शिक्षा में प्रगति करते हुए बालक को नैसर्गिक विकास करने की प्रेरणा दी जा सकती है।

(ii) आदत का नियम—मनुष्य की प्रगति और विकास में उसकी आदतों एवं ग्रन्थि का महत्त्वपूर्ण योगदान होता है। अगर किसी प्रकार मनुष्य की ग्रंथियों और अवयवों की गतियों में बदलाव कर दिया जाए तो मनुष्य की आदत में भी बदलाव हो जाना संभव है। इस बात के अध्ययन से व्यक्ति के स्वभाव के मूल्यांकन की प्रवृत्ति उत्पन्न होती है। आदत व्यक्ति के जन्म काल से लेकर मृत्यु-पर्यंत उसके व्यवहार को प्रभावित करती रहती है। प्रेरणा के संयम द्वारा आदत को प्रभावित करके रुचिकर और उपयोगी बनाया जाना संभव है। एक अच्छी और उपयोगी आदत वह होती है जो सुदृढ़ हो, बालक के चरित्र का विकास करने में और शिक्षा के लक्ष्य की प्राप्ति में सहायक हो। अतः बालक में कृत्रिम प्रेरणा द्वारा स्वाभाविक प्रेरणा के गुण में अच्छी आदत उत्पन्न की जा सकती है।

(iii) अनुकरण एवं उदाहरण का नियम—बालकों में स्वाभाविक रूप से ही अनुकरण की प्रवृत्ति पायी जाती है। अनुकरण व्यवहार की मौलिकता से पृथक् ही होता है। इसका कारण बालकों में पाई जाने वाली कल्पना शक्ति है। अतः वे अपनी कल्पना का पुट देते हुए बड़ों के मूल व्यवहार का अनुकरण किया करते हैं।

अनुकरणीय कार्य को बालक शीघ्र स्वीकृत करते हैं क्योंकि इसके माध्यम से वह अपनी कल्पनाशीलता की अभिव्यक्ति कर सकते हैं इसलिए बालकों के समक्ष उपरोक्त आकर्षक एवं उत्प्रेरक कार्यों के प्रस्ताव रखते रहना चाहिए। किसी मनोविज्ञानिक ने सत्य ही कहा है कि मस्तिष्क में जो विचार और कल्पनाएँ आया करती हैं वे व्यक्ति को कार्य करने की प्रेरणा दिया करती हैं। अतः बालकों के विचारों और कल्पनाओं को गति देने के लिए प्रेरणा दी जानी आवश्यक है इससे बालक अनुकरण द्वारा संबंधित कार्य करने के लिए अवश्य ही तैयार होंगे और प्रयत्न भी करेंगे।

(iv) खेल-कूद का नियम (Law of Play)—आयु स्तर को दृष्टिगत रखते हुए ही दण्डात्मक अभिप्रेरणा दी जाती है। अधिकांश इस प्रकार की प्रेरणा का प्रयोग छोटे बच्चों को अभिप्रेरित करने के लिए किया जाता है। शिक्षा-क्षेत्र में खेद-कूद को महत्त्वपूर्ण स्थान देकर शिक्षण तथा अध्ययन को रोचक बनाया जा सकता है। इस तथ्य को प्रत्येक व्यक्ति स्वीकार करता है। खेद-कूद द्वारा बालकों में अध्ययन की कृत्रिम प्रेरणा उत्पन्न करके अध्ययनशील बनाया जा सकता है। इस प्रकार यह कृत्रिम प्रेरणा उनके लिए स्वाभाविक प्रेरणा में बदल जाएगी। यहाँ कृत्रिम प्रेरणा जो खेद-कूद के माध्यम से उत्पन्न की जा रही है, साधन प्रेरणा है जिससे स्वाभाविक प्रेरणा अर्थात् लक्ष्य-प्रेरणा की उपलब्धि होगी और बालकों को शिक्षा-ग्रहण करने में सफलता मिलनी संभव होगी। खेल-कूद में प्रत्यक्ष प्रेरणा भी विद्यमान होती है जो लक्ष्य प्रेरणा का स्रोत होती है। लक्ष्य प्रेरणा-साधन प्रेरणा से अधिक शक्तिशाली होती है अतः उसे उत्पन्न करने का प्रयास करना चाहिए।

(v) नैसर्गिक और सहज क्रियाओं का नियम—व्यक्ति के विकास की मुख्य अवस्था तथा उसके अंगों की गतिविधियाँ उसको काफी प्रभावित करती हैं। जैसे—श्वासोच्छवास, रक्त-संचार, स्नायु-संचार और पाचन-क्रिया जैसे संस्थान व्यक्तित्त्व के विकास पर अत्यधिक प्रभाव डाला करते हैं। इसलिए इन संस्थानों का अध्ययन करना आवश्यक है। प्राणी-विज्ञान के माध्यम से इनका ज्ञान प्राप्त करना सरल है। इस ज्ञान की उपयोगिता इस बात में है कि प्राणी-विज्ञान के माध्यम से व्यक्ति के विविध अवयवों के अपेक्षाकृत प्रभाव को व्यक्ति के विकास पर इसलिए जाना जाए कि उसकी सहायता से प्रेरणा का निरूपण किया जा सके और इसके अनुसार प्रेरणात्मक युक्तियाँ निर्मित की जा सकें। भौतिक-विज्ञान और रासायनिक विज्ञान के प्रयोगों से यह सिद्ध हो चुका है कि रासायनिक क्रियाओं और भौतिक प्रयोगों से मनुष्य की ग्रंथियों में बदलाव लाकर वांछित स्थिति में लाया जा सकता है और इच्छित प्रेरणा दी जा सकती है।

(vi) आत्म-प्रतिपादन एवं आत्म-प्रकाशन का नियम—यह एक सर्वमान्य तथ्य है कि व्यक्ति उसी वस्तु अथवा कार्य को अपनाता है जिससे उसे फायदा हो। इसके विपरीत मनुष्य, उन परिस्थितियों से, व्यक्तियों से और लक्ष्यों से घृणा करता है, जो उसकी प्रतिष्ठा को धक्का पहुँचाते हैं। यही कारण है कि व्यक्ति प्रेम और घृणा की अनेकों भावनाओं से भरा होता है। लोग इसी भावना से प्रेरित होकर जनकल्याण के कार्य को करने का प्रयास करते हैं। प्रतिष्ठा एक सामाजिक भावना है, जब वह सामाजिक प्रतिष्ठा पाने की भावना में बदल जाती है तो व्यक्ति इसे भी प्राप्त करने की चेष्टा करता है। परिवारों और विद्यालयों के पाठ्यक्रमों द्वारा बालकों को ऐसे अवसर देने की योजना अवश्य बनानी चाहिए, जिन्हें प्राप्त करके बालक अपनी आत्म प्रकाशन की प्रवृत्ति और आत्म-प्रतिष्ठा को सन्तुष्ट कर सकें।

(vii) ज्ञान की अभिलाषा का नियम—पाठ्यक्रम को अधिक रोचक और आनंदमय बनाने के लिए अधिकाधिक प्रयास करना आवश्यक है। यही अध्यापन और अध्ययन ही सफलता का आधार है। ज्ञान प्राप्ति के लिए छात्रों में आकांक्षा रुचि और जागरूकता उत्पन्न करने से बालकों के सम्पूर्ण व्यक्तित्त्व का विकास होने लगता है।

पद-प्राप्ति, ज्ञानार्जन, दांपत्य प्रेम, विश्वास-प्राप्ति, आदर्श-प्राप्ति, आराम की लालसा, ऐश्वर्य-प्राप्ति और साहसिक और प्रतियोगितात्मक कार्यों में कुशलता प्राप्त करने की भावनाएँ भी प्रत्येक व्यक्ति में पाई जाती हैं। शिक्षा-क्षेत्र में इन प्रवृत्तियों का उपयोग करके बालकों में स्वाभाविक प्रेरणा उत्पन्न की जा सकती है। मनुष्य के जीवन में इस प्रकार के अनेकों अवसर मिलते हैं जिनके द्वारा मनुष्य में कार्य करने की स्वाभाविक प्रेरणा उत्पन्न करना सरल है। अभिभावकों और शिक्षकों को उपरोक्त अवसरों की योजना अवश्य बनानी चाहिए।

(viii) सुख-दुख के अनुभूति का नियम—प्रत्येक व्यक्ति स्वाभाविक रूप से सुख-दुःख आनन्द और कष्ट का एहसास किया करता है। इस स्वभाव का लाभ शिक्षा-क्षेत्र में भली प्रकार उठाया जा सकता है और छात्र-समुदाय को चरित्र-विकास करने का समुचित वातावरण दिया जा सकता है। सुख-दुःख और आनंद-कष्ट की अनुभूति के सिद्धांत पर छात्रों में विषय विशेष के प्रति रुचि, उत्सुकता और जिज्ञासा की भावना उत्पन्न की जाती है। बालकों के विषय के प्रति सुख और आनंद की अनुभूति उत्पन्न करनी चाहिए तभी विषय के प्रति रुचि, उत्सुकता और जिज्ञासा उत्पन्न हो सकेगा है। इसके विपरीत अगर विषय के अध्ययन में बालकों को दुःख और कष्ट की अनुभूति हुई तो वे उस विषय से घृणा कर बैठेंगे। इसलिए इस प्रयोग के करने में अत्यधिक सावधानी और सतर्कता की आवश्यकता है।

(6) बाह्य प्रेरणा—इस प्रेरणा में बालक की कार्य में रुचि न होते हुए भी बाह्य रूप किसी दूसरे की इच्छा अथवा बाह्य प्रभाव के कारण करता है। इस कार्य को करने से उसे किसी वांछनीय अथवा निश्चित लक्ष्य की प्राप्ति होती है। शिक्षक—प्रशंसा, निन्दा, पुरस्कार, प्रतिद्वन्द्विता आदि का प्रयोग करके बालक को नकारात्मक प्रेरणा प्रदान करता है।

बालकों को कार्य हेतु प्रेरित करने के लिए सकारात्मक अथवा नकारात्मक दोनों प्रकार की अभिप्रेरणाएँ प्रदान की जाती हैं। क्योंकि नकारात्मक प्रेरणा बालक के कार्य में रुचि को प्रभावित करती है जिसके कारण वह अपने कार्य को पूर्ण करने के लिए किसी अनुचित विधि का प्रयोग कर सकता है। अतः शिक्षक को सकारात्मक प्रेरणा के प्रयोग द्वारा ही बालक को लक्ष्य प्राप्ति में सहायता करनी चाहिए।

उपयोगिता—अधिगम में प्रेरणा का एक खास स्थान है। इसकी उपयोगिता को सभी विद्वानों ने भी स्वीकार किया है प्रेरणा, सीखने का महत्त्वपूर्ण अंग है प्रेरणा रहित कार्य को सीखने में व्यक्ति कोई रुचि नहीं लेते हैं। अधिगम प्रक्रिया में प्रेरणा कई रूपों में उपयोगी है जैसे—बाल-व्यवहार के बदलाव में सहायक, चरित्र-निर्माण में सहायक, ध्यान केन्द्रित करने में सहायक, अधिक ज्ञान के अर्जन में सहायक, व्यक्तिगत मित्रताओं के अनुसार प्रगति में सहायक, रुचि विकसित करने में सहायक, अनुशासन की भावना विकसित करने में सहायक, अभिप्रेरणा व्यवहार के पथ-प्रदर्शन में सहायक, अभिप्रेरणा व्यवहार में उत्साह जाग्रत करने में सहायक, अभिप्रेरणा व्यवहार के चुनाव में सहायक, मानसिक योग्यता के विकास में सहायक तथा सामाजिक गुणों के विकास में सहायक।

10

संसूच्यता

संसूचन : आशय एवं परिभाषाएँ

अनुकरण तथा संसूचन दोनों ऐसे मानसिक दशाएँ हैं जिसमें व्यक्ति किसी तथ्य या बात को बिना किसी शर्त के स्वीकार कर लेता है। इनकी प्रकृति इस तरह की होती है कि दोनों में मौलिक अंतर समझना काफी कठिन होता है। यहाँ अनुकरण में प्रयोग बिना किसी तर्क के विषय-वस्तु या क्रियाविधि को सरलता से सीख लेता है वहीं वह संसूचना की स्थिति में व्यक्ति बिना तर्क के विषयवस्तु को स्वीकार कर लेता है।

संसूचन को परिभाषित करते हुए विलियम मैक्डूगल ने लिखा कि ''संसूचन संचार की एक प्रक्रिया है जिसके परिणामस्वरूप व्यक्ति विश्वास के साथ संचारित बात मान लेता है क्योंकि इस सम्बन्ध में कोई उचित और तर्कपूर्ण बात उपस्थित नहीं होती।'' जेम्स ड्रेबर ने अपने मनोवैज्ञानिक शब्दकोष में संसूचन को परिभाषित करते हुए लिखा है कि 'संसूचन' एक ऐसी मानसिक प्रक्रिया है जिसमें व्यक्ति बिना आलोचना के दूसरे की बात मान लेता है:....''

जेया काज तथा **शैंक** के अनुसार, ''यह इसलिए होता है क्योंकि व्यक्ति का व्यवहार परिस्थितिवश निरोधित या विच्छेदित हो जाता है। उसमें सोचने की प्रक्रिया दब जाती हे। यह प्रत्यक्ष रूप से होता है। इसका कारण प्रत्यक्ष-संसूचन है। विच्छेदन का अर्थ व्यक्ति के अभिप्रेरण का किसी अन्य दिशा में उन्मुख हो जाना है।''

विलियम स्टर्न के अनुसार, ''संसूचन की व्याख्या व्याक्ति की उस प्रतिक्रिया के रूप में की जा सकती है, जब उसका व्यवहार क्षेत्र अवरोध या विच्छेदन से सीमित हो जाय।''

इंगलिश एवं **इंगलिश** के अुनसार, "यह ऐसी प्रक्रिया है जिसमें एक व्यक्ति बिना तर्क, आज्ञा या जबर्दस्ती से प्रत्यक्षतः दूसरे व्यक्ति को किसी निश्चित विधि से कार्य करने को प्रेरित करता है, उससे किसी विश्वास, राय पर कार्य योजना मनवा लेता है। यह शब्दिक या अन्य प्रकार की संचार प्रक्रिया भी है। जिससे एक व्यक्ति दूसरे से इस प्रकार की क्रिया करवाता है।"

विलियम स्टर्न के अनुसार, संसूचन व्यवहार की एक गूढ़ और उच्च अवस्था है। इसका अनुकरण से स्पष्ट भेद किया जाना आवश्यक है। व्यक्ति जानबूझकर अनुकरण करता है। उसमें सीखने की क्रिया भी सन्निहित रहती है। अनुकरण तर्कशीलता के साथ किया जाता है। व्यक्ति का मस्तिष्क अनुकरण के सम़य जागरूक होता है। संसूचन में ऐसा नहीं होता।

मर्फी, मर्फी तथा न्यूकॉम के अनुसार संसूचन में तीन विशिष्ट प्रवृत्तियाँ होती है : (1) इस प्रकार की अनुक्रिया जो उचित हो या अनुचित किन्तु पहले भी की गयी हो। (2) किसी काम को एक बार प्रारम्भ करने के बाद फिर उसको करते रहने की प्रवृत्ति। (3) किसी दूसरे व्यक्ति के कहने पर किसी कार्य को करने या विश्वास करने की प्रवृत्ति। यह दूसरों पर निर्भरता, भय या अन्य किसी सामाजिक प्रेरक के कारण होता है। इन तीनों में से प्रथम दो प्रवृत्तियाँ स्पष्ट अलग-अलग हों यह आवश्यक नहीं है, जबकि कुछ परिस्थितियों में ये दोनों उपस्थित होती हैं

विलियम स्टर्न ने अनुकरण और संसूचन में भेद समझाने के लिए एक उदाहरण दिया है। मान लीजिए कि कोई वयस्क व्यक्ति ताली बजाये और कोई बालक उसे देखकर ऐसा ही करे तो यह अनुकरण हुआ। किन्तु यदि कोई रोये, और बालक को यह लगे कि यह व्यक्ति दुःखी है और वह स्वयं भी रोने लगे, तो यह संसूचन है। इस प्रकार यदि बिना किसी प्रकार सोचे-समझे या तर्क किये कोई कार्य दुहाराये तो यह संसूचन हुआ।

वुडवर्थ के अनुसार, "संसूचन एक ऐसी अवस्था है जिसमें व्यक्ति किसी विचार अथवा क्रिया की योजना को बिना कोई प्रश्न किये स्वीकार कर लेता है।"[2]

बिने के एक परीक्षण में प्रयोज्य के सम्मुख अनेक रेखाएँ उपस्थित की जाती है और इनकी लम्बाई क्रमशः बढ़ती जाती है। प्रयोजय में यह कहने की प्रवृत्ति बन जाती है कि रेखा बड़ी है और बाद में जब छोटी रेखा उपस्थित की जाती है तो भी वह उसे बड़ी कह देता है।

संसूचन का सम्मोहनशीलता से घनिष्ठ सम्बन्ध है। वस्तुतः सम्मोहन में संसूचन

की पराकाष्ठा हो जाती है। फ्रांस में मैस्मर (Mesmer) से सम्मोहन को अत्यधिक बल मिला। यद्यिप उसके इस सिद्धान्त का अब खण्डन हो चुका है कि किसी प्रकार के कल्पित द्रव्य या गैस के द्वारा व्यक्ति अच्छे किये जा सकते हैं किन्तु यह बात सत्य है कि सम्मोहन अवस्था में लाकर व्यक्ति से बहुत से कार्य कराये जा सकते हैं। सम्मोहन अवस्था के वास्तविक होने पर भी संसूचना अवस्था से यह काफी भिन्न है। यह सम्मोहन अवस्था से पृथक् नहीं बल्कि उसकी अंतिम पद सोपानिक व्यवस्था है।

इंगलिश एवं इंगलिश का मानना है कि संसूच्यता संसूचित होने की अवस्था है। यह संसूचन से प्रभवित होने का एक सामान्य लक्षण है। जैसा कि उन्होंने आगे लिखा है—''यह झुण्ड की भावना से आवश्यक है और झुण्ड में व्यक्तियों को जोड़ने वाले सीमेण्ट का कार्य करती है।

संसूच्यता सम्बन्धी परीक्षण

संसूचना संबंधी प्रमुख विधियों व परीक्षणों को नीचे उल्लेखित किया गया है—

1. औसेज प्रयोग - इसमें लगभग आधा मिनट तक एक चित्र दिखाते हैं और फिर उसके बाद पूर्व-निश्चित प्रश्न पूछते हैं। चित्र का विवरण भी पहले लिखवा लिया जाता है। इसमें निम्नवत् प्रकार के प्रश्न होते हैं—

(1) निर्धारण प्रश्न जो साधारण होते हैं।

(2) पूर्ण रूप से पृथक् किये हुए प्रश्न, जैसे—क्या चित्र में कोई कुत्ता है? इसमें प्रयोज्य को दो में से एक का चयन करना पड़ा है।

(3) अपूर्ण रूप से पृथक् किये हुए प्रश्न, जैसे शिशु की कमीज लाल है या पीली।

(4) प्रत्याशित प्रश्न, जैसे क्या कुत्ते की पूँछ मुड़ी हुई नहीं है। ऐसे प्रश्नों के उत्तर की पूर्व प्रत्याशा कर लेते हैं।

(5) गहराई वाले प्रश्न, जैसे लड़का क्या कर रहा है? ये प्रश्न अत्यधिक संसूचनपूर्ण होते हैं, क्योंकि ये प्रश्न की वस्तु न होने पर भी पूछे जाते हैं।

(6) क्रमांकित प्रश्न, इसमें प्रयोज्य जो उत्तर देता है, उन्हीं के क्रम में कोई अन्य प्रश्न पूछ लेते हैं।

2. आकार-वजन भ्रम विधि - आकार वजन भ्रम विधि द्वारा परीक्षण करने की प्रक्रिया में समान आकार पर विभिन्न भार के कुछ वजन देते हैं। यदि पहले 25 ग्राम का एक वजन दिया और फिर पाँच से लेकर पचास ग्राम के अनेक वजन दिये तो प्रयोज्य को बाद के वजनों में ऐसा छाँटना पड़ता है जो पहले के बराबर हों।

3. बिने की रेखा-जाल विधि - बिने रेखा जाल विधि में विभिन्न लम्बाई की रेखाएँ दिखायी जाती हैं। शुरू में बाद की रेखा पहली से लम्बी होती है। अतः प्रयोज्य इसे बड़ी बताता है, परन्तु बाद में बराबर लम्बाई की रेखाएँ दिखायी जाती हैं। इसकी पुनरावृत्ति की जाती है। पूर्व-संसूचन से प्रभावित होकर अब भी प्रयोज्य एक रेखा को दूसरी से बड़ी बताता है। बराबर रेखाओं में कितनी बार रेखा बड़ी-छोटी बतायी गयी, इस आधार पर संसूच्यता का गुणांक निकालते हैं।

4. सीशोर का उष्णता-भ्रम प्रयोग - इसमें प्रयोज्य के सामने ही किसी तार को गर्म करते हैं। फिर उसके हाथ में तार देकर उससे पूछते हैं कि यह गर्म लगता है या नहीं। ऐसा दो-तीन बार करने के बाद बिजली का स्विच इस प्रकार दबाते हैं कि प्रकाश तो हो, पर तार गर्म न हो। अब फिर वह उसके हाथ में देते हैं और प्रयोज्य कह देता है कि गर्म है।

संसूचन पर विभिन्न तत्वों का प्रभाव

यद्यपि अधिकांश व्यक्ति संसूच्य हैं, किन्तु ऐसी अनेक बातें हैं जो व्यक्ति के अधिक या कम संसूच्य होने में महत्वपूर्ण हैं। हम यहाँ इनका संक्षेप में उल्लेख करेंगे :

(1) मानसिक स्थिति - थका हुआ व्यक्ति या रोगी दूसरे की बातों को बिना सोचे-समझे मान लेता है क्योंकि रोग या थकान के कारण वह अधिक सोच-विचार नहीं कर पाता।

(2) आयु - आयु बढ़ने के साथ-साथ तर्कशक्ति का विकास हो जाता है, अतः संसूच्यता भी कम हो जाती है। अतः साधारणतः छोटे बालक व्यवस्कों की अपेक्षा अधिक संसूच्य होते हैं। स्त्रियाँ पुरुषों की अपेक्षा कम तर्कशील होने के कारण अधिक संसूच्य होती हैं

$$\text{संसूच्यता-गुणांक} = \frac{\text{स्वीकृत संसूचन}}{\text{दिये गये संसूचन}} \times 100$$

(3) दृढ़ धारणा - जिन व्यक्तियों में तीव्र धारणा या इच्छा शक्ति होती है, वे संसूचनों से शीघ्र ही प्रभवित नहीं होते। इनकी बुद्धि प्रखर होती है, इनके विचार निश्चित होते हैं और इनकी आलोचना-शक्ति तीव्र होती है। अतः ये अपनी बात पर अटल रहते हैं और शीघ्र ही दूसरों की बातों में नहीं आते।

(4) उद्‌गम-स्थान - संसूचन प्रदान करने वाले व्यक्ति तथा संसूच्यता में

अन्तर्सम्बन्ध होता है। बड़ों, गुरुजनों, राजनीतिक तथा सामाजिक दृष्टि से महत्वपूर्ण व्यक्तियों, माता-पिता आदि द्वारा दिये गये संसूचन अपेक्षाकृत शीघ्र मान लिये जाते हैं, क्योंकि इसके पीछे नैतिक आदर्श भी छिपे होते हैं। इस संबंध में संसूचक का व्यक्तित्व व प्रशिक्षण भी विशेष महत्वपूर्ण होता है। अनेक लोगों का दावा है कि उपयुक्त परिस्थितियाँ उपस्थित होने पर वे अधिकांश लोगों को संसूचित कर सकते हैं।

विविध स्वरूप

संसूचन के प्रमुख प्रकारों को नीचे उल्लेखित किया जा रहा है–

(1) विमुख-संसूचन - इसे विपरीत संसूचन भी कह सकते हैं, क्योंकि इसमें व्यक्ति द्वारा किया जाने वाला कार्य निर्देशित कार्य के विपरीत होता है। यह प्रवृत्ति प्रायः बालकों में पायी जाती है। विमुख-संसूचन और प्रति-संसूचन में अन्तर है, क्योंकि प्रथम में तो संसूचन के विरुद्ध कार्य करते हैं और दूसरे में किसी पहले दिये गये संसूचन के प्रभाव को दूर करते हैं। ड्रेवर ने अपने मनोवैज्ञानिक शब्दकोश में विमुख-संसूचन[2] और प्रति-संसूचन[3] को परिभषित करते समय इसमें भेद स्पष्ट किया है।

(2) आत्म-संसूचन - आत्म-संसूचन में व्यक्ति स्वयं अपने को संसूचन देता है, जैसे कोई व्यक्ति यह सोचता है कि मैं अच्छा हो रहा हूँ और वह सचमुच में अच्छा होने लगता है। कोई बीमार व्यक्ति यह संसूचन देता है कि वह ठीक हो जाएगा और सचमुच ठीक होने लगता है। इंगलिश एवं इंगलिश ने अपने मनोवैज्ञानिक शब्दकोष में लिखा है, "आत्म-संसूचन वह संसूचन है जो स्वयं व्यक्ति में उत्पन्न हो।" इसी प्रकार ड्रेवर ने भी इसे परिभाषित किया है।

(3) सामूहिक संसूचन - इसमें व्यक्ति समूह भावना से प्रभावित होता है। समूह में सब लोग चन्दा देते हैं, अतः व्यक्ति चन्दा होता है। सभा में व्यक्ति वैसा ही कार्य करने को तैयार हो जाता है, जैसे अन्य व्यक्ति कर रहे हों, अकेले में सम्भव है वह यह कार्य न करे।

(4) प्रतिष्ठा-संसूचन - इसमें कोई व्यक्ति किसी अन्य प्रतिष्ठित व्यक्ति द्वारा दिये गये संसूचनों को बिना किसी हिचकिचाहट या तर्कवितर्क के शीघ्रता से मान लेता है। "प्रतिष्ठा संसूचन वह क्रिया है, जिसमें कोई राय ज्यादा मान्य होती है, कोई प्रलोभन अधिक शक्तिशाली हो जाता है या किसी आज्ञा का अधिक तत्परता से पालन किया जाता है, जबकि उसका स्रोत कोई प्रतिष्ठित व्यक्ति हो" यह प्रतिष्ठा ज्ञान, सौन्दर्य, सामाजिक स्तर, बुद्धि आदि के क्षेत्र में हो सकती है, प्रतिष्ठा-संसूचन के कारण ही हम माता-पिता, शिक्षक, नेता-अभिनेता आदि के संसूचनों को प्रायः मान लेते हैं।

व्यक्तित्व-गुण

समस्या - "सहपाठियों के व्यक्तित्व-गुणों का क्रमांकन करना।"[1]

सामग्री - पैन्सिल : व्यक्तित्व-गुणों की एक सूची।

विषय-प्रदेश - व्यक्तितत्व-गुण[2] से आप क्या समझते हैं? लिखिए। विभिन्न गुणों और उनकी मापन-विधियों की चर्चा कीजिए।

विधि

(क) व्यवस्था - कक्षा के छात्रों या विद्यार्थियों के किसी अन्य समूह में पेन्सिल और व्यक्तित्व-गुणों की सूची वितरित कर दीजिए। फिर निम्न अनुदेश दीजिए :

(ख) अनुदेश - "आप लोग काफी समय से एक-दूसरे के साथ पढ़ते-लिखते रहे हैं। अतः इस समूह में सहपाठियों के व्यक्तित्व-गुणों के बारे में आपके निश्चित विचार बन गये हैं। व्यक्तित्व गुण - जैसे नेतृत्व, स्वार्थपरता, सुन्दरता, उद्योगशीलता, कायरता आदि। आप दी हूई सूची के खाली स्तम्भ में, जिसके ऊपर 'कोटि-क्रम' लिखा है, यथास्थान 1, 2, 3 आदि लिख देंगे। '1' का अर्थ है कि यह गुण सहपाठी में सबसे महत्वपूर्ण है, '2' का अर्थ है, इसके नीचे आदि।'

(ग) प्रयोग - अब 'तैयार' कहकर कार्य शुरू कर दें। बाद में व्यक्तित्व-गुणों की सूचियाँ एकत्र कर लें। जितने सहपाठियों के व्यक्तित्व-गुणों का क्रमांकन कराना हो, प्रत्येक प्रयोज्य को उतनी ही सूचियाँ दे दें।

सावधनियाँ—इसके तहत निम्न प्रकार की सावधानियाँ अपनाई जानी चाहिएँ।

(1) वातावरण शान्त रखिये ताकि किसी प्रकार का व्यवधान न पड़े।

(2) कमरे में प्रकाश की उचित व्यवस्था हो।

(3) अनुदेश से पहले सूची न दिखायें। बीच में पर्दा रखें।

प्रदत्त

सहपाठी का नाम	व्यक्तितत्व-गुण	कोटि-क्रम	विशेष विवरण

(ग) प्रयोग - अब 'तैयार' कहकर कार्य शुरु कर दें। बाद में व्यक्तित्व-गुणों

अन्तर्दर्शन रिपोर्ट

1. "To Rank the personality traits of class-fellows."

2. PERSONALITY TRAIT : An enduring disposition or quality of a person that accounts for his relative consistency in emotional,

temperamental, and social behaviour ; a trait that accounts for difference in personality.

English and English (1) पूछिए कि क्या केवल अनुमान के आधार पर प्रयोज्य अपने सहपाठियों के गुण बताता था या उसे पूर्ण विश्वास था? क्या सहपाठी का नाम लेने पर उसके मन में उसका चित्र आ जाता था?

परिणाम

(1) किन्हीं भी दो सहपाठियों के व्यक्तित्व-गुणों की सूचियाँ लेकर उनके कोटि-क्रम का सह-सम्बन्ध निकालें।

(2) अनेक सहपाठियों की सूचियों में समानता तथा असमानता की तुलना करें।

टिप्पणी - सह-सम्बन्ध का निम्न सूत्र है :

$$\text{rho} = 1 \ \frac{6 X \sum D^2}{N(N^2 - 1)}$$

संसूच्यता

समस्या - "रेखा अनुमान द्वारा संसूच्यता का अध्ययन करना।"[4]

सामग्री - कई कार्ड जिन पर 30, 35, 40, 45, 50, 55 मि. तथा अन्य लम्बाई की रेखाएँ खिंची हों: टेकिस्टोस्कोप।

विषय-प्रवेश - संसूच्यता का क्या अर्थ है? कौन-कौन सी बातों के कारण संसूच्यता में व्यक्तिगत अन्तर आ जाते हैं? संसूचन कितनी प्रकार के होते हैं?

विधि

(क) व्यवस्था - लम्बी अवधि की टेकिस्टोस्कोप के पास प्रयोज्य को आराम से बैठाकर फिर उसे निम्न अनुदेश दें :

(ख) अनुदेश - "मेरे तैयार कहने पर सामने टेकिस्टोस्कोप नामक उपकरण की खिड़की देखिए। बहुत शीघ्र ही मैं वहाँ एक कार्ड दिखाऊँगा, जिस पर एक रेखा खिंची होगी। कुछ सेकण्ड बाद मैं दूसरी रेखा दिखाऊँगा। आप यह बताएँगे कि बाद की रेखा पहली रेखा से लम्बी है, छोटी है, या उसके बराबर है। ऐसा कई बार किया जायेगा जब तक कि मैं समाप्त न कह दूँ।

(ग) प्रयोग - ऊपर दिये गये अनुदेशों के अनुसार प्रयोग कीजिये। कार्डों को कभी तो अनियमित क्रम में दिखाइये, कभी आरोही क्रम तथा अवरोही क्रम में और

कई बार समान लम्बाई की देखाएँ भी दिखाइये। ऐसा संसूच्यता का परीक्षण करने के लिए करते हैं।

सावधानियाँ—इसमें निम्नलिखित सावधानियाँ अपनाई जाती हैं—

(1) प्रयोग-कक्ष में पर्याप्त प्रकाश की व्यवस्था रखी जाय ताकि उपकरण, रेखाएँ व क्रम स्पष्ट दिखाई दें।

(2) पर्यावरण शान्त रखा जाय ताकि किसी प्रकार का व्यवधान न हो।

(3) एक रेखा और दूसरी रेखा के प्रदर्शित करने के बीच जो समय रखा जाये, वही समय अन्य रेखाओं के बीच भी हो।

(4) रेखाओं को आरोही तथा अवरोही क्रम में प्रस्तुत किया जाए।

प्रदत्त

क्रम सं.	**प्रदर्शित रेखा की लम्बाई**	**प्रयोज्य द्वारा निर्णीत लम्बाई**	**विशेष विवरण**

अन्तर्दर्शन रिपोर्ट—

(1) पूछें कि क्या प्रयोज्य के मन में प्रस्तुत कोई प्रतिमा बनती थी?

(2) प्रयोज्य द्वारा निश्चित की गयी लम्बाई का आधार क्या है?

परिणाम

(1) प्रदत्तों का विश्लेषण करके ज्ञात करें कि प्रयोज्य में संसूच्यता है या नहीं?

(2) आरोही तथ अवरोही क्रम में अलग-अलग संसूच्यता का अध्ययन करके तुलना करें।

(3) अपने परिणामों की व्याख्या संसूच्यता सम्बन्धी विभिन्न तथ्यों के आधार पर करें।

टिप्पणी - यह उचित है कि पहले 4 या 5 रेखाएँ आरोही या अवरोही क्रम में हों और फिर समान रेखाएँ दिखायी जायें। संसूच्यता का पता चलने की स्थिति में इसकी उलटी दिश में भी ऐसा किया जाए।

11

मनोवैज्ञानिक परीक्षण

मनोविज्ञान में विभिन्न प्रकार के परीक्षण किए जाते हैं। मनोवैज्ञानिक परीक्षण कुछ उद्दीपनों का एक संगठन होता है। इन उद्दीपकों के चयन के पीछे कुछ उद्देश्य निहित होते हैं। इससे परीक्षण किये जाने वाले व्यक्ति में कुछ मनोवैज्ञानिक विशेषताओं का पता लगाना होता है। मनोवैज्ञानिक परीक्षणों में दिये गये उद्दीपक परीक्षण पद कहलाते हैं। ये अनेक प्रकार के हो सकते हैं, जैसे चित्र, आकृतियाँ, लकड़ी के गुटके अथवा शब्द समूह, वाक्य या अंक इत्यादि। इन उद्दीपकों से मनोवैज्ञानिक विशेषताओं का पता लगता है मुरसैल का मानना है कि "एक मनोवैज्ञानिक परीक्षण उद्दीपकों का एक प्रतिमान है जो कि ऐसी अनुक्रियाओं को उत्पन्न करने के किए चुने और संगठित किये जाते हैं जो कि परीक्षण देने वाले व्यक्ति की कुछ मनोवैज्ञानिक विशेषताओं को प्रकट करेंगे।" मनोवैज्ञानिक परीक्षण मनोवैज्ञानिक प्रयोग से भिन्न होता है यद्यपि दोनों में ही कुछ उद्दीपन दिये जाते हैं और उनके प्रति अनुक्रियाओं का अध्ययन किया जाता है।

विविध स्वरूप

मनौवैज्ञानिक परीक्षणों का वर्गीकरण निम्नलिखित आधारों पर किया जा सकता है–

माध्यम पर आधारित परीक्षण

इस आधार पर मनोवैज्ञानिक परीक्षण को प्रमुख दो वर्गों में वर्गीकृत किया जा सकता है, जो निम्नलिखित हैं–

(1) अशाब्दिक परीक्षण–यह एक ऐसा परीक्षण है जिसमें शब्दों का प्रयोग न करके पदों का प्रयोग किया जाता है। आकृतियों, चित्रों, लकड़ी के गुटकों आदि का प्रयोग होता है। इनका एक उदाहरण पिजन का अशाब्दिक परीक्षण है। इनसे विशेष लाभ यह है कि इनके द्वारा निरक्षर, कम पढ़े-लिखे और छोटे बालकों की भी परीक्षा की जा सकती है। इनमें सभी निष्पादन परीक्षण आते हैं। क्रियात्मक परीक्षणों के उदाहरण हैं–सेग्युइनका आकार पटल परीक्षण, कोहज का ब्लाक डिजाइन परीक्षण, अलैक्जैण्डर का पास ए लांग टेस्ट इत्यादि।

(2) शाब्दिक परीक्षण–शाब्दिक परीक्षण एक ऐसा परीक्षण है जिसके अंतर्गत प्रश्न पूछे जाते हैं। इस परीक्षण में भाषा सम्बन्धी ज्ञान का परीक्षण किया जाता है। शाब्दिक परीक्षणों का एक उत्तम उदाहरण डॉ. सोहनलाल का इलाहाबाद बुद्धि परीक्षण है जिसका वर्णन बुद्धि-सम्बन्धी अध्याय में किया गया है। इन परीक्षणों से निरक्षर, बहुत कम पढ़े-लिखे अथवा छोटे बालकों का परीक्षण नहीं किया जा सकता क्योंकि उनमें भाषा सम्बन्धी योग्यता की कमी होती है।

विधि पर आधारित परीक्षण

इस आधार पर मनोवैज्ञानिक परीक्षणों को निम्नवत् दो भागों में विभाजित किया जा सकता है–

(1) सामूहिक परीक्षण–यह एक ऐसा परीक्षण है जिसमें एक या एक से अधिक व्यक्तियों का बुद्धि परीक्षण किया जाता है। उत्तर प्रदेश मनोविज्ञानशाला के समूह-बुद्धि परीक्षण, रुचि परिसूचियाँ, व्यक्तित्व परिसूचियाँ तथा व्यावसायिक रुचि पत्रियाँ आदि इनके उदाहरण हैं। इनके लिए विशेष प्रशिक्षण की भी आवश्यकता नहीं होती, परन्तु इनमें व्यक्ति परीक्षणों के समान परीक्षार्थी और परीक्षकों में भाव सम्बन्ध नहीं स्थापित हो जाता। अतः ये समस्याओं के निदान और उपचार में व्यक्तिगत परीक्षणों से कम उपयोगी होते हैं। फिर भी ये शिक्षा और व्यावसायिक निर्देशन में साधारण रूप से उपयोगी सिद्ध हुये हैं।

(2) व्यक्ति परीक्षण–ये परीक्षण क्रियात्मक होते हैं तथा एक समय में एक

ही व्यक्ति का परीक्षण किया जाता है। इसके अलावा इनमें ऐसे परीक्षण भी अते हैं जिनमें शाब्दिक योग्यताओं की आवश्यकता पड़ती है। इनके उदाहरण हैं—स्टैन-फोर्ड बिने बुद्धि परीक्षण, वैश्लर-बेल्लेव्यू बुद्धि परीक्षण, कोहज का ब्लॉक डिजाइन परीक्षण, रोर्शा का स्याही धब्बा परीक्षण तथा टी० ए० टी० परीक्षण इत्यादि। ये परीक्षण व्यक्तिगत निर्देशन के लिये विशेष रूप से उपयुक्त होते हैं। परन्तु ये महँगे होते हैं और इनमें अधिक प्रशिक्षण की आवश्यकता पड़ती है। ये सामूहिक परीक्षणों से कम यथार्थ भी होते हैं।

उद्देश्य पर आधारित परीक्षण

परीक्षण के उद्देश्यों के दृष्टिकोण से मनोवैज्ञानिक परीक्षणों को निम्नलिखित वर्गों में बाँटा गया है—

(1) व्यक्तित्व परीक्षण—इनके द्वारा व्यक्ति की विशेषताओं का पता लगाया जाता है। व्यक्तित्व परीक्षण की विधियों में मुख्य हैं साक्षात्कार विधि, परिस्थिति परीक्षण, निर्धारण मान एवं निर्णय विधि, व्यक्तित्व परिसूची विधि, प्रक्षेपी प्रविधि इत्यादि। इनका विस्तृत वर्णन व्यक्तित्व सम्बन्धी अध्याय में दिया गया है।

(2) बुद्धि परीक्षण—इनके द्वारा बुद्धि की परीक्षा ली जाती है। इनमें शाब्दिक और अशाब्दिक दोनों ही प्रकार के परीक्षण होते हैं। ये व्यक्तिगत अथवा सामूहिक दोनों विधियों से दिये जाते हैं। इनका विस्तृत वर्णन बुद्धि-सम्बन्धी अध्याय में दिया गया है।

(3) रुचि परीक्षण—इनके द्वारा व्यक्ति की रुचियों का पता लगाया जाता है। इनके उदाहरण हैं—स्ट्रांग का व्यावसायिक रुचि-पत्र और क्यूडर का व्यावसायिक पसन्द लेखा। इन दोनों के विवरण आगे दिये गये हैं इनके अलावा मनोविज्ञानशाला उत्तर प्रदेश की व्यावसायिक रुचि पत्री भी महत्वपूर्ण है।

(4) मानसिक योग्यताओं के परीक्षण—इनमें विभिन्न प्रकार की मानसिक योग्यताओं जैसे देशज योग्यता, यांत्रिक योग्यता इत्यादि के परीक्षण सम्मिलित हैं जिनका वर्णन आगे दिया गया है।

(5) अभिरुचि परीक्षण—अभिरुचि परीक्षण मालायें मानसिक योग्यताओं के परीक्षणों को मिलाकर बनायी जाती है। इनके उदाहरण हैं, भेदात्मक अभिरुचि परीक्षण, सामान्य अभिरुचि परीक्षण, माला तथा फ्लैंगन अभिरुचि वर्गीकरण परीक्षण, गिलफोर्ड। जिमरमैन अभिरुचि सर्वेक्षण इत्यादि। इनका वर्णन आगे दिया गया है।

विशेषताएँ

अच्छे एवं श्रेष्ठ परीक्षण की विभिन्न विशेषताएँ होती हैं जिनमें से कुछ प्रमुख विशेषताओं को निम्नलिखित बिन्दुओं के अंतर्गत स्पष्ट किया गया है–

1. अच्छे परीक्षण की एक अन्य विशेषता बिभेदकारी शक्ति भी है। इसका तात्पर्य परीक्षण में ऐसी शक्ति से है जिससे कम और अधिक योग्यता वाले परीक्षार्थियों में भेद किया जा सके अर्थात् दोनों को क्रमशः कम और अधिक अंक मिलें।
2. व्यापकता अच्छे परीक्षण की एक प्रमुख विशेषता होती है। व्यापकता का अर्थ यह है कि परीक्षण जिस तत्त्व की परीक्षा के लिए बनाया गया है उसके सभी पहलुओं को सम्मिलित कर ले। इस प्रकार व्यापक परीक्षण में परीक्षा की जाने वाली येाग्यता के सभी पहलुओं से सम्बन्धित प्रश्न पूछे जाते हैं ताकि मापित योग्यता का कोठ पहलू छूट न जाये।
3. जिस परीक्षण से प्राप्त फलांक जितने ही अधिक विश्वसनीय होते हैं, उसमें उतनी ही अधिक विश्वसनीयता मानी जाती है। इसका अर्थ यह है कि किसी परीक्षण को किसी व्यक्ति को दो बार प्रदान किया जाय तो दूसरी बार भी उसको वही अंक प्राप्त होने चाहियें जो कि पहली बार प्राप्त हुये थे।
4. किसी भी परीक्षण के तहत वस्तुनिष्ठता तभी सम्भव होगी जब उसके हर एक प्रश्न का उत्तर निश्चित और स्पष्ट हो तथा उसके विषय में परीक्षकों में मतभेद न हो। इससे यह लाभ होता है कि परीक्षण के परिणाम पर परीक्षक के व्यक्तिगत विचारों का कोई प्रभाव नहीं पड़ता और चाहे जितने परीक्षकों द्वारा जँचवाया जाने पर भी विद्यार्थियों को उस परीक्षण में एक-से ही अंक मिलते हैं।
5. इसका तात्पर्य इस विशेषता से है कि परीक्षण का आसानी से प्रयोग किया जा सके। इसके लिये यह आवश्यक है कि उसके आदेश सरल हों, विधि सुगम हो, समय कम लगे और खर्च भी अधिक न हो।
6. किसी परीक्षण में प्रामाणिकता तभी मानी जा सकती है जबकि उससे उन तत्वों का परीक्षण हो जिनके लिए उसे बनाया गया है। जैसे बुद्धि परीक्षणों से बुद्धि का सही माप हो सकने पर ही उनको प्रामाणिक की संज्ञा प्रदान की जा सकती है।

उपर्युक्त वर्णित सभी विशेषताओं में प्रमाणित तथा विश्वसनीयता को सबसे

प्रमुख स्थान प्राप्त है अतः इन दोनों विशेषताओं पर नीचे विस्तृत रूप से प्रकाश डाला गया है।

प्रामाणिकता

सभी तरह के परीक्षणों में एक-सी प्रामाणिकता नहीं होती। कोई परीक्षण कहाँ तक प्रामाणिक है यह इस बात से जाना जाता है कि उसके परिणामों के आधार पर दिया गया निर्णय कहाँ तक यथार्थ होता है, उदाकरण के लिये उसी बुद्धि परीक्षण को प्रामाणिक माना जा सकता है जिससे बुद्धि की सही परीक्षा हो सकती है। जिस बुद्धि परीक्षण से जिस अंश मं बुद्धि की सही परीक्षण हो सकती हो उसको उसी अंश में प्रामाणिक माना जायेगा। इस तरह प्रामाणिकता परीक्षा का वह गुण है जिसके आधार पर उस पर आधारित निर्णय का सही या गलत होना निश्चित किया जाता है। उदाहरण के लिए रुचि पत्रियों की प्रामाणिकता बुद्धि परीक्षणों से कम है। यहाँ पर एक कठिनाई है। मान लीजिए कि एक विशेष परीक्षण से कुछ विद्यार्थियों की बुद्धि की परीक्षा की गई। अब वह परीक्षण प्रामाणिक है अथवा नहीं यह इसी बात पर निर्भर करेगा कि विद्यार्थियों में वास्तव में उतनी बुद्धि है या नहीं जितनी कि उन परीक्षणों से मालूम पड़ती ळै। यहाँ पर यह कठिनाई है कि यह कैसे मालूम किया जाय कि विद्यार्थियों में उतनी बुद्धि है या नहीं जितनी कि परीक्षा में मालूम पड़ती है। स्पष्ट है कि परीक्षण की प्रामाणिकता की जाँच के लिये किसी न किसी स्वतन्त्र कसौटी का होना आवश्यक है। विद्यार्थी की बुद्धि सम्बन्धी परीक्षण के उदाहरण में परीक्षा-फल परीक्षण की प्रामाणिकता की एक कसौटी हो सकता है। सामान्य रूप से यह कहा जा सकता है कि यदि परीक्षण के प्राप्तांकों और परीक्षण फल में सह-सम्बन्ध हो तो परीक्षण प्रामाणिक है।

स्वरूप

प्रामाणिकता एक सापेक्ष शब्द है अर्थात् किसी भी परीक्षण में पूर्ण प्रामाणिकता नहीं हो सकती। इसलिए जब किसी परीक्षण को प्रामाणिक कहा जाये अथवा उसमें प्रामाणिकता का अभाव बतलाया जाये तो यह स्पष्ट करना बहुत जरूरी है कि उसमें किस अर्थ में प्रामाणिकता है और किन अर्थ में उसका अभाव है। स्पष्ट है कि प्रामाणिकता कई तरह की होती है। स्थूल रूप से मनोवैज्ञानिकों ने अग्रलिखित पाँच प्रकार की प्रामाणिकता मानी है--

(1) रूप प्रामाणिकता—रूप प्रामाणिकता, जैसा कि उसके नाम से स्पष्ट है परीक्षण के रूप से सम्बन्धित प्रामाणिकता है। इस तरह की प्रामाणिकता उसी परीक्षण में कही जायेगी जिनमें दिया हुआ विषय अथवा पद देखने में प्रामाणिक मालूम हो।

(2) अन्तर्वस्तु सम्बन्धी प्रामाणिकता—दूसरी तरह की प्रामाणिकता अन्तर्वस्तु सम्बन्धी प्रामाणिकता है। जैसा कि इसके नाम से स्पष्ट है यह प्रामाणिकता परीक्षण की अन्तर्वस्तु से सम्बन्धित है। इस प्रामाणिकता के लिये परीक्षण इस तरह का होना चाहिये कि उसके पदों से उस बात की पूरी जाँच हो सके जिसके लिए वह परीक्षण बनाया गया है। उदाहरण के लिये उसी बुद्धि परीक्षण में अन्तर्वस्तु सम्बन्धी प्रामाणिकता कही जायेगी जो इस प्रकार बनाया गया हो कि उसमें बुद्धि से सम्बन्धित सभी बातों की परीक्षा होती है।

(3) सामयिक प्रामाणिकता—इसको पद की प्रामाणिकता भी कहते हैं। यह पीछे बतलाई गई पूर्वानुमान सम्बन्धी प्रामाणिकता से मिलती-जुलती है। इसमें पूर्वानुमान सम्बन्धी प्रामाणिकता के समान परीक्षण का किसी मानदण्ड से सह-सम्बन्ध का पता लगाया जाता है। परन्तु इस समानता के साथ-साथ इन दोनों प्रकार की प्रामाणिकता में कुछ अन्तर भी है। अन्तर यह है कि पूर्वानुमान सम्बन्धी प्रामाणिकता में तो मानदण्ड भविष्य में होता है जबकि सामयिक प्रामाणिकता में मानदण्ड वर्तमान में ही होता है। उदाहरण के लिए किसी निर्धारक मानदण्ड से परीक्षण करने पर कुछ व्यक्तियों में कुछ मानसिक दोष दिखलाई पड़ते हैं और मानसिक चिकित्सक द्वारा परीक्षा किये जाने पर भी उनमें वे मानसिक दोष पाये जाते हैं तो यहाँ पर निर्धारण मापदंड में सामयिक प्रामाणिकता मानी जायेगभ।

(4) पूर्वानुमान सम्बन्धी प्रामाणिकता—पुर्वानुमान सम्बन्धी प्रामाणिकता सबसे अधिक प्रचलित प्रामाणिकता है। इसमें उपयुक्त कसौटी के आधार पर फलांकों का कसौटी से सह-सम्बन्ध निकलता है। इसमें कसौटी के चुनाव में बड़ी सावधानी की जरूरत है। कसौटी और फलों के सह-सम्बन्ध से जो गुणक प्राप्त होते हैं, उसे प्रामाणिकता गुणाक कहा जाता है। प्रामाणिकता गुणक . 5 से . 8 तक होता है। इससे कम गुणक आने पर वह बेकार होता है और सामान्य रूप से इससे अधिक गुणक नहीं मिलता।

(5) तात्विक प्रामाणिकता—इसमें तत्वों की प्रामाणिकता सम्मिलित है। इसकी जाँच के लिये तत्व विश्लेषण द्वारा परीक्षण का अनेक परीक्षणों में उभयनिष्ठ तत्व से सह-सम्बन्ध ज्ञात किया जाता है।

प्रामाणिकता के विभिन्न प्रकारों के उपरोक्त विश्लेशण से स्पष्ट है कि प्रामाणिकता किसी विशेष संदर्भ में होती है अर्थात् प्रत्येक परीक्षण एक विशेष प्रयोजन के लिए और एक विशेष आयु के लोगों के लिए ही प्रामाणिक होता है। भिन्न प्रसंगों और भिन्न आयु के व्यक्तियों के लिये वह अप्रामाणिक भी हो सकता है। अतः किसी परीक्षण को प्रामाणिक कह देना सर्वथा अपर्याप्त है। उसके साथ यह भी बतलाना आवश्यक है कि वह किस प्रयोजन के लिए और किस आयु के लोगों के लिए प्रामाणिक है।

विश्वसनीयता

इसका अर्थ परीक्षण के उस गुण से लगाया जाता है जिस पर सभी लोगों का विश्वास हो। उदाहरण के लिए यदि एक बुद्धि परीक्षण से एक बार परीक्षा करने पर किसी व्यक्ति के कुछ फलांक आएँ और पुनः परीक्षण करने पर उससे भिन्न फलांक आएँ तो स्पष्ट है कि वह परीक्षण विश्वसनीय नहीं है। पीरक्षण की वह विश्वसनीयता उसके कई तत्त्वों पर निर्भर करती है। कोई भी अंक गलत होने पर परीक्षण की विश्वसनीयता कम हो जाती है, इसलिए परीक्षा के विभिन्न अंकों में आन्तरिक संगति और समरूपता जरूरी है। इसी तरह के विश्वसनीय परीक्षण के ही आधार पर निर्देशन किया जा सकता है।

परीक्षण

विश्वसनीयता की जाँच अथवा परीक्षण प्रमुख चार विधियों द्वारा किया जा सकता है। ये चार विधियाँ निम्नलिखित हैं–

(1) समानान्तर परीक्षण विधि–विश्वसनीयता की परीक्षा करने का एक तरीका यह है कि जिस परीक्षण की विश्वसनीयता की परीक्षा करनी हो उससे मिलता-जुलता एक दूसरा परीक्षण तैयार किया जाता है। अब मौलिक और रूपान्तरित परीक्षणों के परिणामों के द्वारा एक ही समूह की परीक्षा की जाती है। इसके बाद इन दोनों परीक्षणों के परिणामों की तुलना करके परीक्षण की विश्वसनीयता की जाँच कर ली जाती है। गुलिकसन ने एक से अधिक समानान्तर परीक्षण बनाने की सलाह दी है।

(2) परीक्षण पुनर्परीक्षण विधि–यह विश्वसनीयता की जाँच की एक महत्वपूर्ण विधि है। जैसे–एक ही समूह पर दो भिन्न-भिन्न अवसरों पर परीक्षण का प्रयोग किया जा सकता है और प्राप्त परिणामों की तुलना की जाती है। उदाहरण के लिये मान लीजिये कि एक समूह का बिने परीक्षण से बुद्धि परीक्षण लिया गया।

अब कुछ समय बाद इसी समूह की फिर बिने परीक्षण से परीक्षा की गई। यदि दोनों अवसरों पर बुद्धि-लब्धि में अन्तर आता है तो परीक्षण विश्वसनीय नहीं है।

(3) अन्तर-पदीय एकरूपता—विश्वसनीयता जाँचने की यह एक ऐसी विधि है जिसमें मात्र एक ही परीक्षण में प्रयोग किया जा सकता है। परीक्षण के प्रत्येक पद में प्राप्त अंकों का परस्पर सम्बन्ध ज्ञात किया जाता है। साथ ही प्रत्येक प्रश्न में प्राप्त अंकों का पूरे परीक्षण में प्राप्त अंकों से भी सम्बन्ध ज्ञात किया जाता है। इस विधि से विश्वसनीयता की जाँच करने के लिये सांख्यिकीय विधियों का प्रयोग करने वाले कुछ सूत्र क्यूडर और रिचर्डसन नामक मनोवैज्ञानिकों ने बनाये हैं।

(4) अर्द्ध-विच्छेदित विधि—यह विधि भी विश्वसनीयता की जाँच में कम भूमिका नहीं निभाती है। जिस परीक्षण के अन्तर्गत कई अनेक प्रकरण हों, उसमें विषम और सम-प्रकरणों के परिणामों की तुलना करके विश्वसनीयता की जाँच की जा सकती है।

स्पष्ट है कि विश्वसनीयता ज्ञात करने की विधि के साथ-साथ विश्वसनीयता का अर्थ भी बदल जाता है। अतः केवल यह कह देना पर्याप्त नहीं है कि परीक्षण में विश्वसनीयता है। साथ ही यह भी बतलाना आवश्यक है कि विश्वसनीयता किस अर्थ में है अर्थात् उसका किस विधि से पता लगाया गया है।

उपर्युक्त वर्णित चारों विधियों में अर्द्ध-विच्छेदित विधि अधिक प्रयोग की जाती है। क्योंकि यह सबसे अधिक आसान भी है। इस विधि में समूह को परीक्षण के लिए बार-बार इकट्ठा नहीं करना पड़ता। विश्वसनीयता अनुबन्ध गुणक से जानी जाती है। इस अनुबन्ध गुणक को विश्वसनीयता गुणक कहा जाता है।

इस तरह विश्वसनीयता और प्रामाणिकता दोनों ही परीक्षण के आवश्यक गुण हैं। विश्वसनीयता परीक्षण के पैमाने या संरचना से सम्बन्धित है। प्रामाणिकता उसकी परीक्षण करने की सामर्थ्य से सम्बन्धित है।

विशिष्ट मानसिक योग्यता परीक्षण

श्रेष्ठ एवं प्रभावशाली अथवा प्रतिभाशाली बालक की प्रमुख विशेषता उसकी मानसिक विशेषता होती है। किस व्यक्ति को कौन-सा कार्य करना चाहिये, किस विद्यार्थी को कौन-सा पाठ्यक्रम चुनना चाहिये इत्यादि विभिन्न समस्याओं में निर्देशन देने के लिए व्यक्ति की बुद्धि के साथ-साथ उसकी विशेष मानसिक योग्यताओं का परीक्षण भी आवश्यक है, क्योंकि जीवन की समस्याओं में इन विशेष मानसिक

योग्यताओं का बड़ा महत्व होता हैं अतः विशेष मानसिक योग्यताओं के परीक्षण बनाने की चेष्टा की गई है और अनेक जगह उनका धड़ल्ले से प्रयोग किया जाता है।

विशेष मानसिक योग्यताओं से सम्बन्धित परीक्षणों के विवरण से पहले यह जानना आवश्यक है कि विशेष मानसिक योग्यताओं का परीक्षण किस आयु में किया जा सकता है। यह प्रश्न इसलिये उठता है क्योंकि बाल्यावस्था में मनुष्यों की विशेष मानसिक योग्यतायें अलग-अलग नहीं दिखाई पड़तीं। ये विशेष मानसिक योग्यतायें किस आयु में अलग-अलग दिखलाई पड़ने लगती हैं इस विषय में मनोवैज्ञानिकों में मतभेद हैं। ड्यू के अनुसार मनुष्य की विशेष मानसिक योग्यतायें 10 वर्ष की आयु में स्पष्ट होने लगती हैं। दूसरी ओर साइरिल बर्ट ने मनुष्य की विशेष मानसिक योग्यतायें स्पष्ट होने की आयु 13 वर्ष मानी है। सामान्य रूप से ड्यू का मत अधिक माना जाता है। इसलिलये शिक्षा सम्बन्धी निर्देशन भी 11 वर्ष की आयु से ही दिया जाता है।

विशेष मानसिक योग्यताओं के स्पष्ट हाने की आयु निश्चित करने के बाद अब एक प्रश्न यह भी रह जाता है कि विशेष योग्यतायें कितनी हैं। वास्तव में विशेष योग्यताओं की गिनती करना अत्यन्त कठिन है और इस विषय में कोई मत सर्वमान्य नहीं है। सन् 1938 में थर्सटन और उनके सहयोगियों ने सात मूल मानसिक विशेषतायें मानीं। थर्सटन इन्हें मूल मानसिक योग्यतायें कहता है। ये मूल मानसिक योग्यतायें हैं—शब्द बोध, संख्या सम्बन्धी, तर्क, स्मृति, शब्द प्रवाह तथा आन्तरिक्षिक तथा प्रत्यक्ष ज्ञान की गति। शिकागो मेन्टल एबिलिटीज टैस्ट इन्हीं मानसिक योग्यताओं के आधार पर तैयार किया है। इसी के आधार पर बनी एक दूसरी परीक्षण बैटरी अमेरिका के साइकॉलॉजिकल कॉरपोरेशन में प्रयोग की जाती है। इस परीक्षण बैटरी में निम्नलिखित 7 परीक्षण हैं—

(1) वाचिक तर्क,
(2) अंक सम्बन्धी योग्यता,
(3) अमूर्त तर्क,
(4) आन्तरिक्षिक सम्बन्ध,
(5) यंत्रवत् तर्क,
(6) लेखा सम्बन्धी गति और यथार्थता,
(7) भाषा सम्बन्धी प्रयोग।

अब मानसिक योग्यताओं के विशेष परीक्षणों का विस्तृत विवरण दिया जायेगा।

थर्सटन के एस. आर. ए. प्राथमिक योग्यताओं के परीक्षण

जैसाकि पूर्व में स्पष्ट किया जा चुका है कि थर्सटन ने अपने प्रयोगों में सात मूल मानसिक योग्यताओं का पता लगाया है। इन मूल मानसिक योग्यताओं की धारणा ने निर्देशन जगत में काफी बदलाव लाया है। इस खोज के बाद से निर्देशन में बुद्धि से भी अधिक विशिष्ट मानसिक योग्यताओं को महत्व दिया जाने लगा, क्योंकि समान बौद्धिक स्तर के व्यक्तियों की विशेष मानसिक योग्यतायें होने पर बुद्धि में अन्तर दिखलाई पड़ा। वास्तव में पाठ्य-विषयों के चुनाव में या व्यवसाय के चुनाव में बुद्धि से अधिक विशेष मानसिक योग्यताओं की परीक्षा आवश्यक है, क्योंकि इनमें सफलता बुद्धि से अधिक मानसिक योग्यताओं पर निर्भर है। विभिन्न विषयों एवं व्यवसायों में विभिन्न प्रकार के बौद्धिक क्षमताओं की जरूरत होती है। अतः इंगलैंड और अमरीका में मानसिक योग्यताओं के अनेक परीक्षण निकाले गये और उनको मिलाकर परीक्षण मालाओं का शिक्षा और व्यवसाय के क्षेत्र में व्यापक प्रयोग किया जाने लगा।

थर्सटन ने निम्नलिखित तीन वर्गों की आयु के बालकों के लिये मानसिक योग्यताओं की तीन परीक्षण मालायें बनाईं जो निम्नलिखित हैं–

(1) 5 से 7 आयु-वर्ग के बालकों के लिए– इस वर्ग को परीक्षण माला में शाब्दिक योग्यता, पारिमाणिक योग्यता, आन्तरिक्षिक योग्यता, प्रत्यक्ष ज्ञान की गति और गत्यात्मक योग्यता के परीक्षण सम्मिलित हैं।

(2) 7 से 11 आयु-वर्ग के बालकों के लिए–इस वर्ग के लिए बनाई गई परीक्षण माला में शाब्दिक योग्यता, संख्या सम्बन्धी योग्यता, आन्तरिक्षिक योग्यता, तर्क और प्रत्यक्ष ज्ञान की गति के परीक्षण लिए गये।

(3) 11 से 17 आयु-वर्ग के बालकों के लिए–इस वर्ग के लिए परीक्षण माला में शाब्दिक योग्यता, संख्या सम्बन्धी योग्यता, शब्द प्रवाह, आन्तरिजिम योग्यता और तर्कशक्ति के परीक्षण लिए गये।

विभिन्न योग्यताओं के परीक्षण

थर्सटन की बनाई गई परीक्षण मालाओं से विभिन्न आयु के बालकों की अनेक मानसिक योग्यताओं का पता चलता है। परन्तु इनके अतिरिक्त भिन्न-भिन्न मानसिक योग्यता की परीक्षा करने के लिए अलग-अलग परीक्षण भी हैं। यहाँ पर इनका विवरण देना भी प्रासंगिक होगा।

(1) आन्तरिक्षिक योग्यता परीक्षण—इनमें व्यक्ति में आन्तरिक्षिक अथवा आकार सम्बन्धी योग्यता का पता लगाया जाता है। इसका एक उदाहरण इंग्लैंड में लन्दन में औद्योगिक मनोविज्ञान की राष्ट्रीय संस्था का बना हुआ एन.आई.आई.पी. आकार सम्बन्धी परीक्षण है। उत्तर प्रदेश की मनोविज्ञान की प्रयोगशाला में पिछले कई वर्षों से इसका प्रयोग किया जा रहा है। मनोविज्ञानशाला में भी आन्तरिक्षिक योग्यता का एक परीक्षण बनाया गया। आन्तरिक्षिक योग्यता के परीक्षणों का एक अन्य उदाहरण मिनेसोटा कागज आकार पटल है। इसमें 64 परीक्षण पद हैं जिनमें ज्यामितीय आकृतियों के विभिन्न भागों को मिलाकर पूरी आकृति बनायी होती है। मिनेसोटा आन्तनिरिक्षक सम्बन्ध परीक्षण में आकार पटल के चार परीक्षण हैं। ये दोनों ही परीक्षण बड़े उपयोगी सिद्ध हुए हैं।

आन्तरिक्षिक योग्यता के परीक्षणों के उपरोक्त वर्णन से स्पष्ट है कि इनमें परीक्षण पद के रूप में लकड़ी के कुछ गुटके होते हैं जिनको उनके अनुरूप खाली जगहों में फिट करना होता है या जिनको एक दूसरे से इस तरह जोड़ना होता है जिससे पूरी आकृति बन जाए।

(2) यान्त्रिक योग्यता परीक्षण—इन परीक्षणों में यान्त्रिक योग्यताओं की परीक्षा ली जाती हैं। इसके लिए कहीं-कहीं कागज-पैंसिल और कहीं-कहीं औजारों तथा यन्त्रों का प्रयोग किया जाता है। इसका एक उदाहरण मिनेसोटा यान्त्रिक संयोजन परीक्षण है। इसमें तीन बॉक्स होते हैं जिनमें सामान्य यान्त्रिक वस्तुओं के भाग अलग-अलग रखे होते हैं। परीक्षण में इन भागों को मिलाकर उन वस्तुओं को बनाना होता है। इस परीक्षण के अतिरिक्त यान्त्रिक योग्यताओं के परीक्षण में यान्त्रिक सूझ का बैनेट परीक्षण और यान्त्रिक योग्यता का मैक-क्वैरी परीक्षण प्रसिद्ध हैं।

(3) गत्यात्मक योग्यता परीक्षण—इन परीक्षणों में, जैसा कि इनके नाम से स्पष्ट है, उँगलियों तथा हाथ की गत्यात्मकता की परीक्षा की जाती है। इनके उदाहरण हैं, बैनेट हस्त औजार दक्षता परीक्षण, परड्यू पैग बोर्ड, स्थिरता परीक्षण तथा आकोनर चिमटी दक्षता परीक्षण। यहाँ पर इनमें से पिछले दो का ही वर्णन किया जाएगा।

(क) स्थिरता परीक्षण—इस परीक्षण में प्रयोज्य की हाथ अथवा उँगली की स्थिरता का परीक्षण किया जाता है। इसमें एक बॉक्सनुमा पटल में कई छेद होते हैं जो क्रमशः छोटे होते चले जाते हैं। परीक्षार्थी इसके हर छेद में स्टाइलस जो एक मंत्र है उसे बार-बार डालता और निकालता है। इस बीच स्टाइलस पटल पर छू जाने पर घंटी बज जाती है। परीक्षा इस बात की है कि स्टाइलस पटल को छूने न पाये और प्रत्येक

छेद में पूरा अन्दर डालकर निकाल लिया जाये। एक छेद में स्टाइलस डालने का तीन बार अवसर दिया जाता है। इस परीक्षण में सफलता से व्यक्ति में हाथ अथवा जिससे वह बारीक यान्त्रिक कामों में सफल हो सकता है।

(ख) आकोनर चिमटी दक्षता परीक्षण--इस परीक्षण में एक पटल में दस-दस की पंक्तियों में सौ बारीक छिद्र बने होते हैं। एक ओर सौ पिनें रखी होती हैं। शिक्षार्थी चिमटी की सहायता से पिन को पकड़ कर एक-एक करके इन छेदों में रखता है। जो व्यक्ति इस कार्य में जितना कम समय लेता है उसे उतने ही अधिक फलांक दिये जाते हैं।

(4) लिपिक परीक्षण--इन परीक्षणों के द्वारा व्यक्ति में लिपिक अथवा आलेखन सम्बन्धी योग्यताओं का परीक्षण किया जाता है। इनमें अंकगणित सम्बन्धी प्रश्न, शब्द भण्डार सम्बन्धी परीक्षण शूद्ध तथा शीघ्र पढ़ने-लिखने तथा गलतियों का पता लगाने और प्रत्यक्ष ज्ञान से सम्बन्धित परीक्षण होते हैं। लिपिक परीक्षण का एक उदाहरण मिनेसोटा लिपिक परीक्षण है। इसके दो भाग हैं। एक भाग में संख्याओं के जोड़ दिये रहते हैं और सही जोड़ों पर निशान लगाना होता है जिसमें कि दोनों संख्यायें हों। दूसरे भाग में नाम के ऐसे जोड़ों पर सही का निशान लगाना होता है जो एक से हैं।

(5) कलात्मक अथवा सौन्दर्यात्मक योग्यता परीक्षण--इनसे व्यक्ति में कलात्मक अथवा सौन्दर्यात्मक योग्यता की परीक्षा की जाती है। इनका एक उदाहरण मैकएडीरी कला परीक्षण है। सीशोर संगीत योग्यता माप से संगीत सम्बन्धी योग्यता की परीक्षा की जाती है। कलात्मक योग्यता परीक्षण का एक अन्य उत्तम उदाहरण मायर कला निर्णय परीक्षण है। इस परीक्षण में चित्रों के 100 जोड़े होते हैं। हर एक में एक चित्र मौलिक और एक उसकी प्रतिलिपि होता है। परीक्षार्थी को हर एक जोड़े में से मौलिक चित्र और प्रतिलिपि को छाँटना होता है। इसमें सफलता उसकी सौन्दर्यात्मक परख पर निर्भर है क्योंकि चित्र में प्रतिलिपि से अधिक सौन्दर्य होता है।

रुचि के परीक्षण

कोई व्यक्ति कौन-सा कार्य अच्छी प्रकार से कर सकता है यह उसकी बुद्धि और सामर्थ्य के अतिरिक्त रुचि पर भी निर्भर है। किस विद्यार्थी को कौन-सा विषय अथवा पाठ्यक्रम चुनना चाहिये इसमें उसकी बुद्धि और सामर्थ्य के अतिरिक्त रुचि पर भी ध्यान देना पड़ेगा। इस प्रकार निर्देशन में, चाहे वह शिक्षा सम्बन्धी हो अथवा व्यावसायिक, रुचि के सम्बन्ध में पता लगा लेना अत्यन्त आवश्यक है।

साधारणतया लोग यह समझते हैं कि रुचि का पता लगाने के लिए किसी व्यक्ति से पूछना ही पर्याप्त है। उदाहरण के लिए लोग एक दूसररे से पूछा करते हैं कि आपकी किस विषय में रुचि है अथवा आपको कौन-सा काम अच्छा लगता है इत्यादि। परन्तु विज्ञान में इस प्रकार की अटकलबाजियों से काम नहीं चल सकता। उसमें प्रत्येक बात का यथासम्भव यथार्थ निश्चय होना चाहिये। अतः मनोविज्ञान में रुचि को मापने के अनेक परीक्षण निकाले गये हैं।

रुचि का सबसे सरल परीक्षण और जो कि सबसे अधिक उपयोग किया जाता है व्यक्ति से इस विषय में पूछना है। विद्यार्थी अथवा प्रयोज्य को व्यवसायी की एक लम्बी सूची दे दी जाती है और उससे अपनी रुचि के व्यवसाय के आगे निशाान लगाने को कहा जाता है। इस सूची को देखकर मनोवैज्ञानिक यह जान लेता है कि विशेष व्यक्ति की किस विशेष व्यवसाय में रुचि है। इस प्रकार की सामान्य सूचियों में उल्लेखनीय सूची मार्गरेट ई. हीपोक की व्यवसायों की चैकलिस्ट है।

क्यूडर व्यावसायिक पसन्द लेखा

इस लेखा का व्यावसायिक रुचि परीक्षण में महत्वपूर्ण भूमिका है। इसमें 168 पद-समूह हैं जिनमें से हर एक पद-समूह में तीन पद होते हैं। इन तीनों पदों में से हर एक अलग-अलग व्यवसाय को सूचित करता है। परीक्षार्थी इनमें से सबसे अधिक पसन्द और सबसे कम पसन्द पदों को चुनता है। इससे उसकी रुचियाँ मालूम पड़ती हैं। जो हाई स्कूल के विद्यार्थी हैं, उनके लिए यह विधि विशेष रूप से उपयोगी है। इस परीक्षण में ऐसी दस प्रकार की व्यावसायिक रुचियाँ दी गई हैं जिनका उल्लेख उत्तर प्रदेश मनोविज्ञानशाला के व्यावसायिक प्रिफ्रेंस रिकार्ड के विवरण में दिया गया है। इस परीक्षण में लिखे हुए अंकों को लेकर एक परिपार्श्व चित्र बनाया जाता है। परीक्षार्थी को जिस प्रकार के व्यवसाय से सम्बन्धित क्षेत्र में सबसे अधिक फलांक मिलते हैं उसमें उसी प्रकार की व्यावसायिक रुचि मानी जाती है।

स्ट्रांग का व्यावसायिक रुचि-पत्र

इन सामान्य सूचियों के अतिरिक्त कुछ अन्य सूचियाँ इस प्रकार की बनाई जाती हैं जिनमें व्यवसाय के साथ-साथ व्यक्तित्व के विभिन्न पक्षों के अभिव्यक्त होने का भी अवसर दिया जाता है। इस प्रकार की सूची का एक उदाहरण स्ट्रांग का

व्यवसायिक रुचि का रिक्त-पत्र है। वयस्क स्त्री-पुरुषों तथा लड़के-लड़कियों के लिए अलग-अलग रिक्त-पत्र होते हैं। सम्पूर्ण रिक्त-पत्र क्रमशः व्यवसाय, मनोरंजन, स्कूल के विषय, विभिन्न कार्य, व्यक्तित्व की विशेषतायें, कार्य में रुचि का क्रम एवं दो कार्यों में रुचि की तुलना एवं वर्तमान योग्यताओं और गुणों का मूल्यांकन में विभाजित होता है।

इन पत्रों से यह जानने का प्रयास किया जाता है कि व्यवसाय में सफल व्यक्ति की रुचि पत्र भरने वाले की रुचि से मेल खाती है अथवा नहीं। इस प्रकार स्ट्रांग की सूची विभिन्न व्यवसायों में सफल व्यक्तियों के तुलनात्मक अध्ययन पर आधारित है।

अन्य रुचि-पत्रियाँ

उपरोक्त रुचिपत्रियों के अलावा कुछ अन्य रुचिपत्रियाँ है, जिनसे भिन्न-भिन्न व्यवसाय की वास्तविक क्रियाओं का एवं आवश्यक व्यक्तिगत विशेषताओं का वर्णन किया जा सकता है। इस प्रकार की सूची का एक उदाहरण डनलप की एकेडैमिक प्रिफ्रेंस रिकार्ड है। उत्तर प्रदेश की मनोविज्ञानशाला का वोकेशनल प्रिफेंस रिकार्ड भी इस वर्ग में आता है। यह रुचि सूची विभिन्न रुचि क्षेत्रों का वर्णन करती हैं इसमें समस्त व्यवसायों को 10 रुचि क्षेत्रों का वर्णन करती है। इसमें समस्त व्यवसायों को 10 रुचि क्षेत्रों में बाँटा गया है। इन दसों क्षेत्रों में होने वाली क्रियाओं का सूची में उल्लेख किया जाता है और प्रयोज्य को बहुत पसन्द, साधारण पसन्द तथा नापसन्द इन तीन में से किसी एक पर निशान लगाना पड़ता है। तब क्रियाओं के निशान को जोड़कर रुचि का एक परिपार्श्व चित्र बनाया जाता है जिससे व्यक्ति के उसके भावी व्यवसाय के सम्बन्ध में निर्देशन दिया जा सकता है। इस रुचि पत्र के विभिन्न क्षेत्र निम्नलिखित हैं–

(1) घर से बाहर के कार्य जैसे मैदानों, जंगलों, बाजारों आदि के कार्य।

(2) यांत्रिक कार्य।

(3) हिसाब-किताब रखने से सम्बन्धित कार्य।

(4) वैज्ञानिक कार्य।

(5) समझाने-बुझाने से सम्बन्धित कार्य।

(6) कलात्मक कार्य।

(7) साहित्यिक कार्य।

(8) संगीत सम्बन्धी कार्य।

(9) समाज सेवा कार्य।

(10) लेखा सम्बन्धीं कार्य।

सीमायें

रुचियों को मापने की उपरोक्त सूचियों से निर्देशन में सहायता मिलती है परन्तु इन सूचियों की कुछ सीमायें हैं जिनको ध्यान में रखकर ही इनसे कार्य लेना चाहिये। स्थूल रूप से ये सीमायें निम्नलिखित हैं–

(1) व्यावसायिक विवरण के संग्रह में समस्या–जैसा कि पहले बतलाया जा चुका है, व्यवसाय सम्बन्धी सूचियों में व्यवसाय का विवरण दिया जाता है, परन्तु वास्तव में किसी भी व्यवसाय का पूरा, विवरण अर्थात् उसमें होने वाली समस्त क्रियाओं, उनके लिए आवश्यक योग्यताओं तथा रुचियों आदि का विवरण एकत्रित करना अत्यन्त कठिन है। मनोवैज्ञानिक की तो बात ही क्या, स्वयं उस व्यवसाय में काम करने वाले लोग भी उस व्यवसाय का पूरा विवरण नहीं दे सकते।

(2) संदेहास्पद उत्तर–रुचि-पत्रियों के माध्यम से विभिन्न व्यवसाय, रुचि क्षेत्र अथवा कार्य के सम्बन्ध में व्यक्ति की परीक्षा नहीं ली जाती बल्कि उससे पूछा जाता है। स्पष्ट है कि यह सामग्री पूरी तरह वैज्ञानिक नहीं हो सकती, क्योंकि व्यक्तियों के उत्तरों की समानता पर संदेह है। इसके अतिरिक्त यह जानने का भी कोई साधन नहीं है कि उत्तर सही दिया गया है अथवा गलत।

(3) रुचि का बदलते रहना–रुचि-पत्रियाँ रुचि के विषय में जानकारी एकत्रित करती हैं परन्तु रुचि, स्वभाव का कोई स्थिर अथवा स्थायी गुण नहीं है। रुचियाँ बदलती रहती हैं और इसलिए किसी व्यक्ति की किसी विशेष समय की रुचियों से यह अनुमान नहीं लगाया जा सकता कि उसको किस व्यवसाय में जाना चाहिये। इसके अतिरिक्त यह भी सम्भव है कि व्यवसाय के अनुकूल उसमें सामर्थ्य हो एवं उसमें जाने के पश्चात उसमें रुचि भी उत्पन्न हो जाए। वैसे भी किसी व्यक्ति की किसी विशेष कार्य में रुचि इसलिये होती है क्योंकि उसको वह कार्य करने का अवसर मिलता है अथवा वह उस कार्य को करने वालों के सम्पर्क में आता है। मिसाल के तौर पर जिस व्यक्ति ने कभी उपन्यास नहीं पढ़ा उसकी उपन्यास पढ़ने में रुचि हो ही कैसे सकती है? किसी व्यक्ति की उपन्यास पढ़ने में रुचि है या नहीं, यह प्रश्न तो उसी व्यक्ति के बारे में उठ सकता है जिसने कभी उपन्यास पढ़ा हो।

आमतौर पर सभी व्यवसायों में देखा जाता है कि बहुत-से लोग जो किसी विशेष व्यवसाय को पसन्द नहीं करते थे, उसमें जाने के बाद उसको पसन्द करने लगे। दूसरी ओर कुछ ऐसे लोग भी हैं जो यह कहते थे कि उनको अमुक व्यवसाय में बड़ी रुचि है परन्तु जब उनको वह व्यवसाय करने का अवसर दिया गया तो उनको पता लगा कि उनकी उसमें रुचि नहीं थी। इसलिए सिर्फ रुचि पत्र भरने मात्र से यह तय नहीं हो जाता है कि किस व्यक्ति को किस व्यवसाय में जाना है। यदि किसी व्यक्ति की इस समय किसी विशेष व्यवसाय के अनुकूल रुचि है तो भविष्य में भी यह रुचि बनी रहेगी, यह अनिवार्य नहीं है। दूसरी ओर यदि किसी व्यक्ति को इस समय किसी व्यवसाय में रुचि नहीं है तो इससे यह कहना ठीक नहीं होगा कि भविष्य में भी उसकी उस व्यवसाय में रुचि नहीं होगी, क्योंकि रुचि जन्म-जात तो है ही नहीं, वह अर्जित है। अनेक चीजों में प्रारम्भ में हमारी रुचि नहीं होती जबकि बाद में हो जाती है। अनेक चीजों में हमारी रुचि होती है और बाद में नहीं रहती। यह एक सामन्य बात है कि कुशल शिक्षक कठिन से कठिन विषय को रुचिकर बना देता है।

(4) रुचि की सफलता जोड़ना गलत—किसी व्यक्ति की व्यवसाय में रुचि होने से ही यह निश्चित नहीं होता कि उसको उस व्यवसाय में सफलता अवश्य मिलेगी। उदाहरण के लिये विश्वविद्यालय में पढ़ने वाले एम.ए. के अधिकतर विद्यार्थी पी.सी.एस. या आई.ए.एस. के पदों में रुचि रखते हैं और जोर-शोर से उनकी प्रतियोगिता में भाग लेते हैं। रुचि रखने पर भी इन प्रतियोगिताओं में कितने सफल होते हैं और इन सफल व्यक्तियों में भी कितने सफल प्रशासक सिद्ध होते हैं, यह देखकर व्यवसाय और रुचि को कोई भी अनिवार्य रूप से सम्बन्धित नहीं मान सकता। व्यवसाय में सफलता व्यक्ति की रुचि से अधिक उसकी योग्यता पर आधारित है। बहुधा किसी विशेष कार्य में अरुचि का अर्थ उससे भागने की प्रवृत्ति, आलस्य, साहसहीनता आदि चारित्रिक दोष होते हैं। उदाहरण के लिये गाँवों से शहरों में पहले आने वाले अधिकांश विद्यार्थी खेती करना पसन्द नहीं करते और सफेदपोश नौकरियों के पीछे भागते हैं या उनमें रुचि दिखलाते हैं, परन्तु क्या इससे यह सिद्ध होता है कि उनकी खेती में अरुचि है? जब उन्होंने कभी खेती में रुचि रखने की कोशिश ही नहीं की, जब वे हाथ के परिश्रम से भागना चाहते हैं, जब उन्हें शहर का भड़कीला वातावरण ही पसन्द है, तब उन्हें खेती में रुचि हो ही कैसे सकती है? परन्तु इस रुचि के आधार पर यह कहना एकदम गलत होगा

कि उनको खेती के व्यवसाय में नहीं जाना चाहिये अथवा कि उनको उसमें कम सफलता मिलेगी।

(5) व्यवसायों का वर्गीकरण वैज्ञानिक न होना—इन रुचि-पत्रियों में एक अन्य बड़ा दोष यह है कि इनमें जो व्यवसायों को अलग-अलग तथाकथित वर्गों में बाँटा गया है, वह नितान्त अवैज्ञानिक है। सच पूछिये तो कोई भी दो व्यवसाय समान नहीं होते। हर एक व्यवसाय में उसकी अपनी विशिष्ट क्रियायें, उत्तरदायित्व तथा सफलता के लिये आवश्यक गुण होते हैं और इस प्रकार के स्वतन्त्र व्यवसाय हजारों नहीं तो सैकड़ों अवश्य हैं। इतने व्यवसायों की विस्तृत सूची बनाना और उसमें प्रत्येक व्यवसाय का विस्तृत विवरण देना असम्भव नहीं तो कठिन अवश्य है।

रुचि-पत्रियों के उपरोक्त दोषों से यह नहीं समझना चाहिए कि वे बिल्कुल बेकार हैं। वास्तव में रुचि का विषय ही ऐसा है कि उस पर दिए हुये निर्णय से अधिक यथार्थता की आशा नहीं की जा सकती। रुचि-पत्रियों के आधार पर निर्णय लेते समय उनकी उपरोक्त सीमाओं को ध्यान में अवश्य रखना चाहिए।

अभिरुचि परीक्षण

व्यावसायिक निर्देशन में रुचि परीक्षणों के साथ-साथ अभिरुचि के परीक्षणों को भी बहुत महत्व दिया जाता है, क्योंकि अभिरुचि व्यक्ति की किसी विषय में योग्यता अथवा कुशलता प्राप्त करने की सामर्थ्य की सूचक है। स्कूल या कॉलिज की परीक्षाओं में आसानी से अच्छे अंकों से उत्तीर्ण हो जाना विद्यार्थी की कॉलिज की शिक्षा-सम्बन्धी अभिरुचि का परिचायक है। इसी प्रकार यान्त्रिक कार्यों में सफलता यांत्रिक अभिरुचि दिखलाती है। स्पष्ट है कि जिस व्यक्ति की जिस प्रकार की अभिरुचि होगी उसकी उसी प्रकार के व्यवसायों में सफलता प्राप्त करने की अधिक सम्भावना है। अभिरुचि का विकास होता है यह व्यक्ति का जन्मजात गुण नहीं है।

मनोविज्ञान में दो कारणों से अभिरुचि परीक्षण आवश्यक माने जाते हैं। एक तो उनसे व्यक्ति को व्यवसाय सम्बन्धी निर्देशन देने में सहायता मिलती है। दूसरे, उनसे विशेष कार्यों के लिये विशेष व्यक्तियों के चुनाव में सहायता मिलती है। विशेष प्रकार के कार्यों के लिये अभिरुचि परीक्षण का एक उदाहरण कॉफोर्ड छोटे टुकड़े हस्त-कौशल परीक्षण है।

इस अभिरुचि परीक्षण में प्रयोगकर्त्ता को शीघ्रतापूर्वक चिमटी से एक-एक पिन को उपयुक्त छिद्र में रखना होता है एवं उसके ऊपर एक पट्टी रखना होता है। इसी प्रकार वह सब पिनों और पट्टियों को उपयुक्त छिद्रों में फिट कर देता है। अब वह उँगलियों से एक पेंच उठाता है और उसको दाहिनी ओर उपयुक्त छिद्र में रख देता है। वह उसको तब तक घुमाता रहता है, जब तक उसके छोर पूरी तरह कस न जायें। इसके बाद वह उसे एक पेंचकस से कस देता है। जब तक सभी पेंच कस न जाएँ तब तक इस क्रिया को दोहराया जाता है।

कॉफोर्ड हस्त-कौशल परीक्षण व्यक्ति की ऐसे कार्यों में अभिरुचि दिखलाता है जिनमें उँगलियों के कौशल की आवश्यकता पड़ती है। इसी तरह विभिन्न प्रकार की अभिरुचियों की परीक्षा के लिये भिन्न-भिन्न परीक्षण विधियों का प्रयोग किया जाता है।